顾问

潘金云　李　震　郑日昌　王通讯

肖明政　王二平　刘远我　李　直

编写人员

刘晓竹　翁力翔　杨　叶　刘　萍

张晓荣　迟兆延　杨成莲

R 中国注册人力资源测评师认证教材

人才测评技术

Personnel Assessment

【修订版】

宋 荣　谷向东　宇长春 ◎ 编著

中国发展出版社
CHINA DEVELOPMENT PRESS

图书在版编目（CIP）数据

人才测评技术/宋荣，谷向东，宇长春编著．—修订本．—北京：中国发展出版社，2012.10（2021.10 重印）
ISBN 978-7-80234-853-0

Ⅰ．人…　Ⅱ．①宋…　②谷…　③宇…　Ⅲ．人员测评工程
Ⅳ．C962

中国版本图书馆 CIP 数据核字（2012）第 239287 号

书　　名：人才测评技术（修订版）
著作责任者：宋　荣　谷向东　宇长春
出 版 发 行：中国发展出版社
联 系 地 址：北京经济技术开发区荣华中路 22 号亦城财富中心 1 号楼 8 层（100176）
标 准 书 号：ISBN 978-7-80234-853-0
经　销　者：各地新华书店
印　刷　者：北京市密东印刷有限公司
开　　本：720×1000mm　1/16
印　　张：23.25
字　　数：383 千字
版　　次：2012 年 10 月第 1 版
印　　次：2021 年 10 月第 5 次印刷
定　　价：38.00 元

联 系 电 话：（010）68990642　68990692
购 书 热 线：（010）68990682　68990686
网 络 订 购：http：//zgfzcbs.tmall.com
网 购 电 话：（010）68990639　88333349
本 社 网 址：http：//www.develpress.com
电 子 邮 件：fazhanreader@163.com

推荐序

21世纪，是知识经济的时代，知识就是财富，人才就是效益，这已成为管理者的共识。然而，如何更好地开发人力资源，科学、快捷地选拔人才，如何有效地激励培养与使用人才，这是发展知识经济的重要保证，同时这也是对许多管理者的挑战。为此，管理者必须了解人才、认识人才，而专业化的识人方法就是人才测评技术。

人才测评是指依据心理学原理对社会各类人员的知识水平、能力倾向、工作技能、兴趣爱好、动机需要、性格特征及其发展潜力实施测量和评鉴的人事管理活动。这是与学历文凭、资格认证不同的人才衡量的科学方法，通常用于为人择职的职业指导和为职择人的职业选拔。

人才测评由于科学的理论依据和技术的可操作性，已成为西方政府和企业选择与考核人才的必备手段。随着其测评理论的发展及技术的不断更新，人才测评在人力资源管理中的作用日益凸出。目前，随着我国经济的迅猛发展，人才测评的价值日益突显：它有助于公平地选择、任用人才，科学地安置人才，合理地开发人力资源，高效地激励人才。

随着新的《劳动合同法》的颁布实施，单位的用人成本提高了，正确的选人与用人十分重要，错误的用人代价将会很大，人才测评的作用将更加突出。

由于各种原因，我国的人才测评起步相对比较晚，我国管理者对测评的现实意义和技术方法仍缺乏足够的认识，专门的测评人才还很少，尤其是有丰富经验的测评人才还十分匮乏。可喜的是，随着人们思想的解放和现实的需要，各类用人单位对人才测评这种手段日趋重视，已经有越来越多的用人单位在招聘、选拔、考核和培养人才时，把人才测评作为一种重要的辅助手段，同时越来越多的个人也通过人才测评这个工具来达到更好地了解自己、规划自己职业生涯的目的。所有这些都得益于国内有志于此项事业的先行者的默默努力。

早在1999年，在宋荣同志的发起、领导下，谷向东博士等从英国学成归来就开始致力于人才测评的研发、实践与教学工作。他们全面引进西方的科学测评技术方法，紧密联系中国实际，并结合他们之前十几年的人才测评和人力资源方面的实战经验，提炼与摸索出了一套本土化的技术方法。他们运用这套方法，为蒙牛乳业集团、联想集团、中国质量认证中心、中工国际、天润集团、天鸿集团、金象复兴、中国银行总行、北京西城区政府等上百家企业、事业单位和政府机构提供测评服务，取得了很好的口碑。为了推动我国人才测评技术的发展，他们还在测评实践的基础上进行总结概括，研发出系统的人才测评课程体系，并面向社会开展公开培训，培养了大批掌握专门测评技术的人才。

在2003年初，这一公开培训课程迎来了一次质的飞跃。由于中国人力资源研究会潘金云副会长、李震秘书长的关心与鼓励，笔者在中国科学院心理学研究所王二平研究员的指导下，与谷向东和刘远我博士等业界众多年轻学者共同将这一课程进一步开发完善。

目前，这一课程在影响力、覆盖范围以及实用性和权威性等方面，都达到了很高水平。该课程的讲师多为心理学博士，有深厚的专业功底和丰富的实践经验。现已在全国各地培训累计2000多人，有的学员正活跃在一些著名的测评公司，有的在著名外企、国企、民企中从事测评工作，有的已将测评技术很好地融入实际工作当中。正是在多年培训的工作实践中，该课程得到不断发展和提高。各界均认为该培训课程的系统性、科学性、前瞻性具有明显的优势。本书是随着这个培训课程应运而生，也随着这个课程不断发展，它总结了我国测评专家大量丰富的实践经验，又回答了教学过程中学员们普遍急需解决的问题，是一本培养人才测评工作者的佳作。而且由于本书中介绍的多为实用性和操作性很强的测评方法，因此，也是有志于人才测评事业的同志不可或缺的工具书。

本书是在测评实践和对培训需求了解的基础上总结归纳出来的，兼具理论性和实用性。从结构上看，本书的内容可以大致分为三个部分，第一部分是前两章，主要介绍人才测评的基础理论，以总论的形式概括了人才测评的相关知识，介绍了人才测评的相关概念，以及人才测评与人力资源的关系，对全书起到提纲挈领的作用，也是深入学习测评技术的必要基础，但有一定专业理论基础的读者也可以跳过这部分内容；第二部分是中间的八章内容，主要介绍人才测评技术，是本书的核心篇章，文中详细描述了人才测评的各项技术，包括心理测验、面试、无领导小组讨论、公文筐、履历分析等，从测评技术的操作和测评试题的编制两大层面，对人才测评的众多技术进行了一一剖析，同时，结合了大量实例进行讲解；第三部分是最后两章，介绍了测评技术在实践中的具体应用、需要注意的事项以及如何应对各种问题等。这三大部分是本书的结构框架，也是读者不断进步成长的阶梯，从了解测评到掌握测评，再到灵活运用测评，本书给广大从业人员提供了一套技术性的指导。

由于测评技术的实践性很强，仅靠读书是很难成为称职的人才测评专业人才的，最好参加一些实操性强的培训课程，更重要的是参加实践，才能更好地掌握这一技能。

人才测评技术作为心理学与人力资源有机结合的管理技术，已经被社会各界广泛应用，政府选拔领导干部、企业对员工进行招聘选拔与绩效管理等，都将人才测评技术列为重要工具。但社会在发展，人才测评技术也需要发展，只有不断地探索完善，才能为我国人才测评事业作出更大的贡献。

我愿将此书推荐给广大读者。

郑日昌

本序作者为中国社会心理学会常务理事、北京社会心理学会理事长、中国人才素质测评研究会副理事长、北京师范大学心理学院教授、中国浦东干部学院访问教师。

前　　言

中国人力资源开发研究会作为我国人力资源开发领域一家最具权威和影响力的国家级社会团体，一直站在我国人力资源职业化建设的前沿，从事中国人力资源开发理论和实践工作。自2000年以来，中国人力资源开发研究会致力于人力资源职业队伍的建设和培养，着手组织中国人力资源从业者评价体系标准的研究和实践，并取得了一定的成绩。

中国人才测评于20世纪80年代中期在政府部门首先开展起来，但随着社会科技和经济的高速发展，时至今日人才测评技术已在人力资源管理中被越来越多地采用，人才测评的价值也被越来越多的人所接受，大量的人才测评机构相继出现。为了推动中国人才测评行业的发展，2003年7月，中国人力资源开发研究会与北京彦隆咨询有限责任公司共同研究开发"中国人力资源开发研究会人才测评师"培训课程，并在全国范围内迅速推广和得到认可。为了进一步发展中国人才测评师认证培训事业，满足广大人力资源从业者的要求，中国人力资源开发研究会于2006年11月成立了中国注册人力资源测评师考试认证中心，再次邀请王通讯、郑日昌、肖明政、王二平和刘远我等专家学者，与北京彦隆咨询有限责任公司合作开发中国注册人力资源测评师考试认证培训教材，进一步增强培训课程的标准化、规范化和科学化，以便为人力资源从业者提供专业测评知识和能力培训服务。

本教材是集编者多年人才测评实践和教学的经验开发出来的，力求成为一本指导读者从事具体人才测评工作的工具书。本教材在编写过程中体现了以下几方面的特点：

知识点全：本教材内容全面，系统介绍了人才测评的基本概念、基本原理以及人才测评技术方法与应用，尤其是人才测评技术篇涵盖了心理测验、履历分析、360度反馈技术、面试技术、无领导小组讨论、公文筐、角色扮演、工作样本测试、管理游戏、事实搜集技术以及评价中心技术等几乎所有目前被采用的测评技术方法，方便读者查阅。

操作性强：人才测评是一门实践性很强的技术，不仅需要理论的指导，更离不开实践经验的积累。本教材在讲解测评技术方法与应用过程中，结合实际人才测评案例，剖析测评技术的特点、实际操作中存在的问题、方案设计原则和测评报告撰写的技巧，便于读者理解和掌握，对于实际人才测评工作具有很强的实用性。

可读性好：本教材注重应用，讲解概念深入浅出，内容通俗易懂，范例丰富，富有启发性，可读性好。本教材也适用于从业者自学。

然而，人才测评是一门理论与实践性都很强的科学，它是心理学和人力资源管理等的交叉学科，读者在学习这一技术的过程中，还需要学习一些心理学、人力资源管理甚至工商管理的课程，参加人才测评专业培训，在具体操作中反复揣摩总结，进行大量的测评实践，才能更好地掌握这门学问。

本教材的出版得到了中国人力资源开发研究会潘金云副会长、李震秘书长，以及李直老师的关心和鼓励；谷向东、宇长春博士在全书的编审中付出了辛勤的努力，本教材也凝集了他们多年研究和实践的结晶。编者向他们和参与教材开发的专家学者们表示衷心的感谢！同时也向具体编写人员表示诚挚的谢意。

本教材的出版得到中国发展出版社赵建宏主任的支持和帮助，在此表示深深的感谢。

编者作为中国人才测评从业者中的一员，从事人才测评工作已有20余年，一直对此工作乐此不疲，并深深地热爱它，希望本教材的出版能对人才测评行业发展贡献微薄之力。中国人才测评市场年轻而富有朝气，愿与所有从事人才测评行业的同仁们携手努力，为共同推动中国人才测评事业发展而努力！

宋　荣

2008年8月

目　录

第 1 章

人才测评概论

案例导读　　**飞利浦：我们青睐这样的人才**

从光源到电视机，从剃须刀到电动牙刷，从电话到显示器，1920 年就已进入中国市场的飞利浦，自然也是众多职场人心目中的理想雇主之一。飞利浦电子集团全球人力资源副总裁 Opieters 曾透露，飞利浦计划在 3 ~ 5 年内培养或引进 100 位总经理级的本地人才，这些人将广泛分布于飞利浦公司在中国的 35 家合资企业及公司总部，以期使高层职位中本土人才的比例从目前的 30% 提高到 50%。也就是说，本土人才将获得更多进入飞利浦高管层的机会。飞利浦青睐怎样的人才？飞利浦如何甄选、培养人才？本土人才如何进入高管层？记者对此采访了飞利浦照明东亚区人力资源总监陆志勇先生。作为照明业务系统东亚地区的人力资源负责人士，陆先生跟我们分享了本土人才如何在飞利浦成长的信息。

1. 选才

飞利浦眼中的能人是怎样的？领导能力与专业能力兼具者。

发展人才是飞利浦的核心价值观之一，每个有潜力的员工都能得到平等的发展机会。那么，什么样的人才是飞利浦的"最爱"？

陆志勇总监认为，被飞利浦认为有潜力的员工至少要具备两方面的素质：领导能力和专业能力。两项兼具的人才是飞利浦眼中的能人。"在市场上找一个销售精英不难，但要找一个既有杰出业绩，同时又有管理经验和领导才能的销售高层管理人员就不那么容易了。"陆志勇说，"两方面都十分出色的人才难找，这也正是飞利浦所需要的。"

（1）领导能力。各大跨国公司在甄选人才时都十分注重领导能力，而飞利浦对领导能力有特别的定义。一个人是否具备领导能力，飞利浦注重两个方面：业绩表现和人的发展。首先，他必定是个有突出业绩的人，具备获取成功的强烈决心，勇于接受新的挑战，时刻关注市场，并寻找更好的方法改善业绩；其次，他必须是个优秀的人力资源发展者，在不断提升自我的同时，也能够不断激励其他员工和他的下属，激发他们的潜能，懂得如何发展自我及发展他人。这两方面是相辅相成的，陆志勇把这两方面称为“阴阳平衡”，缺了任何一方面都不行。

领导能力如何造就？陆志勇在纸上飞快地写下这样一个公式：专业能力 + 阅历 + 领导力 = 成功的领导能力。一个具备专业能力的人，经过多年的磨炼，加上其本身具备的卓越领导才能，才有可能成为一个成功的领导者。

(2) 专业能力。专业能力表现为一个人的岗位技能以及“技术”知识，即在自己所从事的专业领域研究、实践的深度和广度。“拿销售人员来说，专业技能包括销售技巧、谈判技巧、演示设计、项目管理，以及根据客户需要进行产品设计、成本控制的意识等等”，陆志勇说，“每一个岗位，都制定详细的技能评估方案，通过详细的评估指标和方法，对员工的专业能力进行科学考量。”

2. 识才

飞利浦选拔、甄别人才的轨迹：选拔——业绩评估——发现优秀人才。

对于如何发现具备领导潜质的人才，飞利浦有一套完整的人才发展体系。

第一步：招募和选拔。作为一个庞大的业务集团，飞利浦所采用的招聘方式和渠道是多种多样的，如从校园招聘中挖掘新人，从外部有丰富阅历的在职人士中猎取成熟人才，以及利用内部岗位轮换或晋升机制来选择适合的人到合适的岗位，还有内部员工推荐，等等。

第二步：业绩评估。评估的内容包括完成工作职责情况、达成业务目标情况以及个人能力等，它是一项个人综合素质的评估。

第三步：发现优秀人才，也叫才能鉴定。即结合个人的发展需求和职业生涯发展规划，通过一系列的专业评估方法来确定某个人是否具备发展潜质。飞利浦有完善的评估体系，包括360度评估、调查问卷等。这其中，评价中心是重要的工具之一，也是飞利浦独特的领导力发展工具。“每个被选拔出来、有望进入管理层发展的员工，都必须经过评价中心这一关的考验。”陆志勇笑着告诉记者。

评价中心就像一个虚拟的公司，被评估者按照要求在其中处理各种工作任务，在他周围有众多专家给他的工作表现打分。在这样一个“众目睽睽”的环境下处理工作，被评估者各方面能力孰优孰劣一看便知。“飞利浦在全球设有多个评价中心，用来评估世界各地的优秀员工。员工按照不同的职位层次被送往不同级别的评价中心，亚太区的员工通常在新加坡或荷兰接受考验。”陆志勇说。

3. 养才

个人在飞利浦的成长轨迹：评估——回馈和改进计划——跟进。

接受了全面评估而被确定为有潜能的人员，飞利浦将结合他自身的发展规划，制定出专门的才能发展计划。执行发展计划的过程是循环往复、周而复始的，个人发展则呈现出阶梯式向上的轨迹。

在经过科学的评估，明确了个人的强项、弱项之后，每个人都会明确自身的发展需求，即明确在哪些方面是需要提高或进一步培养的，然后遵循领导力发展原则，制定出详细的个人发展计划。这时，他还需要与自己的经理沟通，双方就发展计划达成共识，随后便按照计划来执行。“通常在经过1年半或2年左右的时间后，会对这一阶段进行一个阶段性的总结和反馈，然后根据员工目前的发展情况来调整发展计划，若需要还可重新进行评估。”

“才能发展计划的内容包括在职培训和脱产学习等，作为一个跨国机构，员工有许多赴海外学习的机会，帮助他们拓展国际视野。”陆志勇说。员工学习的内容是与他所从事的业务紧密相关的，从那些至关重要的业务问题中，找到所需要的能力，从而确定什么是需要学习的，并在此基础上制定出有针对性的学习计划。

为使员工的个人发展不至于“孤立无援”，即能随时得到帮助，飞利浦有专门的“导师和辅导员计划”——每个员工都有指定的导师和辅导员。一般来说，辅导员是自己的部门领导，而导师则一定是由跨部门更高职位的人士来担当。导师和辅导员会不定期地与员工进行正式或非正式的沟通，与他们分享经验和智慧，给出发展建议。

最后，经过了选拔、业绩评估、优秀人才发现、才能发展这些环环相扣的步骤之后，特别优秀的人才将会脱颖而出，加入飞利浦专门的“接班人计划”。他们将成为管理岗位的继任者或者重要岗位的潜在继任者，正式进入管理层发展通道，在更高层面接受更加专业和系统的培训，继而成长为一名飞利浦的本土高层管理者。

“正如一棵幼小的树苗逐渐长成枝繁叶茂的大树一样，本土经理人的成长也需要一个过程，相信越来越多的本土优秀人士会逐渐成长、成熟，成为跨国公司的管理者。”陆志勇笑着说。

“我们激发并使彼此能够运用我们的创造性及企业家才能，最大程度地挖掘我们的潜能。”——飞利浦价值观。

资料来源：www. manager365. com/article/zp/200708/20070822121908. htel

从导读案例中可以看出，飞利浦公司在选才、识才、养才方面有着一套独到的经验。无独有偶，“造物之前先造人”，松下幸之助这句名言，同样也道出了众多具有远见卓识的企业家的心声。在如今竞争如此激烈的时代，人才是最宝贵的资源和财富，是经济增长的源泉。训练有素、面对复杂环境也能应付自如的高级人才，成为各大企业竞相争夺的资源。用人的前提是识别人才，但俗话说“识人识面难识心”，如何甄选出高级人才呢？这就需要运用科学、客观的手段对人才进行测试评价，即现代“伯乐”——人才测评。如今，人才测评技术作为一种新兴的人力资源管理方式，其重要性日益为企业所认识，它在人力资源管理、决策、规划等方面发挥着越来越显著的作用。并且，近年来，随着人才测评工作的专业化程度的提升，出现了许多专门提供人才测评服务的公司，它们把人才测评技术应用于人力资源开发的各个领域。所以，现代企事业组织管理人员必须对人才测评有全面深入的了解。为此，本章将勾勒出人才测评的基本知识，包括界定人才测评的概念；明确人才测评的理论基础，如“人职匹配”理论、冰山模型；了解人才测评方法，有心理测验、面试、评价中心技术等；划分人才测评的类型，像选拔性测评、配置性测评、开发性测评；熟悉人才测评必须遵循的基本原则；指出如何进行人才测评管理，确保测评结果的真实性；揭示人才测评与人力资源管理的关系，让人才测评更好地为组织发展服务。

1.1 人才测评的基本理论

我国古代就十分重视人才及人才测评工作，尧舜时代的“让贤与能”思想就已闪现出人才测评的火花，从隋朝开始沿用到清末的科举考试，是世界历史上规模最宏大的人才测评实践。但直到20世纪初，经过科学技术的迅猛发展，科学的人才测评理论才开始形成和发展，逐渐融众多学科于一体，能够利用多种科学、客观手段对特定个体或团体进行多角度、全方位的测量和评价。如今，人才测评已成为企业、政府部门进行人力资源管理与开发的科学基础。那么，我们应该如何理解科学的人才测评呢？

人才测评是通过心理测评、面试、评价中心、绩效考核等一系列科学的手段和方法，对人的基本素质、能力及其绩效进行测量与评定的专业化的人事管理活动，是一门融现代心理学、测量学、社会学、统计学、行为科学及计算机技术于一体的综合性学科。人才测评是人力资源开发和充分利用的基础，它运用心理学、测量学、信息技术等多学科知识，对人才进行性格、心理健康、能力等全面的测试，帮助人们进行有效决策。针对个人，人才测评可帮助被评价者了解自身的优点和不足，找出适合从事的职业，从而找准职业发展定位，迈向成功之道。针对企业，人才测评可以给企业的日常人事管理提供科学参考，如招聘、安置、考核、晋升、培训等。

1.1.1 人才测评的基本原理

人才测评是一项复杂而系统的活动，所有从事人才测评研究与实践的工作者，都应着重弄清人才测评为什么可行、依据什么样的理论来进行以及人才测评操作中起支撑作用的理论框架。

1. 人力资源可测评的理论基础

现代人才测评技术出现于20世纪初，并且作为一门专业化学科随着现代经济发展、科技进步而迅速发展起来，众多相关学科诸如心理学、心理测量与咨询、统计学、管理学以及计算机技术的发展，都为人才测评得以实施奠定了可行性理论基础。

(1) 素质差异性。众所周知，人与人之间存在生理上的差异，性别、外貌差异是显而易见的，但是根本性的心理差异却是难以衡量的。心理学通过长期研究，把个体之间的差异总结为相互关联的两个方面：一是个体的倾向差异，包括兴趣、爱好、需要、动机、信念、理想、世界观等方面的差异；一是个性心理特征差异，包括能力、气质与性格三大因素及其组合的差异。正是这种个体差异，才使得人才测评得以存在且意义重大。因为人才测评能够将这种千差万别的个体差异准确反映出来，为人力资源开发提供决策指导。

（2）素质稳定性。素质是一种相对稳定的组织系统，各个个体不尽相同，表现在人在不同环境下、不同时段内对某些不同的刺激做出一致的反应行为。因此，也可以说，素质的稳定性体现为一个人某种经常的和一贯性的行为特点。比如，某人对某事在各个时间段的反应基本一致，就表现为跨时间的一致性；其在不同场合下的反应基本一致，就表现为跨情境的一致性。这二者就构成了素质的稳定性。但是，素质的稳定性具有相对性，个体的素质会随着时间推移而发生变化，而这种变化时间往往很长。正是这种稳定性，个体的素质才为人们所把握，人才测评活动才能够得以实施。

（3）心理测量学。心理测量学的产生和发展对人才测评技术有着至关重要的作用，量化使人才测评得以表现测评各项目的数量特征和质量特征，从而避免主观性的偏差。从 1879 年德国心理学家冯特设立世界上第一个心理实验室开始，人类对个体行为差异的研究便一发不可收拾，心理测验运动随之兴起。心理测验，由早期的心理缺陷诊断演变为心理评价，由教育领域逐渐拓展到社会管理的各个角落，给升学、就业、选拔人才、晋升、培训等提供指导性服务，得到西方社会的普遍欢迎与重视。二十世纪五六十年代以后，西方人才测评思想盛行，开发了一系列形式多样、内容丰富的测评技术，包括智力测验、能力测验、性向测验、成就测验等，并且，这些技术在广泛应用的基础上日趋完善。目前，人才测评中最常见的心理测验有：智力测验、人格测验、成就测验和职业倾向测验。另外，随着统计学与计算机技术的发展，专门化的测评软件使测评的客观性与效率也大幅度提高。

2. 人才测评应用的理论基础

作为一门应用型学科，人才测评已发展出一套专门的理论与方法，以此指导人才测评实践的操作。

（1）“人职匹配”理论。人职匹配理论是关于人的个性特征与职业性质是否一致的理论，也可以说是人才测评与工作分析相结合的理论。其基本思想是，个体差异是普遍存在的，每一个个体都有自己的个性特征，而每一种职业由于其工作性质、环境、条件、方式的不同，对工作者的能力、知识、技能、性格、气质、心理素质等有不同的要求。因此，在进行职业决策（如选拔、安置、职业指导）时，就要根据一个人的个性特征来选择与之相对应的职业种类，即进行人职匹配。人职匹配包含两层意思：一是指某个人的能力完全满足胜任该岗位的要求，即所谓人得其职；二是指这个人完全具备岗位所要求的能力，即所谓职得其人。人职匹配原理指人的能力与岗位要求的能力完全匹配，这种匹配包含着“恰好”的概念，二者的对应使人的能力发挥得最好，岗位的工作任务也完成得最好。人职匹配原理的核心因素是：最优的不一定是最匹配的，最匹配的才是最优的选择。即职得其才，才得其职，人职匹配，效果最优。所以，对于组织和个体来说，进行恰当的人职匹配具有非常重要的意义。而进行人职匹配的前提之一是必须对人的个体特性有充分的了解和掌握，而人才测评是了解个体特征的最有效方法。可见，人职匹配理论是现代人才测评的理论基础，其中最有影响的是“特性—因素论”和“人格类型论”。

特性—因素论认为个别差异现象普遍地存在于个人心理与行为中，每个人都具有自己独特的能力模式和人格特质，而某种能力模式及人格模式又与某些特定职业有关。每种人格模式的个人都有其相适应的职业，人人都有选择职业的机会，人的特性又是可以客观测量的。特性—因素论强调个人所具有的特性与职业所需要的素质与技能（因素）之间的协调和匹配。为了对个体的特性进行深入详细的了解与掌握，特性—因素论十分重视人才测评的作用。可以说，特性—因素论进行职业指导是以对人的特性的测评为基本前提的，它首先提出了在职业决策中进行人职匹配的思想。

美国职业心理学家霍兰德（Holland）创立的人格类型理论对人才测评的发展产生了重要的影响。在人格和职业的关系方面，霍兰德提出了一系列假设：①在现实的文化中，可以将人的人格分为六种类型：实际型、研究型、艺术型、社会型、企业型与传统型。每一特定类型人格的人，便会对相应职业类型中的工作或学习感兴趣；②环境也可区分为上述六种类型；③人们寻求能充分施展其能力与价值观的职业环境；④个人的行为取决于个体的人格和所处的环境特征之间的相互作用。在上述理论假设的基础上，霍兰德提出了人格类型与职业类型模式。不同类型人格的人需要不同的生活或工作环境，例如“实际型”的人需要实际型的环境或职业，因为这种环境或职业才能给予其所需要的机会与奖励，这种情况即称为“和谐”（congruence）。类型与环境不和谐，则该环境或职业无法提供个人的能力与兴趣所需的机会和奖励。

据此，人力资源管理者便可根据人才测评结果，并结合职位要求，进行人事配置，使事适其人，人事相配，以求最大限度地开发人力资源。

（2）“冰山模型”理论。在人才测评过程中，人们一般比较重视考察知识、技能，以求与职位要求有效匹配。其实不然，成功的关键还要取决于被评价者深层次的因素——价值观、自我概念、角色定位、动机与品质，即“冰山模型”水平面下的关键要素。1973 年，美国心理学家麦克利兰提出了著名的素质冰山模型理论，他把人的胜任特征模型形象地描绘成一座在水中漂浮的冰山（如图1－1 所示），“水上部分”代表表层的特征，如知识、技能等，容易被感知；“水下部分”是潜在的特征，如自我概念、品质和动机，是决定人们行为和表现比较稳定的关键因素。越向下，被挖掘与感知的难度越大。并且，一个人的表层特征只是整体特征的极少部分。因此，我们在进行人才测评时，应该从胜任特征入手，重点考察被评价者的自我概念、特质和动机。只有这样，才能把真正高素质的人挑选出来。

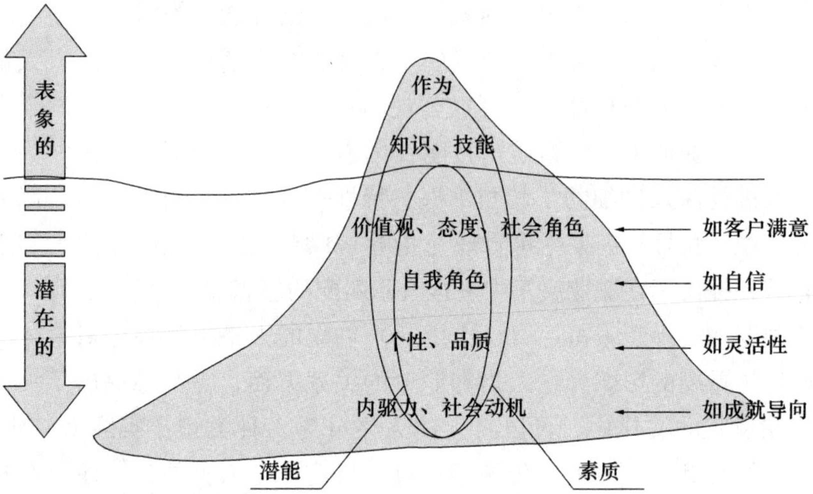

图1－1　麦克利兰的“冰山模型”

简言之，胜任特征包括五个层面，自上而下为：①知识：对某一职位有用的信息，如公司制定财务预算的程序；②技能：即将事情做好的能力，如打字、谈判等；③自我概念：对自己身份、个性和价值的看法，如将自己视为权威或教练；④特质：个体典型的行为方式，如善于倾听他人、谨慎、做事持之以恒等；⑤动机：决定个体行为的想法，如是想把自己的事情做好，还是想控制影响别人，或是想让别人接纳喜欢自己。前两个层面是“水上部分”，代表表层的特征；后三个层面是“水下部分”，代表深层的胜任特征。后者是决定人们行为及表现的关键因素。简单地说，“水上部分”是比较容易培训的，“水下部分”多是心理特质，是潜在的特征，培训相对比较困难。

1.1.2 人才测评的方法

俗话说“路遥知马力，日久见人心”，但是“马力”易知，“人心”难测。所以，要想实施人才测评，必须先掌握测评方法，正所谓“工欲善其事，必先利其器”。人的心理是复杂多变的，还会受到各种外界因素的影响，加上人们有意地掩饰、作伪，要想将人才特质准确、客观地测量出来绝非易事，甚至本人对自身都难以做出恰如其分的公正评估，所以，必须采用科学有效的方法才能做到“测人心”。常用的人才测评方法主要有以下三类。

1. 心理测验

心理测验是人员素质测评与选拔的最常见的形式之一，实质上是对行为样组的客观的和标准化的测量。心理测验产生于对个别差异鉴别的需要，广泛应用于教育、企事业人员的挑选与评价，具有迅速、科学、公平和可比较的特点。从测验的具体对象出发，可以将心理测验分为成就测验、智力测验、性向测验、态度测验、性格测验和品性测验等六种形式。依据测验的内容，可以分为知识测验、能力测验、品德测验等三种形式。其中比较有影响的心理测验，除了早期的比奈—西蒙智力测验、斯坦福比奈儿童智力测验，还有罗夏墨迹测验、默里与摩根的主题统觉测验（TAT）、明尼苏达多相个性测验（MMPI）、艾森克人格测验（EPQ）、卡特尔16因素测验、皮亚杰故事测验、科尔伯格两难故事测验、雷斯特测验等。这些测验所采用的技术，都要尽可能排除主观因素的影响，如机器评分，采用简答、填空、选择等客观性试题，但是由于心理的复杂性，心理测验也不能完全客观化。

纸笔测评是最原始也是最常见的心理测验形式，心理测验中的人格测验、能力测验、兴趣测验，一般都采用纸笔测评的方式，要求被评价者填写答题卡，或在卷面上直接完成题目。由于纸笔测评在人才测评中的重要作用，大部分测验都要求被评价者直接在卷面上写出答案，考察人才的智力、知识、能力以及发展倾向。从1988年开始，我国中央国家行政机关公务员考试行政能力测试科目就一直采用笔试形式。纸笔测评的优点在于科学化、规范化的水平较高，适合大规模、大面积的人才测评，测试结果也比较令人信服。但是，笔试内容只局限于文字作答，在检测被评价者解决复杂的实际问题的能力方面却鞭长莫及。

2. 评价中心技术

评价中心技术是综合多种人才测评方法，以定性与定量相结合的方式对被评价者进行测评的一套人才测评程序。其特点是综合性、动态性、标准化、整体互动、全面性、以预测为主要目的、形象逼真，以及具有很强的行为性。由于其具有较高的预测效度，目前评价中心在应用方面呈现增长的趋势。美国匹兹堡大学职业研究院的威廉·C·帕海姆教授在调查了评价中心的研究项目后指出，经过评价中心测试选拔的管理人员比仅凭主观判断而提拔的管理人员，其成功率要提高 2 ~ 3 倍。20 世纪 50 年代，美国电话电报公司（AT&T）最早成功使用评价中心技术，获得了公司中、高级经理及候选人的特点和成长状况方面的资料。1975 年，在加拿大魁北克召开的第三届评价中心国际大会上通过了《关于评价中心的实施标准和道德准则》，随后各国相继展开了评价中心技术本土化的研究。20 世纪 90 年代以后，伴随中国经济的腾飞和改革开放的深入，评价中心技术逐步应用于企业的人力资源管理工作，在公务员的招聘录用中，评价中心技术也发挥着越来越重要的作用。评价中心技术形式主要包括公文筐测验、无领导小组讨论、管理游戏、角色扮演、演讲、案例分析、事实判断、面谈等，见表 1 – 1。

表 1 – 1　　中国各种评价中心形式使用频率表

复杂程度	评价中心形式	实际运用频率
复杂↓简单	管理游戏	15%
	公文筐测验	89%
	角色扮演	64%
	无领导小组讨论	75%
	演讲	21%
	案例分析	83%
	事实判断	43%
	面谈	93%

资料来源：彭志忠、王水莲：《人才测评学》，山东大学出版社 2006 年版。

3. 计算机测评

随着计算机技术与互联网的飞速发展，人才测评的方式也焕然一新，与现代信息技术、网络技术紧密地结合到了一起。人们开发出了单机版、网络版的心理测验，这些测验不但包括诸如卡特尔 16 人格因素测验的心理测验，还包括像“销售经理选拔测验系统”等针对特定岗位的测评系统。近年来，有些测评机构更是将互联网不受时空限制的特点发挥得淋漓尽致，将心理测验放到互联网上，用户可以随时开展测验工作，进一步拓宽了测评的渠道。人才测评需要在初步得出的基本参数上进一步精细分析，才能得出一个人的个性特征的总体轮廓与具体评价，但电脑在人才测评中只能充当一个“评分者”的角色，只能完成统计基本参数的机械操作，通常纸笔测试比较适合“搬”到计算机上进行测试，而情境模拟测试则很难实现计算机测试。

1.1.3 人才测评的原则

人才测评过程，必须遵循一些重要而基本的原则，这些原则既是人才测评实践经验及其技能技巧的科学总结，又是人才测评实践的思想方法。

1. 定量测评与定性测评相结合

人才测评过程中主要存在两种研究方法：一是运用数学工具从行为的数量特点上对人才进行量化的测评，研究的目的在于确定因果关系，并做出解释；二是采取经验判断与观察的方法从行为的性质上对人才进行测评，注重的是整体和定性的信息。定量是定性的基础，定性是定量的出发点与结果。仅仅运用定量方法，人才测评的结果只能是一堆没有意义的数字和数量关系，成为一种不完整、形式化的测评；而单单使用定性方法，人才测评又会流于表面，成为一种简单、模糊的印象判断。所以，要把定量测评与定性测评方法结合起来，其实质就是将人力资源管理的经验与科学测量的方法相结合。

2. 客观测评与主观测评相结合

所谓客观测评，是指在人才测评过程中尽量采用客观的工具进行测量、评定，减少主观因素的干扰；主观测评就是凭借专业知识和经验，通过对人的观察，做出主观的评定。在人才测评过程中，客观测评以客观的行为和事件为依据，尽量减少或排除测评人员和被评价者的主观随意性，并保证不同测评人员在对相同的被评价者进行测评时，能做出大致相同的结论。但是，人的行为是复杂多样的，不是所有的素质都能靠客观测评得到把握，因此，在人才测评过程中追求客观化的同时，也应该充分发挥人的主观性，从人的主观方面对人才素质进行考量，即客观测评和主观测评相结合。

3. 静态测评与动态测评相结合

在人才测评过程中，还要遵循静态测评与动态测评相结合的原则。静态测评是建立在人才素质稳定性的基础之上，在特定时空条件下以相对统一的测评方式对人才进行测评，忽略不计人才要素的动态变化性。静态测评便于对被评价者实施横向比较，可用于选拔和储备人员的目的；缺点是容易孤立看待被评价者，难以预计今后的发展趋势。动态测评是从发展的角度看待人的素质发展，有利于了解被评价者的实际水平与发展潜力，可用于激励和开发人力资源，但不利于横向比较。所以，要深入准确地把握被评价者的素质就要动静结合，有的标准是以往大量实验研究得出的常模，具有标杆意义，可以推广到各种人群；有的标准则要随着时代的进步而不断更新。另外，在测评方法上也要动态和静态相结合。静态的人才测评方法包括心理测验与知识考核，动态的人才测评方法有评价中心、面试与观察评定等。静态技术简便易行，但也易受人为因素干扰；动态技术有效性高，但人力、物力、财力和时间成本也非常高，并且需要一定的技术条件和理论基础支撑。

1.1.4 人才测评的特点

人才测评是一项复杂的社会认知活动，具体的测评对象不是抽象的人，而是作为个体而存在的人的内在素质及其表现出的绩效，要受现实生活的种种制约，这就决定了人才测评不同于其他形式的测评活动。其特点主要表现在以下几个方面。

1. 相对性

人才测评主要是对个体心理现象的测量和评价，包括智力、能力、性格、气质等方面。而心理现象具有内在性、隐蔽性和无形性等特点，再加上任何测评工具都难免有一定的局限性，对被评价者的鉴别评价就未必完全符合对象的实际情况，测评结果既反映被评价者的基本状态，又与被评价者的真实情况有一定程度的偏离。所以，人才测评的结果只有相对意义，在测评实践中应注重测评的精确性和科学性，但不应片面追求精确性。

2. 统计抽样性

从理论上讲，实施人才测评时，涉猎的范围越广，收集的信息越充分、全面，测评结果就越有效、越具体客观。但在实际操作中，这种理想状态是不可能达到的。在有限的时间内不可能掌握被评价者的全部信息，只能依据“部分能够反映总体”的原理，对测评要素进行抽样，保证样本有足够的代表性。因此，在测量个体的特性前，必须慎重地选择具有代表性的行为样组，凭此推论个体的心理特性。

3. 互动性

人才测评不是简单的单向刺激—反应过程，而是一种反复多次的双向互动与沟通的过程，是一种集理智、情感、行为于一体的互动过程。被评价者是活生生的人，他既可以积极配合测评，也可以干扰、拒绝测评。所以，如果忽视互动性特点，没有调动被评价者的积极性与配合性，即使测评内容与程序设计得十分科学，最后也不一定能收到预期效果。因此，在人才测评中，尤其是面试环节，不能把被评价者当作物品来测，而应力求让被评价者由客体状态向主体状态转化，发挥其积极作用。

4. 整体性

个人素质、能力及其绩效的好坏，从根本上说，都是与他人比较而得出的。对单个人进行“孤立”性的测评，往往难下结论，而把被评价者放到整体被测群中加以比较，其优劣高低就立见分晓了。因此，人才测评的内容和标准，要因被评价者群的不同情况而有所侧重。

1.1.5　人才测评的类型

人才测评的类型，按不同的标准有不同的划分。

按测评标准划分，有无目标测评、常模参照性测评与效标参照性测评。述职、小结与访谈等写实性测评，属于无目标测评。人才录用与招聘、晋升一般属常模参照性测评。飞行员的选拔与录用，主要属于效标参照性测评。

按测评范围来分，可分为单项测评与综合测评。组织诊断与人员培训过程中的测评，一般是单项测评，而人才选拔与绩效考评中的测评，大多属于综合测评。

按照测评技术与手段划分，有定性测评、定量测评以及包括模糊综合测评在内的中性测评；按测评主体来划分，有自我测评、他人测评、个人测评、群体测评、上级测评、同级测评与下级测评；按测评时间划分，有日常测评、期中测评与期末测评、定期测评与不定期测评；按测评结果划分，有分数测评、评语测评、等级测评以及符号测评；按测评目的与用途划分，有选拔性测评、诊断性测评、配置性测评、鉴定性测评与开发性测评。

此外，还可以按测评活动分为动态测评与静态测评；按测评客体分为领导干部测评、中层管理人员测评、一般人才测评；等等。下面主要介绍我国目前常用的按照测评目的与用途标准进行划分的测评。

1. 选拔性测评

选拔性测评的目的是选拔优秀人才，在人力资源管理活动中经常使用。待遇优厚、工作舒适的职位，往往吸引了众多的求职者，尽管前期可以采取一定的形式直接剔除许多不合格的求职者，但最后仍然会存在许多可供选择的合格者，此时就需要实施选拔性的素质测评，从中选出与职位要求最为接近的被评价者。

选拔性测评的主要特点有：第一，特别强调测评的区分功用。即要把不同素质、不同水平的人区别开来，通过测评能够把最优秀的求职者与一般性的合格者区分开来，便于雇主录用。第二，测评标准的刚性最强。测评标准应该严格、精确、“一刀切”，一旦实施就不能更改，否则所选拔出的“优秀者”就难以令人信服。第三，测评过程特别强调客观性。明显标志就是对测评方法的信度的追求，表现为对数量化与计算机化的追求。第四，测评指标具有选择性。选拔性测评类型的指标允许具有一定的选择性，以客观、便于操作与相关性为前提，甚至可以是一些表面上看去与测评标准风马牛不相及的测评指标。第五，结果体现为分数或等级。

选拔性测评操作与运用的基本原则是公平性、公正性、差异性、准确性与可比性。所谓公平性原则，即要求整个素质测评过程对于每个被评价者来说，有利性相对平等，不是对某些人特别有利而对其他人不利。这是保证选拔性测评结果被公众接受的前提之一。所谓公正性原则，即要求整个素质测评过程对于每个被评价者来说，要求都是一致的，不是对某些人特别严格而对另一些人却随便。要求测评者按统一的标准要求进行客观的测评。这是保证人们认为选拔结果有效的前提。所谓差异性原则，即要求素质测评既要以差异为依据，又要能够反映被评价者素质的真实差异。这是保证选拔结果正确性的前提。所谓准确性原则，即要求素质测评对被评价者素质差异的评估要尽可能精确，限于误差允许范围内。这是保证人们对素质测评选拔结果信任的前提。所谓可比性原则，即要求素质测评对被评价者素质测评的结果具有纵向的可比性。一般要求采取量化形式，不但可比，而且还可以与其他测评结果相加。这是保证选拔结果最后在选拔人员过程中发挥实际作用的前提。

2. 配置性测评

配置性测评以人事合理配置为目的，是人力资源管理中比较常见的测评类型。实践表明，每种工作职位对其任职者都有一定的基本要求，当任职者现有的素质符合职位要求时，个体的人力资源就能主动发挥，创造出高水平的绩效。否则，个体的人力资源就处于被动状态，甚至费尽九牛二虎之力也无济于事，低能低效。

配置性测评具有针对性、客观性、严格性、准备性等特点，主要表现为：第一，整个测评组织实施目的的针对性。配置性测评的目的是根据所配置的（工作）职位要求，寻找合适的申请者。如针对甲、乙两职位的测评过程必定有所区别，针对甲职位的配置性测评结果也不能运用到乙职位的人事配置上去。第二，测评标准的客观性。配置性测评的标准，必须以职位的客观要求为标准，不能主观随意制定。第三，测评的严格性。严格性既体现在测评的标准上，又体现在测评活动的组织与实施中。例如，飞行员的驾驶工作，绝不能因为一时找不到合格的人员而降低要求。但这并不意味着标准越高越好，让一个大学毕业生从事门卫工作的业绩，远远不如高中毕业生。第四，测评的准备性。这主要体现在人力资源管理过程的开端性上。依据配置性测评结果所做的人事配置，只是保证工作效率效果的一种必要条件，是一种可能性，是一种准备。随着工作要求与人员素质的变化，配置之后还要进行适当的调配，不要一配定终身。

3. 开发性测评

开发性测评，也可以称为勘探性素质测评，是一种以开发素质潜能与组织人力资源为目的的测评，主要为人力资源开发提供科学性与可行性依据。人的素质具有可塑性与潜在性。有些人当前也许并不具备某方面的素质，但他可能具有发展这方面素质的潜力。如何发现这些人的潜力呢？显然有必要实施开发性测评。在每个企事业组织中，存在着不同类型的人力资源，要明确人力资源的基本形态，就必须实施开发性的素质测评。有的人专注于技术运用，有的人热心于技术革新，有的人擅长技术传播，这些人实际具备了不同的人力资源形态，应该对他们分别采取不同的开发策略，以最大限度地发挥他们的作用。对于“运用型”的人，应把他们培养为“生产冠军”；对于“革新型”的人，应让他们有机会接触更多的技术资料，并对他们的失败抱以宽容的态度，鼓励他们的创新精神；对于“传播型”的人，应让他们横向发展，允许职位轮换流动。

开发性测评的特点主要有：第一，开发性测评带有调查性，主要了解被评价者总体素质结构中，哪些是优秀素质，哪些是短缺素质，哪些是显性素质，哪些是潜在素质，哪些素质具有开发价值等。第二，开发性测评一般是与素质潜能开发或组织人力资源开发相配合而进行的，是为人才开发服务的。第三，开发性测评的主要目的在于通过测评激励与促进各种素质的和谐发展以及进一步提高，而不在于评定有无哪种素质或哪种素质好与不好。

4. 诊断性素质测评

诊断性素质测评以服务于了解素质现状或组织诊断问题为目的。在企业的组织管理中，为什么相同的职位、政策与环境，不同任职者的绩效水平却有很大的差异？如果需要从人员素质测评方面查找原因，最好实施诊断性测评。

诊断性测评与其他测评类型相比，主要特点有：第一，测评内容要么十分精细，要么全面广泛。诊断性测评的目的是查找问题的原因，因此测评时就像医生诊断病情一样，任何细节也不放过，测评内容十分精细与深入。如果是了解现状，则其测评的内容就十分广泛。第二，诊断性测评的过程是寻根究底。一般是由现象观察出发，层层深入分析，步步综合，直到找到答案。第三，测评结果不公开。其他类型的素质测评，结果一般都给有关人公开，而诊断性测评的结果只供内部掌握与参考。第四，测评具有较强的系统性。诊断性测评要求从表面特征与标志观察搜寻入手，继而深入分析问题与原因，诊断“症状”，由此提出改进的对策方案，其他类型的素质测评无此要求。

5. 考核性素质测评

考核性素质测评又称鉴定性测评，是以鉴定与验证某种（些）素质是否具备或者具备程度大小为目的的素质测评。考核性测评经常穿插在选拔性测评与配置性测评之中。

考核性素质测评的特点有：第一，测评结果主要是给想了解被评价者素质结构与水平的人或雇主提供依据或证明，是对被评价者素质结构与水平的鉴定，而其他类型的测评结果并非如此。第二，侧重于被评价者现有素质的价值与功用，比较注重素质的现有差异而不是素质发展的原有基础或者发展过程的差异。第三，具有概括性的特点。测评的范围比较广泛，涉及素质表现的各个方面，是一种总结性的测评，而其他类型的测评更明显的特点则是具体性。第四，要求测评结果具有较高的信度与效度。也就是说，考核性测评较之其他类型，更要求所做的评定结论有据可查，而且充分、全面，更要求所做的评定结论能够验证有关的结果。

范例 **内部提拔：宝洁用人制度的核心**

宝洁成长的密码何在？从宝洁公司前任董事长 Richard Deupree 的一段话里，也许能找到答案。Richard Deupree 说："如果你把我们的资金、厂房及品牌留下，把我们的人带走，我们的公司会垮掉，相反，如果你拿走我们的资金、厂房及品牌，而留下我们的人，十年内我们将重建一切。"

毫无疑问，人才是宝洁最宝贵的财富。

内部选拔是企业用人方式的一个自然选择。但在宝洁，这种自然已经超越一般，成为宝洁企业文化的一个显著表现形式，是宝洁用人制度的核心，也是宝洁取得竞争优势的一个重要源泉。宝洁公司是当今为数不多的采用内部提升制的企业之一。早在企业成立的 1837 年到 1867 年的 30 年时间里，宝洁公司曾花费了大量的时间去思考和研究用什么办法才可以让员工一直留下来。他们的答案是，关键在于使员工对企业产生较强的归属感，使员工的价值观与企业的价值观相吻合，而内部选拔制度非常有利于实现这两个目标。创业初期，身为基督徒的两位创始人比较强调交流，也非常强调对员工承诺的兑现，这使他们赢得了员工的信任，也赢得了建立内部选拔制度的时间。

但是，宝洁的内部培养用人策略是一个非常昂贵的策略。比如，如果中国区空出了一个总监的位置，宝洁会先看自己在中国的这些副总监有没有比较合适的，如果没有太合适的，就会考虑从宝洁其他公司引进一个总监。其实这就比在本土市场上请猎头公司帮忙招一个总监贵得多，因为外籍员工的工资是相对较高的。但是，宝洁一直坚持使用这种有效的方式。

宝洁的历任 CEO 都是从初进公司时的一级经理开始做起的，他们熟悉宝洁的产品，也熟悉宝洁的经营机制，更重要的是，他们对宝洁的文化有百分之百的忠诚。他们是随着宝洁公司成长而一道成长的，这种自豪感和主人翁意识可以很好地保持公司的凝聚力。而从组织文化的角度来说，如果有太多的"空降兵"进入的话，这个组织就会在文化融合方面付出更高的成本。宝洁的现任 CEO 雷夫利也是内部提升的一个典型，他自 1977 年哈佛大学 MBA 毕业之后就加入宝洁，从品牌助理、品牌经理、分公司总经理一直做到现在的职位。

要实施内部提升制，必须要有几个前提：一是公司雇用的人员必须有发展的潜力；二是他们应该认同公司的价值观；三是公司的职业设计相当明确并且充满层次；四是公司必须建立完善的培训体系，以提升公司雇员的潜力；五是公司的提升制度必须透明化。

作为一家国际性的大公司，宝洁有足够的空间来让雇员描绘自己未来的职业发展蓝图。无论他是一个技术型人才，还是一个管理型人才，他未来的发展空间都会足够的大。例如，如果你要想成为一个人力资源经理，那么，你的职业成长路线图是：最初你将会是一个人力资源专职管理培训生，然后你将成为负责培训、招聘或者执行工资福利制度的助理经理。下一步，你将作为人力资源部的某一专业领域经理负责公司政策制度的实施、招聘等工作。更进一步，你会作为分公司的人力资源部经理全面负责所属合资公司的人力资源系统的整体管理工作，或者负责人力资源某个专业领域系统的发展和完善，如工资福利制度等。最后，你将会成为人力资源部的经理。

在宝洁，除了律师、医生等职务，几乎所有的高级经理都是从新人做起。宝洁管理层95%以上的员工都是由应届大学毕业生培养起来的。

除维系员工的归属感、激发员工的工作热情之外，内部选拔还可以有效避免外部招聘所带来的“公司政治”（不同背景的小集团）增多的风险，有利于维护公司文化的纯洁，从而减少因公司核心价值观受到冲击而造成公司经营上动荡的风险。

当然，内部选拔容易带来员工同质性高的后果，造成企业缺乏新鲜血液，进而可能会影响企业的创造力。为了消减这些消极影响，宝洁非常强调“外向性”，加强外部市场调研，加强与研究机构、供应商、分销商的配合，注重引入外部积极因素来化解内部选拔制带来的某些不利。这比许多坚持自身特色的企业多走了一步。

资料来源：www. manager365. com/Article/rlzygl/zp/200705/200705112359. html。

1.1.6 人才测评的功能

人才测评具有的功能归纳起来主要有以下三个方面。

1. 甄别评定功能

这是人才测评最直接、最基础的功能。所谓甄别评定，是指根据人才测评的目标对人的兴趣、能力、知识、技能等各方面做出客观准确的鉴别评价，并将鉴定的结果以定量或定性的方式呈现出来。甄别是测量个体之间的素质差异，评定是衡量被评价者素质构成及其成熟程度，看其是否具备规定的资格条件和常模标准。

人才测评的甄别评定功能的正向发挥表现为激励与强化作用，每个人都希望自己在测评中表现出色，所以，一种行为如果获得了肯定性评价，以后就会高频率出现，反之亦然。人才测评能够激励人们进取向上的愿望与动机，使人们自觉自愿地努力学习、工作，从而进一步提高每个人的素质和工作能力。

2. 诊断反馈功能

诊断与反馈二者是相互联系、相辅相成的。诊断是指通过测评，找出被评价者素质构成及发展上的问题及不足。反馈是指根据测评结果，提供调整和改正素质缺点的信息，分析缺点和不足及其产生的原因，提出诊断意见和素质优化开发方案，帮助其克服缺点，发扬优势，推动其素质全面发展。

“不识庐山真面目，只缘身在此山中。”无论是企业、组织，还是其中的员工，在经过一段时间的快速发展后，往往会出现发展缓慢、停滞不前甚至滞后的现象，但难以找到其中的原因。人才测评可以通过一定的技术和方法，对被评价者进行客观的诊断，使企业、组织或个人能够进行自我反省，找出缺点与不足，清除前进中的障碍，实现可持续的长远发展。

3. 预测功能

人才测评并不是根据单个的特征行为测评素质，而是根据大量的特征行为测评素质的，这些大量的特征行为对素质的揭示具有一定的必然性，因此可以依据素质表征行为发展的历史轨迹及其趋向，对被评价者的素质发展进行某种预测。这种预测的有效性取决于素质特征的稳定性程度。

预测功能的正向发挥，表现为选拔作用。素质测评的评定功能单独发挥时，仅表现为激励作用，然而当它与预测功能结合发挥时，就表现为选拔作用了。素质在数量与质量上的差异，是区别不同素质结构与水平差异的重要依据。测评的预测功能使素质测评的结果具有一定的后效性。换句话说，个体素质的差异会具有一定的延续性。这样我们就可以根据各个被评价者目前的素质差异了解他将来的发展差异。

此外，在社会主义市场经济条件下，人才流动也需要利用人才测评的信息咨询作用，主要表现在三方面：其一，人才测评能对一个国家、一个地区或一个产业部门的人才结构和职业分布结构进行调节。其二，调节人才纵向、横向流动，促使社会人才资源合理布局。其三，调节人才的智能结构和一定社会的人才供求标准，使配置需求与可能有机结合。

1.2 人才测评的管理

人才测评是一项复杂而又艰巨的工作，专业人才测评工作者应该了解人才测评的注意事项，在认识人才测评可能产生的误差的基础上，严肃、慎重地对待人才测评，对人才测评实施有效的管理，从而保证人才测评顺利实施，得到的测评结果科学、客观、公正，具有说服力。

1.2.1 应用人才测评应该注意的几个重要理念

1. 人才测评不是选最优秀的，而是选最合适的

很多人力资源管理者在选拔人才时一味希望选到最优秀的人，却不顾职位本身的需求标准。其实这种想法是错误的，因为对于人员选拔来讲，最关键的是合适，其次才是优秀。如果选拔一个过于优秀的人，这个人可能会远远超出职位的要求，那么这份工作对他来说可能丝毫不具挑战性，他的工作稳定性就不会太高。比如，我们请一位本科生做前台接待就很不稳定，很容易“跳槽”，造成人才流失。

2. 人才测评的比较

人才测评是将被评价者与评价标准进行比较，而不是在被评价者之间进行比较。人力资源管理部门在进行人员选拔时，一定要事先根据职位需求制定评价的标准，将被评价者与这个标准进行比较。而事实上，有些人力资源管理者往往是在被评价者之间进行比较，在众多被评价者中挑出最好的。这样做的结果是一种误导，因为在被评价者中所谓的“最好”不一定能满足职位的标准。

3. 尽量不要降低标准来选用人员

当所有的被评价者都无法满足事先设定的选人标准时，人力资源管理者往往不得不重新思考选人的标准，是不是标准定得太高了，以至没有人能够满足。有的情况下，确实是标准定高了，而相当多的情况下并不是这样。因此，在考虑降低标准时一定要谨慎，否则会造成标准的混乱，对其他员工就显得不够公平，即使勉强选出来，最终发现还是不能胜任本组织的要求，只能给组织带来损失。

1.2.2　人才测评准确性的几个影响因素

人才测评具有一定的科学性、客观性、公正性、权威性，但是世界上没有绝对的事情，任何测评工作都会存在误差，我们必须清醒地认识影响人才测评的众多因素。

1. 客观因素

人才测评的客观因素很可能会直接影响人才测评结果的准确度。因为人才测评不同于物理测量，人的能力、个性、技能等许多特性都是无法直接测量的，如果人才测评的工具和方法在标准及精度方面不准确，测评结果的准确性就从根本上有了问题。测评内容设置本身对不同的被评价者来说，难易程度是不一样的，测评结果可能不准确。例如，两个销售能力相同的推销员，一个被分配在甲地进行推销，一个在乙地推销。如果甲地的推销环境比乙地好，那么，对两个推销人员的工作实际评估只依据其销售额来计算的话，是否公正呢？结果是否有说服力呢？另外，测评环境的温度、通风情况、噪音、照明等因素，都会对测评过程产生影响，使结果出现误差。

2. 主观因素

影响人才测评的因素主要来自测评人员和被评价者两个方面，从测评人员方面来看，一些测评人员往往会凭自己的主观感觉或第一印象来评估，特别是对一些非定量标准，如工作态度、政治表现等，测评人员更有可能只凭自己的感觉、印象，自以为了解情况，乱下测评决定。这种陈腐的、静止的、主观臆断的测评方法，在人才测评中害人不浅，效果极坏。有些测评人员评分标准不一致，先紧后松或先松后紧以及趋中效应，都会引起测评的偏差。

从被评价者方面来看，在主观上也存在着一些问题。例如，有些被评价者有意地过高评估自我，也有一些被评价者过于谦逊，在自评中往往不好意思把自己的实绩写上。这两种情况都不能正确地进行人才测评，都会给人才测评带来不利的影响和后果。另外，被评价者的健康状况、生理周期、受教育程度、参与测评动机、生活经验等，都会对人才测评结果产生不可预期的影响。

3. 测评中的失误

随着人才测评技术的不断发展与计算机测评技术的使用，测评的实施过程已经越来越标准化，由测评实施造成的误差也越来越少。但是在人才测评的具体实施过程中，还是会产生这样或那样的误差，如晕轮效应误差、首因近因效应误差、感情效应误差、暗示效应误差、偏见误差、刻板印象、基础归因性错误、取景偏差等等。以下对这些误差进行简单的解释。

（1）晕轮效应误差。测评人员对被评价者进行评估时，把某一方面甚至与人才测评无关的某一方面看得过重，从而影响了整体的测评效果，导致过高或过低评价。

（2）首因近因效应误差。研究表明，首先映入决策者眼帘和最后映入决策者眼帘的信息会得到决策者更多的关注，而中间的信息容易被忽略。这样会引起信息的不全面，增加决策风险。在人事决策中，我们也同样会对最初得到和最后得到的被试信息增加权重，从而歪曲了决策结果。

（3）感情效应误差。人是有感情的，而且不可避免地把感情带入他所从事的任何一种活动中，人才测评也不例外。测评人员可能随着他对被评价者的感情好坏程度自觉或不自觉地对被评价者的绩效评估偏高或偏低。

（4）暗示效应误差。暗示是人们一种特殊的心理现象，是人们通过语言、行为或某种事物提示别人，使其接受或照办而引起的迅速的心理反应。测评人员的言行举止如果对被评价者的心理状态产生暗示、误导等干扰因素，将会造成测量误差。例如，在面试中，主试称许的态度或反感、厌恶的表情会使被评价者得到对于测试的反馈，从而改变自己的回答或行为表现，造成结果的失真。

（5）偏见误差。由于测评人员对被评价者的某种偏见而影响对其测评结果所造成的误差，被称为偏见误差。在一个企业里，如果测评人员是技术工程出身的，他往往不自觉地认为文科出身的管理人员不学无术，只会“耍嘴皮子”，那么他在评估时对文科出身的管理人员的评价就不会太高；而公司要提拔公共经理时，会倾向于选拔文科出身的员工，认为他们有较强的沟通能力，而认为理科出身的人笨嘴拙舌、不善辞令，这样就忽视了考察员工本身。

（6）刻板印象。刻板印象是我们对某一类人固有的看法，是我们识别他人的捷径。虽然这种心理捷径能够将复杂的世界简化，但同时也造成我们在得到证据前就做出判断，或者采取自以为是的态度。这种刻板印象发展到极端就会形成偏见。如决策者对某所高校的学生有严重的偏见，那么面对一名确实优秀的该校毕业生时，他不管看到什么样的信息，都会对应聘者做出负面的评价。

（7）基础归因性错误。人们往往倾向于把其他人进行某种行为的原因归咎于他的个人因素，而不归结于有可能使他们做出这种行为的环境因素。这种归因性错误会给选聘过程带来一些问题。如果我们只看到他的具体行为，而没有注意到各种外界因素对他的影响和作用，就可能会做出不正确的评价。尽管没有一种简单的方法能够使评价人员避免基础归因性错误的发生，但是我们应该认识到它的重要性，并尽可能防止它的出现。

（8）取景偏差。一般的信息都存在于有利环境和不利环境这样两种信息环境中，如果一个决策者主要考虑的是在做出选择后可能出现的不利后果，那么他就会更加关注雇用了职员后可能产生的不利后果，这会使得他只关心被评价者的不利方面，从而为决策者提供了一个消极的框架。

阅读

人才测评中的“七多”原则

企业中的人才测评是对人员个性特点、基本能力的评价，可以为人事决策提供一些基本信息，从而起到参考的作用。然而，鉴于人的复杂性，对人的评价是一件需十分谨慎、负责的工作。尤其是当客户将测评结果直接应用于选拔或淘汰的时候，测评的准确性、严肃性和客观性必须得到高度保证。

人才测评是有一定局限性的。尽管诸多学者、专家们一直致力于测评工具的改进，信度与效度的提高，但偏差是难以避免的。我们在工作中要做的是，在力所能及的范围内，做到尽量的准确、客观、公正。由此，便衍生出了“七多”原则。

1. 多测评者

尽管很多测评工具都有相对客观、量化的评价标准，但由于测评者个人背景、阅历、经验、理解、好恶等的多样性，不同的测评者对被评价者难免会带有一定的主观色彩，尤其是在面试的过程中。比如，同时在听被评价者表达，但不同的测评者对信息加工的重点不尽相同，对能力的等级判定也有差异，有的测评者认为该给3分，其他的测评者可能给2分或5分。测评人员越少，主观因素的影响可能就越大。

因此，要减少这种主观因素的影响，除了提高评分标准的客观性和可操作性之外，增加测评者的数量也很重要。通常来说，测评者至少要三四个人。假设一个测评者对被评价者的描述60%是正确的，40%是有偏差的，那么，这40%的偏差可借助其他测评者的眼睛来弥补，从而提高测评的准确性。

2. 多测评手段

选择多测评手段的原因如下：

第一，成熟的测评手段的形成有其特定的历史背景和应用对象，一种测评工具不可能涵盖所有要测的内容。而测评项目的需要又是多种多样的，仅用一种测评手段，是不能完全满足这些需要的。应注意各测评手段的选择，测评工具之间应既能相互验证又互为补充。

第二，测评的效果受到当时的情境、被评价者的状态等多种内外因素的影响，所得结果具有一定的偶然性。被评价者在一种测评工具上的得分，也会受到偶然因素的影响。偶然的事情如果出现多次，才具有必然性。因此，选择多种测评手段，可以对被评价者的能力进行反复验证。

在给客户进行测评的过程中，应根据客户的需要，通常采取面试、笔试相结合，性格和能力测试相搭配的多种测试方法，包括结构化面试、心理测验、评价中心等。同时，测评工具的设计具有针对性，如公文筐、案例的选择贴近客户的实际情况，为不同行业的客户设计不同的问题。

3. 多方结合

这里主要是指企业、岗位、员工相结合。首先要分析企业的特点以及企业对员工的要求；其次是结合企业特点，把岗位对员工的要求分析明白；最后是把员工的能力特点看透、看准，将人岗进行匹配，做出是否胜任的判断。

分析企业和岗位对员工的素质要求，涉及提取岗位胜任特征的工作。胜任特征是指能够区分该岗位上的高绩效者和普通绩效者的各种个人特征，通常也被称为素质。

通常，多个测评者共同努力，结合多种测评手段，对被评价者的胜任特征进行评价，描述被评价者的优劣势、是否符合现任岗位的要求，以及具有怎样的发展潜力。这也就实现了将人员评价与岗位要求相结合。员工在胜任特征模型上的得分，见表1－2。

表1－2　　员工在胜任特征模型上的得分

姓名	素质名称一	素质名称二	素质名称三	素质名称四	素质名称五	素质名称六	……
员工甲	4.0	4.0	3.5	3.5	3.5	4.0	……
员工乙	4.0	2.5	3.0	2.5	3.0	4.5	……
员工丙	3.0	3.0	3.5	3.0	2.5	3.5	……
员工丁	3.5	4.0	3.0	4.0	3.5	3.5	……

表 1－3　　员工乙的优、劣势分析

优势分析	劣势分析
素质名称（素质一） 素质名称（素质三）	素质名质（素质二） 素质名称（素质四）

发展定位
• 发展定位，胜任现任岗位，并具备一定的发展潜力。 • ……

4. 多维视角

对人的评价可以是“点”，也可以是“面”，还可以是“立体”的。思维慎密、表达能力强是“点”，是直观描述，而综合能力优秀等是“面”。再辅助以形象的比喻和类比，就是立体的，如“是决策参与者，而不是决策者”“是冲在一线的突击队长，而不是留守人物”。

人才评价中，“点”的描述是依据，“面”的判断是提炼，“立体”的刻画是升华。点、面、立体相结合，可以让没有见过被评价者的人看了报告之后也能在心中浮现出被评价者的完整形象。

此外，评价也要结合管理的视角。企业关注员工的个性、能力，最终目的是关注员工在企业中的行为，更多地关注员工带来的效益。因此，需要将员工所表现出来的特点紧紧围绕工作进行描述，揭示各种性格类型和能力特点的员工在工作中可能的作为和潜力。

5. 多立场

这里主要是指企业、被评价者、测评者的三方立场。

首先，要站在企业的立场。企业对测评结果有多样化的需求，有的企业希望更多地了解员工的个性、思维风格等内隐的个体特质，有的企业则希望重点知道员工的能力现状、发展潜力、是否胜任现任岗位等。测评者要站在企业的立场对被评价者进行评价，抓住企业关注的重点，简单、明确、清晰地对员工做出判断，给企业是或否的结论，而不是似是而非、无关痛痒的模糊语言。

其次，要站在被评价者的立场。测评者对被评价者的一句不经意的评价，就有可能影响其职业生涯的发展。因此，测评者还应该为他们着想，认真、负责，尊重每一个被评价者，尊重他们的个性，发现他们的特点。

最后，测评者的立场。测评者的立场是中立的，不受客户内部各种人际关系的影响，实事求是地反映他们的所见所得，真实地反映他们对被评价者的印象。

6. 多心眼

企业中的测评或多或少地会给被评价者带来一定的影响，因此，除非被评价者特别合作、诚实，或者非常想了解真实的自己，否则，被评价者会有装好或装坏的倾向，影响测评结果的真实性。要克服来自被评价者的阻力，测评人员需要时时刻刻多个心眼，多思考、多研究。

一方面，可以采取单盲法。即企业和测评者都不告诉被评价者真实的测评意图。同时，在面试或笔试之前，测评者对进行该行动的原因做解释，以安抚被评价者，让他们抛开防御心理，卸掉武装和防备。

另一方面，测评者需要练就一双火眼金睛，在面试过程中识别真伪，发现被评价者是否撒谎，是真实的自我流露，还是掩饰自己、另有所图，装好人或者装坏人。在被评价者表述的时候多加追问，有刨根问底的精神，同时观察被评价者语速、表情、神态的变化，拨开重重云雾，让被评价者真实的一面显现出来。在笔试中，很多心理测验都有测谎题，这也能辅助测评者进行判断。

7. 多斗争

测评者需要克服来自自身的一些阻力，如个人的好恶、性格等的影响。很多人碰见跟自己兴趣、性格相似的人，或者与自己欣赏的某个人相似的人，会无意识地产生一定的好感；而面对与自己性格相左，或者与自己所讨厌的某个人有共同点的人，会不自觉地产生厌恶情绪。同时，测评者还需要克服晕轮效应的负面作用，避免对某个人在某一个方面的表现不满意，就泛化到其他方面，做出整体偏低的评价；或者对人的某方面能力评价较高，就对所有能力有偏高的评价。

这需要测评者与自我、各种影响评价的心理效应进行顽强而坚决的斗争。

首先，要自省，要对自我有足够、透彻的了解。关于自己的个性特点、喜好、优点、缺点等，要做到心中有数。同时在测评的过程中要十分小心，时刻警醒自己，以免产生不公正的现象。

其次，要有开放的、包容的心态。要能够无条件地接纳任何人，不论是价值观的差异，还是性格的不同，都应该一视同仁，不带任何偏见。

资料来源：www. adfaith. com。

1.2.3　人才测评的科学管理

人才测评的最终目的是要为人力资源管理服务，但前提是人才测评本身得到科学、有效的管理，使整个测评过程慎始慎终，测评结果科学、客观、公正，才能为进一步的人力资源管理所运用。人才测评的管理主要体现在以下几个方面。

1. 目的管理

要进行人才测评，首先必须澄清目的，有明确的目的，人才测评工作才能有的放矢，顺利开展。如果目的不清，就会面临不良后果：无法确定要测评的合适对象；无法确定适宜的测评工具；无法确定测评结果的评价标准；无法合理、有效利用测评的结果，造成浪费。

针对招聘、培训、选拔等不同目的的测评，内容和使用方法都不同，因此如果目的不清，会使整个的后续工作都陷入混乱。所以，在整个人才测评的过程中，都必须强调本次人才测评的目的性。

2. 测评工具、技术管理

不同的测评工具、技术对测评目的的达到以及误差的产生具有直接的影响。进行人才测评应围绕测评目标，对测评工具、技术实施管理，注意测评形式与实际工作的吻合度，尽量采用多种测量手段相结合的方式，以便各种测量结果可以相互参照，以保证测评的客观性。例如，采用评价中心技术，测试前应对场地安排、流程设置、观察方法等做充分准备，尤其是观察室所采用的工具，如果条件许可应尽量采用仪器进行记录，如采用录音、录像设备，以避免由于肉眼观察带来的主观偏差。

3. 人才测评工作者胜任管理

人才测评工作者应当拥有人才测评技术和工具，或至少熟悉有关技术并知道获得相应工具的渠道。也就是说，有关人员能够自己实施人才测评，或知道如何获得专业人士和机构的支持与服务。

从事人才测评的专业人员应当熟悉人才测评的基本理论和方法，在需要的时候能够亲自实施或配合专业人员开展人才测评，了解人才测评的流程，知道如何解释人才测评的结果或明了专业人士给出的解释。

组织在获得有关人才测评技术和培训有关人员方面，值得做出必要的投资。这是一种“四两拨千斤”的事，即用有限的投入，降低人事招聘、安置、晋升的风险，换取的回报是巨大的。比如，用有限的投入选择一个好的公司总经理，公司的收益将大大增加，这增加的收入往往是当初评价成本的千百倍，即使扣除其他因素影响，其效益也是极为可观的。

4. 现场管理

人才测评是极其严肃的事，必须认真对待。而这种严肃性的一个最外在的体现，就是实施测量的组织安排，包括现场环境的布置，考生的预先通知、协调，测验材料的印刷，答题工具（如铅笔、橡皮、计算器、草稿纸等）的准备，指导语的形式（现场念、录音、板书等）。所有这些要素、环节，都要悉心安排，不能疏忽，否则就会引起测量结果的误差。

一般情况下，人才测评都要在规定的场合，有人事部门或专业人士在场的情况下完成。通常，测评题目、材料是不允许带回家完成的。主要原因之一是，在指定的场合进行，可以保证所有人接受的测评环境都尽可能一致，而带回家去做或在其他不可控制的场合做，对测评环境就无从得知和把握，对可能引起的误差无法解释。

5. 安全管理

人才测评作业必须遵循安全原则，因为它可能涉及保密性、劳资关系、组织稳定。

保密性问题涉及两个方面：一方面，测评工具本身必须保密，不能外传、流失，否则可能使测评失效。虽然多数测评工具并不存在答案的唯一性问题，但测评工具的题目、测评的意图、计分方法一旦公开，往往会影响工具的使用。因此，所有测评材料，在结束测评时，必须如数回收。这不仅是保证测评工具的有效性，而且也是对测评工具的知识产权的保护。因为任何一个测评工具的开发都是经过大量时间、精力、财力的投入完成的，是智慧成果。因此，从事人才测评的人员都应自觉遵守人才测评行业的道德。

另一方面，保密性涉及被评价者的个人隐私。在组织需要的特定前提下，测评结果只能在有限的范围内发布，如专业机构、人事部门、上级主管等。如果员工事先知道或预感到测评的结果没有妥当的保密措施，他们会抵触测评，或者在测评中故意掩饰。而且，如果不能确保测评结果的安全，保护员工的隐私，还可能引起员工关系恶化，使组织陷入不稳定局面。

6. 政府管理

因为人才测评是人力资源整体性开发的重要组成部分，所以人才测评的管理不仅要针对每次具体的测评过程，还要求各级政府人事部门担负起管理的责任，逐步建立人才测评从业人员资格认证制度、人才测评技术成果鉴定与推广制度、测评机构注册与审批制度和人才测评服务监督与检查制度。要根据人才测评服务的需要，适时引导、发展人才测评服务，扶持人才测评产业的发展。

7. 建立人才测评行业管理机构

建立人才测评行业管理机构，制定相应的规章制度来加强对人才测评行业的规范管理，维护测评单位和被评价者双方的合法权益，将不合格的人才测评机构或公司淘汰出局，制止一些测评机构为了短期商业利益而败坏整个行业的行为。逐步推出可信度高的人才测评机构或公司，树立起品牌以维护人才测评行业的信誉，确保整个测评行业的健康有序且向更高层次发展。

1.3　人才测评与人力资源管理

现代人力资源管理理论认为，人力资源是组织中最重要的资源，是组织需要且能够增值的资本，如果利用、开发、管理得不合理、不充分，组织则不能完全发挥人力资源的作用，甚至可能因此而蒙受巨大损失；只有有效地开发人力资源和合理地管理人力资源，组织才能健康发展。用人的前提是知人，知人方能知其是否胜任，进而才可以合理地配置人才，发挥人才的作用。我们虽然已经了解到人才测评是知人的有效手段，但受传统观点的影响，相当数量的人力资源管理者都认为，人才测评只是在人才选拔，也就是招聘的过程中才发挥作用。人才测评与人力资源管理之间的关系到底应该怎样呢？如何才能将人才测评的作用发挥到最大化呢？

实际上，随着人力资源管理战略地位的提高及人才测评知识的普及，人力资源管理者对人才测评价值的认识也不断深入，越来越多的人认识到：在现代人力资源管理中，人才测评是人力资源开发和充分利用的基础，人才测评技术是贯穿人力资源管理全过程的重要技术之一。我国的一些国有企业正是通过加强人力资源管理，重视人才测评作用，才顺利走出低谷，开始进军国际市场的。例如，青岛海尔集团正是由于重视人才建设，重视人力资源管理，产品才不断创新，占领美国、日本和欧洲等发达国家市场；春兰集团伴随着中国的改革开放逐渐发展壮大，由一家名不见经传的小厂发展成为中国空调业的龙头老大，其成功的主要经验也是重视人力资源管理，重视人才建设。

1.3.1 人才测评在人力资源管理中的地位

人力资源开发和管理是对“人力”这一特殊的资源进行有效开发、合理利用和科学管理。人力资源开发和管理活动包括三个方面：一是人力资源的鉴定，主要包括人力规划与人员甄选、调配和安置；二是人力资源的保留，主要包括报酬与福利、劳资关系、安全与卫生以及工作环境；三是人力资源的使用与发展，主要包括工作绩效评估、员工培训、事业策划以及员工沟通。

在人力资源开发和管理中，人才测评是十分重要的中间环节和基础工作，起着承上启下的作用。一方面，人才测评以科学的测评工具和程序，对人才的知识及能力倾向、工作技能、工作业绩、发展潜能、个性特征、情绪状况等进行评定，对人才的质量和价值做出科学的、定量的鉴别和判断，为组织选人、用人提供较为客观的依据；另一方面，人才测评也为员工的培训及发展提供了科学的指导。通过测评，组织可以充分认识员工的素质、特长和潜能，有目的地制定培训计划和职业生涯规划。

可以这么说，人才测评与工作分析、绩效考核、薪酬体系、员工培训和职业生涯规划共同构成了人力资源开发和管理体系，缺一不可。

表1－4是在国外的一项调查中，人才测评技术的应用领域与运用频率。

表1－4　　人才测评技术的应用领域与运用频率

人力资源开发领域	人才测评技术运用频率（%）
最终的选拔决策	83
提升	76
职业发展	67
职业咨询	66
员工生涯规划	47
最初的应聘甄选	42

资料来源：何非、顾磊、蔺益：《破解企业人才测评中的10大难题》，机械工业出版社2006年版。

1.3.2 人才测评在人力资源管理中的作用

人才测评是人力资源决策的基本工具，其最主要的作用是为人力资源决策提供可靠、客观的依据。其具体作用如下。

1. 它是人力资源科学选拔的依据

在组织的人力资源管理实践中，人力资源管理者就面临着大量的选拔人才的工作，包括招聘、内部晋升、人员调配等，但是随着人才流动的日益增强，如何迅速有效地识别组织所需要的人才，是很多组织关心但又感到棘手的问题。尽管大多组织都认识到了选拔人才的重要性，但是在具体选拔过程中，效果却常常不尽如人意。经多次面试招入的员工，使用后才发现不能胜任工作；在原岗位表现出色的员工，在调动晋升后，反倒沦为平庸。就如彼得·德鲁克（Peter Drucker）曾经说的："没有什么决策比人事决策更难做出，后果会持续作用这么久。但总的来说，经理们所做的提升和人员调配决策并不理想，一般说来，平均成功率不大于 0.333。在多数情况下，1/3 的决策是正确的，1/3 有一定效果，1/3 彻底失败。"要想达到科学选人，就必须运用人才测评中的甄选评定功能，深入分析被评价者的各项能力与个性心理特征，评估其与工作职位的匹配度，选择最合适的人选，使每个人既能胜任本岗位的工作，又能充分发挥其潜能，同时也不造成人力资源浪费。所以说，人才测评是在人力资源管理过程中，提高选拔人才成功率的重要手段。并且，依据人才测评进行公开化的人事配置，还有助于杜绝人才选拔过程中走后门、拉关系等不正之风。

2. 有助于人力资源配置的科学化

因事择人、人事匹配，是人力资源管理中最主要的内容之一。人与事如何实现科学合理的配置，是人力资源管理与企业管理急需解决的一个重要问题。传统的人事配置主要是依靠配置者的经验分析与主观判断，缺乏客观性和公正性，很容易出现小材大用、专才偏用、歪才正用、大材小用和埋才不用的情况。而人才测评可以实现人与事的科学配置，有助于消除传统人事配置的弊端。人才测评的结果，可以为人事部门使用、安置人员提供客观依据，为领导进行人事决策提供科学依据。以最小的投入确保人力资源的合理配置，提高生产力，使合适的人在适合的位置上。

范例 **沃尔玛拒聘硕士意味着什么**

沃尔玛在武汉招聘见习管理人员时，对很多硕士研究生递上的简历说"NO"。原因是"用硕士学历的大学生是一种资源浪费，对他们本身的成长和公司的经营发展并没有好处"。

跻身世界500强企业的沃尔玛公司在武汉大学、武汉理工大学招聘时一改“传统”，只要本科生，硕士生一概不予考虑，这种做法应引起当前业界的重视。

在北京每年的春秋两次大规模人才招聘会上，许多公司打出“恕不接待本科生”的招牌，本科生似乎沦落为最低学历，但仔细考察许多公司标明要硕士以上学历的职位，其实技术含量并不高；许多单位还把单位拥有多少硕士、博士作为考核指标和实力象征，由此导致的大材小用处处皆是。硕士生在办公室跑腿，干的是高中生的活，博士生做最基础的工作，真正的学识无用武之地，致使不少单位出了许多“傻博士”，不是这些博士真傻，实在是好钢没用到刀刃上。

沃尔玛在武汉招聘见习管理人员拒招硕士生，对媒体的解释是，一般招聘进来的应届本科毕业生通过6个月的培训，基本上都能达到公司的要求。沃尔玛同时还表示，公司希望招聘的是有志于在公司长期发展的人，不希望员工流动太频繁。“学历并不要求很高，重要的是员工要有志于在沃尔玛公司长期发展。”忠诚度高于学历，是目前不少立足长远发展的企业的考虑。

据有关资料显示，全国零售行业，员工跳槽一直比较频繁，沃尔玛公司的离职率近几年控制在10%以下，与公司的用人标准是分不开的。沃尔玛公司的管理层中约60%的成员是从内部基层员工晋升的。

其实，学历只反映一个人掌握知识的能力，并不能反映一个人的综合实力。不同的岗位有不同的知识层次要求。如果招聘的岗位本科生可以胜任，公司就没必要招聘硕士研究生。企业按人尽其才的原则用人，至少也能降低人力成本。

资料来源：www. oxford. icxo. com/htmlnews/2006/11/10/966655. html。

3. 有助于人力资源开发优化管理

传统的人事管理对人力资源，基本上是一种物质化的“仓库管理”。管理人员把每个职员物化为档案袋，当作物质，像记录设备的型号、性能、价格等资料那样建立个人档案。“活”的人力资源管理变成了“死”的档案保管。人与人之间的差别只能看到性别、年龄、职务和工种上的区别，看不出个体素质上的差异，往往造成人才的积压与埋没，使人力资源蒙受了巨大的浪费。借助人才测评，不但能发现优秀人才与短缺人才，而且还能明确每个人的长处和短处，从而扬人所长，避人所短，优化组合，开发潜能。通过人才测评还能及时提供人力资源变化的信息，明确人事配置的现状及未来变化的趋势，因而在进行人事管理的近期与长期的规划工作时，可以做到纵观全局，方向明确，能区分优先次序制定切实可行的战略与方案。

4. 有助于促进员工的自我认知、自我设计与自我开发

每个人对自我并不是全部了解，更不是十分了解。一个人能否正确地认识自己，一是涉及自我的认识能力与他人对自己的认识能力；二是涉及自我潜能的表现是否充分，因为每个人都有许多素质难以找到合适的机会与场合表现出来；三是有 90% 的潜力尚未被开发，长眠不醒。而人才测评则是通过一定的技术设计，使员工对自己的素质认识科学化与标准化，通过创设一定的情境让一个人的潜能得到充分的展现，从而达到自我认知、自我设计、自我开发与成才目的，从而使企业的人力资源活跃起来。

5. 明显提高员工绩效水平

在人力资源管理的传统绩效考核中，对员工能力的考核往往习惯性地采用“民主评议”的方式。这种方式的弊端在于评议者的标准与绩效考核的目标往往不是统一的，绩效考核经常实质上是被考核者在企业内部人际关系水平的反映。而且传统的绩效考核结果一般会应用于奖金分配、内部晋升等利益攸关的环节，所以，传统的绩效考核往往只能起到反映过去的作用，对提高被考核者今后绩效的作用不明显。科学的人力资源管理，不应仅仅局限于对员工业绩的考核，而应进行绩效管理，将员工平日的表现，包括对企业的投入度、工作敬业程度、能力水平、团队精神等个人素质都列为考核与管理的范围之内，再运用人才测评技术，使绩效管理有效、客观、公正。

将人才测评技术融入日常的绩效管理之中，可以随时监控企业现有的人力资源状况，有利于企业管理者及时发现问题，并根据企业目标做相应调整。其中所表现出的每个员工的优点与不足，比较有说服力，可以帮助员工制订较为详细的绩效改进计划，大大提高员工的绩效水平，发挥了人力资源的最大效用。

6. 加强团队建设

在人力资源管理过程中，人才测评技术不仅可以应用于个体员工，还可以作为团队的评价与诊断手段。企业中很多活动与任务都是由团队实施的，所以，团队成员之间能否按照特定的机制进行有机组合，是团队能否取得成功的关键，也是一个企业能否正常发展的关键。金刚石与石墨的构成元素同为碳元素，但由于结构不同，二者的外观、硬度有着天壤之别。在人力资源管理中，也存在着这种“同素异构”的现象，即同样的人，处在不同的组织方式中，各自承担不同的职责，最终的绩效水平也相差悬殊。运用人才测评技术就能够充分发挥团队中每名成员的素质特点，把每名成员放在最适合他的职位上，从而实现团队的优化配置。

另外，高效团队的基础就是团队成员有机组合在一起，而非简单地拼凑。根据团队管理理论，团队成员要实现高效率的工作，必须实现能力、个性、经历、知识、性别等多种因素的互补。俗话说“一山难容二虎”，如果在一个企业、部门或者团队中，没有考虑因素间的互补关系，成员权力动机都比较高，都希望对他人的情绪、行为进行控制，产生影响，那么这个团队就会发生内耗，陷于内部权力斗争之中，极大地影响团队目标的实现。运用人才测评，就可以在团队组建之前预测团队成员的协作性，并对团队组建后可能出现的冲突与矛盾进行防范，化可能的危机于无形之中，从而保证团队顺畅高效地运作。当然，对于已经存在问题的团队，人才测评可以通过诊断找出问题所在，进而对症下药，亡羊补牢。

7. 提高培训的成效

尽管在招聘环节，人力资源管理部门已尽力将人员安排在合适的职位上，但这只是初始状态，随着企业的发展以及员工自身的变化，企业需要对当下的人力资源状况进行评估，并针对目前存在的问题以及与企业目标要求之间的差距，有目的地对员工实施培训。但是，很多人力资源经理都有一个共同的困惑：为什么培训项目总是不能达到预期的效果？虽然造成员工培训收效甚微的原因是多方面的，但是没有充分利用人才测评，确实是普遍存在的问题。人才测评技术能够有效地帮助企业客观分析员工个体或部门的培训需求，将针对员工个体的测评结果与职位要求标准进行对比，选出员工个体特点与职位素质标准差异较大的、通过培训可以提升的素质，使员工的培训需求得到个性化的满足。然后对部门所有员工的培训需求进行统计分析，属于部门员工共同欠缺的素质，就是部门的培训需求。由此，人力资源管理者可以根据需要对培训需求进行灵活的掌握，选择能够明显提升员工个体或部门绩效水平的培训项目，将钱花在“刀刃”上，为企业节省大量的资源，提高培训投资的效用。而且，在培训结束后，人才测评技术可以对培训效果进行评估，为下次培训积累经验。

学习指南

本章系统地介绍了人才测评的基本理论、管理措施，以及人才测评与人力资源管理的关系等问题。要想学透本章知识，真正了解人才测评的基本情况，学习时对具体内容要区别对待，分清轻重缓急。

首先，要了解识记的基本知识。如什么是人才测评；人才测评的方法（心理测验、面试、评价中心技术等），明确它们的基本含义及其区别；指出人才测评的基本原则与特点；划分人才测评的类型，如选拔性测评、配置性测评、开发性测评、诊断性测评，能说出它们各自的测评目标；了解人才测评的基本功能。

其次，明确人才测评的理论基础。如"人职匹配"理论、"冰山模型"等。人才测评理论是人才测评得以存在和发展的根基，所以必须重点理解这些理论的发展渊源，为人才测评实践作出的贡献以及对人才测评的影响等，还应在本章介绍的几种理论的基础上，进一步学习人才测评的新理论。

再次，学会人才测评管理，确保测评结果的真实性。应该了解人才测评的注意事项、认识人才测评可能产生的误差，严肃、慎重地对待人才测评，对人才测评实施有效的管理，从而保证人才测评顺利进行，得到的测评结果科学、客观、公正，具有说服力。

最后，揭示人才测评与人力资源管理的关系，让人才测评更好地为企业发展服务。

关键词

人才测评　测评方法　人力资源管理

思考题

1. 什么是人才测评？主要类型有哪些？
2. 人才测评依据的原理有哪些？
3. 结合自己的了解与实际情况，谈谈目前人才测评与选拔实践中所存在的问题，如何发挥人才测评与选拔的作用？
4. 某知名零售企业需招聘中层营销经理3名，你认为应如何设计招聘方案？
5. 人才测评对企业的人力资源管理活动有什么价值？

第 2 章

工作分析与人才测评

案例导读　**小陈到底适合什么样的工作**

广州某机械集团因业务拓展需要，拟招聘开发工程师一职，人力资源部通过精心选拔，最终录用小陈担任此职。考虑到他是应届毕业生，公司先让他到日本接受为期3个月的技术培训。培训期满，小陈如期上岗，参与项目开发工作。然而，一个月后，人力资源部就接到用人部门的投诉，小陈在工作中的表现并不尽如人意，影响了整个项目的进度，项目经理要求重新招人。该公司总经理很为难：小陈是根据用人部门的要求精心选拔的，不仅具备本岗位的专业知识，而且也有一定的实习实践经历，在用人部门所设计的专业考试中轻松过关。重新招人浪费的不仅仅是招聘的时间与成本，还得搭上3个月的国外培训，况且项目进度也刻不容缓。而此时，小陈也提出调岗申请，希望能到市场部去。

该公司总经理左右为难，决定请人才测评中心对小陈进行评估后再做安排。测评报告显示，小陈属于社会型素质模型，有着强烈的与人沟通的欲望，小陈的外向型性格表现得更多的是愿与人倾诉、交流，但缺乏专注的研究习惯和探索精神。所以尽管小陈在专业技术上能胜任开发工程师一职，却不具备该公司提出的开发工程师一职所需要的“研究型”人才的素质，即善于观察思考、分析、推理。在与专家的交流中，小陈也承认，他在办公室里经常“坐不住”。同时报告也显示他在组织协调、沟通、影响力方面确实有过人之处。测评中心专家指出，如果让小陈担任产品的服务销售工程师，也许更能发挥他的长处。该公司权衡利弊，决定把小陈安排到市场部，并对他进行营销方面的培训。不到半年，小陈凭着出色的表现被提拔为销售主管。

资料来源：www. hrcina. com。

这其实是一个工作分析和人才测评没有相互融合的案例。在文中我们可以看到，公司对工作岗位有基本的要求，明确该岗位需要什么样的人才，但是人力资源部门在招聘时没有把人才评估的侧重点与工作分析完全结合起来。毫无疑问，经过用人部门的考核与经理的谨慎评估后筛选出来的小陈应该具备过硬的专业能力，同时从长远战略出发，该公司还把他送到国外参加技术培训。然而，该公司却忽略了重要的功课：除了专业知识，是否评估过小陈在其他方面的素质能力？小陈所具备的性格、能力、兴趣等方面是否适合开发工程师这一职位的具体要求？因此，在进行人才测评时我们必须以工作分析为基础，与岗位的要求紧密结合，否则人才测评的指标体系就无法把握，自然会产生“人不尽其才”的浪费现象。

2.1 工作分析概述

近几年，我国的人才测评技术发展较快，测评业务和实践在全国主要城市逐渐展开。相对于以往传统的人员录用方式，人才测评技术的应用是个很大的进步。这就涉及工作分析和胜任特征两个概念。工作分析是人力资源管理中一项极其重要的功能，它与人力资源管理的许多活动都有关联。工作分析就是对有关工作的内容、人员要求和工作中的信息进行收集与系统分析的过程，主要是指对工作流程、工作活动、工作环境和工作目的的系统研究。该分析适用于部门、商务活动、个人三个层次。不进行工作分析，岗位的要求就无从谈起，人才测评的指标体系就无法把握，人才测评的目的就难以达到。胜任特征方法的应用是一项系统性的工作，它涉及人力资源管理的各个方面，在人力资源管理活动中起着基础性的决定作用，是现代人力资源管理的新基点。

2.1.1 工作分析的概念与发展简史

工作分析（job analysis），也称为职务分析，有时也称为职位说明（position description），简单地说，就是通过岗位调查和工作写实，对企业内各类岗位的性质、任务、职责、劳动条件和环境，以及员工承担本岗位工作应具备的资格条件进行系统的描述、分析和研究的一门技术。

工作分析是人力资源管理的一种科学手段，目的是在短时间内了解有关工作信息与情况。这个概念并不是近代才产生的，其思想萌芽可以追溯到古希腊的苏格拉底时代。苏格拉底提出了人与工作匹配的最初思想，而在我国古代也同样蕴含着深厚的关于工作分析的思想，有研究指出，工作分析的最初应用出现在我国的周代。但是，直到美国学者泰勒提倡科学管理运动（即所谓“动作与时间研究”），才真正开始系统地对各项工作予以科学的分析。泰勒从事生铁搬运、铲煤、砌砖、炼钢等工作研究，使得管理科学化、标准化，工作效率大增。其后，吉尔布雷斯夫妇（Frank and lillam Gilbreth）继续了泰勒的工作，并将其发扬光大。吉尔布雷斯见到建筑工人的手艺代代相传，而几乎没多大改变，所以通过取砖砌墙进行动作研究，结果把原来 18 种动作减为 4 种，工作效率提高了近 3 倍。吉尔布雷斯夫妇从提高工作的效率出发，提出动作的分解，使用节省劳力的装备，这其实就是工作分析的内容。到了第一次世界大战期间，由于美国参加欧战，便设立了军队人事分类委员会（Army Committee on the Classification of Personnel），来实施职务分析，即工作分析，于是“工作分析”一词便开始使用。1920 年，美国国家人事协会规定把工作分析定义为一种处理方法，其结果可以确定一种工作的构成及胜任该工作的人所必须具备的条件。

之后，随着企业管理的不断发展，工作分析也变得日益重要，正式采用工作分析的公司也越来越多。据调查，在 1930 年，美国各大公司采用职务分析的仅占 39%，而到 1940 年却激增到 75%。这主要是因为企业通过工作分析，可以清晰地获得岗位的工作范围、岗位责任、工作关系、人员素质、工作条件及绩效标准等信息，是进行人力资源管理的基本工具，在人力资源管理方面可以发挥显著的作用，因而受到世界各国的普遍重视和广泛应用。而在我国，也正是由于有些企业对工作分析的重视程度不够，以至于造成了“低才高就”或“高才低就”的现象，最终导致了人才的频繁流失和人力资源的浪费。因此，对工作分析进行研究是非常必要的。

2.1.2 工作分析的内容

在现实社会中，不同的企业和组织都有各自的特点和急需解决的问题，有的是为了设计培训方案，提高员工的技术素质；有的是为了制定更切合实际的奖励制度，调动员工的积极性；还有的是根据工作要求改善工作环境，提高安全性。虽然这些企业和组织所要进行的工作侧重点不一样，但是就工作分析的内容而言，其主要取决于企业和组织的目的与用途。一般来说，工作分析包括两个方面的内容：确定工作的具体特征；找出工作对任职人员的各种要求。前者我们称之为工作描述，后者称之为工作规范。

1. 工作描述

美国学者雷蒙德·A·诺依在其著作《人力资源管理：赢得竞争优势》中关于工作描述的定义是：工作描述（job description）是关于一种工作中所包含的任务、职责以及责任的确定。它包括以下几个方面的内容。

（1）工作名称。首先我们要明确这是什么工作，其工作名称应简明并突出重点，并能反映工作的内容与责任。

（2）工作活动和程序。这一部分内容包括所要完成的工作任务及工作职责，以及完成工作所需要的资料、机器设备与材料的准备，还需要了解工作流程、工作中与其他工作人员的联系以及上下级关系。

（3）工作条件和物理环境。这是指工作描述还应该包括对环境的分析，大到当时的政治氛围，小到具体工作的地理位置以及工作时的光照度、通风设备、安全措施、建筑条件等。

（4）社会环境。这一点是为了说明完成工作任务所需要涉及的工作群体和人际关系，包括工作团体的情况、社会心理气氛、同事的特征及相互关系、各部门之间的关系等。此外，还应该说明企业和组织内的文化和生活设施。

（5）职业条件。这一点直接关系到工作者的个人利益，因此在工作描述中尤为重要。职业条件说明了工作的各方面特点：工资报酬、奖金制度、工作时间、工作季节性、晋级机会、进修和提高的机会、该工作在本组织中的地位以及与其他工作的关系等。

2. 工作规范

工作规范（job specification）是为了说明从事某项工作的人所必须具备的知识、技能、能力、兴趣、体格和行为特点等心理及生理要求。制定工作规范的目的是根据工作的特点来衡量重要的个体特征，以此作为人员筛选、任用和调配的基础。

工作规范的主要内容包括：有关工作程序和工作技能的要求，这是根据具体工作要求而定的；个人应具有的独立判断与思考能力、记忆力、注意力、知觉能力、警觉性、操作能力（速度、准确性和协调性）、工作态度和各种特殊能力要求等，这是对工作者的生理和心理要求。除此之外，工作规范还包括文化程度、工作经验、生活经历和健康状况等，这是一般性的要求。表2-1这个关于企业销售部总监的职位说明书就说明了工作规范的重要性。

表 2－1 销售总监职位说明书

工作内容	①进行企业产品销售预测，制定销售计划； ②组织管理销售团队，实现企业产品销售目标，评估销售业绩； ③控制销售预算、销售范围和销售目标的平衡发展； ④激励、支持与考核销售人员； ⑤参与招募和培训新的销售人员； ⑥发展与协调企业同经销商和代理商之间的关系； ⑦收集市场信息，并反馈到企业的各个部门； ⑧对应收款项进行有效的管理； ⑨执行上级安排的其他工作。	
教育背景	大专以上学历，但学历要求逐渐趋向本科，市场营销、管理相关专业背景。	
核心课程	市场营销、经济法、公共关系、商务谈判等。	
工作经验	2 年以上销售或市场营销工作经验，一些企业要求相关行业经验。	
培训认证	通过中国销售经理业务资格培训后，可获得中国市场学会颁发的《中国销售经理业务资格证书》和美国 ATA 考试公司颁发的《销售经理业务技能水平证书》。	
工作环境	销售经理的工作大部分是在室内完成的，环境舒适。但出差机会较多，在业务跨国或跨省市的企业，销售经理要负责某一区域的销售，出差是常事。市场变化多端，竞争激烈，销售经理承担一定的销售指标，同时销售类职位竞争也很激烈，完不成业绩很可能就要被“替换”掉。因此，销售经理着手范围广，工作压力相当大。另外，销售经理的交际广、应酬多，有很高的肠胃病、肝病、高血脂、肥胖等健康隐患。	
技能重要度（%）	87	积极倾听——注意倾听他人所讲的话，理解要点，提出恰当的问题，不要在不合适的时候打断对方的讲话。
	80	口头表达——通过口头交谈有效地向他人传递信息。
	79	数学——利用数学解决问题。
	77	时间管理——管理自己和他人的时间。
	76	服务导向——积极寻找帮助别人的方法。
能力重要度（%）	85	口头表达能力——通过“口”与别人沟通信息与表达观点的能力。
	75	口头理解能力——听见并理解口头传达信息的能力。
	75	语音识别能力——识别并理解他人语音的能力。
	75	清晰发音能力——说话清楚，让他人能够理解的能力。
	72	阅读理解能力——阅读和理解书面传达信息的能力。

续表

能力重要度（%）	72	问题敏感性——发现问题的能力，不涉及解决问题，仅指识别问题。
	66	演绎推理能力——运用一般规则于具体问题，做出符合逻辑的解答。
	66	归纳推理能力——将零散信息加以整合，从而形成一般规则或结论的能力（包括发现看起来不相关事物之间的关系）。
	66	信息排序能力——根据特定的规则将事物、行动按一定顺序或形式进行安排的能力（例如，数字、文字、词汇、图画或数学表达式的形式）。
	66	独创性——为既定主题或处境提出独特想法或创造性方法来解决问题的能力。
兴趣重要度（%）	100	企业型——企业型的职业通常包含启动并执行一个项目，这类的职业涉及领导他人，并制定决策。有时需要冒一定的风险，并关注商业动作。
	78	常规型——常规型的职业有明确、有序和系统化的规则。这类职业主要和数据和细节打交道，通常有明确的标准可以遵从。
	44	社会型——社会型的职业包括与他人一起工作，沟通、教授和培训他人。这些职业也包括帮助和为他人提供服务等社会性服务活动。
	22	艺术型——艺术型的职业主要涉及设计和创造的工作。他们需要一定的自我表达，工作不需要遵从明确的规则。
	17	研究型——研究型的职业主要指与观念打交道的职业，并需要大量的思考。这些职业偏好对各种现象进行观察、分析和推理，并进行系统性和创造性的研究，以求能够理解并把握这些现象。
	11	实际型——实际型的职业是指频繁涉及实际的、动手操作的工作。经常与植物、动物和现实的事物打交道，如工具、机械和设备。许多这类的职业需要在户外工作，不涉及大量的文书工作和与他人打交道的工作。

资料来源：www. jobsoso. com。

其实在管理工作中，最令人头疼的问题莫过于工作的规范化，因为人们能力和能动性的差异，对待同一项工作有不同的理解和工作方法，产生的结果也不尽相同。实施工作规范管理后即会改变这种情况，因为工作规范管理是由许多模块组成，使管理工作有章可循。工作的规范就意味着对工作有明确的界定和分工，责任清晰，分工不同，但目标相同，那就是为了更好地工作。工作规范最终会使各项管理工作规范化。

2.1.3 工作分析的功能

工作分析作为人力资源开发与管理最基本的作业，同时也是人力资源开发与管理的一项巨大而复杂的基础性工作，其地位举足轻重。工作分析的具体功能如下。

1. 明确工作目的，掌握主动性使组织的结构合理

工作分析首先能够明确工作的目的，从而可以在组织结构层面上规划工作的结构框架。这是工作分析最重要的功能之一。可是许多企业与组织还没有认识到这一点。在现实中，有的企业人力资源管理部门对工作分析的目的还不是很明确，出现了单纯地为了工作分析而进行工作分析的怪现象，从而使人力资源管理的这一核心技术流于形式，没有达到其应有的目的。

2. 工作分析的规范性使工作者的权责明晰

目前，在许多企业的人力资源管理事务中，都强调“以岗位为核心的人力资源管理整体解决方案”。实际上，就是指企业人力资源管理的一切职能，都要以工作分析为基础。只有做好了工作分析的规范性工作，才能据此完成企业人力资源规划、绩效评估、职业生涯设计、薪酬设计管理、招聘、甄选、录用工作人员等工作，同时也让工作者明白自己该做什么，即权责明晰。有些企业的人力资源管理者忽视或低估工作分析的作用，导致在绩效评估时无现成依据、确定报酬时有失公平、目标管理责任制没有完全落实等不好现象，挫伤员工工作积极性和影响企业效益的现象也时有发生。

3. 科学的工作分析可以使员工的才能充分发挥

通过科学的工作分析，从而规定各个岗位的具体工作内容，并使量化指标具有科学性，这样才能够最大限度地发挥员工的才能与潜能，避免人才浪费。

工作分析还对组织雇用决策的制定起着重要的作用，因为它为组织的选人、提升及工作行为的评估提供了一定的科学依据。

总之，工作分析的主动性、科学性、规范性和基础性，使组织的结构趋于合理、考评趋于公平、才能利于发挥、权责易于明晰。人力资源管理者只有认识到工作分析的重要性并将其运用到实处，才能具有前瞻性，更好地在工作中超前规划，从而更好地开展工作。

范例 **小和尚敲钟**

有个小和尚担任撞钟一职，半年下来，觉得无聊至极，“做一天和尚撞一天钟”而已。有一天，住持宣布调他到后院劈柴挑水，原因是他不能胜任撞钟一职。小和尚很不服气地问：“我撞的钟难道不准时、不响亮?”老住持耐心地告诉他：“你撞的钟虽然很准时，也很响亮，但钟声空泛、疲软，没有感召力。钟声是要唤醒沉迷的众生，因此，撞出的钟声不仅要洪亮，而且要圆润、浑厚、深沉、悠远。”

【分析】

本故事中的住持犯了一个常识性管理错误，“做一天和尚撞一天钟”是由于住持没有提前公布工作标准造成的。如果小和尚进入寺院的当天就明白撞钟的标准和重要性，我想他也不会被撤职。工作标准是员工的行为指南和考核依据。缺乏工作标准，往往导致员工的努力方向与公司整体发展方向不统一，造成大量的人力和物力资源浪费。因为缺乏参照物，时间久了员工容易形成自满情绪，导致工作懈怠。制定工作标准应尽量做到数字化，要与考核联系起来，注意可操作性。

资料来源：www. baosteel. com。

2.1.4 工作分析的基本程序

对于人力资源管理者来说，工作分析的主要目的是解决以下七个重要的问题：①谁来做（who）？②完成什么样的工作（what）？③工作将在什么时候完成（when）？④工作将在哪里完成（where）？⑤如何完成此项工作（how）？⑥为什么要完成此项工作（why）？⑦为谁做这项工作（whom）？这七个问题也就是国外心理学家从人力资源角度提出的职务分析公式（the job Analysis formula），即“6W”。工作分析的基本程序就是以此为根本展开的。

工作分析是对工作的全面评价过程，我们根据工作分析的主要目的将其基本程序分为五个阶段，各个阶段的主要工作如下。

1. 准备阶段

在此阶段，要成立工作分析的工作组，这个小组需要包括数名人力资源专家和多名工作人员，并要对工作人员进行工作分析技术的培训；确定样本（选择具有代表性的工作）；分解工作元素和环节，确定工作的基本难度，制定工作分析规范，使员工对工作分析有良好的心理准备。

2. 设计阶段

在此阶段，工作组要确定工作分析的目标和设计职位调查方案；选择信息来源，确定工作分析所获得信息的使用目的；工作组对信息调查的方案进行设计，根据不同组织的特定情况，采用不同的调查方案和方法；同时还需要选择收集信息的方法和系统。

3. 调查阶段

在此阶段，工作调查为正确地编写职位说明书提供依据。这个阶段的任务是根据调查方案，对组织的各个职位进行全方面的了解。收集有关工作活动、职责、工作特征、环境和任职要求等方面的信息（在信息收集中，一般可灵活运用访谈、问卷、实地观察等方法来得到相关数据和资料）。调查阶段在工作分析中十分重要，它的真实程度以及准确性，直接关系到工作分析的质量。

4. 分析阶段

在此阶段，审核已收集的各种信息，对各职位的特征和要求做出全面说明；整理访谈结果和调查问卷，剔除无效的访谈信息和调查问卷，并按照编写职位说明书的要求对各个职位的工作信息进行分类；修改并最终确定所收集的工作信息的准确性和全面性，作为编写职位说明书的基础。

5. 总结阶段

这是最后也是最重要的一个阶段，因为工作分析并不是简单机械地积累工作的信息，而是要在深入分析和认真总结的基础上，创造性地揭示出各职位的主要内容和关键因素。特别是要注意，组织的经营活动也在不断地变化，这会直接或间接地引起组织分工协作体制的相应调整，由此可能产生新的任务，这也是工作分析的重要职能之一。

2.1.5 工作分析与人才测评

人才测评是人力资源开发整体解决方案的一个重要内容。人才测评技术适用于国家公务员、企事业单位员工的晋升、提拔、考核及培训，毕业生就业指导，员工职业生涯规划，在职人员工作调动、择业转向，领导班子经营业绩的评价、考核等。人才测评既可全面测试一个人，也可针对人的某一方面能力进行测评，同时能够诊断企业人力资源管理、企业管理、经济管理等情况。科学的人才测评以胜任特征模型为基础，科学的工作分析是构建胜任特征模型的关键所在，因此，工作分析是人才测评的基石所在，没有工作分析作为前提，人才测评是毫无意义和目的的。

作为人才测评技术应用基础的工作分析，对人才测评技术的发展起着举足轻重的作用，它的发展，潜在地给人才测评工作提供了有利的条件和启迪，它符合人职匹配理论的要求，也是人才测评的基础。不进行工作分析，岗位的要求就无从谈起，人才测评的指标体系就无法把握，人才测评的目的就难以达到。

工作分析对人才测评技术主要通过胜任特征模型的构建对人员招聘和选拔起作用。首先，我们分析在人员招聘上工作分析与人才测评相结合的重要性。比如企业在发展过程中需要从外部招一些或挖一些人才，给企业补充一些新鲜血液，在过去，我们招聘主要看他的学历、工作经历、职称，经过简单面试就决定是否录用，但这种方法经过检验后发现招聘的成功率很低。为什么呢？道理很简单，因为我们招聘所依据的信息都是表面的，而且是部分的、不全面的。招聘不仅需要借助人才测评技术对应聘者进行深入了解，通过对其各方面素质特点进行深入分析，同时还要结合工作分析，得出这个岗位的胜任特征，从而对应聘者和他的未来岗位之间的匹配程度做出评价。只有这样，才能做出合理的、科学的、有效的招聘决议，做出好的人事决策。

我们再来分析一下人员选拔。过去企事业单位进行选拔，主要是根据员工的工作业绩、工作成绩，简单地说，就是如果在某一岗位干得好的提拔一级，干得再好再提拔一级。但是，这种单纯根据工作业绩来提拔存在很多弊端，也就是说，员工在当前岗位上业绩不错并不等于他能够胜任更高的职务，因为胜任不同的工作需要不同的素质特征，在某一职位上干得好并不意味着在更高职位上也能干得好，如果不适合，晋升对员工反而是一种伤害，不但工作干不好，还把人毁了。因为两种工作不同，承担的职责、压力也就不一样，在这方面，国内外有许多教训。所以选拔人，一定要通过工作分析构建岗位胜任特征，再根据人才测评来全面了解他的素质，通过二者的有机结合来判断员工与新的工作是否匹配。

2.2 常用工作分析的方法与技术

一般来说，根据组织的需要和进行工作分析所需资源的不同，对工作进行分析的方法与技术也是多种多样的。因此在进行工作分析时，应该根据具体的情况选择合适的方法。而具体方法的选择，主要依据的是使用信息的方式（如工作评估、报酬提高等），以及该方法对组织是否最为可行。在下面这部分里，我们将对比较常用的工作分析方法与技术进行一些探究。

2.2.1 问卷调查分析法

问卷调查分析法是工作分析中最为常用的一种方法，就是让有关人员以书面形式回答有关的职务问题，即采用问卷来获取工作分析的信息，从而实现工作分析的目的。采用问卷形式既快捷又经济，工作分析者可以把结构化问卷发给员工，由他们来确认各自要完成的任务。通常，问卷的内容是由工作分析人员编制的问题或陈述，这些问题和陈述涉及实际的行为和心理素质，要求被调查者对这些行为和心理素质在他们工作中的重要性和频次（经常性）按给定的方法作答。一般而言，答案应具备三个层次：①各种特殊品质的需要性：必须具备；需具备；不需具备。②各种特殊品质在某种工作中应用的时间次数：常常应用到的；有时应用到的；从未应用到的。③各种特殊品质如加以训练可否收到效果：可大为进步；稍可进步；未必得到进步。同时，问卷法可以分成职务定向和人员定向两种。职务定向问卷强调工作本身的条件和结果；人员定向问卷则集中了解工作人员的工作行为。表2－2就是一份工作分析的调查问卷。

表2－2　　　　工作分析调查问卷

一、基本资料					
职务名称		定员人数		所属部门	
直接上级		直接下级		所辖人员	
二、工作内容					
1. 工作概要					
2. 工作详情					
编号	工作任务	工作完成的结果及衡量标准	工作内容	工作方式	工作量
3. 权利与义务					

续表

<table>
<tr><td colspan="2">编号</td><td colspan="4">项目</td><td colspan="8">内容</td></tr>
<tr><td colspan="2">①</td><td colspan="4">职务权限</td><td colspan="8"></td></tr>
<tr><td colspan="2">②</td><td colspan="4">保管的资料及保管期限</td><td colspan="8"></td></tr>
<tr><td colspan="2">③</td><td colspan="4">保管的资产</td><td colspan="8"></td></tr>
<tr><td colspan="2">④</td><td colspan="4">经办的财务、预算或费用</td><td colspan="8"></td></tr>
<tr><td colspan="2">⑤</td><td colspan="4">应完成的报告</td><td colspan="8"></td></tr>
<tr><td colspan="14">4. 工作关系</td></tr>
<tr><td colspan="2">所施监督</td><td colspan="12"></td></tr>
<tr><td colspan="2">所受监督</td><td colspan="12"></td></tr>
<tr><td colspan="2">内部协调关系</td><td colspan="12"></td></tr>
<tr><td colspan="2">外部协调关系</td><td colspan="12"></td></tr>
<tr><td colspan="14">三、任职资格</td></tr>
<tr><td colspan="2">学　历</td><td colspan="4"></td><td colspan="3">专　业</td><td colspan="5"></td></tr>
<tr><td colspan="2">性　别</td><td colspan="4"></td><td colspan="3">年　龄</td><td colspan="5"></td></tr>
<tr><td colspan="2">所需经验</td><td colspan="12"></td></tr>
<tr><td colspan="2">所需技能</td><td colspan="12"></td></tr>
<tr><td rowspan="2">一般能力</td><td>项目</td><td>激励能力</td><td>计划能力</td><td>人际关系</td><td>协调能力</td><td>实施能力</td><td>信息能力</td><td>公共关系</td><td>冲突管理</td><td>组织人事</td><td>指导能力</td><td>领导能力</td><td>沟通能力</td></tr>
<tr><td>需求程度（满分为 5）</td><td></td><td></td><td></td><td></td><td></td><td></td><td></td><td></td><td></td><td></td><td></td><td></td></tr>
<tr><td>素质</td><td colspan="6"></td><td>个性特征</td><td colspan="6"></td></tr>
<tr><td colspan="14">体能要求：</td></tr>
<tr><td colspan="14">四、工作场所：</td></tr>
<tr><td colspan="5">工作时间</td><td colspan="5">工作环境和条件</td><td colspan="4">工作均衡性</td></tr>
<tr><td colspan="5"></td><td colspan="5"></td><td colspan="4"></td></tr>
<tr><td colspan="14">五、备注</td></tr>
<tr><td colspan="14"></td></tr>
</table>

问卷法的最大优点是规范化、数量化，适合用计算机对结果进行统计分析。这种方法既便宜又迅速，还容易进行，且可同时分析大量员工，使员工有参与感，有助于了解双方的计划。但是这种方法也有一些缺点：首先，它

的设计比较费工，也不像访谈那样可以面对面地交流信息，因此，不容易了解被调查对象的态度和动机等较深层次的信息；其次，除非问卷很长，否则就不能获得足够详细的信息，也就是说很难设计出一个能够收集完整资料的问卷表；第三，不易唤起被调查对象的兴趣；第四，一般员工不愿意花时间在正确地填写问卷上，有时难以得到真实的信息。

2.2.2 访谈分析法

访谈法是与担任有关工作职务的人员一起讨论工作的特点和要求，从而取得有关信息的研究方法，即通过与员工和管理者的面谈交流，可以对工作有所了解。这种方法既适用于短时间的生理特征的分析，也适用于长时间的心理特征的分析。在利用访谈法进行工作分析时，我们可以先查阅和整理有关工作职责的现有资料，在大致了解职务情况的基础上，访问担任这些工作职务的人员，一起讨论工作的特点和要求。同时，也可以访问有关的管理者和从事相应培训工作的教员。由于被访问的对象是那些最熟悉这项工作的人，因此，认真的访谈可以获得很详细的工作分析资料。通常的程序是，工作分析人员首先与员工面谈，帮助员工描述出他们履行的职责；然后再与管理者接触，获得其他的信息，以便检查从员工那里获得信息的准确性，并搞清某些问题。

访谈的内容大致分为三类：一是事实的调查，旨在要求被访者提供确实知道的一般情况；二是意见的征询，即征求被访者对某个工作的看法、意见和建议；三是了解被访者的内心世界和心理动机，包括个人的认知、经历、体验、兴趣、爱好、抱负、信仰、思想特点、个性特征、心理品质乃至家庭情况、社会关系等。在进行访谈之前要做好访谈设计，如确定研究问题、确定访谈的样本和方法、拟定访谈提纲等。谈话的对象可采用个体访谈，也可以对有相同看法和经历的一组人进行访谈。谈话结构可采用封闭型（即有明确的答案），也可采用开放型（即完全没有明确的答案）或半开放型。谈话方式可采用答辩访谈法，也可采用叙事访谈法。

麦考米克于 1979 年提出了访谈法的一些标准，它们是：①所提问题要和岗位分析的目的有关；②岗位分析人员语言表达要清楚、含义准确；③所提问题必须清晰、明确，不能太含蓄；④所提问题和谈话内容不能超出被访者的知识和信息范围；⑤所提问题和谈话内容不能引起被访者的不满，或涉及被访者的隐私。因此，在应用访谈法进行工作分析时，应注意以下几点。

其一，选择访谈对象时应考虑到对方能否提供有价值的事实材料和是否乐于回答所提出的问题。因此，访谈者对于被访者的经历、地位和个性特征等，事先应有所了解。

其二，访谈者征得被访者的信任和合作是关键。为此，访谈者在访谈前需求得被访者同意；谈话前说明访谈目的，使对方感到问题的重要。此外，访谈者的态度要诚恳、有礼貌等。

其三，要善于洞察被访者的心理变化。要机智，善于随机应变。

其四，要掌握发问的技术。提问题通常有三种方法：一是直接法，即开门见山，直截了当地提出问题让对方回答；二是间接法，如问的是甲，实际想了解的是乙；三是迂回法，即从各个不同的侧面了解一个实质性的问题。当谈话离题时要善于巧妙地把话题引到原定的目标上来。

访谈分析法的优点主要有：第一，可获得完全的工作资料，以免去员工填写职位说明书之麻烦；第二，可进一步使员工和管理者沟通观念，以获取谅解和信任；第三，可以不拘形式，问句内容较有弹性，又可随时补充和反问，这是填表法所不能办到的；第四，收集方式简单。但是这种方法也存在一些缺点，如有时被访谈者会有意无意地歪曲其职位情况等，这就要靠和多个同职者访谈所搜集的资料对比，加以校正。因此访谈时要注意修正偏差。

2.2.3 观察分析法

观察分析法是指通过工作分析，来观察员工完成任务的情况，并记录其所观察到的现象，获得其工作各部分的内容、特点和方法，提出具体的报告。之所以采用观察分析法，是因为问卷法、访谈法等工作分析方法虽然都可以有效地采集工作职务方面的信息，但它们都有某些弱点，其中一个较大的问题就是，有经验的员工并不一定很了解自己完成工作的方式。许多工作行为已成习惯，干起工作来并未意识到工作程序的细节。因此，研究者们主张采用观察法对工作人员的工作过程进行观察，记录工作行为的各方面特点。同时，了解工作中所使用的工具设备、工作程序、工作环境和体力消耗。观察时，可以用笔录，也可以用事先预备好的观察项目表，一边观察，一边核对。但需要注意的是，在进行现场观察时，应不干扰员工的正常工作，并且需要取得员工的理解与合作，防止产生误解。观察法主要用来收集强调人工技能的那些信息，比如机器操作工的工作，它可以帮助工作分析人员确定体力与脑力任务之间的相互关系。

观察分析方法主要有以下三种。

（1）直接观察法。即职务分析人员直接对员工工作的全过程进行观察。直接观察适用于工作周期很短的职务，如保洁员，他的工作基本上是以一天为一个周期，职务分析人员可以一整天跟随着保洁员进行直接工作观察。

（2）阶段观察法。有些员工的工作具有较长的周期性，为了能完整地观察到员工的所有工作，必须分阶段进行观察。比如行政文员需要在每年年终时筹备企业总结表彰大会，职务分析人员就必须在年终时再对该职务进行观察。

（3）工作表演法。这对于工作周期很长和突发性事件较多的工作比较适合。如保安工作，除了有正常的工作程序以外，还有很多突发事件需要处理（如盘问可疑人员等），职务分析人员可以让保安人员表演盘问的过程，来进行该项工作的观察。在观察前应该准备比较详细的提纲和行为标准，这将有利于观察工作的进行。一方面，它有利于把握观察的大体框架；另一方面，它使双方相互有所了解，建立一定的合作关系。这样，随后的观察就能更加自然、顺利地进行。

观察分析法也有一些优点和缺点。优点主要是可以直接深入工作现场了解状况。缺点是有时会干扰正常工作或工作者的心智；并且如果工作本质上偏重心理活动，则这种方法的成效有限。因此在进行工作分析时，仅采用观察法是不够的，特别是在工作中脑力技能占主导地位时更是如此。例如，仅采用观察法分析一名财务分析人员的工作，并不能全面揭示这项工作的要求，还应结合其他分析方法。

2.2.4 工作日志分析法

在某些情况下，工作分析信息可通过让员工以工作日记或工作笔记的形式，记录其日常工作活动来获得。这种方法要求员工在一段时间内对自己工作中所做的一切进行系统的记录。如果这种记录很详细，那么经常会提示一些其他方法无法获得或者观察不到的细节，所以采用这种方法所获取的信息可靠性较高，工作日志也能很自然地揭示一项工作的全部内容。例如，一个办公室主任的工作日志上可能按时间顺序写着请示领导、文件起草、文件签发、文件签收、布置工作、会议安排、对外联络、信访接待、内部协调等事项，一天的工作内容一目了然。但需注意的是，工作日志应该随时填写，比如以10分钟、15分钟为一个周期，而不应该在下班前一次性填写，这样才能保证填写内容的真实性和有效性，并且可以收集到最详尽的资料。

这种方法比较适用于对高水平、复杂工作的分析，可以显示出其比较经济、有效的功用，从而获得对高度专业化工作有价值的信息。但是，工作日志法最大的问题就是其内容是否完全真实，这还需要与其他的工作分析方法相结合。

2.2.5 其他分析方法

1. 特殊事件法

这种方法是由主管或专门人员针对各种不同的工作，予以详尽分析研究，从而认定若干具有代表性的行为，辨别员工在工作上的成效。主管必须记载或查核一些曾在被评估者工作中发生的事件，这些事件都必须是重要事件，例如：5 月 6 日对工作厌烦或愤怒；9 月 12 日拒绝帮助同事；11 月 19 日对工作方法提出改善建议等。特殊事件法就是记录工作中特别有效或无效的员工行为，当记录数量够多时，即可提供相关信息。

2. 工作参与法

这也叫做职务实践法，这种方法就是由工作分析人员亲自参加工作活动，体验工作的整个过程，从中获得工作分析的资料。要想对某一工作有一个深入的了解，最好的方法就是亲自去实践。通过实地考察，可以细致、深入地体验、了解和分析某种工作的心理因素及工作所需的各种心理品质和行为模型。所以，从获得工作分析资料的质量方面而言，这种方法比前几种方法的效果要好。但需要注意的是，工作人员需要真正地参与到工作中去进行体会，而不是仅仅对工作行为进行模仿。

3. 材料分析法

如果工作分析人员手头有大量的工作分析资料，比如类似的企业已经做过相应的工作分析，就比较适合采用本办法。这种办法最适合于新创办的企业，它可以借鉴相关企业的资料进行初步的工作分析。

4. 专家讨论法

这种方法是指请一些相关领域的专家或者经验丰富的员工进行讨论，来进行岗位分析的一种方法。这种方法适合于发展变化较快或岗位职责还未定型的企业。由于企业没有现成的观察样本，所以只能借助专家的经验来规划未来希望看到的岗位状态。

总之，上述几种工作分析方法各有利弊，只有将各种方法结合使用，效果才会更好。而且人力资源管理者除了根据工作分析方法本身的优缺点来选取外，还要根据工作分析的对象来选择方法。例如，在分析事务性工作和管理工作时，工作分析人员可以采用问卷调查法，同时辅之以访谈和有限的观察。而在研究生产性工作时，可以采用访谈和广泛的工作观察法来获得必要的信息。所以说，工作分析人员只有把几种分析方法结合起来，才能进行有效的工作分析。

2.2.6 工作分析案例

范例 **耐顿公司没有工作分析的招聘**

NLC 化学有限公司是一家跨国企业，以研制、生产、销售医药和农药为主，耐顿公司是 NLC 化学有限公司在中国的子公司，主要生产、销售医疗药品。随着生产业务的扩大，为了对生产部门的人力资源进行更为有效的管理开发，2000 年初始，耐顿公司总经理把生产部门的经理——于欣和人力资源部门经理——王建华叫到办公室，商量在生产部门设立一个处理人事事务的职位，工作主要是生产部与人力资源部的协调工作。最后，总经理说希望通过外部招聘的方式寻找人才。

在走出总经理的办公室后，人力资源部经理开始了一系列工作，在招聘渠道的选择上，他设计了两个方案：一个方案是在本行业专业媒体中做专业人员招聘广告，费用为 3500 元。好处是对口的人才比例会高些，招聘成本低；不利条件是企业宣传力度小。另一个方案是在大众媒体上做招聘广告，费用为 8500 元。好处是企业影响力度很大；不利条件是非专业人才的比例很高，前期筛选工作量大，招聘成本高。总经理看过招聘计划后，认为公司在处于初期发展阶段，不应放过任何一个宣传企业的机会，于是选择了第二种方案。

其招聘广告刊登的内容如下：

您的就业机会在 NLC 化学有限公司下属的耐顿公司

1 个职位：对于希望发展迅速的新行业的生产部人力资源主管

主管生产部和人力资源部两部门协调性工作

抓住机会！充满信心！

请把简历寄到：耐顿公司人力资源部收

在一周内的时间里，人力资源部收到了800多份简历。人力资源部的经理和员工在800多份简历中筛出70份有效简历，经筛选后，留下5人。于是他来到生产部门经理的办公室，将此5人的简历交给了他，并让他直接约见面试。生产部门经理经过筛选后认为可从两人中做选择——李楚和王智勇。他们将所了解的两人资料对比如下：

姓名/性别/学历/年龄/工作时间/以前的工作表现/结果

李楚，男，企业管理学士学位，32岁，有8年一般人事管理及生产经验，在此之前的两份工作均有良好的表现，可录用

王智勇，男，企业管理学士学位，32岁，有7年人事管理和生产经验，以前曾在两个单位工作过，第一位主管评价很好，没有第二位主管的评价资料，可录用

从以上的资料可以看出，李楚和王智勇的基本资料相当。但值得注意的是，王智勇在招聘过程中，没有上一个公司主管的评价。公司通知两人一周后等待通知，在此期间，李楚在静待佳音，而王智勇打过两次电话给人力资源部经理，第一次表示感谢，第二次表示非常想得到这份工作。

生产部门经理反复考虑后，来到人力资源部经理的办公室，商谈何人可录用。人力资源部经理说："两位候选人看来似乎都不错，你认为哪一位更合适呢？"生产部经理说："两位候选人的资格审查都合格了，唯一存在的问题是王智勇的第二家公司主管给的资料太少，但是虽然如此，我也看不出他有何不好的背景，你的意见呢？"人力资源部经理说："很好，显然你我对王智勇的面谈表现都有很好的印象，人嘛，有点圆滑，但我想我会很容易与他共事，相信在以后的工作中不会出现大的问题。"

王智勇来到公司工作了6个月，在工作期间，经观察发现：王智勇的工作不如期望的好，指定的工作他经常不能按时完成，有时甚至表现出不胜任其工作的行为，所以引起了管理层的抱怨，显然他对此职位不适合，必须加以处理。然而，王智勇也很委屈：来公司工作了一段时间，招聘时所描述的公司环境和各方面情况与实际情况并不一样。原来谈好的薪酬待遇在进入公司后又有所减少，工作的性质和面试时所描述的也有所不同，也没有正规的职位说明书作为岗位工作的基础依据。

那么，这到底是谁的问题呢？

资料来源：www.zgjrw.com。

在上例中，招聘工作在招聘流程结束后没有对整个招聘工作进行科学的评估，它看似完成了，但实际是个失败的招聘。耐顿公司总经理也许没有想过：录用王智勇失败的主要原因是企业人力资源管理和流程不足以及招聘中出现的种种失误或错误。由于招聘工作不是独立于其他人力资源管理活动而存在的，所以它的失败同时反映出企业其他人力资源管理工作的不足。企业需要意识到：在招聘、筛选、录用的整体流程中，每一“点”的失误可能会给今后企业人力资源管理工作带来一个“面”的损失。这个案例的症结所在就是缺少工作分析。

单看耐顿公司的招聘广告词，使读者有一种应聘的冲动，但冲动不能代表其他。求职者需要了解详细的信息时，不知道本岗位是做什么的，公司没有向求职者描述岗位的具体要求和胜任本岗位所需的知识、技能、体力等方面要求。这样在收集简历的过程中，会有大量的不适合本岗位的人员前来面试，会给面试工作造成一定的麻烦。另一方面，在公司人员面试、筛选、评估过程中，由于缺乏科学的工具作为考评人员素质、水平、技术和业务实力评测手段，面试人的主观看法在评价中所占的比重要远远高于科学的评测方式。由于缺少工作分析，在人员录用过程中没有科学的录用依据，容易造成所录用人员与岗位要求的差距，甚至造成应聘者与岗位完全不相符的尴尬情景。

因此，在企业招聘过程中，招聘和录用工作是建立在两项工作的基础上来完成的：一项工作为企业人力资源规划和招聘规划，另一项工作就是工作分析。有了这两项工作作为基础，企业才可以进入科学的招聘和录用工作的操作阶段。工作分析是招聘环节中用得最广泛的工作，它是招聘、筛选、录用的基础。耐顿公司人力资源部经理和生产部门经理的一番对话，使我们清楚地看到耐顿公司招聘工作的不规范。工作分析的用途之一是将做好工作所需的知识、技能、能力和个性等方面进行量化，并加以分析，制定出此岗位最佳素质的数据，以它作为人员筛选的标准，将求职者的相关信息与之进行比较，最终得出与岗位标准最吻合的人员信息就是企业所要招聘的人员信息。这种筛选方式既规避了人为的心理偏好对招聘选人的影响，又避免了依靠印象的选择。

2.3 胜任特征与人才测评

传统的工作分析比较注重工作的组成要素，是一种岗位导向的分析方法。但随着信息技术的发展和组织变革的不断进行，传统的工作分析已经不能在动态的人力资源管理环境中发挥中心和基础的作用。那么，如何使工作分析更加适应工作环境的变化，是近年来学者和管理者们共同关心的重要问题。工作分析的重大进展主要在于以胜任特征为基础的岗位分析的提出和应用。因为基于胜任特征的分析更侧重研究工作绩效优异的员工，突出与优异表现相关联的特征及行为，结合这些人的特征和行为定义这一工作岗位的职责内容。因此，它具有更强的工作绩效预测性，能够更有效地为选拔、培训员工以及为员工的职业生涯规划、奖励、薪酬设计提供参考标准。请看下面这个关于工作分析的案例。

范例 **工作分析在××煤炭公司改革中的作用**

××煤炭公司（以下简称公司）是某大型国有煤炭贸易集团（以下简称集团公司）的全资子公司，成立于1992年，建立之初的主要业务是煤炭进出口贸易。从1995年开始，我国煤炭市场价格全面放开，买方市场日渐形成；另一方面，1995年出台的《煤炭法》和煤炭工业部颁布的“九五”纲要都鼓励减少煤炭经营的中间环节，煤炭用户和煤炭销售区的煤炭经营企业有权直接从煤矿企业购进煤炭。正是在这种形势下，公司发展业绩良好，销售收入年均增长率达到30%以上，成为集团公司人均利润最高的二级子公司。但是，自2002年以来，公司面临的外部环境进一步严峻。2002年初，国务院公布了《电力体制改革方案》，要求电力行业实行厂网分开，竞价上网。此次电力体制改革对公司产生巨大的影响：一方面已形成稳定关系的电厂将通过兼并重组形成新的经营实体，这意味着原有的合作关系不再稳定；另一方面，竞价上网将引发电厂对成本的严格控制。在我国，煤炭成本占煤电成本的70%以上，降低成本的压力会在很大程度上转移到煤炭采购上，这意味着电厂将对煤炭的价格、质量和供货的及时性提出更高的要求。

从公司业务运作来看，由于缺乏煤炭一体化产业链运作的经验，公司转型的过程并非一帆风顺。而从公司的内部管理来看，2001～2002 年 3 月短短 15 个月，先后有四五位公司的业务骨干提出辞职，主要原因集中在岗位职责不清，工作缺乏挑战性等方面。另一方面，公司现有员工基本由集团公司人力资源部调配调剂形成，员工结构和素能现状不能满足公司运营和长期战略目标实现的需要。

2002 年 5 月，集团公司实行新的人事政策，将逐渐下放副总经理以下人员的人事权力，二级公司和员工自主签订劳动合同。在这种背景下，公司认为提高对煤炭供应链的控制的关键是提高内部管理水平和改进人力资源质量。公司决定聘请咨询公司进行人力资源管理诊断与设计，在工作分析的基础上，为各岗位建立胜任力模型，从而为关键岗位配备胜任的员工，以及优化员工培训、薪酬绩效管理等人力资源管理工作。在工作分析的基础上建立胜任力模型，才能在改革中立于不败之地。

资料来源：www. 8wen. com。

2. 3. 1 胜任特征的概念与发展简史

关于胜任特征的定义，国内外学者给出了不同的界定。有的从组织、团队、个体三个水平上对其界定，也有的从分析对象（工作或员工）上进行探讨。美国著名的心理学家戴维·麦克利兰（McClelland）认为：胜任特征是与工作或工作绩效或生活中其他重要成果直接相似或相联系的知识、技能、能力、特质或动机。目前运用最多的是美国心理学家斯宾塞（Spencer）给出的一个较完整的定义，即胜任特征是指能将某一工作（或组织、文化）中有卓越成就者与表现平平者区分开来的个人的、潜在的、深层次特征，它可以是动机、特质、自我形象、态度或价值观、某领域知识、认知或行为技能——任何可以被测量或计数的并且能显著区分优秀与一般绩效的个体的特征。

胜任素质的应用起源于 20 世纪 50 年代初。当时，美国国务院感到以智力因素为基础选拔外交官的效果不理想，许多表面上很优秀的人才，在实际工作中的表现却令人非常失望。在这种情况下，美国著名的心理学家戴维·麦克利兰教授应邀帮助美国国务院设计一种能够有效地预测实际工作业绩的人员选拔方法。在项目过程中，麦克利兰博士应用了奠定胜任素质基础的一些关键性的理论和技术。例如，抛弃对人才条件的预设前提，从第一手材料出发，通过对工作表现优秀与一般的外交官的具体行为特征的比较分析，识别能够真正区分工作业绩的个人条件。1973年，麦克利兰教授发表了《测量胜任特征而非智力》一文，首次提出了胜任特征的概念。他认为个体的态度、价值观和自我形象、动机和特质等潜在的深层次特征，将某一工作（或组织、文化）中表现优秀者和表现一般者区分开来。因此，他对以往普遍使用智力和能力倾向测验挑选学生的方法提出质疑，认为真正影响学生学习成绩的不单纯是智商，而是学生个人的素质条件和行为特征，即胜任特征。该文发表之后，引起了人力资源领域许多学者的研究兴趣。

20世纪70年代初期，麦克利兰教授在美国波士顿创立MCBER公司，为企业、政府机构和其他的专业组织提供在人力资源管理方面胜任特征的应用服务。在他的指导下，MCBER成为国际公认的胜任特征方法应用的权威机构。在各方面的努力下，胜任特征方法在人力资源管理中的优势逐渐被大家认可，在国际上，特别是在先进企业中得到普遍接受和广泛运用。一个企业运用胜任特征方法进行人力资源管理，首先要确定什么是某类工作岗位所需要的胜任特征。确定胜任特征的过程需要遵循两条基本原则：一是能否显著地区分工作业绩，是判断一项胜任特征的唯一标准。也就是说，在实际工作中，表现优秀与表现一般的员工必须在所确认的胜任特征上有明显的、可以客观衡量的差别。二是判断一项胜任特征能否区分工作业绩，必须以客观数据为依据。任何主观判断、理论假设和过去的经验必须有客观数据的支持才能成立。在确定胜任特征后，企业还需要建立能客观衡量个人胜任特征水平的测评系统，同样，测评系统的有效性也必须经过客观数据的检验。测评的结果必须能显著地区分工作业绩，并在此基础上，设计胜任特征在各种人力资源管理工作中的应用。

胜任特征方法的应用是一项系统性的工作，它涉及人力资源管理的各个方面。许多著名企业使用的结果表明，这种方法可以显著地提高人力资源的质量，强化组织的竞争力，促进企业发展目标的实现。美国明尼苏达大学的研究人员通过多年的研究和实践，提出了20多种胜任特征，如获取信息的技能、分析思考的技能、概念思考的技能、策略思考的技能、人际理解和判断的技能、帮助/服务定向的技能、对他人的影响技能、对组织的知觉技能、建立和管理人际关系的技能、发展下属的技能、指挥技能、小组工作和协作技能、小组领导技能等。这些胜任特征的提出，对于改进培训需求评价的内容结构设计具有重要的价值。

2.3.2 胜任特征应用于人才测评的意义

可以说，胜任特征理论有一套很好的思想和理念，围绕胜任特征概念有一整套技术工具，如专门的胜任特征模型及操作定义，建立模型的行为事件访谈技术（BEI）等，从而可以大大弥补传统方法的不足，为人才测评提供了很好的基础。

（1）胜任特征理论将岗位分析工作与人才测评工作紧紧结合起来。实践中，我们的人才测评往往存在不知道该测试什么内容的问题，即缺乏规范的评价标准体系，缺少对测试岗位深入的量化研究。胜任特征的研究则填补了这一空白，如浙江大学人力资源与战略发展研究中心主任王重鸣采用量表法调查了220名中高层管理者，结果表明，公司的管理者都需要具有价值取向、责任意识、权力取向、战略决策能力、激励指挥能力；而正副职的胜任特征要求具有比较明显的差异：正职还需要诚信正直、协调监控、开拓创新能力，副职则还需要经营监控能力。正职和副职相比，更加突出了诚信正直和不断创新发展。另外，正职的主要任务是抓战略决策，制定经营决策，尤其是企业长远发展的战略性决策，而副职的主要任务是负责切实地落实决策，并且责任意识更为重要。这样，测评公司的管理者就有了设计测评方案所需的测评要素，而且从优秀的副职中选拔正职，就可以重点测评其战略决策能力、诚信正直、创新能力以及协调能力等。

（2）胜任特征理论对人才测评具有重要的指导意义。按传统观念，在招聘选拔人才中比较重视被评价者的知识、技能，但是研究证明，表层的知识和技能很难区分优劣，却相对易于培养和改进，而核心的动机和个性等处于胜任特征的深层，难以培养，所以，它是最有测评价值的。从投资回报的角度出发，组织应当选拔有核心的动机和个性等胜任者，然后教给他们特定岗位所需要的知识和技能。在复杂和高层的岗位中，深层次的胜任特征在预测优秀绩效方面要比技能、知识重要得多。在这些岗位上，几乎人人都有较高的智商水平，所以更依靠动机和个性等胜任特征取得成功，对这类岗位按照胜任特征的规律进行测评和选拔人才，可以获得最高的投资回报率。

（3）胜任特征在人才测评中的作用还有两点：首先是选择测试工具的依据，人们可以根据测试工具可测试的素质和特定岗位需要的素质来选择测试工具；其次，胜任特征的操作化定义还是人才测评的观察标准和行为评估的依据。

（4）胜任特征重要的优势在于，它可以给各个组织提供一种“通用语言”，人力资源管理人员可基于这种“通用语言”讨论管理者的招聘与选拔，也就是说，人们在测评中有了共同的标准和共同的语言。另外，按照胜任特征模型的内涵，胜任特征除了含有岗位的要求，还含有组织战略和企业文化的成分。所以，各个组织将胜任特征模型作为人才测评的标准，把测评与组织发展更加紧密地联系起来。

（5）胜任特征可以提供量化人事指标。胜任特征模型与人才测评的结合可以提供许多量化人事指标，使得许多人事工作的量化成为可能。比如，人职匹配程度是人力资源工作中一个重要的课题，“岗位胜任特征要求与个体的胜任特征之间的匹配越好，个体的工作绩效和工作满意度越高”。依据胜任特征模型，借助“加权绝对差值法”可以分析出个体具有的能力与岗位要求的差异大小，从而提供量化人职匹配指标，如果个体的能力达不到岗位要求，则难以胜任工作，相反，那些具有比岗位要求更强能力的个体，会将精力用在错误的方面。例如，一位总工程师成就动机过强，就会将更多时间用于解决有趣的工程机械问题而疏于人员管理。下面举一个例子计算某人的四个胜任特征得分值与两个岗位，即“公司研发专家”“生产部门经理”匹配。注意，这里的计算属于经验性的计算方法，目的是以此对各个岗位匹配程度进行量化比较。

表2－3、2－4中数据均采用百分等级量表，“工作要求”指各岗位的胜任特征的要求水平，“个人得分”是指经过人才测评得出的个体在各个胜任特征上的实际水平；该岗位最佳的人选是在各个素质上的“个人得分”与该工作的“工作要求”相减后“差值”的绝对值最小的人。具体确定某岗位的每个胜任特征的“差异加权值”的大小则是采用工作分析或经验分析的办法，来得出各个胜任特征的重要性大小，据此在各个胜任特征之间进行权重数分配，具体的如第一岗位各胜任特征的权重分别为3、2、3、1，作为“差值”的加权值。在有些情况下，按照该计算公式，不匹配的程度有可能大于100%，则表明非常不匹配该岗位的工作。

表2－3　王某的素质与第一个岗位“研发专家”的匹配计算情况

胜任特征	工作要求	个人得分	差值	差异加权值	加权绝对值
成就动机	90	95	5	3	15
专业知识	90	80	－10	2	20

续表

胜任特征	工作要求	个人得分	差值	差异加权值	加权绝对值
认知能力	95	95	0	3	0
影响力	55	45	-10	1	10
总数	330				45

注：不匹配程度 = 加权绝对值/工作要求总数 = 45/330 = 13.6%；
匹配程度 = 1 - 13.6% = 86.4%。

表2-4　王某的素质与第二个岗位“生产部门经理”的匹配计算情况

胜任特征	工作要求	个人得分	差值	差异加权值	加权绝对值
成就动机	50	95	45	1	45
专业知识	60	80	20	1	20
认知能力	85	95	10	2	20
影响力	85	45	40	3	120
总数	280				205

注：不匹配程度 = 加权绝对值/工作要求总数 = 205/280 = 73.2%；
匹配程度 = 1 - 73.2% = 26.8%

根据上述计算结果，此人更适合从事研发专家的工作。计算出的匹配程度数值可以用于招聘、选拔、继任计划和晋升、绩效管理等几个方面。

2.3.3 胜任特征选人的标准问题

企事业单位在运行中选择用人是非常关键也是非常重要的，但是在人才选择中究竟该看重什么？不同的单位有不同的回答。有些单位看重的是学历，用人政策向学历倾斜；有些单位注重经验，必须要5年以上或8年以上经验才可以考虑。但是有这样一个案例：

范例　**胜任特征模型的作用**

胜任特征模型在选拔中究竟能起到什么作用？就这个问题谷向东博士向我们讲述了这么一个案例。他说，10年前，北京市政府实施公开招聘，应者云集。其中多为高学历、多证书、相关工作经验丰富的人才。录取要经过两轮淘汰，第一轮是市考试中心组织的笔试，另一轮是外聘专家组织的面试。

但出人意料的是，最终被录取的人员竟然是入围候选人中笔试成绩的最后一名，可以说是一位濒临淘汰的人员。当时这个录取结果让很多人大吃一惊，但负责主持此项面试的专家们并不这么认为，他们认为选拔人才的关键在于其关键素质与岗位胜任特征相符合，最适合的才是最应该被录取的。在面试前，专家小组对岗位进行了大量调研，建立了岗位的胜任特征模型，并依据胜任特征模型开展了面试选拔，其结果具有很高的预测效度。因此，专家小组一致同意最终的录取决定。

事实证明，根据胜任特征选拔出的这位副局长工作十分出色，上任后长年被评为优秀干部，并得到进一步提升。

资料来源：www. wzrc. net。

这个案例说明，企事业单位在选择人才时，除了看重学历或经历，还注重应聘者的心理特质，即胜任特征。我们在选择人才中有一个很关键的假设，就是我们招聘来的人会在未来的工作中取得成功。那么，是什么原因导致了人们在工作中的成功呢？如果一个人有学历、有经验，就推断出他一定在未来的工作中成功吗？也许会，但至少这些原因是不完全的。那么，导致人们在工作中取得成功的因素还有哪些？很多人研究这个问题，结果发现了一些关键胜任特征的因素。这些关键胜任特征包括与人们的工作绩效有直接关系的一系列因素，如能力、个性、工作风格等。虽然对于许多工作来说，具体的技能是至关重要的，特别是一些技术性的工作，更看重技术性技能。但其他方面的因素也可能会对工作成功起到更大的作用，比如与人沟通的能力、性格等。这些能力不像具体的技术技能那样容易测量，但这些能力从某种意义上来讲更为重要，这也正是我们研究胜任特征的目的所在。

2.4 胜任特征模型的构建与作用

2.4.1 胜任特征模型的概念

胜任特征模型（competency model）是指担任某一特定的任务角色所需要具备的胜任特征的总和。胜任特征模型构建的基本原理是辨别优秀员工与一般员工在知识、技能、社会角色、自我认知、特质、动机等方面的差异，通过收集和分析数据，并对数据进行科学的整合，从而建立某岗位工作胜任特征模型构架，并产生相应可操作性的人力资源管理体系。胜任特征模型对构建组织的核心竞争力和健康的学习型组织有非常重要的作用。它运用在人力资源管理中，包括两方面的要求：一是领导如何沟通，包括如何与下属进行交往，如何激励员工进行变革等；二是人力资源经理如何做企业的战略合作伙伴，关系到人力资源在企业内如何与管理高层及其他部门的经理沟通，如何与其他部门更好地合作。

2.4.2 胜任特征模型的类别

建立胜任特征模型是针对特定岗位的，对各个岗位的胜任特征模型一定要区分不同的层次、不同的行业、不同的阶段等因素，差异化地建立结构、确定项目以及权重。比如虽然同为企业中的高层，但地产集团的财务总监与医药集团的财务总监的胜任特征模型就应该不同，因为他们是不同的行业；而财务总监和人力资源总监的胜任特征模型也不一样，因为他们的专业不同。并且根据人才素质不断提升的原理，对同样的岗位可以考虑设计分阶段的胜任特征模型，不同的发展阶段对应不同的胜任特征模型。另外，胜任特征模型还需要与组织战略、目标、文化等结合，这样才能保证建立的特征模型适合特定的组织文化。

下面简单介绍一下胜任特征模型的类别。

1. 冰山胜任特征模型

这是1973年麦克利兰教授在提出胜任特征概念之后建立的（模型如图2-1），目的是从品质和能力层面论证个体与岗位工作绩效的关系。他认为，胜任特征是决定工作绩效的持久品质——个体的态度、价值观和自我形象、动机和特质等潜在的深层次特征，可以将某一工作（或组织、文化）中表现优秀者和表现一般者区分开来。

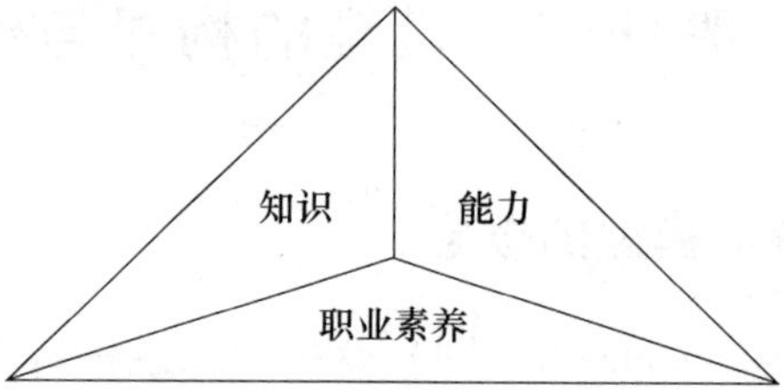

图2-1 麦克利兰教授胜任特征图

2. 岗位胜任特征模型

岗位胜任特征模型，是指对员工履行岗位职责应具备的个性特征、必备知识、工作技能和综合能力、工作经历和经验以及行为特征标准的界定。目前，无论政府还是企业，都日益重视对胜任特征进行科学系统的管理，开始着手开发企事业单位员工自身的“岗位胜任特征模型库”。建立胜任特征模型的通常做法是研究绩效出众的员工，找出他们有别于一般员工的特点和行为。方法是研究人员对绩效出众员工和一般员工两个对照组，分别进行行为事件访谈，让员工描述最能代表他们所做工作的活动，获得有关他们的行为、思想、感觉和效率的细节。再将访谈录音，转录成文字，制成资料，并由研究人员根据资料显示的能力进行编号，接着对此做统计分析，确定区别优秀员工组和一般员工组的能力出现的频率和范围，建立基准能力和区别能力。

下面就是一个胜任特征模型的示例。

范例 **华立集团胜任特征模型的建构**

华立集团作为一家大型民营企业，正处于高速发展的阶段，管理层领导能力的高低是能否保持企业高速发展的关键。为了有效提高管理者的领导力，集团建立了完善的胜任素质模型测评、发展体系，并借此构建了一个领导力发展系统。每年对企业的决策层和管理层进行胜任素质评估，参与评估的人为被评估人的上级、平级、下属及其他相关人员。

华立集团高级管理人员的360度胜任素质模型分为通用素质与角色素质两大部分，前者由10项素质构成，是所有被评估者都应该具备的；后者是某特定岗位所应具备的职能、岗位素质，因职系、岗位不同而有差异。在评估中，主要借助三个专业工具：一是胜任素质模型，担任某一特定的任务角色所需要具备的胜任素质的总和；二是360度反馈，由上级、下级、同事和相关人员对被评估者进行多层次、多维度评价的体系；三是人才测评工具，通过北森测评软件对管理人员进行有针对性的测评，了解作为管理人员所需具备的能力、动机、性格、职业倾向等综合信息。

人才评估共分三步：

第一步：通用素质整体解读。通用素质涉及10项要素：伦理与价值观、全局观念、资源整合、尊荣团队、执行力、识人用人、创新能力、前瞻性思维与策略性思考、风险防范、分析与决策。华立通过正态分布法对高管的通用素质进行统计分析，了解他们的整体素质状况，从而促进其胜任素质的进一步提升与发展。

通过对《360度反馈评分统计表》、《访谈汇总表》、《个人胜任素质反馈表》的综合分析，得出华立集团某次评估的整体“优秀通用素质”。该评估结果表明，伦理及价值观、尊容团队、全局观念、执行力是通用素质中获得认可度较高的素质项，其中，伦理及价值观的优异度接近70%，即在被评估的83人中有61人被评为具备该项素质。而识人用人、创新能力、前瞻性与策略性思考等几项通用素质在高管群体中被提及的频率不高，尤其是识人用人在83人中仅有4人具备该项优异素质，说明高管人员在这项素质上离优异的要求普遍有很大差距。

第二步：待发展通用素质分析。对管理群的待发展通用素质进行整体分析，找出存在的差距，提出改善的建议。

可以看出，在所有被评估者中，识人用人这一项有待提升的人数为37人，占全体的44.58%。同时，创新能力、风险防范、前瞻性与策略性、资源整合这几项素质需提升的比例在30%以上。

第三步：重点职系解析。素质评估涉及的职系比较广，有财务类、营销类、营运类、生产类、研发类等。试以人数相对集中的财务职系为例，进行深入分析，该职系被评估的负责人共计11人，分别来自各个子公司。

结果表明，财务人员的资源整合、分析与决策等待发展程度较高，说明素质普遍有待提升，需要有管理培训的持续投入。

资料来源：www.chinatxj.com。

3. 卓越绩效者胜任特征模型

卓越绩效者胜任特征模型，是指对工作绩效卓越者应具备的素质与能力特质标准的界定。这种特质是绩效卓越者独有的，是绩效一般者不具有的。建立卓越绩效者胜任特征模型，首先需要成立领导小组和专家小组，这一步同建立岗位胜任特征模型一样。领导小组由单位的高层主管和有关职能部门的负责人组成。该小组的职责是负责胜任特征模型建立的领导工作，审定工作计划与方案，解决工作当中管理与经费方面的疑难问题。领导小组对卓越绩效胜任特征模型建立至关重要。成立领导小组的目的，一方面是对胜任特征模型的审定，更为重要的是得到高层主管的支持。如果没有高层主管的参与支持，特别是单位“一把手”的参与支持，此项工作就难以顺利开展。专家小组应包括绩效卓越者、客户、人力资源专家和业务经理。这个小组的职责主要是通过访谈、小组讨论或问卷调查采集信息，并对采集的信息进行分析、归纳、验证，建立胜任特征模型。卓越绩效者胜任特征模型不仅能帮助企业找到合适的员工，同时也能使员工更能适合自己的职位。它的应用贯通于整个人力资源管理中。

2.4.3 建立胜任特征模型的步骤

通过胜任特征分析，建立胜任特征模型的程序，简要说来，一般包括以下六个步骤。

1. 定义绩效标准

这一步可以采用指标分析和专家小组讨论的办法。指标分析是指采用工作分析的各种工具与方法，明确工作的具体要求，提炼出鉴别工作优秀的员工与工作一般的员工的标准；专家小组讨论则是由优秀的领导者、人力资源管理层和研究人员组成的专家小组，就此岗位的任务、责任和绩效标准以及期望优秀领导表现的胜任特征行为和特点进行讨论，得出最终的结论。这种方法采用的指标有硬指标，如利润率、销售额等，还必须有软指标，如行为特征、态度、服务对象的评价等。

2. 选取分析样本

根据第一步确定的绩效标准选择适量的表现优秀的样本和表现一般的样本，并以此作为对比样本。

3. 获取样本有关胜任特征的数据资料

这有许多方式，可以采用行为事件访谈法、专家小组法、问卷调查法、全方位评价法、专家系统数据库和观察法等获取效标样本有关胜任特征的数据，但一般以行为事件访谈法为主。行为事件访谈法是一种开放式的行为回顾式调查技术，一般采用问卷和面谈相结合的方式。访谈者会有一个提问的提纲，以此把握面谈的方向与节奏。访谈者在访谈时应尽量让访谈对象用自己的话详尽地描述他们成功或失败的工作经历，以及他们是如何做的、感想又如何，等等。通过这样的访谈，获得关于过去事件的全面报告，然后通过独立的主题分析，对导致绩效优秀者和绩效一般者的思想和行为进行整理归类，整合各自的结果，形成区分绩优者和一般者的关键行为。

4. 建立胜任特征模型

对上述数据资料进行统计分析，提炼胜任特征，对行为事件访谈报告进行内容分析，记录各种胜任特征在报告中出现的频率。然后找出两组样本的共性和差异特征，并根据存在区别的胜任特征构建胜任特征模型。

5. 验证胜任特征模型

需要选择另外两个样本组（优秀业绩者和一般业绩者）进行验证，同时采用上述第三步的行为事件访谈以及关键事件分析、问卷调查等手段，考察这些假设的胜任特征是否能区分业绩优秀者与业绩一般者，以进行研究的效度检验。也可以选择合适的效标对所得模型进行比较、评价。

6. 应用胜任特征模型

应用胜任特征模型，即推行基于胜任特征的人力资源管理。目前，国外主要根据专家、学者提出的胜任特征模型，演绎出具体的素质、能力要求，并尝试进行相关人员的选聘、培训指导。而国内研究人员主要采用探索性研究思路，针对高级管理人员，在广泛问卷调查、访谈的基础上，通过分析，提炼出几大胜任特征，并构建相关模型。胜任特征模型强调将企业战略目标、核心能力、员工业绩水平、行为特征结合起来，利用标杆分析，挖掘其中存在的内在联系，而传统的能力素质往往并不严格要求按照这种模式建立。在某种意义上，胜任特征模型提供了一种新的人力资源管理的理念和思想。

下面以某大型电器营销公司的销售经理进行胜任特征模型构建的研究为例。首先，我们选取了该公司不同地区的经理进行工作分析，明确经理的工作内容和工作要求，并结合该公司的实际情况确立了对经理们的绩效考核指标。在该公司现有的优秀绩效表现与一般绩效表现经理当中随机挑选 45 名，对他们进行行为事件访谈。访谈的内容主要有三个部分：一是被访者的基本资料；二是被访者列举自己的三件成功事件和三件不成功事件；三是对被访者的综合评价。在实施行为访谈的过程中，我们同时对经理人进行了管理素质测评及管理知识测评，用来验证胜任特征模型的有效性。根据各位经理的访谈报告，我们归纳整理出了经理胜任特征频次表，并以此构建了经理人的胜任特征模型。根据该胜任特征模型明确了合格的营销经理应该具备的胜任特征，并以此为依据，结合公司目前经理现状的营销，开发了经理培训体系。这帮助经理们找到自己的“短木板”，有针对性地对经理们进行培训，同时也为该公司的人员选拔和人才招聘提供了有力依据。

2.4.4 胜任特征模型的作用

胜任特征模型不仅应用于人才测评，也可以为企业人力资源管理提供更广阔的视角和新的技术，在人力资源管理活动中起着基础性、决定性的作用，从而促进人力资源开发与管理实践的发展。胜任特征模型的作用还在于，它可以给各个组织提供一种“通用语言”，人力资源管理人员可基于这种“通用语言”讨论管理者的招聘与选拔，也就是说，人们在测评中有了共同的标准。另外，胜任特征模型除了含有岗位的要求，还含有组织战略和企业文化的成分，所以，各个组织将胜任特征模型作为人才测评的标准，将测评与组织发展更加紧密地联系起来。它分别为企业的人员招聘、人员考核、人员培训以及人员激励提供了强有力的依据，是现代人力资源管理的新基点。

1. 人员招聘与选拔

传统的人员选拔一般比较重视考察人员的知识、技能等外显特征，而没有针对难以测量的核心的动机和特质来挑选员工。但是在工作分析的基础上，基于胜任特征的人员选拔，挑选的是具备胜任特征和能够取得优异绩效的人，而不仅仅是能做这些工作的人。因为如果挑选的人员不具备该岗位所需要的深层次的胜任特征，要想改变该员工的深层特征，却不是靠简单的培训就可以解决的问题，这对于企业来说是一个重大的失误与损失。也就是说，处于胜任特征结构表层的知识和技能，相对易于改进和发展；而处于胜任特征结构底层的核心动机、人格特质等，则难以评估和改进，但对胜任特征却有着重要的贡献。特别是在为工作要求较为复杂的岗位挑选候选人时，如挑选高层技术人员或高层管理人员，在应聘者基本条件相似的情况下，胜任特征模型在预测优秀绩效方面的重要性远比与任务相关的技能、智力或学业等级分数等显得更为重要。

因此，在人员的选拔与配置中，为了做到人职匹配，仅仅考察工作胜任特征的共性是不够的，还必须给不同的岗位构建不同的工作胜任特征模型（工作胜任特征的评价标准），明确特定的胜任特征要求。

阅读 **通过度假评价胜任特征**

赢得杜邦、柯达、通用电气等大客户的罗森布路斯国际旅游公司对应聘者要经过仔细挑选，寻找的是善于团队工作和富有积极向上的生活态度的人。公司总裁罗森布路斯认为，与工作经验、过去的薪水和其他传统简历上所列的条目相比，应聘者的善良、同情心、热情更重要。在该公司，应聘基层职位的求职者要经过3～4小时的面试。对于高级职位，罗森布路斯邀请一个应聘销售总监的候选人及其太太和自己一起出去度假，“在假期的第三天，开始有结果了。”他说。他们通过这样的情境设计，尽可能真实地发现求职者的个人特征，评价求职者是否具备工作所需要的关键胜任特征。所以，当这一行业的平均人员流动率高达45%～50%时，该公司的流动率只有6%，这也就不奇怪了。这就是运用胜任特征模型对企事业单位进行人员招聘和选拔时所起的作用。

资料来源：www. space. goiee. com。

2. 员工培训

以往的培训研究注重的主要是培训内容，而胜任特征分析则为培训提供了新的视野。基于胜任特征模型设计的培训，是对员工进行特定职位的关键胜任特征的培养，培训的目的是增强员工取得高绩效的能力、适应未来环境的能力和胜任特征发展潜能。员工培训在企业的发展中非常重要，请看下面这个案例。

范例 **肯德基基于胜任特征的员工培训**

作为世界最大的餐饮连锁企业，肯德基自进入中国以来，带给中国的不仅是异国风味的美味炸鸡、上万个就业机会，还有全新的国际标准的人员管理和培训系统。作为劳动密集型产业，肯德基奉行“以人为核心”的人力资本管理机制。因此，员工是肯德基在世界各地快速发展的关键。肯德基不断投入资金、人力，进行多方面、各层次的培训。从餐厅服务员、餐厅经理到公司职能部门的管理人员，这些培训不仅帮助员工提高了工作技能，同时还丰富和完善了员工自身的知识结构和个性发展。

肯德基在中国特别建有适用于当地餐厅管理的专业训练系统及教育基地——教育发展中心。这个基地成立于1996年，专为餐厅管理人员设立，每年为来自全国各地的2000多名肯德基的餐厅管理人员提供上千次的培训课程。中心大约每两年会对旧有教材进行重新审定和编写。培训课程包括品质管理、产品品质评估、服务沟通、有效管理时间、领导风格、人力成本管理和团队精神等。这所独特的“企业里的大学”，就是肯德基在中国的所有员工的智囊部门、中枢系统。肯德基的内部培训体系分为职能部门专业培训、餐厅员工岗位基础培训以及餐厅管理技能培训。肯德基对员工胜任特征培训的方法有很多种，如课堂讲授、问题讨论、团队作业、现场教学、情境模拟、案例研究、方案设计等，根据培训重点和受训人员行为方式的不同，通过不同培训形式的交叉运用，从而提高培训的效果。

所以说，重视员工基于胜任特征模型设计的培训是肯德基立于不败之地的法宝之一。

资料来源：博天培训网。

3. 绩效考核

胜任特征模型的前提是找到区分优秀与普通的指标，以它为基础而确立的绩效考核指标，是经过科学论证以及系统化的考核的，真正体现了绩效考核的精髓，反映了员工的综合工作表现。让工作表现好的员工及时得到回报，提高员工的工作积极性；对于工作绩效不够理想的员工，根据考核标准以及胜任特征模型，通过培训或其他方式帮助员工改善工作绩效，达到企业对员工的期望。

将胜任特征模型应用于绩效管理，需要建立公正的、具有发展导向和战略性的绩效管理体系。这个绩效管理体系建立的基础是，绩效目标是建立在认同和信任的基础上，员工参与绩效目标的制定，并通过管理沟通形成绩效承诺。而且在整个绩效管理过程中，管理者应针对下属胜任特征的特点，给予相应的指导、支持和授权，不断提高下属的工作自主权，推动员工与企业共同成长。在绩效管理中不能仅仅局限于员工个人的绩效，应注意胜任特征中人际技能和团队协作能力的培养与发挥，合理设计工作群体，努力提高群体绩效。

4. 员工激励

通过建立胜任特征模型，能够帮助企业全面掌握员工的需求，有针对性地采取员工激励措施。从管理者的角度来说，胜任特征模型能够为管理者提供管理并激励员工努力工作的依据；从企业激励管理者的角度来说，依据该模型可以找到激励管理层员工的有效途径与方法，提升企业的整体竞争实力。

在员工激励方面，海尔公司做得相对较好。海尔认为：企业首先是人的集合体，企业经营的各种要素是在主动参与经营的人的利用下才发挥作用的；企业管理既是对人的管理，也是通过人进行管理。因此，只有使参与企业活动的人始终保持旺盛的士气、高昂的热情，企业经营才能实现较好的绩效。激励制度正是基于这样的考虑，在企业运行过程中发挥作用。海尔集团的用人理念是：人人是人才，赛马不相马；你能够翻多大跟头，给你搭建多大舞台。根据需要层次理论，人们的需要由低级到高级分别为生理的需要、安全的需要、社交的需要、尊重的需要和自我实现的需要。海尔的用人理念体现了对员工的尊重和促使其自我价值的实现，可以说是从较高的层次实现员工的需要，而这种激励是与绩效息息相关的。

当然我们也要看到，胜任特征模型在人力资源管理方面的应用只是刚刚起步，还存在许多需要进一步完善的地方。目前，在中国，主要是心理学家从事胜任特征模型的理论研究，而国外的研究成果比较显著，但其构建的胜任特征模型是否适合我国国情，还需要我国学者的进一步探索与研究。并且大多数模型属于通用模型，针对具体职位的胜任特征模型也需要进一步开发，现有的研究方法、统计技术和测评手段等都是值得进一步探讨的问题。在今后的研究中，我们要立足于中国国情，针对不同行业与企业，构建适合我国国情的岗位胜任特征模型。而且胜任特征的具体内容本身并不是一成不变的，我们正是通过胜任特征与行为之间的关系，来准确地表达与比较不同企业在各自发展阶段对于员工胜任特征要求的差异性，进而指导企业有效地开展基于胜任特征的一系列人力资源管理实践。

学习指南

工作分析与人才测评是本章的重点所在，在理解工作分析与人才测评概念的基础上，还应该进一步分析工作分析与人才测评的关系。一般而言，工作分析分别涉及有关工作人员、工作职务及工作环境，所以工作人员的分析包括人员条件、能力等，经分析而编制的职业资料，有助于职业辅导工作的开展，达到人尽其才的目的。工作分析包括工作任务、工作程序步骤及与其他工作的关系，对于员工工作上的任用、选调、协调合作有所帮助，使组织发挥系统的功能，达到适才适职的目的。总之，工作人员的分析是“人与才”的问题；而工作职务的分析是“才与职”的问题，只有“人与才”“才与职”相结合，才是对人力资源的充分运用，才能通过组织行为达到组织目的。

同时，在学习本章的过程中还要注意到，人才测评是以胜任特征为标准进行测评的。胜任特征的研究为企业管理各项工作提供了新的理论依据与管理技术，具有重要的研究意义。但是也应该看到，它仍然是个发展中的理论，还存在许多问题，有待于我们去发现。特别是在构建出胜任特征模型以后，开发测量各项胜任特征的量表和工具是值得进一步探讨的问题，量表设计的准确与否将直接影响企业在进行人员招聘时的参照标准。而且企业选择胜任特征分析时一定要从自身的需求、财力、物力等各方面因素综合考虑。总之，随着对胜任特征的深入研究，以胜任特征为基础的人力资源管理新模式必将进一步增强企业的核心竞争力，为企业带来更多的收益，为企业能够在激烈的市场竞争中脱颖而出提供坚实的人力资源保障。

关键词

工作分析　工作分析的方法　人才测评　胜任特征　胜任特征模型

思考题

1. 简述工作分析的概念及其发展过程。
2. 工作描述的主要内容有哪些？
3. 请对观察分析法和工作日志分析法进行比较。
4. 什么是人职匹配理论？
5. 胜任特征包括哪五个层面？作用包括哪些？
6. 胜任特征模型的作用是什么？

第 3 章

心理测验技术

案例导读　**心理测验的应用**

北京市西城区领导人才考试评价中心自1998年成立以来，一直为全区党政机关、企事业单位提供人才测评服务。在为全区机关事业单位的正副处级后备干部进行每年一次的测试的同时，还为中国银行、中工国际、蒙牛乳业集团等几十家单位的骨干员工和新聘人员进行了测评，分别对几千人提出了职业能力及职业发展报告。

资料来源：www. wzrc. net。

美国心理学家桑代克（E. L. Thorndike）指出，凡客观存在的事物都有其数量。此后，麦柯尔（W. A. McCall）进一步指出，凡有数量的东西都可以测量。心理现象是客观存在的，人的心理的差异性也是客观存在的，因此，心理现象是能够测量的。而当今的人才选拔技术在传统和常规的方法之上加入心理测验技术，使得选拔的准确性和有效性都有了大大提高。在所有的心理测验中，使用得最为广泛的是个性测验、能力测验及动机测验。

3.1　心理测验概论

3.1.1　心理测验的发展

关于心理测验的起源，众说纷纭，有人认为起源于中国古代的科举制度，还有人认为可以追溯到古希腊的体育、智力技能测验。但是，促使现代测验成形始于19世纪。西方发达国家于19世纪末期在教育和医疗两个方面对测量个别差异的手段和测评技术展开了研究，并且在智力落后者的鉴别和精神病人的诊断方面取得了很大成绩。在这样的背景下，更多的学者转向个别差异的研究，致力于通过不同的途径，采取不同的方法开发鉴别和测量的手段与工具。

世界上第一个智力量表是法国心理学家比奈（A. Binet）和他的同事西蒙（T. Simon）于1905年编制的，称为比奈－西蒙量表，该量表是应法国教育部为区分正常儿童与低能儿童的需要而编制的。从此以后，心理测验被公认为测量个别差异的有效工具，西方的测验运动也就更加蓬勃地开展起来了。

随着第一个心理测验的产生，人们更加努力地编制和运用心理测验。刚开始，还主要是用于教育和临床诊断领域。心理测验的进一步发展和扩大应用范围，很大程度上是受惠于第一次世界大战。1917年，随着美国宣告参战，许多心理学家参军并开始为战争服务。他们认为选拔和分派官兵的任务必须考虑到他们的不同智力水平。不过军队有100多万人，要实现这一想法，只能采取大规模的团体施测方法，为此他们编制出陆军甲种测验。但他们发现士兵的文化水平不同，这影响到测验效果，于是又出现了非文字的陆军乙种测验。这样从1917年3月至1919年1月，共有200多万官兵参加了测试，并取得了令人满意的成效。

第一次世界大战后不久，用于测量官兵一般智力的陆军甲种测验和陆军乙种测验被迅速应用于美国社会，心理测验由此名声大振。这样，在20世纪20年代，心理测验运动出现了狂热的势头，为各个阶层、不同人群设计的智力测验不断出现。同时，根据工业部门的人才选拔和安置工作需要以及职业咨询兴起，心理学家又开始编制各种职业能力倾向测验，主要包括音乐、文书、机械和艺术等方面的特殊能力倾向测验。在把职业选择与个人特点相结合方面，美国学者斯特朗（Srong E. K.）做出了重要成绩，他于1927年编制出版的世界上第一个职业兴趣测验“斯特朗男性职业兴趣量表”至今受到重视。

到了二十世纪四五十年代，心理测量学家们开始在实践中评价求职者的“岗位适合度”，也就是说，人们从此开始越来越重视人职匹配。为了达到这个目标，心理学家需要事先对求职者进行一次简单的诊断面谈，然后进行一系列纸笔测验，通常包括能力倾向测验、投射性测验。60年代以后，评价中心技术开始在许多大公司应用，使得测评对象不仅以普通员工为主，而且扩展到中高层管理人员。由于评价中心技术综合运用了心理测验、面试和情境模拟技术，使得测评效果比原来更加可靠和有效。比如，有研究表明，用评价中心选拔出来的经理，工作出色的人数比用一般标准选拔出来的经理多50%（费英秋，1994）。以美国电话电报公司为例，他们在对一批经理候选人进行评价后，把结果保留了下来，8年后，把结果与实际情况进行核对，发现以前预测会升迁的候选人中已经有近64%的人被提升为中层主管，以前预测不晋升的候选人中，只有32%的人上升为中层主管。由于评价中心的效度较高，目前此技术已成为西方评价各层管理人员的主要技术工具。

在我们国家，心理测验的起步较晚。1986年，北京师范大学的郑日昌教授成立了国内第一家心理测量中心，1987年推出第一本心理测量的专著。近几十年来，随着测评工作更加专业化，国内涌现出了一批专门提供人才测评服务的公司，他们把人才测评技术应用于人力资源开发的各个领域。

3.1.2 心理测验的原理与方法

心理测验实质上是对行为样本的客观化和标准化的测量。就这一点而言，心理测验与其他学科的实验是一样的，比如生化学家通过检验样本的水质来推断河流的污染程度等。如果心理学家希望测验银行职员的计算能力，那么就可以采取一组有代表性的算术问题来检查被试者的表现。但任何一种测验都不可能包含要测量的行为领域的所有可能的题目，它只是全部可能题目中的一个样本，因此，测验题目的取样必须有代表性。如果银行职员在这组算术问题中的表现与其在工作中计算的表现之间密切对应，那么测验才算达到预想目的。

1. 心理测量的含义

史蒂文斯（S. S. Stevens）曾说："就其广义来讲，测量是按照法则给事物指派数字。"简单地说，测量就是根据一定的法则用数字对事物加以确定。

任何测量都必须具备参照点、单位和量表三个要素。根据测量所采用的单位及参照点，史蒂文斯将测量量表从低级到高级分成四种，分别为命名量表（或类别量表）、等级量表（或次序量表）、等距量表和比率量表。高级量表除了具备低级量表的性质和功能外，还有自身的特点。在进行统计处理时，必须在量表所允许的统计分析范围内展开。

心理测验是心理测量的主要技术和工具，人的心理特性是不能被直接观察到的，但它总以其相应的行为显现出来。测验就是让人们产生相应的行为，根据这些行为反应推论他们的心理特性。因此，心理测验就是测量一个人对测验题目所进行的反应。美国心理和教育测量学家布朗（F. G. Brown）认为，测验是测量一个行为样本的系统工程。美国心理学家阿娜斯塔西（A. Anastasi）认为，心理测验是一种对行为样本做客观和标准化的测量。一般认为，心理测验就是通过观察人的少数有代表性的行为，对贯穿在人的全部行为活动中的心理特点做出推论和数量化分析的一种手段。

心理测验的修订都必须依据一定的心理学理论，使用一定的操作程序，从而给人的能力、人格及心理健康等心理特性和行为确定出一种数量化的价值。广义的心理测量不仅包括以心理测验为工具的测量，也包括用观察法、访谈法、问卷法、实验法、心理物理法等进行的测量。

2. 心理测量的特征

和物理测量相比，心理测量具有下列三个特性。

（1）心理测量的间接性。心理测量只能通过一个人对问题情境的反应来推论他的心理特性，也就是从个体的外在行为模式来推知其内在的心理特性，因而心理测量永远是间接的。

（2）心理测量的相对性。在对人的心理特性和行为进行比较时，没有绝对参照点，即没有绝对零点，有的只是一个连续的行为序列。因此，心理测量的度量单位是相对的。如一个人的智力高低和能力大小，都是就其在所在团体的整个分数序列、行为序列中的地位来说的，其测量的分数单位是相对的。一般说来，心理测量是在等级量表上进行的，但往往把等级量表转换成以标准差为单位的等距量表。

（3）心理测量的客观性。客观性是对一切测量的基本要求。由于任何测量都有误差，因此心理测量的客观性实际上就是测量的标准化问题。标准化是指量具的编制、实施、计分和分数解释过程的一致性，减少主试和被试的随意性程度，尽可能地控制和减少误差，进而保证测量结果的准确性和客观性。

3. 心理测验的种类

依据解释测验所采用的标准，可将心理测验分为标准参照测验与常模参照测验。

依据测验的功能，可将心理测验分为能力测验和人格测验。

依据测验的目的，可将心理测验分为描述性测验、诊断性测验和预测性测验。

依据测验的对象，可将心理测验分为个别测验和团体测验。

依据测验的材料，可将心理测验分为文字测验和非文字测验。

依据测验的难度和时限，可将心理测验分为速度测验和难度测验。

依据测验编制过程是否规范，可将心理测验分为标准化测验和非标准化测验。

依据测验的要求，可将心理测验分为最高行为测验和典型行为测验。

4. 心理测验的标准化

标准化是指心理测验的编制、实施、计分以及测验分数解释等程序的一致性，且要有较高的效度和信度及常模资料。标准化测验是一个系统化、科学化、规范化的施测和评定过程，它包括了全过程的标准化。因此，只有心理测验中各个环节都实现了标准化，测验才被称作标准化心理测验。心理测验的标准化具体体现在运用标准化的测验材料、统一指导语、统一时限、统一评分和建立常模等方面。

标准化心理测验的编制一般要经过确定测验目的和对象、制定编题计划、编辑题目、题目的试测与分析、合成测验、将测验标准化、对测验进行鉴定、编写测验说明书等步骤。

3.1.3 常用的心理测验的概念

某位银行职员完成了算术测验，其中做对了 20 题，得了 60 分，代表了什么？他的算术能力能否胜任这个岗位？他和其他人相比怎么样？如果缺乏其他的解释资料，这些原始分数不具备任何意义。除了知道该职员做对 20 题，得了 60 分，我们得不到其他任何需要的信息。而这套试题究竟编制得成功还是失败？能不能成功预测员工将来的业绩？这一切的问题都需要心理统计来回答。

1. 可靠性——信度

可靠性是指一项测验所测结果的一致性或稳定性，即测验的信度。

心理测验的信度是指测验结果的可靠性或一致性，即多次测验分数的稳定、一致程度。它既包括时间上的一致性，也包括内容和不同评分者之间的一致性。任何心理测验总会受到一些无关因素的干扰，正如物理测量中每次结果总会存在些许不同，心理测验也存在一定误差。这种误差主要有两种：一种为随机误差，是由于与测验目的无关的偶然因素引起而又不易控制的误差，它会导致测验结果围绕某一个值产生不一致、不稳定的变化，如银行职员在参加算术测验时受到偶然的噪音干扰等；另一种为系统误差，是由与测验目的无关的变因引起的一种恒定而有规律的误差，它会导致测验结果偏离真值，但每次偏离的方向和大小是稳定的，不会影响测验结果的一致性，比如算术测验的限定完成时间、指导语等。由此可见，只有随机误差影响信度，随机误差越大，信度越低。而信度越高，测验分数受到测验环境或被试条件的日常随机变化影响越小。在实际应用中，我们通常把对测评结果信度的检验置于群体测评结果的相互关系中，转化为群体排序的一致性分析。当两次测试中同一名被试在群体中顺序位置变化较小时，我们认为测评结果可靠性较高。

常用的估计信度的方法有重测信度、复本信度、分半信度和评分者信度。重测信度通过重复实施完全相同的测验，考察两次测验结果所得分数之间的相关性；复本信度是指测验结果与另外一个非常相似的测验的结果之间的变异程度；分半信度则是把一个测验分为等值的两半，考察同一被试在这两个测试中表现的相关程度；评分者信度则是指多名评价者在多次评分中一致性的程度。测试的信度是筛选试题的重要指标之一。

标准化考试的信度系数通常要求在0.90以上，最低不小于0.80。美国有些标准化考试的信度系数要求在0.96以上。一般说来，能力测验、知识性测验信度系数应达到0.9以上，有的可以达到0.95；而性格、兴趣等人格测验信度系数，通常在0.80~0.85或更高些。当信度系数低于0.70时，就不宜用测验对个体进行评价了。

2. 正确性——效度

正确性指一个测验能够正确地测量出它所要测量的东西的程度，即测验的效度。

心理测验的效度是指测验的有效性或准确性，即测验能够测量出其所欲测量的心理特性的程度。在随机误差与系统误差中，随机误差不能影响测验的效度，但是系统误差会使测验结果稳定地偏离真值，或高或低，从而影响测验结果的有效性，这就是我们之所以要控制系统误差的原因。效度越高，则表示该测验结果所能代表要测量行为的真实度越高，能够达到所要测量的目的。对于一个标准测验来说，效度比信度更为重要，因为在实际测验中，任何一种工具只是对一定的测量目的才是有效的，信度高并不意味着效度高，但是效度高则信度一定高，比如某人人格测试信度达到了0.99，但是拿它来测试银行职员的算术水平，那么即便其信度再高，其结果依然是无效的。此外需要说明的是，测验是根据对行为样本的统计分析对被试的心理特性做间接的推断，其结果是统计上的推断，不是必然的结论，只能达到某种程度的正确性。

一般来说，效度可以分为内容效度、构想效度和实证效度。内容效度是指测验题目对有关内容或行为范围取样的适当性，实质上是检查测试内容是否包括了所要测量的行为领域的代表性样本，假如测量银行职员算术能力的测验中全是乘法题，那么这套测验的内容效度就值得怀疑；构想效度也称理论效度，是指测验对某一理论概念或特质测量的程度，一般通过测量结果与理论假设比较而得，如果银行职员所做的算术测验对算术能力测量的结果与编制该测验的理论假设相一致，那么这个算术测验就具有构想效度；实证效度是指一个测验对处于特定情境中的个体行为进行预测时的有效性，其中被预测的行为是检验测验效度的标准，简称效标；实证效度一般用测验分数与作为效标的另一个独立测验的分数的相关系数来表示，故又被称为效标关联效度。根据效标和测验之间的时间关系，可以分为同时效度和预测效度，这种区分可以用两种问法来说明，如参加完某项测验后，有人可能会问"小王有资格入选优秀员工吗?"，"小王具备成为优秀员工的条件吗?"，前者需要同时效度分析，后者需要预测效度分析。

如果测验得分高的个体在效标上的表现较好，而测验得分低的个体在效标上的表现不太好，那么就说明这个测验的分数与效标度量之间的对应性好，可以说这个测验的效度较好。效度系数的确定使我们能够确定根据测验分数预测效标成绩的程度。

标准化考试要求效标关联效度在0.45以上，考试才算有效。内容效度没有确切的数据指标，它是由测验编制者、使用者运用分析判断得出的结论。一般认为，内容效度应达到0.8左右。

3. 鉴别性——难度、区分度

鉴别性是指测验能否鉴别被试高低、优劣的能力，即试题的难度、区分度。

试题的难度即试题的难易程度，可用通过率来表示。难度值的取值范围是0~1，难度值越小，意味着题目越容易；难度值越大，意味着题目越难。各个试题的难度以适中为宜，试题太难或太易都不会有好的区分度，其信度也会降低。

试题的区分度是指试题对不同被试鉴别其能力的程度，可用题目得分与总分间的积差相关系数作为区分度指标（对选择题），可用高低分组各占

27% 的被试的通过率之差来表示（不限题型）。假如测验中有道题，成绩高的员工在这道题上的平均分与成绩低的员工在这道题上的平均分相近，那么这道题的区分度就不高。

虽然区分度与效度分析都采用了相关系数分析法，但也存在一些差异，其一，区分度是用单一试题与测验总分做比较，而效度分析是用测验总分与外部效标做比较；其二，两者之间不存在相关，区分度高不意味着效度高，同样效度高也不等同于区分度高，两者之间是独立的。

难度、区分度是筛选测验的重要指标，最初编制的测验通常是冗长的，根据理论构想设计了大量的试题，囊括了各方面内容，经过样本的小规模初试后必须进行试题筛选，此时，就会根据难度、区分度以及信度对试题进行筛选，一个合格的测验往往需要经过大量反复的筛选工作。

4. 比较性——常模

比较性是针对被试而言的，常模表示标准化样本的测验分数，测验建立了常模，被试可以参照常模对自己的能力进行评估，被试的得分才有了意义。

常模是用于比较的，由标准化样本测试结果计算而来，即某一标准化样本的平均数和标准差。它是心理测验用于比较和解释测验结果时的参照分数标准。这一点和我们的生理指标很类似，正常人血液中的白血球数是每立方毫米 4000 ~ 10000 个，这个标准是医生调查了大量正常人得出的，这个标准就可以理解为常模，超过这个常模标准的，我们就可以理解其为不正常的个体，或者说他病了。心理测验也一样，根据测验常模，我们可以找出被试者在样本分布中处于何处，通过将测验分数与常模标准比较，就可以获得这个分数所代表的意义。如银行职员在某项测试中获得 60 分，那么这个成绩在银行职员的总体样本中处于什么位置？他的潜力怎样？与其他职员相比如何？常模的作用就在于此。

根据样本大小和来源，通常有全国常模、区域常模和特殊常模，根据具体应用标准和分数特征，可有平均数常模、百分数常模、标准分常模等。

5. 客观性

客观性是指测验的命题、实施步骤、计分标准的客观程度。

凡是编入测验的试题，都是由专家和有经验的教师有组织、有计划、有系统地拟出题目，经过大面积的多次测试，然后根据测试结果，对试题质量进行严格分析、反复筛选，最后才能确定下来。

测验的实施要求极其严格，一般备有测验指导手册或指南，详细规定测验的整个实施步骤及注意事项。计分要求必须根据测验说明书所规定的公式和计分方法进行，绝不可掺入个人意见。

6. 实用性

实用性是指一个测验适合实际使用的程度。一个测验所需的时间、人力、费用等，必须为使用者的客观条件所许可，它才有可能被实施。此外，心理测验都是根据一定理论背景进行编制的，其取样范围有限，通常选取的样本来自具有相同特点的人群，因此常模只在这一人群内有效，如比奈智力测验在不同年龄段制定了不同的常模参照，主试应当根据被试的年龄选取不同的常模。同样，银行职员使用的算术测试的常模也不能轻易使用在其他行业或其他领域中。

3.1.4 心理测验的使用

心理测验的使用一般包括选择测验、施测、评分、测验结果的解释和报告、将测验结果用于指导学习和生活或用于科研等几个方面。

1. 测评人员的资格

如果任何人都可以使用测验，那么就会导致测验的滥用和误用，其结果是非常有害的。所以，使用心理测验的测评人员必须具有一定的资格，这个资格包括技术和道德两方面。

（1）心理测验的专业理论知识。它包括心理测验的特点和性质、作用和局限性，以及测验的标准化、信度、效度等方面的知识。

（2）心理测验的专业技能。测评人员必须具有操作心理测验的专业技能。一般来说，团体测验较容易掌握，只要在测验前熟悉量表，对量表的指导语、注意事项、评分、解释等熟练掌握，实施起来并不困难。但对于个别测验（如韦氏量表）、投射测验（如罗夏墨迹测验）较难掌握，必须经过反复的练习。还有一点必须指出的是，已经会使用一种测验的测评人员，不一定会使用另一个测验，比如会使用韦氏测验的测评人员不一定会使用罗夏墨迹测验。因此，测评人员必须不断学习，在使用一种测验前，必须反复操练，熟练掌握操作步骤。

2. 测验的选择

（1）所选测验必须适合测量的目的。测验的目的是什么？是为了了解人的智力，还是了解人的人格？如果是为了了解智力则选择智力测验，如果是人格则选择人格测验，如果是对学生进行心理健康辅导，则自然选择心理健康测验，如果是帮助来访者提供就业方面的指导，则应选择职业测验。

（2）所选测验必须符合受测对象的要求。被试的年龄、文化背景、是否残疾等因素都需要进行考虑。例如，没有文化或文化水平较低的被评价者不适合采用纸笔测验，对于盲人也不能采用纸笔测验。

（3）所选测验必须符合心理测量学的要求。选择测验时要看看测验是否经过标准化，它的信度和效度如何，常模样本是否符合你的测试对象。

3. 测验的实施

测验的实施是保证测验有效性的重要环节。其中的关键是严格按照测验指导手册进行，以尽量减少测量误差。

（1）测试前的准备工作——预告测验。事先应通知被试，使被试知道测验的时间、地点、内容范围、试题类型等，使被试对测验有一定的心理准备，以便及时调整自己的情绪和生理状态。心理测验一般不搞突然袭击，但根据需要有时可以不告知测验的目的。

（2）测评人员自身的准备。测评人员首先必须熟悉指导语，并能用流利的口语背出来，这是对心理测验的最基本的要求。如果指导语讲得不流利，被试没有弄清楚意思，这样会影响测验的效果。

另外，测评人员必须熟悉测试的具体程序。测评人员在测验前必须仔细阅读测验指导手册、测验的实施细则，熟记测验的步骤，在测验前可以先自己演示一遍计分的情况，必须保证准确无误。尤其是个别测验，施测程序较为复杂，对测评人员的要求非常严格，测验前必须通过训练，掌握施测程序。

测评人员还必须做好应付突发事件及被试提问的心理准备。测评人员对施测过程中可能会发生的突发事件应该有所预测并做好相应的心理准备，尤其是对于团体测验，由于人数较多，可能会出现一些突发事件，测评人员必须做好从容应付的心理准备，以免手忙脚乱，影响被试作答。

（3）测验材料的准备。测验材料包括测验题目、答题纸、指导语、纸、笔、计时器、有关器具等必需的材料和工具，测验前测评人员必须仔细检查、核对，保证万无一失，以免短缺而临时寻找。

（4）测验环境的准备。心理测验对环境要求较高，许多研究表明，智力测验在炎热的夏天得到的结果和正常天气环境中得到的结果是有差异的。所以，在施测前，测评人员要选择好环境，包括测验时的光线、通风情况等。不过，中小学的测验一般都是在他们原来的教室进行，这样比较方便，条件也能保证。

4. 施测中注意的事项

（1）清楚地向被试陈述指导语。指导语主要是对被试的反应态度和反应方式做了严格的规定。

（2）在测验过程中，根据测验对时限进行控制。一般速度测验对时限的控制较为严格，测评人员一定要注意。

（3）按照测验实施细则有条不紊地施测。包括什么时候发测验题本、什么时候发答题纸、什么时候停止答题等。

（4）与被试建立良好协调的关系。在施测过程中，测评人员和被试之间应当建立良好的协调关系，即一种友好合作的并能促使被试最大限度地做好测验的一种关系。例如，在能力测验中，要让被试最大限度地发挥，表现出自己的能力；在人格测验中，要让被试诚实地回答，不要掩盖和掩饰。

由于测验的性质和被试的年龄及其他情况不同，建立协调关系的方法也应该有所不同。对于幼儿园儿童，测评人员应以友好、亲切的态度对待，消除他们的陌生感和恐惧心，对待他们要有耐心，让他们慢慢熟悉环境，测验时也是采用个别测验，并且尽量生动有趣；对于年龄大一点的儿童，可以通过竞争来提高他们的测验兴趣；对于成人，则要强调测验对他们有利的地方，使他们尽量认真地完成测验。

5. 测验的评分和解释

（1）测评人员应严格按照测验指导手册提供的评分规则对被试的测验结果进行评分，评出被试在每个项目上的得分，然后计算各分量表的总分及整个量表的总分。这样得到的分数是原始分数。

（2）根据常模或标准，将原始分数转换成导出分数。如百分位数、T 分数、发展分数、标准分数等。

（3）报告测验结果。报告测验结果时应注意三点：一是测验得到的分数是一个点，但真值是一个范围，因此，分数不是绝对的，相差十几分是很正常的。二是测评人员一般不要将测验分数告诉被试及相关人员，告诉的应该是测验结果的解释。因为心理测验尚不完善，测验结果也只能是一个参考，而外行的被试往往对测验的科学性有过高的估计，如果把测验得到的分数告诉被试，可能会导致不良的结果，如对智商的测量，由于孩子在测试过程中注意力不集中，存在焦虑倾向，测出的智商偏低，告诉他测验结果后可能会严重打击他的积极性，使他丧失自信，产生皮格马利翁效应（皮格马利翁效应：简单来说就是提积极的期望促使人们向好的方向发展，消极的期望则使人向坏的方面发展)。三是解释测验时要慎重，最好同时告诉被试改进能力、人格等方面的方法。

3.1.5 正确对待和使用心理测验

心理测验是心理学研究的结晶，是一种科学的方法。但在其发展过程中，曾走向两个极端：一个极端是测验万能论，无人不用，无所不用，盲目崇拜测验，甚至以一次测验成绩定终身；另一个极端是测验无用论，认为心理测验误差大，没有科学性，对其全盘否定、视若禁区。反思历史，心理测验学家告诫人们要以科学的严肃的态度对待心理测验，既不能肯定一切，也不能否定一切，既要充分重视心理测验的发展与应用，也要对心理测验的局限性有所认识。正如著名心理学家潘菽教授所言：心理测验是可信的，但不能全信；心理测验是可用的，但不能完全依靠它。

1. 正确对待心理测验

(1) 心理测验是研究心理学的一个重要方法和决策辅助工具。心理测验是一种量化程度很高的测量技术。心理测验的编制十分严谨，并且经过标准化和鉴定，因此测验的结果是准确可靠的。实践证明，心理测验较之观察法、访谈法等心理测量的其他方法更准确、更客观。另外，心理测验还可以在较短的时间内搜集到大量的定量化资料，因而也是一种有用方法。

(2) 心理测验作为一种研究手段和测量工具尚不完善。心理测验不是心理测量的唯一方法，更不是万能的方法，它也有着不可忽视的局限性。首先，不同的心理测验所依据的理论基础不尽相同，所测特质的定义、观点及概念系统也不同，因此同样性质的测验测量的可能是不完全相同的心理特质；其次，心理测验是对人的心理特质的间接测量与取样推论，不可能完全准确；再次，作为指导测验编制的“测量理论”，它有一些比较脆弱的假设；最后，测验过程中的一些无关因素的干扰很难完全排除，会影响到测验结果的稳定性和准确性。总之，心理测验无论在理论上还是在方法上，都有不完善的地方。因此，要相信心理测验能为我们提供有价值的资料，但不能完全迷信心理测验，在利用心理测验结果做辅助决策时还必须结合其他信息进行全面的分析。所以，在对测验分数做解释，尤其是对个体做预测时，必须十分小心。

2. 正确使用心理测验

为了充分发挥心理测验的功能，必须科学地、严肃地对待心理测验，正确地使用心理测验。

(1) 只有够资格的心理测验工作者才能使用心理测验，才能担任主试。主试在使用心理测验时必须做到：

- 测验的选择要慎重。
- 使用某一心理测验前，必须认真阅读测验手册。
- 做好测试前的准备工作。
- 测验的实施应严格控制误差。这主要包括：测验的情境应力求一致，正确使用指导语，测试记录和计时要准确，对被试态度要和蔼，对被试在测验中的反应和行为做出切实而仔细的记录等。
- 测验的计分要客观。
- 要以慎重的态度来解释与使用测验结果。这主要包括：主试要懂得如何解释测验的分数，一般不要把测验结果告诉被试或其他人，只需告诉测验结果的解释，要以发展变化的观点对待被试；测验结果不宜向全体成员公开，以免引起不良后果等。此外，测验的常模是某一标准化样组在一定时空中取得的平均成绩。地区不同，常模也就不同，因此不能把一个原来良好的测验，不分时间、地区地到处乱用。总之，主试必须严格遵守测验工作者的道德规范。

(2) 为了防止测验的乱编滥用，还应注意下列问题：

- 测验的编制和修订要注意科学性。
- 测验要保密，主要指测验量表的出版和发行要严加控制，测验内容不可泄露等。

3.1.6 心理测验的软件化

以往的心理测验以纸笔测验为主，如今，随着计算机应用的普及化，心理测验也逐渐登上这个平台，给传统的心理测验带来了革命性的变化。心理测验软件化后，所有的操作实施都可以依托计算机进行，一般软件都包括数据录入、数据管理、数据分析、结果输出四大模块，用户通过计算机鼠标、键盘进行操作，使心理测验的应用变得更方便、简捷。

应该承认，计算机化给心理测验带来了一些革命性的突破。首先，软件化打破了由于纸笔施测带来的地域限制，只要有电脑，被试无论何时何地都可以完成测试；其次，心理测验软件化大大减少了人工的劳动量，软件化使得心理测验从施测到结果分析，再到报告撰写，所有环节都可以通过计算机完成，使心理测验的实施变得更加简便；再次，心理测验的软件化对于量表的研究人员来说也是一次技术革新，软件化使得大面积施测成为可能，并且通过软件施测，收集数据、分析数据也更加便利，使测试结果长期保存，档案式管理成为可能。

然而，计算机软件化给心理测验带来的负面影响也是不可忽略的，首当其冲的就是心理测验的信度效度大大降低。如今心理测验软件中大量使用的 16 种人格因素量表，即 16PF，美国学者卡特尔从 30 岁起便开始研究这份量表，但是直到 60 岁才公布，他这么做的原因之一就是担心量表公布后可能造成该测验的失效。这种担心不是空穴来风，公开化后量表很可能被滥用，从而造成学习效应、积累效应，这将大大降低量表的价值。试想，假如某人事先已经见过并记住智力测验的正确反应，那么这种测试还能准确测量出该被试的智力水平吗？在这种情况下，测验完全没有效度。公开化后造成的信度、效度降低恐怕是心理测验软件化面临的最尴尬的问题。

而且，心理测评软件终归是纸笔测验的衍生物，在实际应用中，有很多心理测验无法软件化，如罗夏墨迹测验。这类投射测验需要主试与被试间有一些必要的互动，并且主试关注的不仅仅是被试的答案，被试的情绪、行为举止等信息也同样被考虑在内。在测评中，主试的专业经验对测验结果有很大的影响，而这一切根本无法通过单纯的计算机软件化来实现，这在一定程度上限制了心理测验软件化的发展。

此外，目前的测评软件的商业性太浓厚。心理测验标准化的编制程序包括：确定欲测量心理特质、编制试题、分析试题、选择试题、组合试题，研究、分析整份测验的信度和效度以及建立常模。一切都必须经过一定的程序和步骤，才能完成一份适宜且合用的测验。然而，有些软件不注重测评的科学性、技术性，完全本着功利主义的态度进行开发，或采用几十年前的常模，或测试样本没有代表性，这些都使最终编制出的心理测验信度、效度达不到标准，给心理测验的发展带来负面的影响。

近年来，随着市场经济观念在我国的逐步树立，企业的人力资源竞争日趋激烈，越来越多的企业都相继引进了专业的人才测评技术，而测评技术的计算机化又助长了新一轮的“测评热”。但是不论如何，软件化的测验终归还是心理测验，是心理测验的衍生物。要对一个人进行综合的考察，如言语沟通能力、综合协调能力、团队管理能力等多方面素质需要测评时，心理测验，包括测评软件终归显得苍白无力。因此，以情境模拟技术为主的评价中心技术才是人才测评的主要技术手段，但是心理测验给决策带来的信息同样具有很高的参考价值，它在人才测评中的作用是不可替代的。

3.2 个性测验

一个性格内向、不善言辞且不喜欢过多与人打交道的人，如果从事产品推销或公关一类的工作，肯定会比较困难，总会有力不从心的感觉；一个手指灵活性很高且操作技能很强的人，他可能适合装配精密仪器的工作，但如果他性情急躁且情绪稳定性不高，从事类似的工作就会更容易出错。由此可见，在当今的工作条件下，只注重一个人在专业或者业务上的能力，已经不足以判断他是否胜任一份工作，但如果能在人员的招聘与选拔中使用个性测验，将极大提高选聘工作的有效性。

3.2.1 个性的概念及其特性

个性（personality），也称为人格。由于人们对个性的理解各不相同，所以至今也没有一个统一的定义，我们可以将其理解为人们具有的独特的、稳定的对待现实的态度和习惯化的行为方式。它是一个人区别于其他人的稳定的心理特征。个性具有以下三个特性。

（1）个性具有整体性。组成一个人个性的各个要素不是孤立的、互不相关的，而是统一在一个有机的整体之中。因此，一个人个性结构中的各方面特质应该是彼此协调一致的，而且个性的各个方面是相互联系的。比如，一个人在工作中大大咧咧，不注重细节，那他在与朋友的交往中很可能也显得比较粗犷，不会斤斤计较。

（2）个性具有独特性和共同性。一个人的个性具有独特的个人特征，也兼具其所属团体的一些共同的特征。例如，以地域划分的团体的共同特征，人们往往认为北方人憨厚，南方人精明。所以，当我们知道某个人处于某个特定的团体中时，就可以推断他具有某些特定的个性特征。

（3）个性具有稳定性和可变性。个性是一个人稳定的特征，这种个性特征在不同的时间和场合往往表现出较强的一致性和持久性。这种稳定性为我们从一个人目前的行为表现推断其未来可能的行为表现提供了可能性，但这并不意味着个性是一成不变的。一个人在成长的过程中受到外界环境和其他一些因素的影响，个性特征往往会发生一些变化，因此在对个性进行解释时需要格外的谨慎。

个性反映了一个人的行为方式与思维特点，因此个性和人的某些方面的工作绩效有关。近年来，越来越多的研究表明，个性与管理者的领导风格和工作绩效有关。许多发达国家在人事招聘、管理者选拔中都采用个性测验。个性测验是人才测评技术的一种，是对个体具有的除能力以外的个性特征或个性类型进行度量的手段，倘若将人才测评的心理测验划分为两大类：一类是认知测验，包含智力、能力倾向、特殊能力、知识、技能等测量；另一类是个性测评，包括认知测验以外的各种测验。人格测量以个性理论为基础，不同的理论会衍生出不同的个性测量方法。迄今为止，在个性心理学中所运用的测验有数百种之多，它们可归纳为两种技术，一是自陈式量表法（又称问卷测验法），二是投射法。

3.2.2　个性测验的主要方法

1. 自陈式量表法

（1）自陈式量表。自陈式量表是问卷式量表的一种形式，即让被试提供关于自己的个性特征的报告。这些问卷是将主观式的自我报告进行客观化和标准化，使其易于评分。自陈式量表的基本假设是，只有被试自己最了解自己，因为自己可以随时随地观察自己，而任何其他的观察者都不能了解被试的行为的所有方面，而且，个性特征并不全是外显的，有时从外部很难观察得到。但是，一个人并不总是能够对自己各方面的情况做出正确的观察和判断，而且在招聘选拔的情境中，被试为了达到被录用的目的可能会做出与自己的个性特征不符的报告。社会称许性的问题是自陈式量表中经常遇到的一个问题，也是很难解决的一个问题。所谓社会称许性，也就是被试在作答时故意按照社会评价标准中认为好的或积极的特征做出回答。在个性测验中，被试本应按自己的实际情况作答，但为了给别人好印象或把自己装扮成具有某种个性特征的人，被试会做出不符合实际的回答。有时，被试还会表现出一些特殊的反应倾向，如猜测、折中、默认等，都将严重影响个性测验的有效性。

自陈式量表的题目一般都是关于个性特征的具体行为和态度的描述，被试需要提供的是封闭式的回答，即只需要从给定的选项中做出选择。对自陈式量表结果的解释，应该有可供参照的常模资料，也就是将某个被试的得分放在一个特定的常模团体中进行比较，然后得出被试的水平。

（2）自陈式量表的题目形式。自陈量表的题目形式通常有以下几种。

①是非式。即对一句陈述只提供“是”或“否”的选择，被试必须从这

两种选择中选出其中的一种。

例如：闲暇时间我喜欢一个人独处。是□　　否□

②折中是非式。这种方式是在是非式的基础上增加了一个不确定的选项。在采用这种题型的测验中，通常会要求被试慎重选择不确定的选项，只有实在无法做出是或否的判断时才可以选择不确定，因为选择了过多的不确定会使得被试的个性特征表达得不明显。

例如：有时很想大哭一场。是□　　否□　　不确定□

③多重选择式。在一个题干后面给出若干选项，由被试做出选择，可以是单选，也可以是多选。

例如：我的朋友认为我是这样的人：

a. 诚实的人　　b. 勤奋的人　　c. 善解人意的人　　d. 聪明的人

④迫选式。所谓迫选式就是必须从两个给定的选项中选出一个来。迫选式题目很多情况下用来避免社会称许性，因为被试有时会被要求从两个都容易受到社会称许的行为中选出一个，或者从两个都不受社会称许的行为中选出一个。如果两个都喜欢，那么就选出一个相对更喜欢的；如果两个都不喜欢，那么就选择一个相对不那么讨厌的。

例如：我喜欢修理一些家用电器。□

我喜欢在业余时间里写一些抒情散文。□

⑤利克特式五点或起点量表式。这种量表的选项是一个在强度或频率上渐进的尺度，被试判断自己在这个尺度上处于哪一点。

例如：你对自己的工作满意吗？

非常满意□　　比较满意□　　无所谓□　　不大满意□　　极不满意□

我一个人呆坐着思考问题。

经常□　　多次□　　偶尔□　　很少□　　从不□

自陈式量表中一般使用数量比较多的题目。由于个性特征种类繁多，大多数没有明确的定义，而人的行为又是由多种因素决定的，很容易受具体情境影响，如果题目数量太少，就不可能测出完整的个性结构和被试的典型行为。

2. 投射测验

（1）投射测验的概念。投射测验在人员选拔中的使用并不是十分普遍，但是在某些人员招聘选拔的过程中还是会使用一些投射测验作为辅助性的测评工具。一般来说，在招聘选拔中不能主要依据投射测验的结果做出决策，而是要将投射测验的结果作为参考性的信息。一旦从投射测验中发现线索，可以提示招聘者从其他途径加以探明和验证。

所谓投射，就是让人们在不自觉的情况下，把自己的态度、动机、内心冲突、价值观、需要、愿望、情绪等下意识水平的个性特征在他人或环境中其他事物上反映出来的过程。我们通过投射测验所获得的资料，来揭示人格深层的无意识的内容，此类方法是向被试提供一些未经组织的刺激情境，让被试在不受限制的情境下，自由表现出他的反应，通过分析反应的结果，就可以推断他的某些个性特征。在这里，刺激情境对决定被试的反应并不重要，它的作用只是像银幕一样，被试把它的个性特点投射到这张银幕上来。因此，利用这种投射技术编制的测验叫做投射测验。

投射技术的基本假设是人们对外界刺激的反应都是有其原因的，而不是偶然发生的；这些反应固然决定于当时的刺激或情境，但个人在当时的心理状态、他过去的经验、他对将来的期望、他的整个人格结构等，对当时的知觉与反应的性质和方向，都起到了很大的作用。

自陈式量表式让被试自己说明自己，而人格结构的大部分处于潜意识之中，很难凭意识进行说明，当个体面对一种不明的情境时，常常可以将隐藏在潜意识中的欲望、需求、动机、冲突等“泄露”出来，这就是投射技术的原理。

（2）投射测验的种类。根据被试的反应方式，可以将众多的投射测验分为四类：

范例　**主题统觉测验**

右边是一幅主题统觉图片，被试的作业是根据这张图片讲一个故事，故事的叙述应该包含三个基本维度：（1）图片上的情境是怎么造成的；（2）图片中的情境表示在发生什么事件，并描述其中角色的情绪表现；（3）结果会怎样。被试叙述故事时眼看空白卡片，它起着集中被试的注意力和刺激想象的作用。根据意识——潜意识机制的基本理论，测评人员可以推测被试在现实中的行为。

资料来源：http：//www. pkuboss. com。

①联想法。要求被试根据刺激说出自己联想的内容。例如：荣格的文字联想测验和罗夏的墨迹测验等。

②构造法。要求被试根据他所看到的东西，编造出一个包括过去、现在和未来发展的故事，可以从故事中探测其个性。如主题统觉测验。

③完成法。要求被试对一些不完整的句子、故事进行自由补充，使之变得完整，从中探测其个性。如句子完成测验。

④表达法。要求被试用某种方法（如绘画）自由地表露其个性特点。例如，画人测验、画树测验等。

3.2.3 常用的个性测验

1. 卡特尔 16 种人格因素测验

卡特尔 16 种人格因素测验（简称 16PF 测验）是按照因素分析的方法编制的一个著名的测验，与个性的特质理论直接有关。该量表由美国伊利诺伊州立大学个性与能力测验研究所的卡特尔教授编制，适用于 16 岁以上的青年和成年人。该测验在学业预测、职业预测和心理健康预测方面得到了广泛的应用。该量表共有 187 道题目，题目的形式是折中是非型，分为 16 个分量表，分别测量卡特尔提出的 16 种根源特质。这 16 个分量表所测量的特质名称和高低分者特征，见表 3 – 1。

表 3 – 1　　16PF 测验的各因素和高低分者特征

因素	特质名称	低分者特征	高分者特征
A	乐群性	缄默孤独	乐观外向
B	聪慧性	迟钝、学识浅薄	聪慧、富有才识
C	稳定性	情绪激动	情绪稳定
E	恃强性	谦逊服从	好强固执
F	兴奋性	严肃审慎	轻松兴奋
G	有恒性	权宜敷衍	有恒负责
H	敢为性	畏怯退缩	冒险敢为
I	敏感性	理智、看重实际	敏感、感情用事
L	怀疑性	信赖随和	怀疑、刚愎
M	幻想性	现实、合乎成规	幻想、狂妄不羁
N	世故性	坦白直率、天真	精明能干、世故

续表

因素	特质名称	低分者特征	高分者特征
O	忧虑性	安详沉着、有自信心	忧虑抑郁、烦恼多
Q1	实验性	保守、服从传统	自由、批评、激进
Q2	独立性	依赖、附和	自立、当机立断
Q3	控制性	矛盾冲突、不明大体	知己知彼、自律严谨
Q4	紧张性	心平气和	紧张困扰

16PF 测验包括 A、B、C……Q4 等 16 种基本因素的得分，通常还包含四项次级因素的得分，见表 3－2。

表 3－2　四项次级因素高低分者特征

次元人格结构	低分者特征	高分者特征
适应—焦虑	心满意足，生活适应顺利	容易激动，焦虑
内向—外向	羞怯，审慎，与人相处拘谨不自然	善于交际，不拘小节，不受拘束
感情用事—安详机警	感情用事，情绪困扰不安，对问题反复思考才能决定，含蓄，讲究生活艺术	刚毅，安详警觉，有进取精神，忽视生活情趣
怯懦—果断	依赖，人云亦云，优柔寡断，迁就别人	独立，果断，有气魄，锋芒毕露，主动寻找机会表现创造性

卡特尔 16 种个性因素测验的题目举例：

(1) 如果我有机会的话，我愿意：

A. 到一个繁华的城市旅行　B. 介于 A 和 C 之间　C. 游览清静的山区

(2) 受人侍奉时我常常局促不安：

A. 是的　B. 介于 A 和 C 之间　C. 不是的

(3) 对于性情急躁、爱发脾气的人，我仍能以礼相待：

A. 是的　B. 介于 A 和 C 之间　C. 不是的

(4) 有时我怀疑别人是否对我的言行真正有兴趣：

A. 是的　B. 介于 A 和 C 之间　C. 不是的

(5) 我不擅长说笑话、讲故事：

A. 是的　B. 介于 A 和 C 之间　C. 不是的

最后，根据被试在 16 个分量表上的得分绘制一张个性剖析图。

2. DISC测验

DISC个性测验着重从以下四个与管理绩效有关的人格特质对人进行描绘，即支配性（D）、影响性（I）、稳定性（S）和妥协性（C），从而了解被试的管理素质及情绪特点。

该测验包含24组描述个性特质的形容词，被试要根据自己的第一感觉，从每组四个形容词中选出最适合自己和最不适合自己的形容词。研究表明，该测验为组织的人事甄选、录用、岗位安置提供了良好的测评手段。

3. 艾森克人格问卷

艾森克人格问卷（Eysenck Personality Questionnaire，EPQ）是英国伦敦大学心理系和精神病研究所推出的有关人格的测量工具，是由艾森克及其夫人编制的。

在艾森克的人格研究过程中，他先后编制了几个人格问卷。1952年，他第一次正式发表了莫斯莱医学问卷，1959年发表了莫斯莱人格调查表（MPl），1964年发展成艾森克人格调查目录（EPl）。在这些量表的基础上经增改和修订，最后于1975年编制成现在的艾森克人格问卷。

EPQ有成人问卷和青少年问卷两种形式。英国原版的成人问卷中共有90题，青少年问卷中共有81题。国内使用较多的有陈仲庚教授修订的成人问卷，这套问卷包含四个分量表，即E量表（内外向）、N量表（情绪的稳定性，又称神经质）、P量表（精神质）和L量表（效度）。前三者代表人格的三种维度（他认为人格可分为这三个维度，它们是彼此独立的），这三个维度上的不同程度的表现构成了千姿百态的人格结构。艾森克认为E维因素与中枢神经系统的兴奋、抑制的强度密切相关；N维因素与植物性神经的不稳定性密切相关。正常人也具有神经质和精神质，高级神经的活动如果在不利因素影响下向病理方面发展，神经质可以发展成为神经症，精神质可以发展成精神病。P量表发展较晚，其中的项目是根据正常人和病人具有的特质经过筛选而来的，不及E和N量表成熟。L量表测量被试的“掩饰”倾向，即不真实的回答。同时也有测量被试的淳朴性的作用。各量表得分意义简介如下：

E（外向—内向）：高分表示性格外向，可能好交际，渴望刺激和冒险，情感易于冲动。低分表示人格内向，可能是好静，富于内省，除了亲密的朋友外，对一般人缄默冷淡，不喜欢刺激，喜欢有秩序的生活方式。

N（神经质，又称情绪性）：反映的是正常行为，并非指病症。高分可能是焦虑、担忧，常常闷闷不乐、忧心忡忡，有强烈的情绪反应，以至出现不够理智的行为。

P（精神质，又称倔强性）：并不是指精神病，它在所有人身上都有存在，只是程度不同。高分可能是孤独、不关心他人，难以适应外部环境，不近人情，感觉迟钝，与他人不友好，喜欢寻衅惹事。

L（效度）测量被试的掩饰、假托或自身隐蔽等情况。

EPQ 的测题中经因素分析测量，每个测题只测量一个维度因素。每个测题只要求被试回答一个“是”或“否”，而且一定要做出回答。发卷后向被试说明方法，便由他自己逐条回答。既可个别进行，也可以团体进行。各个国家、各种年龄和不同性别有各自的平均分数作为常模，可根据常模对某一被试的得分做人格描述。

EPQ 的题目形式如：你是否有广泛的爱好？在做任何事之前，你是否都要考虑一番？你的情绪经常波动吗？你是一个健谈的人吗？E、N、P 人格维度不但经过许多数学统计和行为观察方面的分析，而且也得到实验室的多种心理实验的考查，这就使得 EPQ 在分析人格结构的研究中受到人们的重视，并被广泛应用于医学、司法、教育等实际领域。一般认为，此量表的项目较少，易于测查。我国修订本的研究和使用情况表明，项目内容较适合我国国情，有一定的信度和效度。

4. 明尼苏达多相个性测查表

明尼苏达多相个性测查表（MMPI）是 20 世纪 40 年代美国明尼苏达大学教授哈撒韦（Hathaway）和麦金利（Mckiley）制定的，多年来，一直被广泛使用。已出版的有关 MMPI 的论文及书籍达 8000 多篇，翻译成各种版本的问卷有 100 余种。它的应用范围也扩展到各个领域，如人类学、心理学、医学、社会学等。

本测查表对每个被试的个性特点提供客观评价，是临床医师与心理学工作者所关注的。年满 16 岁、具有小学毕业以上的文化水平、没有什么影响测验结果的生理缺陷的人员均可参加此测验。在选择测查表的每个问题时，哈撒韦与麦金利进行了深入细致的工作。首先由大量病史、早期出版的个性量表及医生笔记中选出了 550 个题目，然后对正常与异常受试进行测验。通过重复测验、交叉测验，以验证每个量表的信度与效度。在临床实践中反复验证、修订，最后确定下 13 个量表（其中包括 10 个临床量表，3 个效度量表）。

- Hs（hypochondriasis）疑病
- D（depression）抑郁

- Hy（hysteria）癔病
- Pd（psychopathic deriate）精神病态
- Mf（masculinity-femininity）男子气、女子气
- Pa（paranoia）妄想狂
- Pt（psychasthenia）精神衰弱
- Sc（schizophrenia）精神分裂症
- Ma（hypomania）轻躁狂
- Si（social introversion）社会内向效度量表
- L（1ie）说谎分数，分数高表示答案不真实
- F（infrequency or fake bad）诈病分数。分数高表示诈病或确系严重偏执
- K（defensiveness）校正分数。分数高表示一种自卫反应

每个量表题数不等，Hs 共 33 题，D 共 60 题，Hy 共 60 题，Pd 共 50 题，Mf 共 60 题，Pa 共 40 题，Pt 共 48 题，Sc 共 78 题，Ma 共 46 题，Si 共 70 题，L 共 15 题，F 共 64 题，K 共 30 题。另外，在效度量表中可加 Q 量表，即“无法回答”的题目数，数目超过一定的标准，则认为此答卷不可靠。这些临床量表虽然不能对各种精神病进行确切的分类，也不能在发病机制上提出科学的依据，但在临床诊断、治疗及预防复发方面有着重要的意义。

MMPI 题目手册中共包括 566 个自我报告形式的题目，实际上为 550 题，其中 16 个为重复题。如果被试对同一问题，两次应答差距较大，则应该考虑到该被试是否在认真回答问题。

MMPI 的题目内容范围很广，包括身体各方面的情况（如神经系统、心血管系统、消化系统、生殖系统等），精神状态及对家庭、婚姻、宗教、政治、法律、社会等的态度。要求被试根据自己的情况将所有题目分为两类范畴，即“是”或“否”，如果被试无法回答，则可不答，但应尽量鼓励被试尝试作答。这些题目有的分别印在卡片上，有的印在小册子上，分别称为卡片式和问卷式。卡片式将题目分别印在小卡片上，共有 550 张卡片，让被试根据自己的情况，将卡片分别投入贴有“是”或“否”及“无法回答”标签的盒内。问卷式将 566 个题目印在问卷上，让被试在另一张纸上，根据自己的情况，在相应题号的空格内画上记号，不能回答则不画。此种形式可对一个以上的被试同时进行。所需时间最多的是 90 分钟，通常是 45 分钟。如果文化水平低可能超过 2 小时。精神病患者更长，如果只为了精神病临床诊断使用，可做前 399 题。

3.2.4 正确认识个性测验在人才选拔中的作用

关于个性测验在人才选拔中的作用，一直是心理学、心理测量学、个性心理学和组织行为学讨论的一个重点问题。有学者认为个性测验存在着效度相当低的问题，人们夸大了个性测验的预测效度。但自 20 世纪 70 年代以来，人们通过广泛使用分析技术和大样本选拔进行测验，使得个性测验得到了充分肯定。20 世纪 80 年代末期和 90 年代初期，在职业选拔中，个性测验的使用出现了一个高潮。例如，1989 年，研究人员在比较英国和法国的管理模式时，发现个性测验的使用急剧增加。1984 年，64% 的公司声称从未在人才选拔中使用过个性测验，但在 1989 年，只有 36% 的公司没有使用过个性测验。有些学者对个性测验在职业选拔中流行的原因进行了分析，认为除了测验的效度和预测能力有所增加外，还有一个重要的原因是，测验的生产者为了获得更大的经济效益而推动管理者和咨询公司广泛地使用个性测验。有学者在心理学信息的摘要中，使用“个性和绩效”作为关键词检索了 1990 ~ 2000 年的内容，共检索出 248 篇论文和 127 篇论文摘要。个性测验在选拔和雇佣中受到更多的注意和重视。

目前，个性测验在我国呈蓬勃发展的趋势，特别是人才测评的知识和方法被广大组织所认同。在各种评价手段中，个性测验因为比较容易在短时间内对大范围的被试进行测试，而且效率高，费用也较低，因此更容易受到某些机构的青睐。但是，许多机构在对测验分数的解释过程中，过分依赖测评系统的解释，缺乏与被试面对面的交流和反馈，过多注重共性而忽视个性，忽视组织的具体环境及特征，在一定程度上影响了个性测验的作用。为了解决这些问题，更好地发挥个性测验在人才选拔中的作用，可以将个性测验和其他人才选拔的方法结合起来使用。例如，在完成个性测验和分数评估后，组织应就个性测验的结果和被试进行交流，并告诉被试组织需要什么样的个性特征。通过这一过程，组织可以加深对被试的了解，被试除了对自身个性特征有一个全面的了解外，还可以对组织的要求有更清晰的认识，从而加深对自身个性结构的进一步调整，完成个人与组织的最佳配合。

此外，目前在人才测评中使用的个性测验，绝大多数是从国外引进的测验。由于中西方文化差异的影响，无论是在修订问卷的过程中，还是对测验结果进行的解释分析中，都存在着很多问题。解决这些问题最好的方法是中国人自己编制问卷，虽然在文献上并不多见有关人事测评的测验，但有迹象表明，近年来，这类测验的编制也是一个热点，并在实践中得到了引人注目的使用。尽管如此，由于中国心理学的基本理论和心理测量研究队伍及技术的局限性，使得编制问卷的过程会相当漫长，我们还不得不使用一些国外的问卷。在使用的过程中，分析文化差异带来的影响就变得非常重要。在我们以往的测评中，发现有些问卷的某些维度预测中国人很合适，但有些维度并不完全合适，还需要进一步的数据支持。

个性测验在人才选拔中的应用主要涉及对工作绩效的预测能力。预测能力的高低是说明个性测验质量的指标，但仅从个人特点去预测一个人的未来是不全面的，还必须结合环境因素进行综合考虑。因此，在人才选拔的过程中，不应该忽视个性测验的作用，但也不能过分夸大个性测验对绩效的预测作用。

3.2.5 在分析个性测验时充分考虑组织的特点

不同的职业需要不同的个性以及不同个性的组合，这一点已经成为公认的事实。但在个性测验的过程中，目前我们只是对个别职业有了比较深刻的认识。因此，只有对职业以及组织进行深入的分析，才能更好地发挥个性测验的作用及预测的准确性。

（1）进行工作分析。通过工作分析，可以系统分析工作及其环境，并且进一步分析哪些个性特征或心理变量对工作成功有更重要的影响，这样就可以在选拔的过程中，对有预测能力的个性特征给予更大的权重，克服了在选拔中各种个性特征不论其重要程度同样发挥作用的弊端。在进行工作分析时，应该广泛收集信息，并征询专家的意见，以使工作分析更加客观、准确；也可以在组织中，将员工根据成绩的好坏分成两组，进行普遍的个性测验，运用统计方法筛查出哪些个性特征可以显著地影响个体绩效，并将这些因素作为工作应该具备的心理条件。当然，最佳的选择是将两者有机地结合起来。

（2）分析组织内部环境的特点。个人的个性特点能否在组织中发挥积极的作用，能否创造出良好的绩效，还必须考虑到组织内部环境的特点。例如，一个循规守矩的人在一个等级分明、制度严明的组织中可能很有绩效，但在一个自由度很高的组织中未必有很高的绩效。有人设计了一项实验，先用问卷对被试的外向性进行测试，然后把他们分别置于“强制外倾”（让人不断地找被试谈话和交往）、“强制内倾”（不让他们有谈话的机会并限制他们的交往）、“中性状况”三类情境中。结果表明，只有在第三种情境中，外向性才与实际行为有较大关联（相关系数达 0.56）。因此，如果一个组织设有大量规章制度，严格限制其成员随意行动，不允许有非规范行为，那么个性测验的结果对行为的理解和预测就可能缺乏效度。反之，有的组织比较灵活，给其员工以较大的自主，则个性对行为的影响力就大一些，个性测验对绩效的预测效果就好一些。随着社会的不断发展，越来越多的组织更加灵活，更注重群体成员的个性，特别是团队的出现，要求组织注重成员的个人特征，给成员以更大的自由。所以，个性测验在这样的组织中，对行为预测的作用也会越来越大。

另外，在分析环境对绩效的影响时，特别应该注意组织中人际环境的影响。从狭义的角度讲，工作环境是指组织中在一起工作的人组成的人际环境，他们包括上级、下级以及群体的其他成员，这种人际环境会在一定程度上影响个体行为的发挥，尤其在合作性要求比较高的组织中，作用就更为明显，它直接影响到个人的绩效。因此，在分析组织环境因素时，不可忽视人际环境的重要性。

3.2.6　全面理解个性测验在群体绩效中的作用

个性不仅在个人绩效的产生中有一定的作用，而且会在群体中通过成员间的相互影响对群体的绩效产生影响。

群体构成因素一直是研究群体过程和群体绩效的一个重要领域。以往研究群体的构成要素，大多数文献集中在研究人口学的特征，比如，年龄、性别、种族、信息分布等。但近 20 年来，对于个性作为群体组成因素的研究越来越深化，已经从对实验室中陌生人组成的小组研究转入对组织中真实存在的小组的探讨，而且获得了越来越多有力的证据。

作为群体中的个体，发掘其深层次不同的一个关键是使用个性。个性反映人的本质，它是一个人最有代表性的特征，不仅仅因为个性在每个人身上是不同的，而是它植根于一个人的深层。而且个性是一个相对持久的因素，它影响到人们的感知、思考和行为，进而影响到人际关系以及群体绩效。最近的社会认知研究揭示，随着小组成员互相了解的增多，小组成员的人口学特征会变得越来越不重要。同时，一些个人特征，比如个性，却变得更加显著。实践证明，群体中成员价值观的作用已经超过了人口学特征的作用，而个性特征和价值观有更密切的关系，它们是群体绩效预测的重要因素，特别是对于自我管理的团队。它们不像有角色规定的群体那样压抑成员的个性，自我管理的群体允许小组成员发展自我的个性，因此更加强了个性的作用。

在研究成员个性影响群体过程和群体绩效时，一般有三种基本的方法。第一种方法是普通法，这种方法开始于20世纪40年代，即认为某些个性特征会对群体绩效有直接的影响。第二种方法是权变法，开始于20世纪70年代，主要认为个性特征对群体绩效的影响依赖于任务特点和组织文化，强调人—职—组织的匹配。第三种方法是结构法，这种方法通过群体成员个性的相互组合以及个体之间合理的搭配来预测群体的绩效。目前，有学者提出，要全面理解个性在群体绩效中的作用，必须将这三种方法结合起来，形成所谓的权变结构法来进行进一步的分析。

随着社会的不断发展，越来越多的组织选择工作团队的管理模式作为自己的组织模式，而且在管理中向组织提出了更多协作和配合的要求。如何通过人事测评来构成有效的工作团队以及领导集体，以提高群体工作的绩效，是现实对个性测验提出的要求。个性心理特征包括能力、气质和性格三个部分，在组建工作团队或领导集体时，最好能够做到个性互补，取长补短。例如，从能力结构看，思维能力最具重要性。在一个工作团队和合理的领导班子中，应有出谋划策的思想家，也应有善于发现问题、善于组织人力物力的组织者，还要有踏踏实实、一步一个脚印的实干家，这样的团队和领导集体才能更加有效。从气质的角度来讲，如果工作团队或领导班子的成员全部都是外向型，虽然他们办事雷厉风行、说干就干、热情很高，但容易做出冒进决策，可能会给工作造成损失；反之，如果大家都是内向型，尽管处事慎重，谨慎细心，考虑非常周到，但由于动作缓慢，容易失去有利时机。因此，合理的搭配最为有效。通过个性测验，全面了解工作团队或领导集体成员的个性特点，做到取长补短，更好地发挥群体的作用，这是个性测验应用的一个更加广阔的领域。

3.3 能力测验

3.3.1 能力测验的种类

能力是直接影响活动效率，使活动、任务得以顺利进行的心理特征。我们通常所说的一个人解决问题速度快，任务完成的质量高，活动效果好等，都是指这个人的能力强。能力总是在具体活动中体现出来。能力测验就是通过测验的方式鉴别出个体之间的这种能力差异。

能力测验的分类标准不同，可以将其分为不同的种类。我们通常根据所测的能力不同，将能力测验分为基本能力测验和特殊能力测验两类。

1. 基本能力测验

许多研究表明，智力测验和一般知觉测验对管理者的绩效具有较高的预测作用，通过测试那些与管理工作要求有密切联系的能力（如学习能力、分析问题的能力、决策能力等），能成功地对管理者未来的工作绩效进行预测。而且智力测验对选择秘书一类的员工预测效度非常高，以及对小范围内的一线管理人员，效度也比较高。如瑞文图形推理测验是了解公司基层员工基本能力的好工具，常用的能力测验的信度都很高，在0.9左右。

2. 特殊能力测验

特殊能力测验是针对特定目的或者特定职业群体的能力测验，如行政职业能力测验、机械能力测验等。

此外，依据测验的形式可以将其分为个体测验和团体测验。

3.3.2 常用能力测验

1. 瑞文推理测验

瑞文标准推理测验（Raven's Standard Progressive Matrices，SPM）由英国心理学家瑞文（J. C. Raven）于1938年创制。它是一种非文字的智力测验，用以测验一个人的观察力及清晰思维的能力。瑞文测验由5个单元的渐进矩阵构图组成，每个单元在智慧活动的要求上各不相同。总的来说，矩阵的结构越来越复杂，从一个层次到多个层次的演变，要求的思维操作也是从直接观察到间接抽象推理的渐进过程。

瑞文测验在二十世纪五六十年代几经修订，目前发展成三种形式，除了上述的标准型以外，还有为适应测量幼儿及智力低下者而设计的彩色型和用于智力超常者的高级型。为了实际测试的需要，李丹等人将瑞文测验的标准型与彩色型联合使用，称为瑞文测验联合型，这样可使整个测量的上下限延伸，适用范围可扩大到5~75岁。由于瑞文测验具有一般文字智力测验所没有的特殊功能，可以在语言交流不便的情况下使用，适用做各种跨文化的比较研究，幼儿、儿童、成人、老人皆可借此量表区分智力等级。瑞文推理测验的编制者曾在1947年、1956年对标准推理测验做过小规模的修订，1947年又编制了适用于更小年龄儿童和智力落后者的彩色推理测验（Raven's color

Progressive Matrices，CPM）和适用于高智力水平者的高级推理测验（Raven's Progressive Matrices，APM）。

自瑞文推理测验问世以来，许多国家对它做了修订，直到现在仍广泛使用，它有着重要的理论意义与实用价值。该测验在编制理论上依据斯皮尔曼的智力二因素理论。该理论认为智力主要由两个因素构成，一是一般因素，又称“G”因素，它可以渗入所有的智力活动中，每个人都具有这种能力，但在水平上有差异；二是特殊因素，可用“S”表示，这种因素种类多，与特定任务高相关，人们认为瑞文测验是测量“G”因素的有效工具，尤其与测量人的问题解决、清晰知觉和思维、发现和利用自己所需信息，以及有效地适应社会生活的能力有关。

瑞文标准推理测验是纯粹的非文字智力测验，属于渐近性矩阵图，整个测验一共由60张图组成，按逐步增加难度的顺序分成A、B、C、D、E五组，每组都有一定的主题，题目的类型略有不同。从直观上看，A组主要测知觉辨别力、图形比较、图形想象力等；B组主要测类同比较、图形组合等；C组主要测比较推理和图形组合；D组主要测系列关系、图形套合、比拟等；E组主要测互换、交错等抽象推理能力。可见，各组要求的思维操作水平也是不同的。测验通过评价被试的这些思维活动来研究他的智力活动能力。每一组中包含有12道题目，也按逐渐增加难度的方式排列。每个题目由一幅缺少一小部分的大图案和作为选项的6~8张小图片组成。测验中要求被试根据大图案内图形间的某种关系——这正是需要被试去思考、去发现的，看小图片中的哪一张填入（在头脑中想象）大图案中缺少的部分最合适，主要用于智力的了解和筛选。

该测验的优点在于适用的年龄范围宽，测验对象不受文化、种族与语言的限制，并且可用于一些生理缺陷者。测验既可个别进行，也可团体施测，使用方便，省时、省力，结果解释直观简单，测验具有较高的信度与效度。

瑞文测验可以用于智能诊断和人才的选择与培养。用该测验可以进行各类比较性研究，特别有利于做跨文化研究，以及正常人、聋哑者和智力迟钝者之间的比较研究。但在各个领域最常用的是瑞文标准推理测验。

瑞文智力测验结果的解释是将总分分为五个等级，0~5分为智力缺陷，6~25分为中下水平，26~75分为中等水平，76~95分为良好水平，超过95分则为优秀。本测验共60题，分为五个部分，每部分12道题，系统给出的各部分答对率，是指学生在A~E五个部分答对题目的比率，仅限专业人员分析学生智力发展时参考。一般情况下只以总分结果做出判断。

2. 韦氏智力测验

韦氏智力测验是美国 D. Weehsler 于 1939 年主持编制的系列智力测验量表，是目前世界上应用最广泛的智力测验量表。韦氏智力测验共有三套：成人（WAIS—R）、儿童（WISC—R）、幼儿（WPPSI）。中国修订韦氏成人智力量表包括 11 个分量表（言语量表 6 个：常识、理解、算术、相似、背数、词汇；操作量表 5 个：填图、积木、图法排列数字符号、图形拼凑）。韦氏智力测验的主要内容包括四个方面：

（1）相似性。包括 13 对词，要求被试对共同性进行概括，主要测量人的抽象思维与概括能力。

（2）数字广度。主要测量人的注意力和短时记忆能力。

（3）图画填充。主要测量人的视觉辨认能力，以及视觉记忆与视觉理解能力。

（4）图形拼凑。主要测量处理局部与整体关系能力、概括思维能力、知觉组织能力以及辨别能力。

韦氏智力测验在实施与计分时，要注意下列三个问题。

（1）进行测验时，一般按先语言测验后操作测验的顺序进行。

（2）在每个分测验中，题目都是按难度顺序排列的，算术、图片排列、木块图案、动物拼凑、数字符号有时间限制，另一些测验不限制时间，应让被试有适当时间来回答。

（3）一个分测验中的各项目得分相加，称为分测验的粗分（或称原始分）。粗分按手册上相应用表可转化成平均数为 10、标准差为 3 的量表分，分别将 6 个言语测验和 5 个操作测验的量表分相加，便可以得到言语量表分和操作量表分。再将二者相加，便可得到全量表分。最后根据相应用表换算成言语智商、操作智商和总智商。

韦氏智力测验结果的基本分析方法有三种。

（1）总智商（FIQ）分析。通常可用测得的 IQ 值加减 5 的方法判断 IQ 值的波动范围。

（2）分量表的平衡性。分别计算语言智商（VIQ）和操作智商（PIQ）是韦氏智力测验的一个特点。一般可视 VIQ 大于、等于或小于 PIQ 以及二者相差到何种程度而决定其意义，例如优势半球有损害，则 VIQ 明显低于 PIQ；非优势半球有损害，则 PIQ 明显低于 VIQ；若是弥漫性损害，其表现与非优势半球损害时相似。

（3）比较各分测验的差异。韦氏智力量表的另一个特点是，整个测验是由多个侧重反映某一方面能力的分测验组成，分析它们的强点和弱点，具体方法主要有：

- 各言语分测验的量表分与言语量表的平均分比较；
- 各操作分测验的量表分与操作量表的平均分比较；
- 各分测验的量表分与全量表的平均分比较。

3. 一般职业适应性检查

一般职业适应性检查（简称 GATB）是美国劳工部从 1934 年利用了 10 多年时间研究制定的。它是对许多职业群同时检查各自的不适合者的一种成套测验。由于这套测验在许多国家被广泛使用，因而备受推崇。后来，日本劳动省将 GATB 进行了日本版的标准化，制定成《一般职业适应性检查》（1969 年修订版）。这套测验主要是实现对许多职业领域中工作所必需的几种能力倾向的测量。它由 15 种测验项目构成，其中 11 种是纸笔测验，其余 4 种是操作测验，两种测验可以测量 9 种能力倾向。这 9 种能力倾向对完成各种职业的工作都是必要的（见表 3－3）。

表 3－3　　GATB 测验所判定的 15 种职业类型

序号	GATB 的职业能力倾向类型分类	职业能力倾向类型职业
1	G—V—N	人文系统的专门职业
2	G—V—Q	特别需要言语能力的事务职业
3	G—N—Q	自然科学系统的专门职业
4	G—N—Q	需要数理能力的一般事务职业
5	G—Q—K	机械事务的职业
6	G—Q—M	机械装置的操纵、运转及警备、保安职业
7	G—Q	需要一般性判断的注意力的职业
8	G—S—P	美术作业的职业
9	N—S—M	设计、制图作业及电气职业
10	Q—P—F	制版、描图的职业
11	Q—P	检查分类职业
12	S—P—F	造型、手指作业的职业
13	S—P—M	造型、手臂作业的职业
14	P—M	手臂作业的职业
15	K—F—M	看视作业、身体性作业的职业

G——智能。指一般的学习能力，如对测验说明、指导语和诸原理的理解能力、推理判断的能力、迅速适应新环境的能力。

V——言语能力。指理解言语的意义及与它关联的概念，并有效地掌握它的能力以及对言语相互关系及文章和句子意义的理解能力，也包括表达信息和自己想法的能力。

N——数理能力。指在正确快速计算的同时，能进行推理，解决应用问题的能力。

Q——书写知觉。指对词、印刷物、各种票类之细微部分正确知觉的能力，能直观地比较辨别词和数字，发现错误或校正的能力。

S——空间判断能力。指对立体图形以及平面图形与立体图形之间关系的理解、判断能力。

P——形状知觉。指对实物或图解之细微部分正确知觉的能力。根据视觉能够对图形的形状和阴影部分的细微差异进行比较辨别的能力。

K——运动协调。指正确而迅速地使眼和手相协调，并迅速完成操作的能力。要求手跟随着眼能看到的东西正确而迅速地做出反应动作，并进行准确控制的能力。

F——手指灵巧度。指快速而正确地活动手指，用手指准确地操作细小东西的能力。

M——手腕灵巧度。指随心所欲地、灵巧地活动手及手腕的能力。如拿着、放置、调换、翻转物体时手的精巧运动和腕的自由运动能力。

以上9种能力中的每一种能力，都要通过一种测验获得。

这种能力倾向测验，可以说是从个人在完成各种职业所必要的能力中提炼出各种职业对个人所要求的最有特征的几种，其中纸笔测验可集体进行。计分采用标准分数，各能力因素的原始分数转换为标准分数后便可绘制个人能力倾向剖析图，并与职业能力倾向类型相对照，被试者就可以从测验结果中知道能够充分发挥个人能力特性的职业活动领域。

4. 学业成就测验

学业成就测验（academic achievement test）通常用于测量某项学习计划的具体效果的测验形式。一般说来，它是对个体在一个学习阶段或训练之后的知识或技能做出终结性评价。学业成就，也就是个体通过学习后对某种知识和技能的掌握水平。例如，学完人才测评师课程后，参加结业考试，这就是成就测验。无论个体学习的知识和技能是什么，只要参加了培训学习，我们都会对其学习成果进行检验，这种检验就是学业成就测验。

学业成就测验和能力倾向测验的主要区别在于：成就测验反映的是相对标准或规范化经验的影响，如某门学科或训练程序对学生的影响；而能力倾向测验反映的是复杂的日常生活经验对学生的影响。另一个区别是：成就测验一般评价被试在已完成的学习训练中的情况，强调被试现在能够做些什么，它偏重于分析内容效度；而能力倾向测验往往评价被试在将来某项学习训练中的情况，预测他们在某种新情境中的表现，它偏重于分析预测的效标效度。

学业成就测验可能是现有的标准化测验中数量最多的，并且也是学生碰到的最为常见的测验类型。这种测验几乎适用于每门学科和各种学业能力。

现行的学业成就测验有两大类型：标准化学业成就测验和教师自编测验。标准化测验意味着测试条件相同，如每一测验答题的时限，这样就能比较参加测验团体之间的分数。标准化测验的编制需要相当的时间和专门知识，测验人员得到各种资料，进行各种比较。相比之下，教师自编测验由教师编制，用来测量教学单元要完成的教学目标之成就。测题依据教学材料，以便确定学生习得的程度。教育中通常采用教师自编测验，其作用不可替代，但有时也采用标准化测验，用以对学生及其接受的教学进行准确的、有意义的比较。

安娜斯塔西在《心理测验》中指出了标准化学业成就测验的若干基本功能。这类测验具有客观性和统一性，因而有助于评分或评价。在测量学科进步方面和鉴别学习无能学生方面，这类测验具有诊断功能。这类测验还能够提供一种方法，使教学适合于学习者的个别需要。最后，这类测验可用于评价和改进教学。随着对教育责任制的日益重视，正确使用学业成就测验有助于评价教育过程的结果。

在美国，从小学到中学，大多数学校系统使用一般学业成就成套测验的某一形式。最广泛使用的成套成就测验集中于教育技能和内容知识，如阅读、算术、文法和工读教育技能。较为普遍使用的标准化学业成就测验如下。

（1）加利福尼亚成就测验。它具有若干独立的分测验，适用于一年级至十二年级。

（2）衣阿华基本技能测验。它适用于一年级至八年级，由五个分测验组成：词汇、阅读、语言、数学、学习技能。该测验采用百分量表和年级量表来表示被试的测验分数。

（3）都市成就测验，它适用于幼儿园至九年级，分为基本型和复杂型两种形式，前者包括阅读理解、算术、语言三个分测验，后者再加上社会科学和自然科学两个分测验。其常模表示方法有年级当量、百分量表和标准九等。

（4）教育进步系列测验。有从四年级到大专院校的分测验。许多测验适用于测量一般教育成就或特定学科内容。

布勒斯的《心理测量年鉴》对出版的主要学业成就测验进行了认真的论述和评价。在高等教育阶段，代表性的学业成就测验有两个：一是大学入学考试委员会编制的“先修课考试”，包括多种学科领域的学术成就测验，通过考试的学生可以跳级入学大学的一门或多门课程。二是大学入学考试委员会编制的“大学水平考试”，经过自学或其他非正规教育而达到大学水平的学习者，通过考试可以取得相应的大学学分。

学业成就测验的另一种形式是准则参照测验，相对而言这种测验较为新型，常被用于教育成就的评定。1963 年，R·格拉泽首次论述准则参照测验，它不同于标准化学业成就测验的常模方法。准则参照测验实质上表示个体的学业达到什么水平，准则参照测验中的项目直接联系于教学中要完成的具体的教育目标。因此，测验分数反映出被试达到什么水平。这有点类似于教师自编测验的目的。然而，这种测验的主要特点在于把教学的教育目标和后继的成就测量联系起来。通常，最低的成就到达水平是指定的，但它不是由某一武断的分数，例如70%来指定，而是由人们认为可接受的最低能力水平来规定。学校系统根据完成一个特定年级或者获得中学毕业证书的最低能力水平来评定学生，这种趋势进一步促进准则参照测验的迅速发展。目前美国许多学校使用标准化最低能力测验来评定学生的学业成就水平。

3.4 动机测验

3.4.1 动机及动机测验

什么是动机（motive）？心理学家一般认为，动机是由目标或者对象引导、激发和维持个体活动的一种内在心理过程或内部动力（Pintrich，1996）。也就是说，动机是一种内部心理过程，而非心理活动的结果。对于这种内部过程，我们不能进行直接的观察，但是可以通过任务选择、努力程度、对活动的坚持性和言语表达等外部行为间接地推断出来。通过任务选择，我们可以判断个体行为动机的方向、对象和目标；通过努力程度和坚持性，我们可以判断个体行为动机的强度。各种动机理论都认为，动机是构成人类大部分行为的基础。

动机是在需要的基础上产生的，当某种需要没有得到满足时，它就会推动人们去寻找满足需要的对象，从而产生活动的动机。但同样的行为，其产生的动机可能是不一样的，即各种不同的动机通过同一行为表现出来；不同的行为也可能拥有相同的或者相似的动机。其实，动机与行为的关系是异常复杂的，举例来说，人们倾向于认为动机强度对行为的影响越大，工作效率就越高；反之，动机强度低则工作效率也低。但事实并非如此，心理学的研究表明，动机强度与工作效率之间的关系不是一种线性关系，而是倒 U 形曲线关系（如图 3－1）。中等强度的动机最有利于任务的完成，也就是说，动机强度处于中等水平时，工作效率最高，一旦动机强度超过这个水平，对行为反而会产生一定的阻碍作用。在考试中出现的怯场或者发挥失常，主要是由于动机过强造成的。

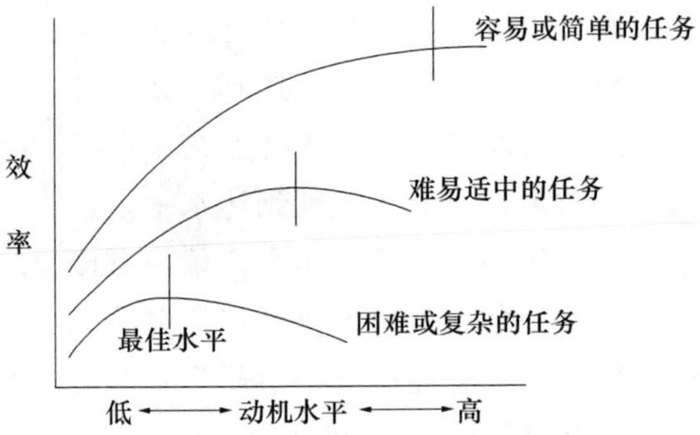

图 3－1　动机强度、任务难度与工作效率的关系

人在从事自己认为有重要意义和社会价值的活动时，希望取得完满的结果、尽善尽美的成绩，这种强烈的愿望和需求就是成就欲或成就动机。如幼儿园的孩子希望自己搭的积木又高又稳，中小学生希望自己取得优异成绩成为三好学生，教师希望自己能培养出国家需要的栋梁之材等等。应当注意的是，成就动机的水平也并非越高越好。有些人由于对自己的能力缺乏正确的认识，所树立的抱负与期望远远超过自己的实际水平，因而不但不能使自己专注于学习，还会造成心理上的不平衡，内心潜藏着威胁自己的莫名恐惧。由于心理压力太大，最终多半导致失败；原则使失败的体验又会挫伤自信心和自我效能感，最终可能会使抱负和期望变得很低。因此，不切实际的成就动机越强，心理压力就越大，失败的可能性也越大。成就动机与社会文化和父母教养方式有关。西方文化崇尚个人奋斗、个人至上，他们的成就动机是以自我为本位的。而我们国家崇尚集体，许多人的成就动机是以国家、社会为本位的，将个人成功与集体荣誉、国家利益联系起来。另外，父母对子女如果抱有很高的期望，就会无形中培养孩子的成就动机；如果父母对孩子没抱多大期望，就会冲淡孩子的进取心，使之缺少追求成就的动力。

成就动机在人的动机结构中占有重要地位，它是人类适应社会的动力源泉，是人类的抱负、雄心和获得成功的强烈冲动，甚至决定着人们在人生的攀登中最终达到的高度。心理学研究表明，两个人聪明才智大体相同时，成就动机高的人比成就动机低的人在活动中成功的可能性一般要高。成就动机高的人在活动中要求高标准，并且尽力把工作做好，如在学习上成就动机高的学生可能会取得好的学习成绩，在事业上成就动机高的工作人员可能取得优异的工作成绩。一个人的成就动机水平决定着目标的选择和实现目标所采取的策略，决定着你是追求极高的目标而不怕冒险，还是墨守成规、稳妥至上。高成就动机者往往喜爱捕捉大目标，放弃一些小目标，一旦面临真正值得追求的目标他们会无所畏惧、勇于冒险。在竞争中，高成就动机者也会有出色表现，他们的毅力比低成就动机的人来得更长久。

当然，考察动机的全部内涵不仅仅是成就动机，也包括个人需求、职业兴趣、自我效能感等方面。动机测验主要从个体的需求、动机、兴趣等方面考察人与岗位之间的匹配关系。它对于选拔人员、激励方案的设计等很有参考价值。

3.4.2　常用的动机测验

1. 管理动机测验

动机是行为的内在原因，它因需求而产生，为行为提供能量，具有目标指向性。管理动机测验是为评定个体管理工作中的动机水平而编制的。测验从权力动机、成就动机、亲和动机、风险动机四个方面描述被评价者的动机模式和强弱程度。通过了解个体的动机水平和需求模式，有效地预测其未来的工作表现和绩效，以及个体自身的工作满意度。

（1）权力动机。考察在组织中，受测者对各种控制力、影响力的态度和需要。具体内容包括：控制力（权威、决策、获胜、指挥、领导）、组织化意识、发展他人、上下级的相容性。高权力动机的人往往有许多积极有利的特征，诸如：进取意识比较强，有开拓精神，善于左右形势大局，果断自信，试图说服人，比较健谈。但权力动机过高的人会成为组织中的危险人物，他们只顾及个人的权力和利益，在极端情况下会不择手段，不顾组织的利益，甚至危害组织。总的来说，权力动机是有价值的，一定水平的权力动机是企业管理者实现统率力的行为根源，同时在组织中要控制权力动机的无限扩张。

（2）成就动机。考察受测者对成就的态度和需要，包括目标设置与日标选择、努力程度等。由于成就动机具有行为驱动作用，在智力水平和其他条件相当的情况下，高成就动机的人获得的成功更大、绩效更突出。但成就动机过高也有逆反现象：人们对目标的设置降低难度，倾向于回避失败。结果是动机的行为驱动力减退，工作任务未必尽善尽美，而且因害怕失败而害怕尝试多种可能性，无形中放弃、丧失了很多机会。

（3）亲和动机。考察受测者对交往的需求和对社交活动的愿望。亲和动机强的人很容易地与他人沟通、交流，并且促进团队中积极的社会交往；他们富有同情心，容易接纳他人，减少冲突，避免竞争，有利于形成合作气氛。亲和型的领导受下属的接受和拥护，团队合作密切。但亲和动机过于强烈时可能有副作用，如回避矛盾，害怕被拒绝，过于求同，忽视个性，甚至息事宁人，放弃原则。

（4）风险动机。考察受测者对困难的态度和对失败的承受力，以及在遇到困难和挫折时对获得帮助的期待；考察受测者对风险的态度和决策风格。高风险动机的人可能过于莽撞，对可能的危险和损害估计不足，缺乏足够的大局意识和责任感，缺乏对失败的应变策略；低风险动机的人则过于保守、审慎，优柔寡断，谨小慎微，缺乏决断。

在个体层次上，上述四种动机的定位、组合模式与个人工作绩效和职业匹配程度关系紧密，因为个人不同的动机需求模式决定了他们对自己在组织中的责任、职权和利益的认识以及相互关系的构造，特别是决定了对这三者的运用方式的不同。使用动机测量工具可揭示个体的动机模式特征，评估动机与职业的匹配度，有助于个人了解自我，估计工作满意度，做出适当的自我设计和调整。对组织来说，有助于预测员工的行为表现、稳定性，是有效地控制管理人员和选拔合格应聘者的重要信息支持。在团体层次上，使用动机测量工具可帮助管理者了解控制组织成员的动机结构、水平，并进行有效的激励，以提高组织绩效和员工满意度。

范例 **管理动机测验例题**

指导语：这是一份关于个人观点的问卷调查，请根据你对每一个问题的看法表示你同意或不同意的程度。答案无对错之分，请不要顾虑。每个问题都要回答，不要遗漏。谢谢合作。

1. 完全不同意 2. 非常不同意 3. 稍有不同意 4. 无所谓 5. 稍有同意 6. 非常同意 7. 完全同意

（1）从事新的工作更令我兴奋。

（2）有人喜欢当领导，但我不喜欢当领导。

（3）我有很多要好的朋友。

（4）我想把自己的工作做得达到要求就够了。

（5）我喜欢对他人的工作做指导。

（6）第一次和别人见面时，我很少主动发言。

2. 职业兴趣测验

Strong（1927）是职业兴趣研究的先驱，他采用初评法来建构其职业兴趣的调查表，也就是首先比较各个效标群体（即特殊职业群体，选定的效标是对工作的满意度）与一般参照群体之间在各种职业活动上存在的差异，然后将那些有差异的项目组成该职业的兴趣调查表。之后，Kuder（1939）按照社会中10个较为宽泛的职业领域将其职业偏好记录表中的职业兴趣划分为10种：户外类、机械类、计算类、科学类、说服类、艺术类、文学类、音乐类、社会服务类、文秘类，并在以后的研究中将基本职业兴趣测量发展到测量23种基本的职业活动领域。后来，Campell（1974）整合了男性和女性的Strong职业兴趣调查表，形成Strong-Campell职业兴趣调查表，发展出一般职业类型（general occupational themes），并且与霍兰德的6种类型相对应。1994年版的Strong-Campell职业兴趣调查表虽然建立了男性与女性常模，发展出一些测量个人类型的量表，但基本的结构模型未发生很大的变化。还有一些研究则通过因素分析的方法获得理论上支持的因子数和因子。例如，吉尔福特（1954）等人对众多量表进行因素分析后，在28个可解释的因子中提取出7个作为职业兴趣的因子，它们分别是：机械兴趣、科学兴趣、艺术表达、社会福利、商业兴趣、文秘兴趣和户外工作兴趣。

对现代职业兴趣研究影响最大的是霍兰德的职业人格与工作环境理论。

霍兰德于20世纪50年代开始职业兴趣的测量研究。在70年代早期，他提出了关于兴趣和兴趣测量的一些新方法。他认为兴趣是描述人格特质的另一种方法，是关于职业选择中最重要的人格的一种更广义的概念。人格被看成是由兴趣、价值观、需要、技能、信仰、态度和学习风格组成的，但对于职业选择而言，兴趣是“人职匹配”过程中最重要的人格。在文献探讨的基础上，霍兰德进一步推断，既然弗洛伊德可以从有关性与父母关系的知识中建立人格理论，当然也可以从有关职业生活的知识中建立人格理论。基于此种认识，霍兰德提出了职业兴趣的人格类型理论。该理论认为个体对职业的选择受到动机、知识、爱好和自知力等因素的支配，最主要的是一个人所以选择某职业领域是受到其兴趣和人格的影响。该理论被认为是最具影响的职业发展理论和职业分类体系之一。

霍兰德（1973）认为个人的职业选择反映了其人格特点，而职业兴趣是人格在学业、工作和休闲活动上的表现。因此，职业兴趣测验实际上是一种人格测验，它可以反映个人的自我概念、生活目标乃至创造力等人格特点。虽然机遇等因素会产生一定的影响作用，但一般而言，职业选择并非随意发生，而是个人基于过去经验，再加上人格特点的影响而做出的抉择。因此，一定的职业也将吸引有相同经验和人格特点的人，同一职业的工作者有相似的人格特点，对许多情境与问题也有相似的反应；而人们对职业的满意度和成就感，在很大程度上取决于人格与工作环境的和谐程度。霍兰德认为，大多数人可以划分为六种职业兴趣，它们分别是现实型（Realistic）、研究型（Investigative）、艺术型（Artistic）、社会型（Social）、企业型（Enterprising）和常规型（Conventional）。

- 现实型（Realistic）：偏好与物体打交道，喜欢摆弄和操作工具、机械、电子设备等具体有形的实物，不喜欢和人打交道；厌恶从事教育性、服务性和劝诱说服性的职业。现实型的人往往表现出看重具体事物的价值观。
- 研究型（Investigative）：偏好对各种现象进行观察、分析和推理，并进行系统的和创造性的探究，以求理解和把握这些现象；他们不喜欢组织、领导方面的活动，厌恶要求劝说和机械重复的活动。研究型的人多体现出看重科学研究的价值观。
- 艺术型（Artistic）：偏好模糊、自由和非系统化的活动，并在这些活动中体现创造艺术作品，完成自我表现；他们厌恶明确、秩序和系统化的活动。艺术型的人想象丰富，看重美的品质。

- 社会型（Social）：偏好对他人进行传授、培训、治疗和咨询等方面的社会服务活动，不喜欢与材料、工具、机械等实物打交道。社会型的人表现出重视社会和伦理道德问题的价值观。
- 企业型（Enterprising）：对领导角色和冒险活动感兴趣，喜欢从事领导他人实现组织目标或获取经济效益的活动。企业型的人看重政治和经济方面的成就。
- 常规型（Conventional）：偏好对数据资料进行明确、有序和系统化的整理工作，如按既定的计划规程保管记录，填写整理书面和数字的资料，使用文字和数字处理设备等协助实现组织目标或获取经济效益；厌恶模糊、不正规、非程序化的或探究性的活动。常规型的人看重商业或者经济方面的具体成绩。

霍兰德的理论可以概括为“六角形模型”（如图3－2），即六种职业兴趣类型（R、I、A、S、E、C）按顺时针的方向排列成正六边形，用正六边形的

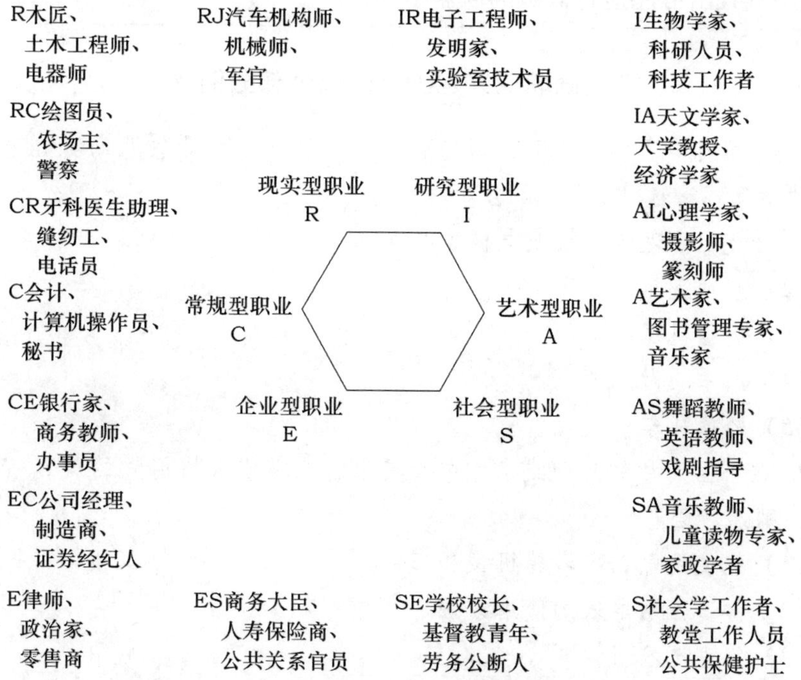

图3－2 霍兰德职业兴趣类型的六角模型

六个角分别代表六种职业兴趣，而且六个角的相对位置也表示了这六种职业类型的相互关系，相邻角代表的兴趣类型的一致性高，相对角代表的兴趣类型区分度高。根据霍兰德理论，个体倾向于寻求环境与人格的相契合，个体在达到这种契合后就会感到幸福、满足和多产（出成绩）；反之亦然。个体也可能会同时具有两种或者两种以上的兴趣特征，不过会有一种占优势，其他方面相对较弱。如果个体兴趣偏向某一类型，则对六边形相邻类型的兴趣大于相对类型的兴趣。这一模型正是霍兰德理论的精华所在。

基于这一理论所编制的职业兴趣测验，可以帮助个人对自我的职业兴趣进行探索。迄今为止，这一职业兴趣测验已被翻译成25种语言的版本，全世界有2000多万人都曾做过该测验，有关该测验的研究超过了500个。该测验由四大部分组成，分别让被试对四个方面进行自我评估，即：您所喜欢的活动有哪些，您所擅长的活动有哪些，您所喜欢的职业有哪些以及您各方面能力水平如何。从被试的回答中可以确定最感兴趣的三种职业类型，并分别用三个字母来代表，根据这三个字母排列组合而成的职业代码，就可以在职业分类表中查找出可能适合被试的职业是哪些。

范例 **霍兰德职业兴趣测验的四个部分例题**

1. 下面列举了各种活动，请您就这些活动做出好恶的判断。如果是您喜欢的活动，请选“是”，不喜欢的就选“否”。

(1) 装配修理收音机或电视等电器

(2) 修理汽车

(3) 装修机器

(4) 用木头做东西

(5) 骑摩托车

2. 在下面列举的活动或工作中，其中您能做或大概能做的就选“是”，反之，则选“否”。

(1) 能使用电锯、砂轮机械加工工具

(2) 知道万用电表的使用方法

(3) 修理洗衣机

(4) 会用钻孔机、磨床、缝纫机等工具

(5) 给家具或木制品刷油漆

3. 在下面列举的各种职业中，您感兴趣就选“是”，反之，则选“否”。

（1）飞机技师

（2）鱼类和野生动物专家

（3）汽车修理工

（4）木匠

（5）卡车司机

4. 下面请您对您自己在所列出的能力方面对自己做出评定。评定时，您先把自己和周围的同龄人进行比较，并以此来判断自己在这些能力方面的强弱，经过斟酌以后对自己的能力做一评价。注意：不要在每种能力上都对自己做出同等水平的评估。

（1）机械操作能力

A. 比大多数人差　B. 跟大多数人差不多　C. 比大多数人强　D. 很强

（2）科学研究能力

A. 比大多数人差　B. 跟大多数人差不多　C. 比大多数人强　D. 很强

（3）艺术创作能力

A. 比大多数人差　B. 跟大多数人差不多　C. 比大多数人强　D. 很强

（4）表达沟通能力

A. 比大多数人差　B. 跟大多数人差不多　C. 比大多数人强　D. 很强

3. 自我效能感测验

自我效能感是 Bandura 社会认知理论中的核心概念。自我效能感与结果期望不同，后者是指个体对自己行动后果的知觉，而自我效能感指的是人们对自己行动的控制或主导。一个相信自己能处理好各种事情的人，在生活中会更积极、更主动。这种“能做”的认知反映了一种对环境的控制感，因此自我效能感反映了一种个体能采取适当的行动面对环境挑战的信念。自我效能感以自信的观点看待个体处理生活中各种压力的能力。

按照 Bandura 的理论，不同自我效能感的人，其感觉、思维和行动都不同。就感觉层面而言，自我效能感往往和抑郁、焦虑及无助相联系；在思维方面，自我效能感能在各种场合促进人们的认知过程和成绩，这包括决策质量和学业成就等。自我效能感能加强或削弱个体的动机水平，自我效能高的人会选择更有挑战性的任务，他们为自己确立较高的目标并坚持到底。一旦开始行动，自我效能感高的人会付出较多的努力，坚持更长的时间，遇到挫折时他们又能很快恢复过来。自我效能感还被广泛用于学校环境、情绪障碍、心理和生理健康以及职业选择等领域。

一般来说，自我效能感是一个领域特定（domain-specific）的概念，因为一个人在某一方面有较高的自我信念，在另一方面可能不是这样。但研究者也发现有一种一般性的自我效能感存在，它指的是个体应付各种不同环境的挑战或面对新事物时的一种总体性的自信心。

一般自我效能感量表（General Self-Efficacy Scale，GSES），最早的德文版是由德国柏林自由大学的著名临床和健康心理学家 Ralf Schwarzer 教授和他的同事于 1981 年编制完成的。开始时共有 20 个项目，后来改进为 10 个项目。目前该量表已被翻译成至少 25 种语言，在国际上广泛使用。中文版的 GSES 最早由张建新和 Schwarzer 于 1995 年在香港大学的一年级大学生中使用。至今中文版 GSES 已被证明具有良好的信度和效度。

GSES 共 10 个项目，涉及个体遇到挫折或困难时的自信心。比如“遇到困难时，我总是能找到解决问题的办法”。

GSES 采用李克特 4 点量表形式，各项目均按 1 ~ 4 评分。对每个项目，被试根据自己的实际情况回答“完全不正确”“有点正确”“多数正确”或“完全正确”。评分时，“完全不正确”记 1 分，“正确”记 2 分，“多数正确”记 3 分，“完全正确”记 4 分。GSES 为单维量表，没有分量表，因此只统计总量表分。把所有 10 个项目的得分加起来除以 10，即为总量表分。具体项目如下。

范例

一般自我效能感量表

	完全不正确	有点正确	多数正确	完全正确
1. 如果我尽力去做的话，我总是能够解决问题的。	□	□	□	□
2. 即使别人反对我，我仍有办法取得我所要的。	□	□	□	□
3. 对我来说，坚持理想和达成目标是轻而易举的。	□	□	□	□
4. 我自信能有效地应付任何突如其来的事情。	□	□	□	□

5. 以我的才智，我定能应付意料之外的情况。	□ □ □ □
6. 如果我付出必要的努力，我一定能解决大多数的难题。	□ □ □ □
7. 我能冷静地面对困难，因为我可信赖自己处理问题的能力。	□ □ □ □
8. 面对一个难题时，我通常能找到几个解决方法。	□ □ □ □
9. 有麻烦的时候，我通常能想到一些应付的方法。	□ □ □ □
10. 无论什么事在我身上发生，我都能够应付自如。	□ □ □ □

4. 需求测验

需求测验是建立在美国心理学家马斯洛的需要层次理论基础上的。马斯洛将人的需要分为以下七个层次。

（1）生理需要。这是人的最基本的生活需要，包括了人对食物、水、睡眠等的需要，这个需要是最基本的，也是最有力量的。

（2）安全需要。这表现为人们对安全、稳定的需要，如需要受到保护，避免恐惧等。

（3）归属和爱的需要。这是人们追求情感联系的需要，如与他人亲近，受到接纳。爱情、友情、亲情都属于这一层次。

（4）尊重需要。指人们期望受到社会的高评价，希望受到他人的尊重。

（5）认知需要。马斯洛认为，学习、探索、发现也是人性的基本方面之一。

（6）审美需要。表现为人们追求和谐、完美的需要。

（7）自我实现的需要。当前面的需要都得到满足后，人的活动便有自我实现的需要，积极地面对未知和挑战。

马斯洛认为，上述的七种需要都是天生的，并把其分为缺失需要和成长需要两种。缺失需要代表了个体生理和心理平衡的需要，直接关系到个体的生存，因此称作缺失需要，它包括生理需要、安全需要、归属和爱的需要。成长需要则不是个体生存所必需的，但是能让个体发挥潜能，超越过去而成长。只有低等级的需要被满足了之后，高级需要才会成为行动的重要因素。需求是动机的来源，根据被试的需求状况，管理者可以有针对性地安排活动，调节员工士气，为人事工作提供帮助。

需求测试正是建立在这一理论基础之上，测查被试对各大类需要的需求程度，可以定性、定量地分析被试的需求模式，全面了解被试需求状况，强弱程度。

范例 **需求测试样例**

根据题目从 A ~ G 中选择。A. 完全不赞同　B. 非常不赞同　C. 稍有不赞同　D. 无所谓　E. 稍有赞同　F. 比较赞同　G. 完全赞同

1. 我认为有一个安稳的住所是发展事业的前提。
2. 我总想避开危险的事。
3. 我希望有人关心我的生活。
4. 我自尊心很强。
5. 我总想做出卓越的成就。
6. 我非常担心失业。

学习指南

本篇主要介绍了心理测验的基本原理，以及各种常用的心理测验。读者在学习时首先需要掌握测验的基本理论以及统计概念。心理测验的使用为选拔和招聘工作提供了重要的辅助信息。此外，本章把心理测验划分为个性测验、能力测验、动机测验，从测验的编制和结果解释等方面出发，以具体例子阐述了不同的心理测验，读者在掌握了相关理论知识后，可以阅读学习一些经典的心理测验，从而达到能比较熟练使用心理测验的目的。

关键词

人才测评　心理测验　个性　智力　能力　动机

思考题

1. 心理测验的基本指标有哪些？
2. 常用的个性测验有哪些？在现实生活中，还有哪些常用的个性测验？
3. 常用的能力测验有哪些？在现实生活中，还有哪些常用的能力测验？
4. 常用的动机测验有哪些？在现实生活中，还有哪些常用的动机测验？
5. 在人力资源工作中，心理测验有哪些作用？

第 4 章

面试技术

案例导读

面试案例

职位类别：市场营销　　　　　　　　职位编号：ABC12012

职位名称：市场调研专员　　　　　　所属部门：市场部

直接上级：市场调研主管

岗位职责：

(1) 制定市场调研计划，组织策划市场调研项目，对市场上快速消费品、饮料类产品进行调查，收集各类市场情报及相关行业政策与信息。

(2) 通过问卷、网络等调查方式，进行消费者消费心理及行为习惯调研，提供调研报告。

(3) 通过走访市场、调查问卷等方式，对同类产品的销售动态进行调研。

(4) 根据市场调研结果，与产品专员沟通，支持、配合产品专员做好产品市场调研工作。

任职资格：

(1) 思维开放、积极主动、勤奋、有团队合作精神。

(2) 企业管理、市场营销及相关专业大专以上学历。

(3) 对快速消费品市场有较深刻认识。

(4) 2 年以上相关产品的市场调研工作经验者优先。

面试时间记录：提前半小时抵达面试地点，整个面试过程持续 30 分钟。

面试考察重点：基本素质。

主考（以下简称问）：你好，请坐。

应聘者（以下简称答）：你好，谢谢。

问：投递简历有多久了？

答：大约两天。

问：对我们公司了解吗？

答：时间比较短，没太多了解。

问：目前在的这家公司，你的职责是什么？

答：从2月1日至今，主要是做专案策划、营销方面的工作（说得很大气嘛，怎么会这么短的时间内就做专案）。大约花了10天时间在公司学习和了解业务，之后，到地区做市场。

问：这是一家很有实力的公司，你是通过什么方式得到招聘信息的？和你一起进去的有多少人？

答：当时是他们在公开发布招聘信息，我就去应聘，一共录用了120人，仅我一人是应届毕业生。

问：当时你为什么要选择这个企业？又为什么现在要离开？

答：我选择企业看中两点：品牌好，待遇好。他们具备这样的条件，所以我去了。离开是因为：感觉越来越迷茫，无法调整自己的心态。他们的培训确实做得很好，但是我发现人际环境不好，周围的人好像不待见我，我问他们一些问题，或者得到什么指导总是很困难，觉得没受到重视。

问：做过学生干部吗？主要职责是什么？

答：高二高三时是生活委员，主要就是做好卫生，通过各种渠道为班级在卫生检查中加分。

问：父母中谁对你的影响比较大？在成长的过程中，和他之间有哪件事情让你至今印象深刻？

答：父亲。他没有能够读到大学，所以对我的学业特别重视。家里经济条件不是很好，几次差点儿休学，母亲也同意休学，最后都是因为父亲的坚持才能够继续学业。印象比较深刻的一件事是：在生活还很紧张的情况下，父亲给我买了一盏台灯。

问：你目前的目标或理想是什么？

答：我也一直在思考这个问题。初步的打算是在大的公司做两三年，然后成立工作室，做一些代理，逐步树立自己的品牌。

问：如果不介意，能透露一下你择偶的标准吗？可以回答，也可以不回答。

答：（笑）长相一般就可以。关键是要对我好。

问：好，谢谢你的配合。我们会在今天下午通知你是否参加复试。

答：好，谢谢。再见。

资料来源：bbs. gxibvc. net。

这是一个面试的案例，有值得借鉴之处，但也存在一些问题。大家可以思考一下存在哪些问题，记录下来，在读完本章后，根据自己的心得想想如何改进这些问题。

在组织用于员工选拔的所有方法中，面试一直是最为常用又最为关键的一个环节。面试是一种经过精心设计，在特定的场景下，以面对面的交谈、观察为主要手段，由表及里测评被评价者的一种方式。面试虽然只是人才甄选手段中的一种，但有着非同寻常的重要地位，因为它可以评价出被评价者的学识水平、能力、才能及心理特质等多方面的情况，对于录用决策的影响非常大。面试是迄今为止使用最为广泛的人员甄选程序，一项对 852 位雇主的调查发现，99% 都用面试进行雇员甄选。由此可见，面试在正常招聘中是必不可少的一个环节。

4.1 面试概述

根据不同的目的，面试可分为评价面试、离职面试和甄选面试，而本章主要对甄选面试进行论述。

4.1.1 面试的种类

1. 根据面试内容的构成方式分类

根据面试的构成方式，面试可以分为非结构化面试、结构化面试和半结构化面试。

非结构化面试，即没有固定格式，测评人员可以向多个方向展开，也可追踪自己的兴趣点提问。在整个面试过程中，只有少数问题是事先规定的，大部分问题都有较大的随意性，而且很少对被评价者的回答做出评价的规范标准。这种面试方式很像一次普通的谈话过程。

结构化面试与非结构化面试恰好相反，在整个面试过程中，提问和合格的回答都是事先确定的，且根据被评价者回答内容的适当性对其做出评价。结构化面试指在面试内容、程序和评价三个方面进行结构化的一种面试形式，包括内容结构化、程序结构化和评价结构化。“结构化”指面试设计参照职位要求、被评价者特征、对面试题目、评价标准做适当归纳，目的是减少评价者的评价偏差，提高面试的信度和效度。当然，并非每次结构化的面试都会具体地说明每个答案的确切内容，一般只会给出一部分需要注意的答案内容，且不同的面试会有不同的结构方式。

上述两种面试各有优缺点。非结构化的面试过程较短，偶然性较大，问题的选取比较随意，通过这种面试所得到的信息可能会存有偏见，可能与将来的工作绩效无法挂钩。而结构化面试则比较可信，过程的标准化可以增强被评价者评价标准的一致性，提高面试与工作的相关程度，减轻主观性。但是，结构化面试会使测评人员失去了解被评价者一些有意义方面信息的机会。

有些人将结构化面试与非结构化面试结合，进行半结构化面试，使得两种方法的优点集于一身。半结构化面试只对面试的部分因素进行统一规定，而有一部分面试题目可以根据不同的被评价者而灵活变化，或对不同被评价者进行不同问题的追问。

2. 根据提问类型进行分类

根据面试的内容或集中询问的问题，可以将面试分为情景面试、行为面试、工作相关面试和压力面试。

所谓情景面试，即要求被评价者假设其在某个特定情景下，根据评价者的问题回答自己会有什么样的行为表现。情景面试同时也可能是结构化面试，即在面试进行前已经设定好提问的情景和问题的答案。

行为面试要求被评价者回答自己是如何处理以往某种情景的。它与情景面试的差别在于，情景面试要求被评价者描述自己会对将来的某种情景做出什么反应。

在工作相关面试中，测评人员根据被评价者对以往有关行为的回答来推断其未来的工作绩效。在这种面试中，测评人员不是围绕假设的情景或情节反复提问，而是提出一些与工作相关的问题，以便就某些情况得出结论。

在压力面试中，测评人员时常用一些直率的提问故意让被评价者感到不舒服，目的是发现敏感的被评价者和那些压力忍受度低或高的被评价者。测评人员可能首先会从被评价者的背景着手找其弱点。压力面试有助于确定那些可能会对批评做出过度反应的敏感者，但其本身具有侵犯性且不符合常规道德，不适合业余的测评人员和不具备面试控制技能的人来实施。

3. 根据面试实施的方式分类

按照面试的实施方式，可将面试分为个别面试、小组面试和集体面试。

个别面试是一对一进行的，即测评人员通过口头询问来对被评价者进行面试，以期了解被评价者是否适合所要招聘的岗位。大多数情况下，个别面试是顺序式的，即会有好几个人依次对同一个被评价者进行面试，然后综合几个测评人员的意见做出是否录用的决定。在这种面试过程当中，可以是结构化的面试，也可以是非结构化的面试，或者是半结构化的面试。

小组面试是由一组测评人员对一个被评价者进行面试。与顺序式的个别面试相比，小组面试可以避免被评价者在顺序面试中重复回答每个测评人员所提出的相同或相似的问题，节约面试时间，提高面试效率。小组面试由于是测评人员同时在场进行的，因而其相互之间更容易达成一致。但是，相对于被评价者而言，由于面对众多的测评人员，压力较个别面试大，因而可能会影响到其面试时的表现。

集体面试则是由面试小组同时对若干个被评价者进行的面试。通过比较被评价者对同一个问题的不同反应，来确定自己所需的人。集体面试有助于测评人员找出那些具有领导特质的人，因为在集体面试中，有时需要被评价者之间相互协作形成一个答案，而这个过程需要一个人出来领导大家。

4. 根据面试实施的媒介分类

根据面试实施时所依赖的媒介，可以将面试分为直接面试、电话面试和计算机辅助面试。

直接面试是最传统最常用的面试方式。虽然它有助于测评人员了解到被评价者的许多有用信息，但随着现代社会的发展，全球化进程的推进，有时直接面试对于面试的双方而言成本都过高，特别是相对于那些在异地的被评价者。

电话面试则是测评人员通过电话对被评价者进行的面试。与直接面试相比，电话面试更能准确地判断被评价者的真实情况，因为其避免了直接面试时外表仪容、礼仪等因素的干扰，使得双方都专注于面试的内容。而且，没有事先约定的电话面试，由于被评价者没有特别的准备，因而可能获得更加准确、真实的信息。

计算机辅助面试是由计算机向被评价者呈现问题并且由计算机记录被评价者的回答而进行的面试。计算机辅助面试可以以视频、语音和书面的方式进行，但到底采取何种方式，则要依据招聘的目的等许多其他因素综合决定。计算机辅助面试常被用来初步筛选招聘职位的被评价者，否决不合格的被评价者，挑选能够进入下一个招聘环节的合格被评价者。

现在的招聘中常将三种方式结合使用，一般首先利用计算机辅助面试对职位的被评价者进行第一轮的筛选，否决不合格的人选，缩小被评价者的范围，然后进行电话面试，进一步对被评价者进行考察，否决一部分不合适的人，决定哪些人能够进入面对面的直接面试。最后，通过面对面的直接面试来确定最适合招聘岗位的人选。三种方式的结合降低了面试的成本，提高了面试的效率，为越来越多的企业所采用。

4.1.2 面试的特点

虽然面试根据不同的标准划分为不同的类别，但不同类别的面试之间仍有许多共同的特点。

1. 直观性

面试是用人单位与应试者直接接触的一项活动，通过面试，用人单位会对应试者形成一个直观的印象，这种直观的印象对用人单位的最终雇佣决策具有很重要的影响。这有点像买房子，房地产老板把房子描绘得再好，如果你没有亲临现场考察房子，了解其所在的位置、周边的环境、房子的设计和布局等具体情况，你是不可能拍板买下房子的。由此可见，面试的这种直观性为用人决策提供了“可靠的”依据，毕竟选用了一个人之后，这个人将与用人单位的已有员工朝夕相处，不“面试”一次就录用未免太冒险了。在美国的大学里，录用一个教师前，不仅人事主管和有关领导得对应试者进行面试，院（系）里的教师们都得对其进行“面试”，如果大家不满意，领导也不能录用他，毕竟他进来以后要成为这些教师的同事。

2. 灵活性

面试是一种很灵活的测评方法，面试的方式和内容具有较大的变通性。一方面，由于不同的职位对人有不同的要求，面试可以根据不同职位的特点，灵活地采用不同的方式去考察被评价者。另一方面，尽管面试的问题可以是事先设计好的，但在面试实施中并不是对所有被评价者都一定要按同样的内容来进行（严格的结构化面试除外），评价者可以针对被评价者的具体情况，根据所获得的信息是否足够来决定面试问题的多少。如果被评价者的回答已经充分地显示了某方面的信息，那么已准备好的问题也可以不问；而如果被评价者的回答不足以显示某方面的信息，或者评价者觉得对被评价者的有关情况还把握不清，那么就可以多追问被评价者一些相关的问题。这样，面试的时间就可长可短，不过一般不要少于20分钟，长也不要多于一个小时。

3. 互动性

面试与笔试的一个重大区别是，面试中评价者和被评价者之间是互相交流信息的。面试中，评价者会随时根据被评价者回答问题时的表情和行为举止等情况，积极地变换面试的问题；与此同时，被评价者也会根据评价者的提问，充分发挥自己的能动性。另一方面，被评价者的表现时时影响着评价者的评价，而评价者的信息反馈又会影响到被评价者的表现。面试中，评价者与被评价者之间的这种直接的交流，提高了相互沟通的效果和面试的真实性。被评价者应充分利用面试的互动性，积极主动地回答有关问题。

4. 主观性

面试的评价往往带有较强的主观性，不像笔试那样有明确的客观标准。正因为这样，面试评价往往受到评价者个人主观印象、情感和知识经验等许多因素的影响，使得不同评价者对同一位被评价者的评价往往有差异，而且可能各有各的评价依据。所以，面试评价的主观性似乎是面试的一大弱点，但另一方面，由于人的素质评价是一项非常复杂的工作，评价者可以把自己长期积累的经验运用到面试评价中。从这个角度来说，面试的这种主观性也是有其独特价值的。

范例

感受网络面试

近日，一场特别的招聘面试会在北京中关村一家企业的会议室内进行着，举办方北京科海信息技术有限公司将通过网络招聘来确定5个岗位人选。这次视频面试，是该公司首次利用特定的电脑软件系统，通过视频、声音、文本等多种介质的网络传输，进行实时视频面试。

1. 网上面试千里招才

1月16日上午，在北京的科海信息技术有限公司人力资源部门吴经理通过视频，对4名在上海公司应聘的技术人员进行了面试。不大的会议室中，两台安装有摄像功能的电脑前面坐着公司部门总监、行政主管等三人，招聘流程按照事先确定好的程序进行。人们都期待着这第一次网络招聘有个理想的结果。

面试开始阶段，由于音量的问题，收听效果不够理想，但经过调试，两方面的沟通变得比较顺畅。面试过程中，被评价者通过电脑屏幕向企业简要介绍了自己的情况，吴经理倾听了被评价者的自我介绍后，开始询问有关被评价者诸如爱好、工作经历中的离职原因、对本公司目标岗位的理解、自己的职业规划等方面的情况。接下来的10名被评价者，也在网络上通过交谈、形象关注，使公司的招聘者心中有数了。经过了解和沟通，吴经理对其中的3名被评价者已经有了进一步的意向。

事后，吴经理表示，“对外地的被评价者，有时会因种种原因不便来公司面试，所以才尝试采取了这种方式。”对于特地安排的这次面试，他感叹道：“这次的视频面试效果还不错，以后我们要多开展几次这样的面试。这样不仅能达到传统面对面面试的效果，能为公司和个人节省大量的费用；还能从另一个角度体验被评价者的操作、思维水平……”

2. 确定前程的新途径

现在，不仅企业越来越热衷于节省时间的新型招聘方式，就连求职者也对这种新的求职方式青睐有加。因为，这让高校学生们足不出户就能与各地招聘单位实现面对面的交流。刚刚从湖北师范学院毕业的小李就在网上参加了北京、广州、沈阳三地公司的面试，并顺利找到了工作。

小李说：“毕业后，我在湖北当地几家大型的人才网都注册了，填写好了个人数据和想应聘的岗位，并留下了联系方式。两天后就接到北京一家公司的电话，对方要求我上网用视频聊天的方式进行面试，当时我觉得很奇怪也很好玩，就按照企业的要求进行了面试。后来又有一家外地企业提出用这种方式进行面试，我觉得这样挺好的。”

同样，近日澳际出国留学与澳大利亚著名的悉尼大学合作，也为国内申请人举行了远程视频面试。35名学生全部过关，并在一天内得到悉尼大学的正式录取通知。这种视频面试将“远在天涯”的面试官变为“近在咫尺”，不仅大大简化了留学申请程序，让申请人快速获知面试结果，而且还替申请人节省了100澳元的申请费。看来，这种方便、快捷的面试方式会变得越来越普遍。

3. 网络面试机遇风险并存

网上视频面试将传统现场招聘会和网络招聘两者的优势相结合，招聘应聘双方只需要通过两台联网电脑及摄像通信设备，就可以实现“面对面”。

对于求职者来说，足不出户，就能够与招聘者当面交流，供需双方突破了地域的限制，省时又省力。但是，这种技术还有待进一步完善。对此，业内人士提醒，虽然在人才全球化日益深化的今天，异地人才流动越来越频繁，招聘市场上除了普遍采用的招聘求职方式如人才交流会等手段外，视频面试将会越来越普遍。网络招聘成本低、快捷、信息量大，但缺少面对面的交流，网络空间的虚拟性也常常令招聘求职双方担心“不安全”。一方面，网络视频面试将走近更多的人力资源部门和求职者。但另一方面，这种新型招聘方式还存在很大的风险：求职者在接到网络面试要求前一定要确定网上招聘单位的真实性和可靠性，警惕不法之徒利用这种网上招聘进行欺骗活动。

资料来源：www. cg. yuloo. com。

4.2　面试的实施程序

本节将主要就结构化面试与半结构化面试展开讨论，将重点介绍结构化面试与半结构化面试的实施过程以及评价标准的制定。

4.2.1　结构化面试的特点与实施程序

1. 结构化面试的主要特点

结构化面试是通过评价者与被评价者之间的交流来进行的，从形式到内容上，它都突出了标准化和结构化的特点。比如，结构化面试要求面试题目对报考相同职位的所有被评价者应该相同；面试评价者的数量应在2人以上；典型的结构化面试还要求在对拟任职位进行工作分析的基础上编制面试题目。正因为如此，结构化面试的实施过程更为规范，面试结果也更为客观、公平、有效。

人们对传统面试的一个批评就是：评价者的提问太随意，想问什么就问什么；同时评价也缺少客观依据，想怎么评就怎么评。正因为如此，传统面试的应用效果不理想，面试结果通常也很难令人信服。而结构化面试正是在克服传统非结构化面试上述缺陷的基础上产生的，所以在人事选拔实践中很受人们的欢迎。特别是在单位内部竞争上岗面试中，为了确保选拔工作的客观公正，更应采用严格的结构化面试形式。

了解结构化面试的内涵和特点，对于被评价者更好地发挥自己的水平无疑是有利的。结构化面试具有如下几个主要特点。

（1）面试测评要素的确定要以工作分析为基础。在结构化面试中，测评要素并不是随意确定的，而是在系统的工作分析的基础上由专家研究后确定的。面试的目的是要将对职位更合适的被评价者选拔出来，如果没有对职位要求的工作分析，那么就无法确定与拟任职位的要求密切相关的录用标准，也就无法达到面试的最佳效果。所以，以工作分析为基础确定测评要素是结构化面试的重要特点。

（2）面试的实施过程对所有的被评价者相同。在结构化面试中，不仅面试题目对报考同一职位的所有被评价者相同，而且面试的指导语、面试时间、面试问题的呈现顺序、面试的实施条件都应是相同的。这就使得所有的被评价者在几乎完全相同的条件下接受面试，保证面试过程的公正、公平。

（3）面试评价有规范的、可操作的评价标准。针对每一个测评要素，结构化面试有规范的、可操作的评价标准，突出表现在每个要素都有严格的操作定义和面试中的观察要点，并且规定了每个评分等级（如优秀、良好、一般、较差）所对应的行为评价标准，从而使每位评价者对被评价者的评价有统一的标准尺度。评价标准中还规定了各测评要素的权重，使评价者知道什么要素是主要的、关键的，什么要素是次要的、附属的。被评价者的面试成绩最终是经过科学方法统计出来的，即对每个要素去掉众多评价者评分中的最高分和最低分，然后得出算术平均分，再根据权重合成总分。

对于面试、小组讨论、角色扮演等情境模拟的技术，测评人员都需要花费大量的时间编制行为指标和评价标准，这是测评科学化的基础所在，也是胜任特征模型的精华。

阅读 **沟通能力和客户服务意识的定义及行为指标**

所谓行为指标，就是指可以观察到的人们所说所做的各项单一内容，它可以被视为是构成某项能力的具体组成部分。

沟通能力

一般定义：清楚、简要地传达意见，能根据需要采取适当的沟通形式和风格，能根据具体情况的要求调整自己要传达的信息，以适应不同的听众，使自己容易被对方接受。显示积极倾听的技能，适当回应各种提问与质疑。

“沟通能力”的具体组成内容：清晰表达自己的意见、抓住听众、使人接受自己的观点、倾听对方的谈话、做出反馈、以书面形式表达意见。

行为指标：例如“倾听对方的谈话”可以分解为以下三个行为指标：首先要让对方有发言的机会；其次要注意倾听对方传达的信息；再次就是要记住对方谈话内容中的要点，并在自己的沟通中考虑到这些，以适当调整自己的沟通方式。

客户服务意识

一般定义：积极同组织内部及外部的客户、供应商、竞争对手建立互利的关系，将工作的重点放在发掘和满足客户的需要上面，主动寻求客户对服务工作提出的意见，交流有关信息，在提供服务后征求反馈意见，力争为客户提供高质量的服务。

“客户服务意识”的具体组成内容：与客户合作、建立伙伴关系、主动提供服务并提供后续服务、保证服务质量优良。

行为指标：例如“对客户提供后续服务”可以分解为以下几个行为指标：将对客户有影响的决定随时通知客户；征求客户的意见；根据客户的反馈，改进服务工作。

(4) 评价者的组成结构。在结构化面试中，评价者的人数必须在2人以上，通常有5~7名评价者。评价者的组成一般也不是随意决定的，而是根据拟任职位的需要以专业、职务甚至年龄、性别按一定比例进行科学配置，其中有一名是主评价者，一般由他负责向被评价者提问并把握整个面试的总过程。

总而言之，结构化面试具有试题固定、程序严谨、评分统一等特点。从实践来看，结构化面试的测量效度、信度都比较高，比较适合规模较大，组织、规范性较强的招聘面试。因此，结构化面试已经成为目前招聘面试的重要方法。

当然，作为一种测评方法，结构化面试也有其不足，主要表现在评价者实施时灵活性不够，通常不允许在必要时对某些被评价者进行有针对性的追问，而另一方面，评价者对一些已经有把握的方面却仍然要问事先拟定的问题。结构化面试的另一个不足是实施时显得比较呆板，这样当被评价者较多时评价者容易疲劳。

2. 结构化面试的组织实施程序

结构化面试的组织实施程序主要包括建立评价者队伍、选择和布置面试考场、面试的具体操作实施等三大环节。

（1）选择并培训面试评价者。面试评价者的构成对结构化面试有重要的影响，目前常见的有三种面试评价者组织形式：一种是由人事部门负责组织，评价者由人事部门工作人员和有关专家组成；另一种是由人事部门和用人部门联合组成，评价者由两个部门分别按一定比例指派；还有一种是用人部门自行组织，评价者由本部门选派。无论采取哪种组织方式，评价者都是主角。面试前必须对评价者进行全员培训，提高他们的操作水平。

关于面试评价者的选取，应根据结构化面试对评价者的要求进行严格挑选，要选那些客观、公正的人进入评价者队伍中来，否则就很难保证通过面试得到理想的被评价者。同时，对评价者的培训也是不可或缺的，研究和实践都证明，经过培训的评价者组不论是评分的信度还是评分的质量，都明显比没有经过培训的评价者组要高。另外，结构化面试的规范性和程序性要求很高，在面试实施前必须对他们进行集中培训。

（2）选择和布置面试考场。面试的具体组织实施工作很繁琐，包括面试考场的选择和布置、候考室和考务用品的配备、被评价者的面试通知与联系、事先抽签决定面试顺序等。这些工作看起来很不起眼，但任何一项工作没做好，都有可能影响面试的顺利实施。

对面试考场的基本要求有四条：一是考场所在位置的环境必须无干扰，安静；二是考场面积应适中，一般以 30～40 平方米为宜；三是温度、采光度适宜；四是每个独立的面试考场，除主考场外，还应根据被评价者的多少设立若干候考室，候考室的选择应与主考场保持一定距离，以免相互影响。见图 4－1。

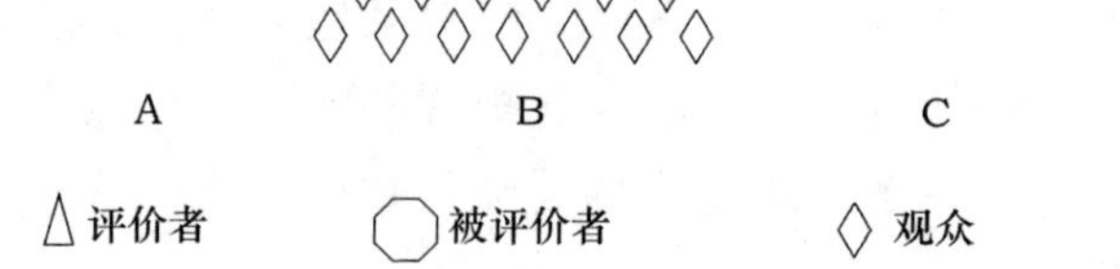

图 4－1 结构化面试考场布置图示意

通常我们会按照图A的模式布置考场，由多名评价者共同面试一位被评价者，综合对其进行评价。现在，部分结构化面试中还加入了旁听者的角色，如图4-1中的B、C两种模式，让相关部门的领导或工作人员共同参与，他们可以在面试室中旁观被评价者的表现，并对其真实性或者能力水平进行打分。尤其对于外包的测评业务，有时外部的测评公司不能完全了解选拔方的需求，通过这种旁听的方式，可以在选拔过程中及时反馈需求，避免人才的流失。但这种方式参与人数太多，可能容易造成被评价者的过度紧张，如图B，被评价者面对大量的考官，可能会有很大的压力。因此，在实际操作中，如果需要旁听可以采取图C的方式，让听众坐在被评价者的后方，以减小他的压力。

（3）面试的具体操作实施。规范化的操作实施过程是结构化面试的重要特点之一。一般来说，在招聘与录用中，结构化面试的具体操作实施步骤如下。

- 对进入面试的被评价者讲解本次面试的整体计划安排、注意事项、考场纪律。比如，被评价者在面试前不能与已面试过的被评价者进行交流，否则就相当于泄题，因为同一职位的被评价者面试的试题很可能是完全相同的。鉴于此，被评价者在候考室等待面试时，不许使用手机，也不允许在外面随便走动。
- 以抽签的方式确定被评价者的面试顺序，并依次登记考号、姓名。在招聘与录用面试中，形式上的公平性与内容上的公平性同样重要，甚至形式上的公平性会更令人关注，因为形式的公平与否是人们容易看到的。正因为如此，许多用人部门很注意这个问题，面试顺序往往由被评价者本人在面试开始前抽签决定，以确保面试的公正性和公平性。
- 面试开始时，由引导人员依次带领被评价者进入考场，并通知下一名被评价者做准备。
- 每次面试1人，面试程序为：首先由主评价者宣读面试指导语；然后由主评价者或其他评价者按事先的分工请被评价者按要求回答有关问题；根据被评价者的回答情况，其他评价者可以进行适度的提问；各位评价者独立在评分表上按不同的要素给被评价者打分。
- 给每位被评价者提出的问题一般以6~7个为宜，每个被评价者的面试时间通常控制在30分钟左右。
- 面试结束，主评价者宣布被评价者退席。由考务人员收集每位评价者手中的面试评分表交给计分员，计分员在监督员的监督下统计面试成绩，并填入被评价者结构化面试成绩汇总表。

- 计分员、监督员、主评价者依次在面试成绩汇总表上签字，结构化面试结束。

下面是某市公务员招考的结构化面试题本，供大家参考。

范例

面试指导语：你好，首先祝贺你顺利通过了笔试，欢迎参加今天的面试。请你来，是希望通过交谈，增进对你的直接了解。我们会问你一些问题，有些和你过去的经历有关，有些要求你发表自己的见解。对我们的问题，希望你能认真和实事求是地回答，尽量反映自己的实际情况、真实想法。在后面的考核阶段，我们会核实你所谈的情况。对你所谈的个人信息，我们会为你保密。面谈的时间为30分钟左右，回答每个问题前，你可以先考虑一下，不必紧张。回答时，请注意语言要简洁、明了。好，现在我们开始。(稍停顿一下) 第一个问题是：

从学校跨入社会，是人生的一次重要选择，你在选择生活，生活也在选择你。请你简单介绍一下自己的基本情况和主要经历，好吗？

追问：每个人的性格特点中都有优势和不足，你觉得自己性格特点中的优势和不足对报考公务员岗位会有什么影响？为什么？

……

出题思路：背景性题目。通过了解考生的基本情况，考察考生的求职动机与拟任岗位的匹配性及自我认知能力。

参考评分标准：

好：具备拟任岗位所需的知识、素质。能辩证、客观地评价自己，自我认知能力强，所谈经历及对自己的评价诚恳、可信，善于分析、总结。

中：基本具备拟任岗位所需的知识、素质，所谈经历及对自己的评价合理、可信，自我认知能力一般。

差：现有的知识、素质与拟任岗位相差较远，自我评价缺乏真实性，自我认知能力较差。动机与拟任岗位不匹配。

……

很高兴你对我们的问题做了回答，今天我们就谈到这里，谢谢！

资料来源：www. syrc. com. cn。

4.2.2 半结构化面试的特点及其实施

1. 半结构化面试的主要特点

如前所述，半结构化面试是指只对面试的部分因素有统一要求的面试，如规定有统一的程序和评价标准，但面试题目可以根据面试对象的不同而灵活变化。半结构化面试有如下几个特点。

（1）面试测评要素在工作分析基础上进行明确界定。半结构化面试吸取了结构化面试的优点，突出表现在测评要素并不是随意确定的，而是在工作分析基础上由专家研究确定的。在此基础上，面试专家要对测评要素进行界定，形成操作性定义，以便评价者在面试时能始终围绕这些测评要素展开。

（2）面试操作过程根据测评要素灵活地进行。在面试的操作实施过程中，半结构化面试抛弃了结构化面试古板的缺陷，采取更为灵活的面试操作方式。也就是说，评价者可以围绕所要考察的面试要素，根据具体情境灵活地对被评价者进行提问，这样可以更好地达到面试测量的目的。但另一方面，半结构化面试对评价者的技术水平提出了更高的要求，如果评价者的素质不高，很容易使半结构化面试陷入随意性面试的泥潭，使面试过程变得主观随意。

（3）面试方法常常采用行为事件访谈技术（BEI）。从国内外当前的实践来看，半结构化面试往往采用行为事件访谈技术来进行。这种面试技术关注的是被评价者过去的行为，所问的是被评价者实际上做了些什么、怎么做的、有什么结果，而不是他们知道什么（工作知识问题），或者他们将会做什么（情境性问题）。行为性问题的基本假设是，在类似的情境下，一个人过去的行为表现是预测其未来表现的一个良好根据。

2. 半结构化面试的实施程序

实施半结构化面试的程序与结构化面试相同，也包括建立评价者队伍、选择和布置面试考场、面试的具体操作实施等三大环节。其中，选择、培训评价者与结构化面试基本相同，而面试考场的布置却存在着较大的差异。就评价者与被评价者的位置安排来说，通常有如下几种模式，见图4－2。

A为一种圆桌会议的形式，多个评价者面对一位被评价者；B是一对一的形式，评价者与被评价者成一定的角度而坐；C是一对一的形式，评价者与被评价者相对而坐，距离较近；D是一对一的形式，评价者与被评价者相对而坐，距离较远；E是一对一的形式，评价者与被评价者坐在桌子的同一侧。

上述评价者与被评价者不同的位置安排，其产生的面试效果是不同的。

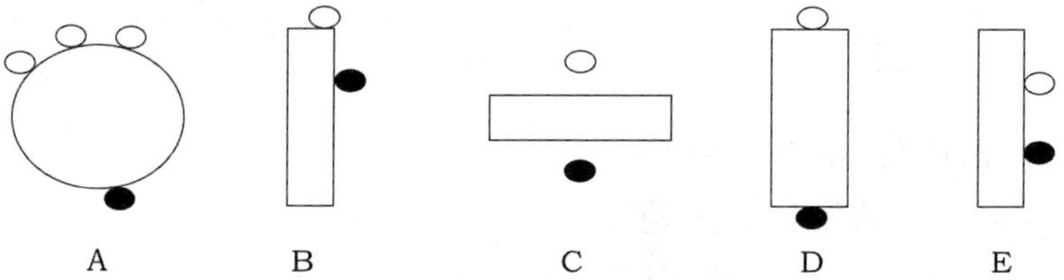

图 4-2 面试考场布置

那么，究竟采用哪一种位置比较好呢？在面试中，如果采用C这样的形式，评价者与被评价者面对面而坐，双方距离较近，目光直视，容易给对方造成心理压力，以致无法发挥其正常的水平。当然，在想特意考察被评价者的压力承受能力时可采用此形式。像D这样的形式，双方距离太远，不利于交流，同时，空间距离过大也增加了人们之间的心理距离，不利于双方更好地进行合作。如果采用E这样的形式，评价者与被评价者坐在桌子的同一侧，心理距离较近，虽不容易造成心理压力，但这种评价者的位置显得有些卑微，也显得不够庄重，而且也不利于评价者对被评价者的表情、姿势进行观察。采用A这样的形式，排列成圆桌形，使被评价者不会觉得心理压力太大，同时气氛也较为严肃。采用B这样的形式，评价者与被评价者成一定的角度而坐，避免目光过于直射，可以缓和心理紧张，避免心理冲突，同时也有利于对被评价者的观察。因此，我们建议在通常情况下最好采用A、B这两种位置安排来进行面试。

半结构化面试的具体实施与结构化面试也存在一定的差异，从程序上说，半结构化面试的实施过程大概可以分为以下几个步骤。

（1）让被评价者放松，构建良好的合作关系。在开始导入半结构化面试前，要通过沟通，消除被评价者的顾虑，让被评价者思想上完全放松，从而密切配合评价者展开面试。

（2）评价者呈现行为事件访谈问题，考生回答。评价者以行为事件访谈技术展开面试，这种技术关注完整的行为事件，事件必须包括四个要素：情境（situation）——关于任务、问题背景的具体描述。目标（target）——指被评价者在特定情境中所要达到的目标、所需完成的任务。行动（actions）——测评对象针对上述情境所采取的行动，或未采取的行动。结果（results）——已采取的或未采取的行动的结果。

一个典型的行为事件访谈问题样例如下。

范例 **行为事件访谈问题**

您过去一定有这样的情况，您曾感到有必要找一个职工谈谈，他的工作表现需要改进。请介绍一下当时的情况。

后续问题（深入追问）：

“您怎么知晓这一情况的？”

“您晓得这一情况多久后才采取行动？”

“您对该职工说的原话是什么？”

“他的回答是什么？”

掌握了大量的行为事件，我们才能对被评价者是否具备了某种素质进行判断。

（3）通过面试中的深入追问，用来弄清或取得更多细节情况。如果被评价者的事件描述不完整（缺少一个或一个以上的要素），就要通过后续的深入追问来弥补。在行为性面试中，一般有五种情况需要追问。

范例 **追问样例**

1. 帮助被评价者形象化地重现当时的情境

样例：“你当时为什么要去完成这项任务？”这样的追问可以帮助被评价者回忆以前发生过的情境。

2. 了解被评价者个人当时有哪些具体行为

样例：为了达到这个目标，您采取了哪些具体行动？

3. 为了了解所有具体情况的细节

样例：为了说服他，你具体对他说了些什么？

D. 分辨出那是个什么事件

样例：你在这个事件中的角色是什么？

E. 弄清结果

样例：结果如何？您的上级或同事对此提出了什么意见？

（4）澄清考生的强项和需要加强的方面。最后，根据大量的行为事件，来分析和判断被评价者具有哪些方面的优势，在哪些方面还需要改进。

4.2.3 面试评价标准的制定

1. 面试评价标准的概念

面试评价标准，就是评价者用来评价被评价者面试成绩的基准。面试测评的最终目标，是要考察被评价者的思想状况、能力水平、心理素质是否符合工作岗位的要求，在多大程度上符合这种要求。而应试者的这些素质本身并不是看得见、摸得着的，评价者只有通过被评价者在面试中的行为表现，来推断其是否具备这些素质。可想而知，这种推断如果没有一个标准，那么就会很主观。所以，面试评价标准就是要使评价者的这种推断变得比较客观。

面试评价标准通常包含三个方面的内容：一是指标，即反映被评价者的素质的典型行为表现；二是刻度，即描述这些行为所体现的各种能力和心理素质的数量水平或质量等级的量表系统；三是联系规则，即一定刻度与一定指标间的对应关系。

面试评价标准在面试评价中对评价者具有很重要的指导作用，作为被评价者，了解这些标准，对于你取得更好的面试结果也是有帮助的。

2. 如何制定面试评价标准

评价标准的制定通常是在对目标岗位的工作分析基础上进行的，并根据面试目的确定测评要素的内涵和操作定义，其中操作定义就是体现这些要素特征的具体行为表现，也就是测评指标。比如，关于判断能力这一要素，就可以列出判断能力强的人的三个方面的主要表现：一是能准确、全面地掌握问题所涉及的具体知识，这是判断的基础；二是能迅速而透彻地理解问题的含义和性质；三是结论正确、全面。相应的，判断能力差的人的表现主要是：不了解、不掌握问题涉及的知识；对问题含义和性质中十分明显的方面也不理解甚至理解错误；提出的结论不全面、含糊、不合逻辑，或根本提不出解决问题的结论。

上述这些行为指标的编写，并不是凭空进行的，而是通过认真的调查、分析和思考得出的。比如，关于判断能力的体现，我们就可以提出这样的问题：我们说一个人的判断能力强，究竟是什么意思？判断能力强的人和判断能力差的人，在具体行为表现上有何差别？为回答这些问题，我们可以做些研究，除了文献调研外，一个简单的做法就是把这些问题提供给用人单位的管理者、专家或其他有经验的人，征求他们的意见，也可以召开座谈会。我们把收集到的这些不同的行为表现特点认真地加以归纳整理，判断能力的测评标准就有了基本的测评指标。

测评指标可以整理成不同的形式：一是典型行为描述式，较详尽地列出被评价者可能给出的各种可能的答案，每种答案都对应一定的分值，这往往体现在具体面试试题的测评指标中，如同笔试的评分标准（见表 4－1）。二是操作定义式，具体地描述理想的行为表现，如表 4－2 和表 4－3 中的“观察要点栏”；三是极端特征式，如表 4－4 中的高低分特征对照。

表 4－1　　典型行为描述式评分样例

面试问题 假定你是某国有大型企业的职工，在工作中有位副总经理对你很偏爱，在提职、评优等方面给了你很多的特殊待遇，可同时也引起一些同事对你的不满并疏远你。你会怎么处理这个问题? **参考评分标准** 好：感到为难，并能从有利于工作、有利于团结的角度考虑问题，稳妥地说服经理改变做法，积极与有关主管交流沟通，消除误解，同时对一些同事不合适的做法有一定的包容力，并适当进行沟通。 中：感到为难，怕辜负经理对自己的信任，心里倒也愿意与有关主管说明情况，并希望私下里与有意见的同事进行沟通，以消除误会。 差：不感到为难，并认为自己的特殊待遇是经理信任自己的必然结果，所以对此没有必要采取任何行动。

测评水准的水平刻度在面试中体现为不同的分值，如 100 分制、10 分制、7 分制和 5 分制，也可以是优、良、可、差的四等制或好、中、差三等制。面试时，评价者根据被评价者行为表现符合行为指标的程度，按一定的评分规则（行为指标与水平刻度的对应关系），给被评价者不同的分值，即完成了面试的评分。

在结构化面试的设计中，具体面试题目后往往给出出题思路和参考评分标准，这也是测评标准的一种体现形式，其优点是帮助评价者从每个具体题目着眼，更好地观察被评价者在相关测评要素上的行为表现。其缺点是，容易使评价者误认为面试中应该针对具体题目来进行要点评分，而不能根据被评价者的总体表现按要素来评分。

表 4－2　　　　　　结构化面试评分表样例

序号		姓名		性别		报考部门	
面试要素	综合分析	言语表达	应变能力	计划、组织与协调	人际交往的意识与技巧	求职动机与拟任职位匹配性	举止仪表
权重(%)	20	20	15	15	10	10	10
观察要点	对事物能从宏观方面总体考虑；对事物能从微观方面考虑其各个组成部分；能注意整体和部分间的关系及各部分间的有机协调组合	理解他人的意思，口齿清晰，流畅；内容有条理、富有逻辑性；他人能理解并具有一定的说服力；用词准确、恰当、有分寸	有压力状况下，思维反应敏捷；情绪稳定；考虑问题周到	依据部门目标，预见未来的要求机会和不利因素，并做出计划；看清冲突各方面的关系；根据现实需要和长远效果做适当选择；及时做决策；调配、安置人、才、物等有关资源	人际合作主动；理解组织中的权属关系（包括权限、服从、纪律等意识）；人际间适应；有效沟通（传递信息）；处理人际关系时原则性和灵活性相结合	兴趣与岗位情况匹配；成就动机（认知需要、自我提高、自我实现、服务于他人的需要，得到锻炼等）与岗位情况匹配；认同组织文化	穿着打扮得体；言行举止符合一般的礼节；无多余的动作
满分	10	10	10	10	10	10	10
要素得分	A	B	C	D	E	F	G
评价者评价	评价者签字： 年　月　日						

评分说明：

1. 对每一个测评要素，请按 0～10 分给分，表现好的给 8～10 分，一般的给 4～7 分，差的给 0～3 分。
2. 总分 T＝2A＋2B＋1.5C＋1.5D＋E＋F＋G。

表4－3　　结构化面试评分表样例

序号		姓名		性别		报考部门		
面试要素	综合分析	言语表达	应变能力	计划、组织与协调	人际交往的意识与技巧	求职动机与拟任职位匹配性	举止仪表	合计
权重（%）	20	20	15	15	10	10	10	100
观察要点	对事物能从宏观方面总体考虑；对事物能从微观方面考虑其各个组成部分；能注意整体和部分间的关系及各部分间的有机协调组合	理解他人的意思，口齿清晰，流畅；内容有条理、富有逻辑性；他人能理解并具有一定的说服力；用词准确、恰当、有分寸	有压力状况下，思维反应敏捷；情绪稳定；考虑问题周到	依据部门目标，预见未来的要求机会和不利因素，并做出计划；看清冲突各方面的关系；根据现实需要和长远效果做适当选择；及时做决策；调配、安置人、才、物等有关资源	人际合作主动；理解组织中的权属关系（包括权限、服从、纪律等意识）；人际间适应；有效沟通（传递信息）；处理人际关系时原则性和灵活性相结合	兴趣与岗位情况匹配；成就动机（认知需要、自我提高、自我实现、服务于他人的需要，得到锻炼等）与岗位情况匹配；认同组织文化	穿着打扮得体；言行举止符合一般的礼节；无多余的动作	
评分标准 好	16～20	16～20	12～15	12～15	8～10	8～10	8～10	
评分标准 中	8～15	8～15	6～11	6～11	4～7	4～7	4～7	
评分标准 差	0～7	0～7	0～5	0～5	0～3	0～3	0～3	
要素得分								
评价者评价	评价者签字： 年　月　日							

表 4－4　　极端特征式评分表样例

要素名称	高分者特征	低分者特征
思维	说理充分；论证严密；分析、归纳正确；思维的逻辑性强；思维面广	说理不充分；论证不严密；推论不正确；思维面窄
言语表达	言语表达清楚、准确、简洁、流畅、有逻辑性	言语表达不清、累赘，缺乏逻辑性
责任感与进取心	回答问题诚实、负责；办事自信；有进取意识	回答问题绕弯子；办事不负责；无进取心
计划与组织能力	办事有计划；组织能力强；可行性高	办事无计划性；无组织管理意识
人际合作与协调	有很强的合作意识；合作技巧有效；注意沟通	无合作意识；合作技巧简单无效；较封闭
应变能力	对事物的变化反应敏捷，处理得体	对事物的变化反应迟钝，处理不周
情绪稳定性	情绪稳定；沉稳耐心；有一定的承受力	情绪易激动、急躁；对外部压力特别敏感
举止仪表	文化素养高，举止得体，穿着整齐、无多余动作	文化素养差，穿着不适当，多余动作较多

制定具体题目后的参考评分标准时，一个有效的方法是把编好的问题对周围与未来被评价者类似的人员进行测试。例如，一道判断能力的题目，就可以向公认的判断能力强的人和判断能力差的人提问，看他们的说法和做法有什么不同，从中概括出某些区分性的行为表现、回答内容或特点的指标，说明这些指标与判断能力高、低的对应关系，即成为具体测评指标。

对面试测评标准的基本要求是：

- 切实体现岗位对人员的能力、个性品质和资格条件的要求，标准过高或过低都不可取；
- 不包含与岗位无关的内容和要求；
- 表述清楚，并且内容是可观察的，便于评价者之间取得一致的理解；
- 水平刻度即分数体系符合一般的模糊评价习惯；
- 评分规则明确、具体，便于掌握和操作。

3. 面试评分表的制定

面试评分表是面试评价者手中的重要工具，是面试标准化、结构化的重要手段，它集中体现面试测评标准。面试中，评价者一边提问，一边倾听回答，观察被评价者的表现，同时将被评价者的表现与评分表上的测评标准相对照，在评分表上记录要点，给被评价者打分。评分表中应包括被评价者的基本信息、测评要素及其权重、观察要点（即测评指标）、评分刻度、评价者记录及评语等方面的内容，高度集中，一目了然，便于评价者使用。两种评分表都采用了面试总分的百分制，但表4－2的特点是分要素评分时采用10分制，其好处是符合一般模糊评价给分的心理习惯，便于评价者做出判断，如被评价者表现优良则给8～10分，表现中等给4～7分，表现差时给0～3分；在最后合成总分时，只要将各要素的10分制得分乘以其权重系数即可，表底部给出了总分合成公式：总分＝2A＋2B＋1.5C＋1.5D＋E＋F＋G。假定一名评价者给一名被评价者进行评分，将各要素分数代入公式，即得到该评价者对该被评价者的面试总评分。当然，在多名评价者评价同一被评价者的结构化面试中，一般没有必要计算个别评价者的总评分。这种方法的另一个优点是，便于了解被评价者在不同要素方面的优劣情况，如同有了被评价者的一个剖析图。表4－3的特点是将各要素的权重的不同直接体现为各要素满分值的不同，例如，综合分析要素的满分是20分，说明其权重即为20%，评价者给出各要素的分数后，直接相加，即得到一名评价者对该被评价者的面试总评分。这种评分方法的缺点是：一是不同要素分制不同，满分不同，被评价者在不同要素上的个体内差异无法进行直观的比较；二是不符合评价者模糊评分的心理习惯，可能导致较大的误差。

4.3 面试题目的设计

面试题目的好坏，直接决定着面试的效果。因此，提高面试题目的质量，是提高面试效果的首要问题，本节将具体论述面试题目设计的过程与技巧。

4.3.1 工作分析

在第二节中，我们已经谈到结构化面试需要以工作分析为基础，面试试题的编制要以工作分析为准绳。工作分析是现代人力资源管理工作的基础，无论人员的选拔培训还是绩效考核，都离不开工作分析。因此，有效地进行工作分析，能够使出题人有针对性地选择面试方法，确定面试题目。工作分析主要包括工作任务描述和任职资格条件等内容，主要的方法有访谈法、问卷调查、关键事件法。这些方法在第 2 章中已有详细解释。面试的目的就是为了选拔出与岗位最匹配的人，通过工作分析，我们可以找出与岗位胜任最密切相关的录用标准，即面试维度，从而将面试进行合理量化，达到面试效果最大化的目的。

4.3.2 面试题目的设计

一旦面试维度确定下来，便可以开始进行面试题目的设计。一般而言，每个面试维度至少包括两个面试题目，但在进行题目的编制时，须遵循一些基本的原则。

1. 面试题目设计的基本原则

（1）针对性。面试题目的设计须在对招聘岗位的工作分析的基础上有针对性地进行，然后根据分析结果再来确定面试的内容和维度，在此基础之上才能进行题目的设计。

（2）预测性。面试题目须对被评价者的能力和素质进行较好的预测，因为测评人员对被评价者的能力和素质的考察和预测是通过面试题目来实现的，因而好的面试题目可以更有助于测评人员对被评价者的判断和评价。

（3）灵活性。面试题目的类型应当灵活多样，以调动被评价者的积极性，保证被评价者有机会发表个人的观点和看法，并有进一步追问的余地，使得测评人员可以更加深入有效地对被评价者进行考察。

（4）典型性。试题的编制应当来源于招聘岗位中具有代表性的事件。试题与实际的工作场景和工作内容越接近，那么越能考察出被评价者对招聘岗位的匹配度，那么试题就具有越高的预测性。

（5）开放性。要尽量做到一题多义、一题多解，给被评价者充分的施展空间，让其能够灵活运用自身的知识和工作经验，给评价者一个全面考察的机会。如果试题内容涉及范围过窄，使得被评价者可通过死记硬背就能回答，这就失去了面试自身的意义。

2. 面试题目的类型

总体而言，面试的题型大致可以分为以下几类。

（1）背景性问题。通过询问面试对象的教育、工作、家庭及成长背景等问题来了解被评价者。这种题型强调答案内容的真实性，可进行进一步的追问，但追问的余地较小。主要功能是自然进入面试，消除被评价者的紧张情绪，为面试双方的进一步交流收集有价值的信息。这类题型比较容易设计，但可变性不大。例如：请你简单谈谈你的求学经历。

（2）行为性问题。这一类问题主要考察、了解被评价者在过去某种特定情境下的行为表现。这些问题可以将面试集中在与工作相关的信息上，使用得恰当可以通过被评价者的描述了解其在以前工作中的表现，并可以推测其以后在工作中遇到类似情景时的行为表现。由于这类问题要求被评价者详细具体地描述过去经历，测评人员可以通过追问来澄清含糊的地方，因此应聘者无法或者说很难通过事先准备或编造来答题。例如：请你讲讲你以往工作中比较成功的一次经历。

（3）情境性问题。根据具体岗位和测试要求，通过一个假设的情境让被评价者来解决情境中出现的问题，以此来考察被评价者各方面的能力。由于情境性问题目的性强，评分过程标准化，可由多个测评人员对被评价者进行评分。但由于情境是假设的，因而被评价者可能是理想化或理论上的设想，可能在实际的情境中会有不同的表现。但这类题目对于那些没有工作经验的被评价者（如应届毕业生）较为有效。例如：假如你有一个员工，一向表现都很好，但最近他上班经常迟到，且在工作当中犯一些非常明显的错误，那么你会如何处理这个问题？

（4）智能性问题。通过被评价者对一些复杂问题或社会现象的分析来考察其逻辑性、综合分析能力、反应能力和解决问题的能力。智能性问题较容易设计，但灵活性大，答案的评定容易存在较大的分歧。例如：你是如何看待“上有政策，下有对策”这个现象的？

（5）应变性问题。主要考察被评价者的情绪稳定性与应变能力。这类题目主要通过让被评价者现场口头完成一项任务来考察其综合素质。这类题目的设计灵活度较高，可替代性较强。例如：当上司让你在过短的时间里完成一项比较复杂的任务，这项任务几乎是不可能完成的时候，你会如何处理？

（6）意愿性问题。主要是了解被评价者在择业方面的考虑，多用于评价被评价者的求职动机及与招聘职位的匹配度。例如：你觉得在什么样的环境里才能发挥自己的最大潜力？这类问题，有些是直接询问被评价者的动机和个人志趣，有些是通过投射法和迫选法来实现的。这样可以避免被评价者按照社会期望的价值取向答题。

（7）封闭式问题。这类问题主要通过被评价者回答“是”或“否”，或选择测评人员提供的答案选项来实现，可以帮助测评人员来澄清或检验某些信息。此类题的答案评判的一致性较高，可以通过问“为什么”来进行进一步的追问，而事实上，这类问题本身的答案并不重要，重要的是紧跟其后的追问可以获得很多有用的信息。而且紧接着封闭式问题，可以引出其他类型的问题，一般常将这类问题作为过渡性问题使用。例如，你在学校里参加过社团活动吗？

3. 试题结构

完整的面试题目应该包括题干、追问和评分标准三个部分。题干部分要求切入点小，围绕试题的测查目的提供合适的信息给被评价者，要求文字简练，措辞严谨；追问部分是直接提问部分的补充，意在深层次地了解和掌握被评价者的能力素质，要根据题干的内容进行巧妙设计；评分标准应当提供给测评人员试题本身的设计思路及测评人员需要对被评价者观察和评价的若干方面，以及相关行为与结果的标准。

以下是一道完整的面试试题及流程样例。

范例

面试试题样例

题　　型： 智能型

答题时间： 3 分钟左右

试　　题： 请用 3 分钟的时间谈谈怎么留住企业人才的问题。

追　　问：（在被评价者回答完后）那么，你有什么建议和对策？

考察要素： 综合分析能力

评分标准：

好：有见解，能从问题的产生背景、过程、后果的危害、缘由、关键症结、可建议的方法及各方法的利弊等方面来论述问题。

中：能谈到一些上述因素，不够全面且缺乏逻辑顺序。

差：只能就事论事，不能进行问题的分析和深入挖掘，缺乏解决问题的思路，个人观点过于偏激，带有强烈的个人色彩。

在整个编制过程当中，要坚持面试题目的难度与被评价者的综合素质相统一，坚持面试目标的单一性与试题内容的多样性相统一，坚持面试题目的科学性与经济性相统一，坚持面试题目的新颖性与可行性相统一。

范例

面试流程案例

某企业需招聘一名研发部经理，其中具体的面试流程如下：

首先，人力资源部与研发部门一起对研发经理的工作进行了分析，确定其主要的工作职责。具体如下：

职　　位： 研发经理

部　　门： 研发部

汇 报 给： 区技术经理和总经理

职位概述： 组织领导研发队伍研发新产品，制定研发项目计划，监控研发部门工作的执行情况，与其他部门沟通、协调，共同实现公司目标

职位要求： 化工专业学士及以上学位，较强的化工技术经验，良好的沟通和领导能力

职位职责： 负责研发部门日常的管理工作

组织一个有效的、强大的研发队伍，制定行动计划监控实施结果

为每个研发工程师制定并安排研发项目，并监督、指导其工作

指导、培训、管理所有研发人员，以提升其工作能力

领导研发人员研制新产品，以适应市场需求

为中国区的三个厂提供生产技术服务

建立合理的原料采购、监测程序，与采购部共同寻找低成本原料

建立合理的产成品监测程序，并监督质量检查部门执行

建立合理的程序并实施

确定所需的主要胜任特征

①基本素质：健康状况、专业知识、辅助技能（英语、计算机）、实践经验

②综合能力：组织协调力、领导决策力、理解判断力、规划创造力、语言表达力

③工作态度：责任心、积极性、稳定性

面试的准备问题

1. 工作兴趣

你为什么想从事研发工作？你为什么认为你能胜任这方面的工作？你的理想职业是什么样的？

2. 工作动机和目的

你在选择职业的时候最重视的因素是什么？近5年的职业发展有何规划？这个职位最吸引你的是什么？你希望公司如何安排你的工作待遇？你是否认为你比其他被评价者更胜任此职位，为什么？

3. 工作经历

请简要介绍一下你这些年的工作经历。然后，我们再详细了解一下你近来的工作情况，请你描述一下你的工作及职能；你喜欢哪些工作？不喜欢哪些？你认为你在工作中有何收获？你认为要将此工作做好，有哪些技能需要提升？

4. 创造性、管理风格和领导才能

你认为曾经做过的最有创造性或创新性的项目是什么？你以前的部门员工怎样评价你的领导风格？作为一个部门经理，你认为怎样能够领导整个团队更好地完成工作？在研发部门中，你认为哪种管理方式是有效的？

5. 稳定性

你认为你目前的工作是否有束缚你的地方，如果有，它是什么？你希望在一个怎样的企业中工作？什么样的工作环境会激发你的工作动力？如果工作环境不如意，你会怎么做（离职、改变自己、得过且过）？你怎么处理工作和家庭的冲突？

6. 组织规划、沟通能力、团队合作

你喜欢和什么样的人在一起工作？和什么样的人很难一起工作？谈谈你所做的这样一项工作或项目，在该工作中你需要从各种不同的渠道中收集信息，并对信息进行整合，以解决企业所面临的问题。如果你的团队拒绝了你的建议，你将如何做？你是怎样劝说团队接受你的观点的？你希望在什么样的领导下工作？你选择朋友时所考虑的最重要的因素是什么？你是怎样组织和计划主要的工作项目的？

7. 解决问题的能力

工作中遇到矛盾、冲突，你会怎么办？回忆一下你在职业生涯中的一次失败，你从中吸取了什么教训？你在过去的工作中遇到的最大困难是什么？你是怎样处理的？

8. 责任心、纪律性

你对委任的任务完不成的时候是如何处理的？对公司的规章制度的看法是什么？

9. 个性

你认为你是什么性格的人？这种性格给你以往的工作带来了哪些好处？哪些坏处？你喜欢独立工作还是在团队中工作？

10. 兴趣爱好

你会参加哪些团队活动？工作以外你做什么？

面试由人力资源部、研发部、总经理、区技术经理共同组成的面试小组进行。原则上，小组成员同时进行面试，如遇特殊情况，则可分别进行，但面试后，面试小组成员需针对被评价者的表现进行讨论。

（面试评分表略）

资料来源：www. china - min. com。

4.4 面试进程控制及评价实施

4.4.1 面试进程控制

如前所述，面试是以考察被评价者的相关素质为目的的，这就要求评价者对面试进程进行控制，对于沉默寡言的被评价者，要鼓励其开口；对于滔滔不绝的被评价者，要控制好面试话题。可以说，如何控制面试的进程是面试实施的关键。

1. 构建和谐的面试氛围

在面试实施中，构建和谐、友好的面试氛围对于面试的顺利进行是很有必要的。那么，如何构建和谐的面试氛围呢？这对评价者提出了较高的要求，特别是在面试的起始阶段，这一阶段做得如何是能否构建良好的面试氛围的关键。在面试的起始阶段，评价者的提问应该显得自然、亲切，像闲聊一样，这一方面可以消除或缓解被评价者的紧张和焦虑情绪，另一方面也便于引出面试的主题。

如果一个被评价者一进考场便显得紧张不安，拘谨地坐在面试席位上，不停地搓动双手，显然此时不能立即切入面试的正题。尽管这种情况只有很紧张的被评价者身上才会发生，对于多数被评价者来说，可能不会那么紧张，但内心一般总有些焦虑和不安。没有经验的评价者常常在面试时犯错误，即要么面试中根本不顾及被评价者的心理；要么想减轻被评价者的紧张情绪，可实际效果却适得其反。在实践中，我们经常看到这样的现象：评价者虽然出于对被评价者的理解和关爱，想缓解一下紧张的气氛，拉近彼此间的距离，但由于经验不足而使事与愿违。比如有的评价者不分对象，一开口便说："请坐，请不要太紧张。"等到被评价者坐定后，接着说："好啦，让我们开始面试吧，我要问的第一个问题是……"听评价者这么一说，本来感觉并不紧张的被评价者倒怀疑起来了，"我怎么搞的，他怎么看出我紧张来了？"结果使得被评价者更加紧张了。由此可见，怎样使被评价者放松也是一门学问，尤其是在面试开始时，评价者应该找一些比较轻松的话题让被评价者平静一下。诸如：

"今天过来的时候路上堵车了吗？"

"我们的办公楼不难找吧？"

"请坐，你是怎么来的？家住得远吗？"

"从你家里到这里走了多长时间？"

诸如此类的问题可以拉近评价者与被评价者之间的距离。有时候，甚至可以用一些幽默的方式来寻求彼此间的和谐关系。比如，评价者从有关简历资料中得知被评价者的名字叫"江若愚"，便可笑问："你的名字很有意思，取这个名字有什么说法吗？"又如，如果从个人简历中得知被评价者擅长打乒乓球，曾获得过某市青年杯的亚军，评价者就可以说："听说你的乒乓球打得很不错，以后可得向你请教请教。"

评价者不仅在面试开始时要注意构建良好的面试氛围，而且在接下来的正式面试中也要时时注意维护与被评价者的和谐关系。要做到这一点，评价者需注意什么呢？首先，评价者在面试中须保持良好的面部表情，亲切、自然的微笑无形中会拉近评价者与被评价者间的距离，必要的点头和赞许会消除被评价者心中对评价者的戒备和怀疑，如果评价者表情太严肃，那么会增添面试的紧张气氛；其次，评价者须注意自己的言语行为，提问时语言要像平常与人交谈那样平易近人，切忌"打官腔"，因为在面试这种场合，被评价者与评价者的地位本来就不是平等的，评价者无需通过提问的口气来显示自己的"优越性"；最后，当被评价者在面试中表现不好时，切忌对其进行责备，而宜予以鼓励。

作为评价者，还需要注意被评价者的非言语行为，应该在面试中琢磨其中的内涵，虽然仅仅通过表情、动作来判断一个人是很不可靠的，但是我们也不能否认，这些非言语的行为也能反映出特定的信息。表4－5是一个非言语行为的含义列表，可以辅助评价者做出判断，控制面试氛围。

表4－5 非言语行为的含义

非言语行为	典型含义
目光接触	友好、真诚、自信、果断
不做目光接触	冷淡、紧张、害怕、说谎、缺乏安全感
摇头	不赞同、不相信、震惊
打哈欠	厌倦
搔头	迷惑不解、不相信
微笑	满意、理解、鼓励
咬嘴唇	紧张、焦虑、害怕
踮脚	紧张、不耐烦、自负
双臂交叉在胸前	生气、不同意、防卫、进攻
抬一下眉毛	怀疑、吃惊
眯眼睛	不同意、反感、生气
鼻孔张大	生气、受挫
手抖	紧张、焦虑、恐惧
身体前倾	感兴趣、注意
懒散地坐在椅子上	厌倦、放松
坐在椅子边缘上	焦虑、紧张
摇椅子	厌倦、自以为是、紧张
驼背坐着	缺乏安全感、消极
坐得笔直	自信、果断

总而言之，构建和谐的面试气氛是需要评价者下一番功夫的，从思想意识方面和面试技巧上，都需要重视这个问题。

2. 让被评价者多讲

如前所说，面试的目的是考察被评价者是否具备相关的素质。这就决定了在面试中要让被评价者多讲，而评价者少讲。而在面试实践中，我们会看到这样的情况：有的评价者因为某个话题而引发个人兴趣，情绪激动起来，自己开始滔滔不绝地抒发起感慨来；还有的评价者提问时说了一大堆，而被评价者用一两句话就将评价者的问题回答清楚了……记得有一次，笔者应邀担任某单位招聘业务主管的面试评价者，主评价者是该单位主管机构的高层领导，由于某位被评价者在宏观经济方面很有研究，于是主评价者便与其探讨起近期我国房地产市场的走向、中国加入 WTO 后的经济形势等方面的话题，面试似乎成了他们两个人之间的闲聊。这种评价者显然是很不够格的。

调查表明：失败的评价者主持的面试，说话的主角是评价者，评价者的发言时间多于被评价者回答问题的时间，被评价者提供不了多少信息；一般的评价者在面试中谈话的时间与被评价者差不多；高明的评价者能将多数面试时间留给被评价者。实践证明，在面试中评价者说话所用的时间不应超过 1/3，把 2/3 以上的时间留给被评价者。这样才能真正发挥面试的效能。

当然，在面试实践中，我们经常会遇到不善言词的被评价者。此类被评价者有时会因为不知道如何更好地回答问题而闭口不语，有时对于一个本来可以很好加以发挥的话题，三言两语就谈完了。这样，评价者得到的信息不充分，也就很难对被评价者的相关素质进行评价。为此，评价者可以采用以下对策。

（1）适时沉默。在面试中，当被评价者出现停顿时，评价者不要开口谈别的问题，有时候被评价者的停顿可能是在考虑如何进一步回答问题；还有的时候是不知道已回答的情况是否让评价者满意。如果评价者保持适时沉默，那就意味着对被评价者说：“你还没说完呢，请你考虑好之后尽快继续回答问题。”这一方法对于内向的被评价者还是比较管用的。

（2）重复被评价者的原话。有时被评价者停顿不语时，评价者可以采用重复被评价者原话的方式来诱导其接着往下说，也可以把被评价者的意思变换一种方式表达出来。比如，被评价者说：“我那段时间心情不好，就没有做好经理交给我的任务。”评价者可以变换一个方式说：“的确，心情不好很容易影响到工作的质量。”这样会使被评价者感到自己得到了理解，从而引发被评价者继续谈下去。

（3）给予鼓励。有时被评价者出现停顿，是因为担心自己回答不好问题，这时特别需要鼓励，使被评价者谈出更多的东西。比如，被评价者在回答问题时突然不想谈了，评价者不妨说：“还有吗?”或者更直接地说：“你已经谈了不少东西，请你接着说。”这样被评价者一般会接着往下说。

（4）利用身体语言。评价者利用身体语言也可以鼓励被评价者开口，比如适度的身体前倾、微笑等，使被评价者感到评价者对自己的认可，从而更有继续谈下去的勇气。

3. 控制面试的主题

面试的时间有限，评价者在面试中要紧紧围绕面试的目的，原则上不提无关的或关系不大的问题，不要在无关的话题上浪费太多的时间，否则评价者就无法从得到的信息中判断被评价者的相关素质。这个道理说起来谁都能明白，但评价者如何控制面试的主题，并不是一件容易的事。

在面试中，评价者要时刻注意收集被评价者的关键胜任特征方面的信息，如果评价者感到某方面的胜任特征信息已经足够，那么可以转移到其他关键的胜任特征上；如果评价者感到某方面的胜任特征还很不充分，那么就一定要围绕这个话题继续展开。下面我们不妨来看一个用行为性问题进行面试的例子。

范例

行为面试案例

评价者：请你谈谈你做得比较成功的一件组织协调方面的事。

应试者：让我先想想。哦，对了，上个月，我参与组织了一个大型的会议，由于我们准备工作充分，考虑问题很周到，结果使会议取得了成功。

评价者：这是一个什么性质的会议，为什么要开这个会？

应试者：这是一个大型的研讨会，由于我们要把一项研究成果开发成产品，我们需要各方面的人员对开发成本、开发时间、市场潜力等诸方面的问题进行论证。

评价者：你在组织这次会议中的主要任务是什么？

应试者：此次会议的组织工作是由我们的领导——办公室主任负责的，我的任务是配合主任做好有关的工作。一个大型的会议需要大家的努力……

评价者：对不起，我打断你一下，在举办此次会议中，你具体都做了些什么？

应试者：我做了几乎与会议有关的所有具体的事，比如联系落实会议地址、提前两周通知与会人员，等等。你也清楚，这些事虽然很繁琐，但有一件事做不好就可能使会议失败，比如说……

评价者：对不起，请问你做的这些事是自己想到的还是办公室主任安排的？

应试者：我不是负责人，所做的事当然都是主任安排的……

以上只是评价者和被评价者对话的片段。我们可以看到，被评价者的话两次被评价者打断，其目的都是为了让被评价者谈出更多的评价者所感兴趣的胜任特征信息。

在面试实践中，我们还经常会遇到谈起来滔滔不绝的被评价者，对于此类被评价者，评价者在面试开始时就要求他简要地回答问题，如果在回答某个问题时耗时太多，最好是在下一个问题开始时提醒他，如："你刚才回答那个问题所花的时间太多，接下来你得抓紧时间，挑关键的东西来回答问题。"另外，对被评价者所说的无关内容显得不感兴趣时，可以假装掉下一支笔、笔记本、打火机之类的东西，利用声音打断被评价者的话头，然后抓住机会说："说得不错，现在让我们谈论下一个话题好吗?"从而迫使被评价者结束话题。最直接的办法当然是打断他的话，不过这样做有时会影响被评价者的情绪，所以只有在被评价者回答一个问题没完没了时才采用此法。

4. 面试中突发事件的处理

面试中什么样的情况都有可能发生。对于面试中发生的各种突发事件，评价者最关键的是自己要保持平静的心情，否则就会使面试陷入忙乱之中。比如，被评价者由于过分紧张，面红耳赤，注意力不能集中到面试上，语无伦次，这时评价者不应继续进行面试，应该待被评价者冷静一下再开始面试。又如，我们在以前为某银行对外招聘工作人员的面试中，曾遇到一位女被评价者在谈论一件事时突然哭了起来。也许是我们的问题触及她回忆起自己伤心的往事，从而深深地刺痛了她内心深处的伤疤。遇到这种情况，评价者千万不要茫然不知所措。正确的做法是暂时中断面试，对被评价者表示理解和关怀，递给她纸巾，使她尽量平静下来。必要的时候，也可以让被评价者单独待一会儿，等她的情绪恢复平静之后再继续进行面试。

总而言之，面试并不像想象中那样简单，要想达到理想的效果，需要考虑方方面面的因素，从面试方式的选择，到面试试题的编制，再到面试评价标准的确立，还有面试过程的控制等，这一系列的工作都具有很高的技术含量，没有经过一定的锻炼，很难达到预想的目的。没有科学的手段作为指导，仅凭主观印象决定面试结果是面试的大忌，这样的面试就是赌博，是投机。当然，评判人本身就是一项很复杂的工作，没有放之四海皆准的准绳。随着面试研究和实践的深入发展，面试的评定方法也在不断地改进，面试的科学性与公正性也在不断提高，测评人员需要不断提高自己的素质修养，与时俱进，使面试评定更加公平、客观、有效。

4.4.2 面试评价的实施

1. 面试成绩的评定方法

有了面试测评标准和评分表后，经过培训的面试评价者即可进行评分了。基本思路是通过被评价者在面试中的言语和行为表现，与体现职位要求的测评指标相比较，并对两者相一致的程度给出一个数量化的描述。这个思路说起来容易，做起来难。因为科学、准确的评分是与评价者的品格、素质和业务能力密切相关的。作为面试评价者，除了要了解与岗位相关的具体业务知识和能力外，还应掌握人才测评方面的有关理论和方法，特别是与面试直接相关的面试设计思想、命题原理、提问技巧和观察技巧，这些都是正确评分的基础。此外，就评分工作本身来说，还有以下几点要把握。

（1）面试前，评价者们应在一起研究岗位要求，了解被评价者的总体情况，研究面试题本，对题本中的问题深入理解并形成追问的思路，统一评分标准，有条件时还可以进行评分的模拟练习。

（2）面试的评分是分要素进行的，或者说是以要素评分为主，要点评分为辅。只有极少量的知识性问题才涉及具体的评分要点，但被评价者间的差异最终还是体现为其要素得分的差异。

（3）面试评分以综合评分为主，即在被评价者回答所有的面试问题后，为其按要素综合打分，切忌一题一打分的做法。

（4）面试进行过程中，评价者可以用铅笔对被评价者就不同要素进行试评分，在面试结束时，再将最终分数用钢笔打出。这样既比较慎重，又减轻评价者的记忆负担，便于操作。

2. 面试总成绩的确定

在由多个评价者分要素地评价同一位被评价者后，如何确定被评价者的面试总成绩，既是一个测评理论问题，也是一个实际操作问题。理论上讲，用几个评价者的实际评分尽可能合理地估计被评价者的真实水平（即“应得分”，这个“应得分”是无法实际得到的，只能通过被评价者的各项“实得分”来估计它）；技术上讲，是如何利用各个评价者的评分计算或统计出一个相对更有代表性和更少误差的分数；操作上讲，是如何使最后分数的取得更简便易行、更易使被评价者和社会所接受。目前，面试总成绩的确定主要有两种方式：协议法和统计法。

（1）协议法。主要适用于采用分级量表评分时面试总成绩的确定，如5

分制、7分制等。面试结束后，评价者小组成员坐在一起，比较各自的给分并陈述理由，讨论分歧点；讨论之后，评价者各自重新打分以反映讨论的结果。因此，这种方法有时也被称做二次评分法。若重新打分后，仍然不一致，则再进行讨论。这个过程可以多次重复，直到达成一致为止。这种方式可以弥补现场评分时间紧迫和个别评价者水平不高带来的误差因素，有利于深化对被评价者的分析，提高评价的准确性和一致性。在西方许多国家的公务员录用面试中，这是被普遍采用的方法。然而，这种方法也有缺点，就是要求评价者的整体水平较高，评价者小组内有良好的民主协商机制，否则，这种面试后的讨论不但不能提高评价的准确性，反而会使个别人操纵面试成为可能。这种协议方法，在我国采用不多，只在某些部门的招考中有所尝试，主要原因是易带来不公正、不客观之嫌，难以被评价者和社会接受。

（2）统计法。即通过对各评价者的原始评分进行统计处理来取得面试总成绩的方法。这种方法比较适合面试成绩采用百分制的情况。实践中，它又有两种不同的统计模式。

第一种可简称为"总分和去高低分法"。首先，分别把评价者每人在M项要素上的给分相加，求其总和，得到各评价者给该被评价者的N个面试总成绩。然后，从总成绩中去掉一个最高分和一个最低分，再求余下的N-2个给分的平均数，即为被评价者的面试总成绩。

第二种可简称为"要素和去高低分法"。首先，分别求出被评价者每个要素上得到的N个分数去掉一个最高分和一个最低分后，余下的N-2个给分的平均数。然后，将这M个要素平均数相加，即得到被评价者的面试总成绩。

从统计理论上讲，上述两种方法都是通过N个评价者在M个要素上对被评价者给出的分值的统计处理，去估计被评价者在面试中的"应得分"，都试图在处理中减少极端值（最高分和最低分）带来的误差因素，而以平均数为"应得分"的估计值，这种做法的一个基本的假设前提是：大多数的人是对的，"真理掌握在少数人手里"的可能性忽略不计。所不同的是，"总分和去高低分法"是一种简化但粗略的处理，没有充分考虑评价者对被评价者分要素评分是否准确的问题，一个评价者给被评价者的分要素评分即使不准确（一般假设为极端值），其各要素的总和仍有可能被保留下来。反之，其准确的要素评分（一般假设为非极端值）也有可能因为各要素的总和为极端值而被减掉，就是说，这种处理方法会损失正确信息而利用错误信息。而"要素和去高低分法"则是在各个分要素的"应得值"都得到合理估计后，再去估计合理的综合值，它更有效地排除了误差因素，更充分地利用了正确信息，因而是一种更为合理的计算面试总成绩的方法。此外，“要素和去高低分法”由于提供了各个要素的“应得值”，使得我们能了解被评价者在不同要素方面的个体内差异，甚至可以画出一个被评价者的要素结构剖析图。

在实践中，协议法和统计法也并不是截然分开的。在有的面试设计中，在面试结束后，评价者之间可先进行简单的讨论，允许评价者对分数做适当调整，但不强求一致，然后再对评价者们的分数进行统计处理。

3. 如何填写面试评语

面试评语，即在面试结束后，面试评价者对被评价者所做出的描述性的综合性书面评价，也是面试结果的一种重要形式和组成部分。在实践中，面试的结果有时只有分数而没有评语，有时只有评语而没有分数，也有时既有分数又有评语。但是，作为大规模招聘和录用考试中一个环节的面试，最终往往需要一个具体的分值来客观而明确地决定对被评价者的取舍。

另一方面，在实践中，也有强调面试评语的重要性的意见。面试评语的重要意义主要体现为：一是面试评语记录了面试中提供的、难以从分数中体现出来的很多宝贵信息；二是面试评语可以使录用决策建立在更生动具体的评价信息之上；三是面试评语可以更明确地反映出评价者对被评价者的倾向性意见。在招聘与录用面试常见的评分表形式中，往往设有面试评语一栏。关于如何填写这一栏的内容，尚无一定之规，各招聘单位的做法也有不同。一些有经验的评价者认为，此栏应主要填写以下内容。

（1）被评价者的突出特点。这应与被评价者的不同要素方面的得分相一致，即是对被评价者某些要素得分的文字描述；当然，也可以在此记录被评价者在主要测评要素之外的突出之处。

（2）对被评价者情况的不解之处。即在面试之后，评价者对被评价者仍存有的疑点，暂时没有办法确切了解，可留待与其他测评方法相印证，或有必要提请有关人员今后注意。

（3）对被评价者的总体评价，提出录用建议。

4. 如何把握面试评分的客观公正

影响面试公正性的因素是多方面的、复杂的。招聘与录用面试实践中出现的一些不公正现象主要有：歧视妇女的不公正；歧视残疾人的不公正；以貌取人（包括身高体态）的不公正；偏向系统内人员（如单位借调人员）的不公正等。这些方面的不公正都可能通过面试评分的偏差体现出来。当然，这种体现可以是有意识的，也可以是无意识的。在评分中有意识的偏差属评价者职业道德修养的问题，只能通过加强面试的监督机制和对评价者的思想教育，以及对面试分数离中趋势的统计处理来改进和控制，而评分中无意识的偏差则可以通过提高评价者的面试操作技巧和改进面试评分和分数统计技术来改进。具体的，可以从以下几方面考虑提高面试评分的客观公正性。

（1）评价者应努力提高面试业务水平，认真接受面试技术培训，同时要充分了解面试测评的设计思想，了解各测评要素的评价标准，掌握具体的面试评分技术要求，如评分表的使用要领等。通过培训中的模拟评分、试评分等练习，帮助自己更准确地把握面试评分标准。

（2）评价者应有意识地克服面试评分中的光环效应、趋中效应、先入为主和轻下断语等有违公正的心理习惯。

（3）利用“评价者用计分平衡表”（表4-6）来记录自己对不同被评价者的评分情况，以先前被评价者的评分为参照，更好地掌握和调整对后来被评价者的评分，不失为实践中的一种可行办法。尽管从理论上讲，应是将被评价者的表现与测评标准比较，而不是在被评价者与被评价者之间相互比较，但在实践中，不在被评价者之间做比较几乎是不可能的。“评价者用计分平衡表”的使用还可以减轻评价者的记忆负担，便于评价者在对多个被评价者连续进行面试时，掌握前后一致的测评标准。

表4-6　评价者用计分平衡表

被评价者序号	被评价者姓名	综合分析	言语表达	应变能力	计划、组织与协调	人际交往的意识与技巧	情绪控制	动机匹配性	举止仪表
1									
2									
3									
4									
5									
6									
7									
8									
9									

（4）面试总分汇总时，分要素地采用去掉一个最高分和一个最低分，再求要素平均分的做法，即前面提到的“要素和去高低分法”的统计方法，可

以控制评分极端值给被评价者真分数估计带来的误差，是在一定程度上提高面试评分客观公正性的具体技术性措施。

（5）对面试评价者小组成员构成做出适当调整，如要求与被评价者有亲属关系或其他重要关系的评价者，应回避对该被评价者的面试。有的招聘单位在面试中被评价者临时抽签决定参加面试的顺序和由哪个评价者小组来测试，而评价者也临时抽签决定参加哪个面试小组和测评哪些被评价者，评价者和被评价者之间彼此都无事先的了解和准备，类似于心理学实验设计中的随机双盲法设计，这种方法显得有些极端，但也不失为提高面试评分公正性的有效管理措施。

（6）当场亮分，使评价者接受被评价者、其他评价者、旁听者和其他现场人员的直接监督，也是一种深受被评价者和社会舆论赞同的面试评分形式。尽管当评价者水平不高时，其当场亮分的评分准确性会大打折扣，而且没有了调整和改正的余地，显得公平有余而科学不足。

（7）由一定的面试技术权威组织机构（如同竞技体操比赛中的“技术委员会”）对面试评价者的评分进行一定的统计处理和分析，从而判定其评分中是否存在不正常的偏差，对评分偏差超过规定限度的评价者，宣布其评分无效，甚至取消其作为面试评价者的资格，将是对面试评分公正性的一项根本性的机制保证。

学习指南

面试是人才测评技术中一项极为重要的技术，读者务必全面了解有关面试技术的基础知识，对面试的各个环境都应当非常熟悉，对可能出现的情况和应当注意的事项都要做到心中有数。面试也是需要积累经验的技术，在掌握了理论基础知识之后，要将理论应用于实践。通过现场操作来进一步体会所学的理论知识。而且，在真正的现场操作过程当中，很多环节都会出现各种情况，需要参与者能够灵活应用所学的知识来解决问题。每次实践操作之后应当对整个过程进行反思和总结，思考哪些环节仍然存在疏漏或处理不当，并提出改进提高的办法。同时，对于遇到的新的问题新的情况，可以进一步来促进自己学习理论知识。同时，还要不断地关注本技术的最新发展和应用趋势。

关键词

面试 结构化面试 半结构化面试 倾听 评价 面试效果 面试题目设计

思考题

1. 将面试进行分类的依据有哪些?
2. 什么样的职位适合采用计算机化面试?为什么?
3. 如何有效实施结构化面试?
4. 在面试过程当中可能存在什么样的错误?如何避免这些错误?
5. 请对本章开始的案例做出细致的评价与分析。

第 5 章

无领导小组讨论技术

案例导读 **北京西城区选拔干部出新招**

3月初，北京市西城区24名公开选拔的副处级干部正式上岗，他们是区委组织部首次采用国际通用的测评技术，从数百名应聘者中选拔出来的。经过近一个月的试用，用人单位普遍反映这批公选干部素质更高、工作更有成效。

据西城区委组织部高级人才测评中心专业测评师谷向东介绍，在以往的招聘中，对不同职位，一般只采用同一种评分标准，甚至仅用一套面试题目，这样往往只能招上聪明的、健谈的人，而无法发现所需要的具体职位的合适人选。西城区在这次招聘前，对拟聘职位逐一进行职位分析，并据此设计不同的面试题目，相应的得分较高的就是某一职位较合适的人选。

在面试之外，西城区招聘还采用了国际上通用的实景动态测试手段——无领导小组讨论。它是一种情境模拟测评，通过给6~8位被评价者一个共同的实际任务，比如设计一个工作方案、分配一笔奖金等，让他们在一起进行30~60分钟的讨论，达成一致意见。主考则在一旁通过单向玻璃观察，来检测被评价者的组织协调能力、决策能力、处理人际关系的技巧以及行为风格等。

资料来源：《光明日报》，2001年4月9日。

无领导小组讨论，是评价中心常用的一种无领导角色的群体自由讨论的测评形式。在小组内没有事先确定会议主持人，测评人员不提出具体要求，根据指定的真实或假设的材料，就某一指定题目进行自由讨论，要求小组能形成一致意见。测评人员通过观察被评价者的表现，对其进行评价打分。

5.1 无领导小组讨论

5.1.1 无领导小组讨论简介

无领导小组讨论（Leaderless Group Discussion，LGD），是一种不同于传统面试的招聘方法，它是指由多个被评价者（通常为6~7人）组成一个临时小组，依据给定的某个问题，在规定时间内（一般为1小时左右）进行充分讨论，并最终得出一致的结论。

无领导小组讨论始于1925年的德国军队，主要用于军官的选拔。军队的不同部门发展了不同的应用方式，以适应各自的需要。20世纪30年代后期，德国暂停了这种做法，但进行修改后，又为德国海军所用，延至第二次世界大战结束。此后，随着心理学家引入了更多有意义的课题，无领导小组讨论开始广泛地应用于贸易、商业、教育及艺术职业等更多领域的能力探索。

所谓无领导，是指参与讨论的小组中并没有事先指定的领导，每个被评价者的地位都是平等的，并且由他们自己来决定和组织整个讨论的过程。在无领导小组讨论的过程中，测评人员不参与被评价者的讨论，他们的工作是观察和记录被评价者在讨论过程中的行为表现，并对被评价者在各个维度上进行评分。一般来说，那些十分优秀的被评价者在讨论进行的过程中会脱颖而出，成为小组自发的领导者，主动地去组织讨论的开展、引导讨论的方向。当然也会有人主动地承担起小组中的其他工作，比如记录讨论结果、控制讨论时间等。这些分工都不是招聘方的事先安排，都是由被评价者在此过程中的表现决定的。

无领导小组讨论的目的是考察被评价者的组织协调能力、口头表达能力、人际交往能力、辩论能力、说服能力以及决策能力等各方面的能力和素质是否达到拟任岗位的用人要求，同时表现被评价者在自信心、进取心、责任感、灵活性、情绪稳定性及团队精神等个性方面的特点和行为风格是否与岗位相适应，从而对被评价者有更加深入的了解，为综合评估被评价者的优劣提供相关信息。

无领导小组讨论在许多公司得到广泛的应用。又如，美国电话电报公司在使用这种测评方式时，将5~6人组成一个小组，模拟公司管理工作，告诉他们被指定为某家公司的经理成员，要求他们在一定的时间内为公司发展业务，扩大赢利，同时告诉他们当前市场与公司的状况，但不规定增加利润的方法与途径，更不会指定会议的召集人和主持人，公司只是在小组讨论中观察谁能自然而然地成为一个领导角色。为了进一步增加情景压力，主试者每隔20分钟就发出市场价格和成本变化的信息，有时甚至在小组成员们刚刚做出决策后就告知这种变动，迫使被评价者不得不立刻改变原方案进行重新讨论并改进。在紧张的工作压力下，能够很好地表现出被评价者能力的真实水平。

又如，IBM公司利用这种方法，要求每个参与者假设自己作为提升的候选人进行5分钟的口头介绍，并要求与群体中的另外5名参与者进行讨论。他们规定了所要提升的职位和组织结构，然后评定者对所有参与者的进取心、说服力、语言沟通能力、自信心、压力承受力、人际交往等方面进行评价。

据研究，无领导小组讨论的信度随着小组人数的增加而有所提高，其效度系数一般在0.15～0.85之间。总体来说，无领导小组讨论对于管理者领导组织的技能评价很有效，尤其适用于分析问题、解决问题以及决策能力的素质测评。但是也有人认为，无领导小组讨论测评方式也有其不完善之处。例如，一般来讲，开朗友好、善于交际与口头表达能力强的被试者比较容易得到较好的评价；不同小组中被评价者的可比性较差；测评中偶然因素的影响仍然存在；等等。这些都是我们在实际测评工作中值得注意的问题。

5.1.2 无领导小组讨论的分类

依据不同的分类标准，无领导小组讨论可以分为不同的类型。

（1）根据讨论的主题可以把无领导小组讨论分为无情境性讨论和情境性讨论。无情境性讨论一般是针对某一个开放性的问题展开讨论，阐述自己的观点，并试图说服别人。比如，“怎样做好一家企业的管理者”。而情境性的讨论则是把被评价者放在某个假设的具体情境中来进行的。比如，公司面临危机，到了必须裁员的时候，如何解决公司的裁员问题才能保证既能解除公司的危机又不会带来新的困难。

（2）根据是否给被评价者分配角色，可以把无领导小组讨论分为不定角色的讨论和指定角色的讨论。不定角色的小组讨论是指小组中的被评价者在讨论过程中不担任任何具体的角色，可以不受角色限制自由地表达自己的观点和意见。而在指定角色的小组讨论中，每个参与讨论的被评价者往往被赋予了财务经理、人事经理、销售经理等职务，并以各自不同的身份参与讨论。他们要履行这个角色的责任，完成这个角色所规定的任务。此时各人要在立场不完全一致，甚至是在矛盾和冲突的前提下，进行自由讨论，并达成一致。

（3）根据小组成员在讨论过程中的相互关系，可以把无领导小组讨论分为竞争性的小组讨论、合作性的小组讨论以及竞争与合作相结合的无领导小组讨论。在竞争性的无领导小组讨论中，小组成员往往代表他们各自或者所属团体的利益，彼此为了相互冲突的目标，对存在着的某些机会或者资源进行争夺。而在合作性的无领导小组讨论中，往往要求小组成员之间相互配合来共同完成某一项任务，每一个小组成员的成绩都依赖于合作完成这项任务的结果，同时也取决于他们各自在合作完成这项任务过程中所作出的贡献。

在实际运用无领导小组讨论时，可以根据具体需要和可行性，选择适当的无领导小组讨论的形式。有时候为了测试被评价者在不断增加的工作压力下的表现，测评人员会在小组意见刚刚达成一致时，又给予新的情景压力，比如，告知小组成员们，原先的情况发生了变化，要立刻改变原有方案并按照新的情况重新讨论并加以改进。在紧张和不断变化的工作压力下，个人品质与管理能力谁优谁劣，就一清二楚了。越是在困难的条件下，越能体现一个人的综合分析能力、情绪的稳定性、人际协调能力、语言表达能力，以及在无主持、无领导情景下进行归纳总结、统一认识的组织领导能力。

5.1.3 无领导小组讨论的特点

1. 无领导小组讨论的优点

（1）无领导小组讨论最突出的优点在于其具有高度的人际互动性，被评价者需要在与他人的沟通和互动中表现自己，而无领导小组讨论考察的维度也多与人际交往有关，如言语表达能力和人际影响力等，因此，无领导小组讨论尤其适用于那些经常与人打交道的岗位人员的选拔，比如，中层管理人员、人力资源部职员和销售人员等。而对于较少与人打交道的岗位，比如财务部门职员、研发部门职员等，无领导小组讨论的方法并不十分合适。

（2）无领导小组讨论考察的素质范围广泛，既包括思维逻辑性、分析能力、创造性等能力方面的因素，也可以考察自信心、情绪的稳定性、工作风格等个性方面的特质。同时也具有自己独特的考察维度，甚至能测查许多纸笔测验乃至面试都很难检测的能力，比如人际敏感性、组织协调能力、人际影响力等。

（3）无领导小组讨论能够反映情景性测评方法的特点，就是对被评价者的行为进行评价，而不是对他们的“如何说的”进行评价。无领导小组讨论为被评价者提供了一个具体的问题情景，相当于给了他们一个舞台，能够使他们在这个舞台上表现出更多真实性的行为。而被评价者的行为表现越多、越充分，就越有利于测评人员对他们进行客观和准确的评价。

（4）无领导小组讨论过程中，被评价者处于压力情景下，进而难以掩饰，往往会有意无意地表现出自己的优点和缺点。被评价者在争取某个职位时，或多或少都会倾向于尽量表现自己的优点、掩饰自身存在的缺点，这是一种普遍的现象。而在无领导小组讨论的压力情景下，被评价者伪装的困难增加，尤其是在讨论题目本身又具有一定的迷惑性的条件下，被评价者并不知道要测评自己哪一方面的特质。比如，表面看上去是要两个小组在一个竞争性的任务中争夺更多的分数，而实际上，测评人员的目的是要考察在小组内部的合作情况。因此，即使被评价者企图伪装，可能只是掩饰了自己的某一个方面，而其他方面可能暴露得更加明显。这种顾此失彼、欲盖弥彰的表现反而为测评人员发现被评价者真实的特点创造了条件。

（5）无领导小组讨论使用的题目情景大多是与被评价者将要从事的工作岗位相关的典型情景，因此表面效度高、被评价者易于接受，且这种接近真实情景的测验能够很好地预测被评价者在今后工作中的表现。因为被评价者也能感到这种方法与自己的实际工作能力相关程度很高，会尽量在测评过程中表现出自己的能力水平。

（6）无领导小组讨论的形式一般是多名测评人员同时对多名被评价者进行评价，与对被评价者进行单独评价的方法相比，不仅节省时间而且节省开支。同时，它减少了招聘选拔的工作量，减轻因一些主客观原因，比如测评人员、时间、题目等因素带来的评价偏差。

2. 无领导小组讨论的缺点

虽然无领导小组讨论的测评方式拥有诸多优点，但是在实际施测的过程中，也不可避免地存在一些缺点。

（1）对无领导小组讨论来说，题目本身的好坏可能直接影响测评的质量。无领导小组讨论的题目需要根据招聘职位所要求的胜任特征进行编制，而且题目情境要与实际工作情境有一定的关联。题目若太容易达成一致意见，则很难全面考察被评价者；题目若太难，则冲突太大，很难达成一致，被评价者也可能因为压力过大而表现失当。因此，题目必须是能够激发被评价者的行为表现，并且使被评价者能够表现出个体差异的，同时应该不失公平性，尤其是在指定角色的无领导小组讨论中，各个角色不应该存在明显的优劣难易之分。

（2）无领导小组讨论对测评人员的要求很高，必须接受专门的培训，并且有一定的实际操作经验，否则难以做出准确、有效的评定。测评人员在讨论进行的过程中必须准确地对被评价者的行为进行观察，能够将观察到的行为归纳到各个测评维度中，并且不同的测评人员对评价标准的把握应具有一致性。事实上，尽管已有客观明确的评价标准，但对被评价者的评价仍然受到测评人员的主观性、偏见及误解的影响。

（3）由于无领导小组讨论注重互动性，因此被评价者的表现受到同组其他成员的影响较大。例如，一个思维逻辑性很强的人可能不善于言语表达，把他和一组善于言谈的人放在一起，会显得木讷迟钝；而如果分到一组同样不善言谈的人中，给他更多发言的机会，他的思维优势就会脱颖而出。也正因为此，在无领导小组讨论中，不同组的被评价者很难相互比较，在实际应用中，应该将竞聘同一岗位的被评价者安排在同一组中，以便进行比较。

（4）虽然无领导小组讨论可以尽量避免被评价者的掩饰和作假行为，但其行为伪装的可能性仍然存在。以一个简单的例子来说，被评价者往往会猜测自己竞聘的职位需要一些什么样的特质，在小组讨论中会更加刻意地表现自己具备这些特质，增加自己的得分。

5.1.4 无领导小组讨论的核心

无领导小组讨论的测评维度就是所要测量与评定的内容，也就是被评价者的智力水平、人格特征和行为特点等方面在特定的岗位或职位上的具体表现。例如，人事管理工作者应该具有良好的言语理解和表达能力、处理人际关系的能力、知觉速度与准确性、推理能力、决策能力等，这就是能力素质在人事管理这一职位上的具体要求和表现。针对一定职位或岗位设计的合理的测评维度体系，是决定无领导小组讨论测评工作成功的关键。在实际测试过程中，测评人员也是按照各个测评维度来给被评价者打分的。因此，在无领导小组讨论中，评分维度的确定对于评分十分关键，同时也十分困难。在确立评分维度时，必须考虑三个问题：一是必须保证评分维度与竞聘岗位的胜任特征相匹配；二是不同维度之间不能有概念上的重叠，以免测评人员产生混淆；三是要明确各维度的操作定义和典型行为表现，同时应附以系统的测评师培训，以保证所有测评人员对各个评分维度的理解统一且准确，从而保证不同测评人员之间评分的一致性。

无领导小组讨论的测评维度中既包括那些一般的测评维度，也包括特定岗位或者职位所需的能力要素。其中，一般的测评维度比重要超过60%。一般而言，无领导小组讨论的测评维度主要包括表达能力、创新意识、综合分析能力、仪表举止、组织协调、应变能力、逻辑分析能力、决策能力、情绪稳定性、团队领导能力、人际沟通技巧、倾听、团队合作意识、成熟度等。由此可以看出，无领导小组讨论测评的维度都是围绕能力和部分个性品质、素质特征建立起来的，而这些素质都是实际工作中人们所应具备的一些关键特征要素。

测评的素质和素质体系主要是通过工作分析获得的，我们首先可以采用经验总结法、问卷调查法、个案研究法、专题访谈法、因素分析法等，结合无领导小组讨论的测评功能，整理归纳出领导人才测评和诊断的关键维度，当然主要集中在与岗位或职位相适应的被评价者的能力。在此之后就可以确定测评的关键要素了，如组织协调能力、领导能力、情绪稳定性等，然后归纳出每个要素在无领导小组讨论中的观察要点。以组织协调能力为例，其观察要点就可以包括参与讨论的主动性、控制引导讨论的能力，容纳不同意见、综合提炼同类观点的能力等。这些要点在具体的题目和情境下又可以进一步细化，最好是能够细化到行为描述的程度，这样在最后的编码和打分时更加方便和客观。再下一步的工作就是完成测评的指标体系，即对每个测评维度进行权重的分配，同时确定好测评的结果标准，也就是通过无领导小组讨论测试之后，什么样的被评价者才算符合要求可以留用或者进行下一步的测评。当然，也可以根据组织所需的人数和竞聘者的人数确定筛选的比例，确定具体细致的标准。如在某个或某几个维度的得分在前三的位置，在综合得分上位列前五就可以留用，而符合以上某一个标准的被评价者还可以进行下一次测试。

在实施无领导小组讨论时，都是根据某一具体领导或管理岗位的测试指标体系开展的。下面以某咨询公司培训部经理岗位被评价者的无领导小组讨论的测试指标体系为例，见表5-1。

表 5－1　　无领导小组讨论指标体系

测评项目	内涵界定	行为观测点	权重系数
仪表举止	文化素养、体貌体态、衣着打扮、身体状况	穿着得体、整齐；精力充沛；走路、坐姿等符合礼节；讲礼貌，口语文雅	10%
沟通能力	有效地表达自己的想法和意见，意见表达连贯，语言流畅自然	是否将自己的思想、观点、意见及建议等用语言顺畅地表达出来；言语是否逻辑严密，条理清晰；语言是否清楚，生动简练，有深度	18%
分析能力	对问题的敏感性强，能把问题分成几个方面，并能抓住事物的本质或者主要方面，进行全面、透彻、系统、逻辑的分析，最后还要得出正确的结论	综合信息资料，透过现象抓住本质，分辨出个人发言中反映问题的轻重缓急，准确掌握关键所在，洞悉事物间的联系，并找出造成问题的原因，适时地做出适当的结论或对策	20%
倾听能力	在人际交流中听取别人想法的能力	能否投入性地抓取别人说话的要点，能否积极关注讨论中每个人的发言	10%
说服论辩能力	说服能力是指人们采用某种方法和技巧，使对方改变已有的行为和思想，从而按照自己的意志去进行某项活动的能力	是否敢于坚持自己的意见，善于和别人交流；注意到了说服技巧的应用；别人是否能心甘情愿地接受他的观点并加以执行	15%
应变能力	在实际情境中，审时度势，思维敏捷，考虑问题周详，并能及时处理各种问题，灵活而又有效地应对各种状况	灵活地找出各种解决问题的途径，对其做出合理的评估，对不同方案的结果有着清醒的判断，已提出更好的决策意见	12%
情绪稳定性	整个讨论过程中表现出一贯的语言风格、情绪的稳定性	情绪的稳定性，自制力、连续处理问题的能力	15%

为了更有利于测评人员客观地评分，前面已经提到，在设计指标体系的时候，要尽量细化每个维度的评价要点或者能力要素。具体的解决办法就是

把每个项目再细分为二级指标并确定其观察要点，每个不同的测评维度依据自身包含信息量的大小和竞聘职位的特殊需要，可以划分为不同数目的二级指标。如表5－1中，沟通能力可以划分为影响力、倾听力、言语表达能力三项。其中，影响力的观察要点是：愿意与他人沟通，发言积极主动，坦率开放，支持或肯定别人意见，能用有说服力的证据说服他人改变他们的态度或者观点，接受自己的观点以便共同实施。倾听力的观察要点是：善于倾听他人的观点及各种不同意见，把握关键信息。言语表达能力的观察要点可以概括为：口齿伶俐，表达生动流畅，阐述问题层次清晰，简明扼要，有说服力。而分析能力可以划分为发现问题的能力、分析问题的深度、综合概括的深刻性、论述的条理性、论证的充分性五个指标。发现问题的能力体现为能发现所有或者多数关键的问题。分析问题的深度的标准则是分析问题的透彻性、准确性和全面性。综合概括的深刻性表现为能充分利用材料提供的有效信息，得出有价值的结论。论述的条理性表现为层次清晰，条理分明，逻辑性强。论证的充分性则体现为论点明确，论据充分有利。

5.1.5　无领导小组讨论的操作程序及应注意的问题

1. 无领导小组讨论对环境的要求

（1）时间与场所。无领导小组讨论的测试时间为60～100分钟不等，可以根据不同情况确定。一般安排在宽敞、明亮的行为观察室，最好的设施是有一面单向玻璃墙，测评人员通过单向玻璃观察，尽量减少外界环境对被评价者造成的感染。为了使所有的被评价者处于同等的地位，无领导小组讨论测试一般用圆桌，而不用方桌，使用方桌容易使相对而坐的人有对立感，而且不容易录像。另外，要安排好座位号码。在场所的安排上，常有两种：一种是被评价者围坐一圈进行小组讨论，评价者坐在较远的一旁观察，既不参与也不干预；另一种是在特定的测评室中进行，房间一面墙上装有单向玻璃，从被评价者的方向望去是一面镜子，但从测评人员方向望去，它是一面透光的玻璃。有时还在室内暗处安装监视系统，测评人员在隔离房间中，透过玻璃或透过闭路监视系统在电视屏幕上观察被评价者的表现。

在分组时，将被评价者按5～7人一组的形式进行分组，同时应根据是否曾经接受过无领导小组讨论训练或者参加过无领导小组讨论测试为区分，把有此类经验的被评价者放在一组，没有此类经验的被评价者放在另一组。

（2）其他特殊要求。讨论过程中，被评价者之间的距离应该远近适中。

在招聘情境中，参加无领导小组讨论的人彼此并不相识，如果陌生人之间距离过近，互相之间会感到不舒服。但是，如果距离太远，又不利于交流。因此，通常座位距离设置为一米左右为宜。

测评人员与被评价者之间的位置关系也是必须考虑的因素，尤其是现场观察时，要让被评价者尽量不受测评人员的影响。最佳的测评环境是测评人员通过单向玻璃观察被评价者，但这种苛刻的专业条件，一般单位都不具备，在这种情况下，图 5－1 是一种适用于现场观察法以及录像的理想的座位安排方式。被评价者围坐成半圆，测评人员能够观察到所有被评价者的反应。但此时的被评价者形成的是一个半开放的团体，因而比较容易受到外在因素的影响，特别是有测评人员在现场时，则会使被评价者和测评人员成为对立的双方，给被评价者造成较大的心理压力。而图 5－2 中，被评价者围坐成一个封闭的圆圈，有利于他们迅速地形成一个团体，进入讨论者的角色。而测评人员只是分散地坐在圈外，既可以近距离观察被评价者，又不会让被评价者感受到很大的压力。但是，由于被评价者围坐成一个圆圈，与图 5－1 的位置相比，每名测评人员只能观察到其正对的部分被评价者。因此，图 5－2 的封闭式讨论更不便于测评人员观察与录像。

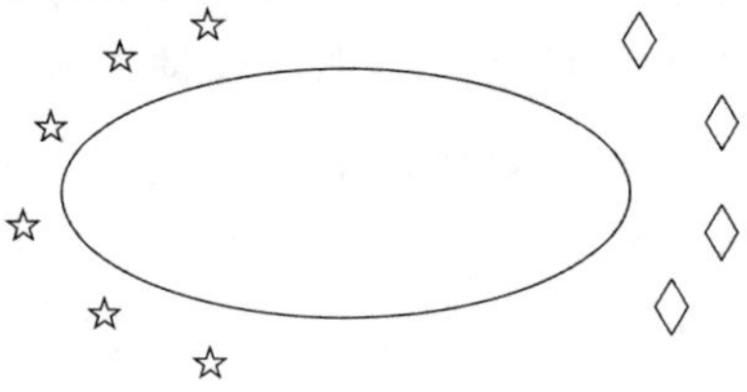

☆ 被评价者　◇ 评价者

图 5－1　无领导小组讨论的座位安排半开放式

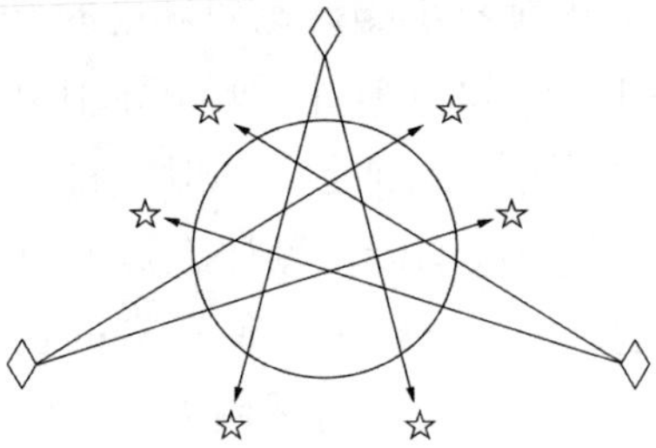

☆ 被评价者　◇ 评价者

图 5－2　无领导小组讨论的座位安排圆圈式

当然，两种座位的安排方式各有特点，招聘者也可以根据自己的情况，选择适用于自己的恰当的座位安排方式。

2. 测评人员的观察方式

无领导小组讨论的观察方式有两种：现场观察和录像观察。这两种方式各有特点。

（1）现场观察。就是测评人员坐在讨论现场，直接观察各个被评价者的表现。现场观察的优点显而易见，真实、直接，观察者可以仔细观察被评价者各个方面的表现，包括言语表达、表情、肢体语言等，从而对被评价者形成一个完整、清晰的印象。但是，现场观察也有不足之处，尤其是当现场的测评人员过多时，可能会产生以下两种不良后果：一是被评价者可能会在测评人员面前掩饰自己的某些缺点，使测评人员的评价产生偏差；二是现场测评人员过多时，会让评价者（尤其是第一次参加讨论的被评价者）产生很大的心理压力，压力过大可能会导致被评价者十分紧张，对题目没有进行充分讨论便匆匆达成一致意见。这样，被评价者就不能在测评人员面前完全地展示自己，观察者在评分时往往会产生一定偏差。

（2）录像观察。录像观察法可以在一定程度上克服现场观察法的缺点。录像观察法中，测评人员在小组讨论进行时先行回避，现场只留一两个人进行录像，待讨论结束后，所有测评人员再通过看录像对被评价者进行评价。录像观察法的优点是：没有了现场的测评人员，被评价者放松了许多，可以充分地表现自己，整个讨论过程更加自然、真实，测评人员在评价时也能够获得更多真实的信息。但录像观察法也有缺点：看录像毕竟不如现场观察直接，也无法仔细观察被评价者的表情、肢体语言等。总之，通过录像对被评价者形成的印象也许更加真实，但可能不够全面。

综上所述，现场观察和录像观察各有特点。当然，如果有条件的话，最好是现场观察和录像观察相结合，测评人员进行现场观察，同时录像，评分和讨论时再使用录像进行回顾。在实际应用中，为了达到更全面、真实的效果，可以采用通过单向玻璃观察的办法进行评价，这种情况下，测评人员能够清晰地看到被评价者的表现，但被评价者却不知道有人在观察，因此，既保证了讨论过程更加自然、真实，测评人员也能全面地观察被评价者的表现。

3. 无领导小组讨论的具体操作程序

无领导小组讨论测试的操作程序在应用中主要包括五个阶段：测评选择阶段、材料准备阶段、实施准备阶段、具体实施阶段和结果总结阶段。

（1）测评选择阶段。在领导人才选拔测评之前，需要具体分析将要考察的要素，分析各种测评方法的特点、功能及其可靠性和有效性，然后结合已有的条件选择合适的测评方法。如果选择无领导小组讨论测试作为人才测评方法来进行人员选拔或诊断，则一定要明白无领导小组讨论测试的使用条件，以避免测评抉择的盲目性和不适宜性，造成大材小用或人力、物力、财力和时间的浪费。

（2）材料准备阶段。确定采用无领导小组讨论测试作为人员评价工具之后，就必须进行无领导小组讨论测试的材料准备，保证测试实施过程中的技术支持和物质保障。这是整个测试过程必须认真对待的环节之一。这主要包括工作分析、确定测评项目、确定评分方法、准备讨论题目题材和评分表。

（3）实施准备阶段。包括时间、场地和评价者的选择与培训，前面已经介绍了时间和场地，这里介绍评价者的选择和培训。

无领导小组讨论测试中评价者的水平是决定测评最终效果的又一个关键环节，而评价者的选择与培训则是保证测评效果的重要手段。首先选择评价者。选择评价者时需要注意人员搭配的合理性，选择范围主要集中在人事测评专家、人力资源部门主管、选拔岗位的直接上级等。人事测评专家了解测评方法和技术特点，人力资源部主管具有丰富的认识经验，直接主管了解工作特点。一般来说，评价者团队应该有三个或三个以上的评价者，即至少拥有人事测评专家、人力资源部人员、直接主管各一名。继而对评价者进行培训，主要从无领导小组讨论测试的基本含义、适用对象、讨论题目的设计与形式、测评的实施安排、评价标准、行为观察技术、评分方法等方面出发，使评价者的评判统一起来，并尽可能消除评价者个人主观因素对测评造成的影响。

（4）具体实施阶段。这主要分五步进行。

第一步，划分小组。根据被评价者的现职岗位与工作经历，或者通过随机抽签的方法，把被评价者划分为两个小组，并注意男女比例协调。

第二步，分发材料。向被评价者提供必要的材料，主要包括讨论题材、白纸和笔，并向评价者分发评分表。

第三步，讨论前指导。向被评价者宣读无领导小组讨论测试的测评指导语，介绍讨论的背景资料、讨论步骤和讨论要求。同时注意：评价者在这之后不得参加任何提问、讨论或者回答与测评有关的任何问题，避免提醒被评价者。

第四步，小组正式讨论。被评价者在明白了讨论主题背景、讨论步骤和讨论要求后，进入正式讨论阶段，测试时间一般是 30 ~ 60 分钟。小组正式讨论过程一般为五个步骤：

- 测评人员宣读指导语，让被评价者了解题目，独立思考，列出发言提纲，一般规定为 5 分钟左右。
- 被评价者轮流发言，阐述自己的观点。
- 被评价者之间进行交叉辩论，继续阐明自己的观点，或对别人的观点提出不同的意见，完善个人的观点。

- 得出小组的一致意见，陈述结果。
- 签名，留下所有资料退场。

第五步，测评人员评分。在整个测评过程中，可以采用录像机进行监测、录像，事后根据录像资料，组织测评人员按照事先设计好的测评指标进行评分；也可以让测评人员在行为观察室里对被评价者进行现场评分；还可以二者同时进行，最后在总结阶段参考录像资料再进行讨论评定。为保证评价结果的公平性，测评人员须对照评分表观察要点，仔细观察被评价者的相应表现，评分一定要公正、客观，应以被评价者的具体表现为依据。测评人员要克服第一印象造成的影响，并且不能带有偏见，如民族、种族、性别、年龄、资历、外貌等方面的成见，最后根据多名评价者对同一被评价者不同素质的评分，取其加权平均值作为得分，以保证评价结果的公正性和科学性。

（5）结果总结阶段。小组讨论结束后，所有测评人员结合被评价者在活动过程中的具体表现进行沟通，沟通的内容包括被评价者的总体表现、讨论的总体情况、出现的相关问题以及此问题的优缺点，并给出一份评估报告。评估报告主要说明每个被评价者的具体表现、测评人员的建议，然后结合具体的测评维度及事先确定的测评维度权重系数，计算出被评价者的综合得分。最后，根据评估报告和综合得分形成最终的综合评估结果及报告。

4. 无领导小组讨论测试的结果处理

对无领导小组讨论测试的效果进行分析，我们首先要对它的信度，即测评方法的可靠性或一致性进行分析。检验信度可以根据不同情况采取不同方法。对于无领导小组讨论测试来说，我们主要采用测评人员之间评分判断的一致性（即评价者信度）来进行分析。测评人员之间评分越趋于一致，说明测评方法越趋于客观，避免了无根据的主观臆断、凭个人喜好来评判的缺点。

从无领导小组讨论测试实际的测评过程来看，它在两个方面提出了比较高的要求：首先，这一测评形式对测试题目要求较高（用于讨论的主题及呈现给被评价者的背景材料），题目的好坏会直接影响对被评价者评价的全面性与准确性；其次，它对测评人员的要求也较高，要求测评人员能很好地理解和掌握评价标准，又因为测评人员往往有 3 ~ 5 人，因而还要求他们能尽量保持评价标准的内部一致性。

5. 无领导小组讨论的评价

在无领导小组讨论的测评方法中，需要确定清晰的测评要素和观察点，对

表5-2 **无领导小组讨论评分表**

职位名称：　　　　　　　　第　组　　　　　　　　评判专家姓名：

测评（权重） 要素（得分） 考生情况		倾听能力（1.0）	言语表达能力（1.2）	思维分析能力（2.0）	团队精神（1.2）	影响力（1.0）	组织能力（1.1）	总分
		专心聆听，及时沟通；有表情（如点头、摇头等）；不随便打断别人，接受别人插话	善于当众讲话，敢于提出自己的观点；发言流畅，简洁明了，清晰有吸引力；语调、语速适宜，婉转、抑扬顿挫	见解独到，分析问题合情合理；论据推理严密，旁征博引，引经据典；洞察他人观点，并以适当形式表示支持	注意角色定位，不以自我为中心；尊重别人，照顾别人需要；密切合作，共同完成工作目标	善于控制全局，在讨论中形成凝聚力；有影响别人的愿望，提高讨论成效，促成一致结论，使讨论成功	既能主动发言，又能顾全他人；及时向他人提出疑问，及时纠正跑题；能综合他人意见，适时概括、总结	
序号	姓名							
评分标准：优（9~10分）　良（6~8分）　中（3~5分）　差（1~2分）								

被评价者进行评价。表5－2是一个无领导小组讨论中的评分表格和观察点。

按照表5－2中的测评要素，分别对每个被评价者进行评价，在每个测评要素上按照1～10分打分，10分是非常好，1分是非常不好。各测评要素还应提供具体的观察点。例如，对于沟通能力，其观察点可以是清晰简洁地表达自己的意思，善于运用语音、语调、目光和手势，在他人发言时认真倾听，强调自己的观点时有说服力等。

进行完无领导小组讨论后，所有评价者都要写评定报告，内容包括此次讨论的整体情况、所问问题的内容以及此问题的优缺点，说明每个考生的具体表现、最终评分结果和自己的建议等。

6. 无领导小组讨论的两种评分方法的综合使用

本书编者认为上述传统的评分方法相对简单粗糙，谷向东博士等经过多年的探索实践，融汇国内外好的评分经验提出以下两种评分方法，可以在实践中综合使用。

（1）机械参照法主要借鉴西方的标准化方法，在客观、全面、细致的观察和记录基础上，将所有的记录内容参照胜任特征操作定义进行归类。如言语表达能力的操作定义包括言语表达的流畅性、语气语调等，最后根据归类的结果，得出每人在每个素质上的表现的符合程度的百分比，按照十分制打出分数，符合10%就是1分，符合50%就是5分，符合70%就是7分，依此类推。

评价者在机械法中的任务有：事先充分准备；观察、记录保持集中注意力；对所有的候选人都保持公正；注重行为事实，而不是主观感觉；直到练习结束后才做出判断；充分完成所有的表格和报告；具体评价分数有足够事实证明；充分避开各种观察评价误区。

机械参照法评分简单，易于操作，很受初学者的欢迎，而且非常客观，最大限度地减少了主观性。但是，这种评分方法太机械，因为将各个行为点相加未必反映素质的真实水平，时常会出现“只见树木，不见森林”的情况。

（2）概括经验评分法则不同。它不是具体的行为点的简单累加，而是借助评价者的经验和直觉进行深入、全面、综合的分析，充分发挥评价者的经验和“观人”水平，使得评价者可以考虑到职位更深层次更全面的素质要求，其中有些是胜任特征本身表达不出来却很重要的东西，从而看到“庐山真面目”，发现被测试者关键性的特点。谷向东博士认为这种方法可以发挥中国人概括直觉思维的优势，比较适合资深测评师使用。

一般来说，概括经验评分法多在综合评价时使用，机械参照评分法多在每个素质得分项评分时使用，实践证明，两者结合效果会更好。上述方法不仅在小组讨论中可以使用，在角色扮演、管理游戏，甚至在面试中均可以使用。

7. 无领导小组讨论的应用与效果评估

由于无领导小组讨论测试主要是通过模拟团队情境来考察被评价者的能力，而且无领导小组讨论测试技术要求高，设计成本高，所以一般将无领导小组讨论测试用于组织中高层人员的选拔与诊断。它既可用于选拔企业单位的管理人员，也可用于选拔事业单位的领导干部，还可以对在职管理人员进行测评诊断。但目前国内也越来越多地应用于普通岗位人员以及大学生的测评与选拔之中，并取得了很好的实际效果。

对于无领导小组讨论运用效果的评价，可以从被评价者、组织者、测评人员和实施过程几个方面来看。

（1）有经验并受过良好培训的测评人员是无领导小组讨论测试成功的保证。无领导小组讨论测试是多个测评人员结合测评要求，根据被评价者在具体活动过程中的表现进行行为观察、分类和评价的，测评人员自身的主观因素可能会对评价的结果造成一定的影响。无领导小组讨论测试的评定结果易受到测评人员主观倾向、经验、态度、风格等因素的影响，也易受到被评价者个性特征及行为风格的影响而产生较大偏差。有经验并受过良好培训的测评人员的评分一致性较好。所以说，测评人员必须经过科学的选择和严格系统的培训，同时还要求其具有较强的责任感。

（2）评价无领导小组讨论测试的效果也要考虑到组织者的情况。组织机构对物质条件的提供应该有基本的保障；组织者应认真设计和规划好包括无领导小组讨论测试在内的整个测评活动，使被评价者可以安排好应试活动，提前做好准备。同时，组织者更要协调好测试进行当中有可能出现的意外情况。

（3）考虑测评程序的科学性。“没有规矩，不成方圆”，按照预定好的施策程序进行测试评价是测试取得成功的保证。所以我们在评价无领导小组讨论测试的效果时，也要充分考虑整个测评程序是否科学，是否受到外界的干扰或人为的改变。

5.2 无领导小组讨论的题目编制

5.2.1 无领导小组讨论的题目设计的原则

1. 逼真性原则

无领导小组讨论的优点之一就是其具有高度的情境模拟性，因此其预测效度得到大多数人的肯定。体现这一特性的方面之一，就是设计一个独立的、高度逼真的、有代表性的、与实际工作有关的讨论题目。简言之，就是要求题目兼具现实性和典型性。正是因为这些现实和典型的问题最能体现拟任岗位的工作特点，因此在无领导小组讨论中，被评价者的表现才能作为判断他们在留用以后能否较好地完成本职工作的标准。所以，设计题目必须结合实际工作，从工作实际中去寻找现实性和典型性都好的讨论题材，设计出与实际工作情境相似的讨论题目。

2. 针对性原则

讨论题目的设计必须建立在测评维度上，这样设计出来的题目才更具有针对性。讨论题目的设计必须针对岗位的特点，即要求讨论题目能够有针对性地反映拟任岗位的工作特点，讨论的题目最好是现实工作中已发生的或与现实相似的事件或问题，能够具体体现现实的工作情境特点和所需具备的各种技能、品质等要素。

3. 熟悉性原则

设计的讨论题目在内容上必须是参与无领导小组讨论的所有被评价者熟悉并感兴趣的，因为这样才能保证在讨论过程中所有人都愿意积极地参与讨论，有感可发，保证了被评价者在讨论过程中都能够比较充分地表现自己，也就保证了评价的公平性。如果讨论题目不能满足这一要求，对所有人而言，题目不熟悉会导致讨论冷场，限制了被评价者在无领导小组讨论中的行为表现；如果是对其中的一部分人来说不熟悉，那么同一组人的表现会严重地两极分化，且这种分化并不是基于个人的能力和性格，有失测验的公平性。同时还应注意，讨论题目的内容不应诱发被评价者的防御心理，这样才能让被评价者尽情地展示自我，表现真实的自我。

4. 具体性原则

讨论题目设计的内容应该广泛而深刻。设计讨论题目要从大处着眼，含义要深刻；另一方面，讨论题目的内容一定要具体，即题目要从小处入手，具体而实在，避免空谈，一定要尽量避免那些玄妙、抽象、言之无物的争辩。

5. 适宜性原则

讨论题目要有适当的难度，不能过于简单，必须有足够的可争辩性，要能充分激发同一组被评价者之间的争论，这样才能促使被评价者的行为特征充分表现出来。如果一个题目被讨论几分钟就已经达成了一致，甚至都没有给每个人发言的机会就有一致的意见，那么此时做出的评价一定是不全面也不准确的。当然，题目也不能设计太难，太难的题目往往导致讨论夭折，无法顺利进行，这比冷场的后果还要严重。为了避免以上提到的“地板效应”和“天花板效应”的发生，讨论题目的难度要把握得当。

6. 辩论性原则

无领导小组讨论的关键就在于讨论，被评价者通过讨论来解决问题，达成一致；测评人员通过观察组员们的讨论，对他们的行为表现做出评价。这种讨论的目的不是为了阐明或者捍卫某种观点，不是为了辨明孰是孰非，而在于过程，在于让被评价者在情境中表现出真实的自己。因此，讨论的题目不能冲突太大，但一定要能够激发被评价者激烈的讨论。

7. 多元性原则

顾名思义，多元的题目就是一题多解。简单来说，在对每个题目的讨论中，经过分析和判断，均应有几种各有利弊的方案和解答。这样才能保证组内的讨论发挥各个被评价者的主观能动性，仁者见仁，智者见智，各抒己见。

8. 平等性原则

这儿的“平等”有两方面的含义：一方面是在分组时要使每名被评价者在知识、经验上是平等的，这样对于被评价者来说才有同样的机会表现自己；另一方面是对于那些适用于角色分工的讨论题，讨论题目本身对角色的分工和地位上一定要平等，而不能造成被评价者之间有等级或者优劣的感觉。只有被评价者的地位平等了，他们才能有发挥自己才能和潜能的平等机会，被评价者之间才有可比性。

5.2.2 无领导小组讨论题目的编制

设计无领导小组讨论题目，一般要经过以下几个步骤。

1. 工作调查

进行有关的工作分析，了解所任岗位所需人员应该具备的特点、技能。

根据岗位的这些特点和技能来进行有关题目的收集和设计。

2. 案例收集

收集拟任岗位的相关案例，所收集的相关案例应该能充分地代表拟任岗位的特点，并且能够让被评价者处理时有一定的难度。对收集到的所有原始案例进行甄别、筛选，选出难度适中、内容适合、典型性和现实性均较好的案例。

3. 设计讨论题目

对所筛选的案例进行加工和整理，使其符合前面提到的要求。主要包括剔除那些不宜公开讨论的部分或者过于琐碎的细节，相应地，应该根据所要考察的目的，补充所需要的内容。尤其是要设定一些与岗位工作相关而又符合讨论特点的情境或问题，使其真正成为具备科学性、实用性、可评性、易评性等特点的经典题目。

4. 讨论题的检验

讨论题目设计完成以后，可以对相关的一组人（不是被评价者）进行测试，以检查讨论题的优劣，检查此讨论题能否达到预期的目的。

5. 讨论题的修正

检验讨论题后，那些效果好的讨论题目便可以直接使用，而对于那些不好的讨论题目，则要进行修正，直至达到预期效果。

5.2.3 常用题目类型

无领导小组讨论的题目有多种多样的类型，但无论是什么样的题型，目的只有一个，就是让被评价者“讨论”，让被评价者尽可能多地发言，并且小组成员的意见要有分歧和交锋。无领导小组讨论的试题从形式上而言，主要可分为以下几种。

1. 开放式问题

开放式问题的答案范围可以很广、很宽。它主要考察被评价者思考问题时是否全面，是否有针对性，思路是否清晰，是否有新的观点和见解。例如：你认为什么样的领导是好领导？关于此问题，被评价者可以从很多方面，如领导的人格魅力、领导的才能、领导的亲和趋向、领导的管理取向等来回答，可以列出很多的优良品质。对评价者来讲，这种题容易出，但不容易对被评价者进行评价，因为此类问题不太容易引起被评价者之间的争辩，所测查被评价者的能力范围较为有限。

2. 两难问题

两难是让被评价者在两种互有利弊的答案中被迫选择其中的一种。它主要考察被评价者的分析能力、语言表达能力以及说服能力等。例如：你认为以工作为取向的领导是好领导，还是以人为取向的领导是好领导？此类问题对被评价者而言，既通俗易懂，又能够引起充分的辩论。对于测评人员而言，不但编制题目比较方便，而且在评价时也比较有效。但是，此类型的题目需要注意的是，两种备选答案都应具有同等程度的利弊，不能存在其中一个答案比另一个答案有明显的选择性优势。

3. 多项选择问题

多项选择是让被评价者在多种备选答案中选择其中有效的几种或按备选答案的重要性进行排序。这种问题主要考察被评价者分析问题、抓住问题本质等方面的能力。此种类型的题目对于测评人员来说，出题比较难，但有利于考察被评价者各个方面的能力和人格特点。

4. 操作性问题

操作是指给定材料、工具或者道具，让被评价者利用所给的材料制造出一个或一些测评人员指定的物体来。这种问题主要考察被评价者的主动性、合作能力以及在一项实际操作任务中所充当的角色特点。此类问题考察被评价者的操作行为比其他类型的问题要多一些，情境模拟的程度要大一些，但考察语言方面的能力则较少，对测评人员和题目的要求都比较高。

5. 资源争夺问题

资源争夺问题适用于指定角色的无领导小组讨论，是让处于同等地位的被评价者就有限的资源进行分配，从而考察被评价者的言语表达能力、概括或总结能力、发言的积极性和反应的敏捷性等。如让被评价者担当各个部门的经理并就一定数量的资金进行分配，要想获得更多的资源，自己必须有理有据，必须能够说服别人，因而此类问题能够引起被评价者的充分辩论，也有利于测评人员对被评价者的评价，只是对讨论题目的要求较高。

下面有几个无领导小组讨论的案例，供大家参考。

范例1 **无领导小组讨论**

指导语

现在我们要依据上级传达的精神要求召开一个讨论会，现场的各位现在就组成一个专题工作小组。我们要对下列问题进行讨论、分析并做出最终决定。请大家讨论时，充分表达自己的想法，并拿出小组的意见来。讨论时间共有 40 分钟，请大家充分利用时间，尽快做出决定。讨论一旦开始，评价者将不再回答你们提出的任何问题，也不会干预你们下面的讨论。

题目

你认为什么样的领导是好领导？好领导以工作为中心还是以人为中心？（表 5－3 为例说明）

表 5－3　　评价者评价表

考　号	1	姓　名	赵某某	性　别	男	年　龄	28

组织行为	洞察力	倾听能力	说服力	影响力	合作倾向	成熟度
76.4	89.7	79.1	60.5	56.3	92.3	65.7

评价者的评语

（1）具有良好的组织意识，善于给他人施加影响，表现出较强的组织能力。

（2）对问题有良好的洞察力，能比较深入地把握事物的关键属性，做出客观正确的反应。

（3）在与他人的合作中表现出较好的沟通能力，合作意识强，人际关系倾向较好。

（4）在行为举止上，心理成熟度一般，说明成熟度还需要进一步加强。

范例2

无领导小组讨论

星星公司是一家以生物化工为主要业务领域的民营企业，公司创立于 1994 年，到今天已发展成为总资产 1.5 亿元、职工 480 人、在全国设有 6 家销售代表处的现代化企业。

公司的最高执行管理机构是由您和在座的几位人员组成的管理委员会，由于 2002 年的业绩比上一年有显著的增长，董事会决定拿出 100 万元作为年终奖金。经事先了解，各部门员工对这笔奖金的分配存在以下想法：

1. 销售部门：认为本部门为公司今年的业绩作出了最直接也是最大的贡献，销售代表为每一笔业务都付出了艰苦的劳动和不懈的努力，平均的出差时间比上一年增加了 20 个工作日。因此，销售部门的员工应当拿到最高奖金。

2. 市场部门：认为公司今年的业绩与本部门出色的市场分析预测能力和营销企划有极大的关系。今年，市场部策划了一次前所未有的大规模产品展示会，不仅获得了大量的订单，而且在行业内树立了公司“技术领先、品质卓越、服务一流”的良好形象。因此，市场部门平均奖金应显著高于全公司平均水平。

3. 生产部门：认为在今年订单激增，而人员和设备的增加相对滞后的情况下，生产部门全面按时、按量、保质地完成了生产任务，从未因生产问题而影响交货时间。由于质量控制得力，产品不合格率比上一年降低了50%。这些都是生产部门员工用辛苦的工作换来的，他们平均每人每月只休息了1天。因此，生产部门员工平均奖金应当显著高于全公司的平均水平。

4. 研发部门：认为今年的销售业绩中，有30%靠今年新研制出的产品获得。这部分销售额的毛利润高达56%。研发部门在很短的时间内开发出3种新产品，并分别在试制成功36天、24天、22天后实现了规模生产。这样的效率保证了公司资金的高速周转。因此，研发部门员工应当拿到最高奖金。

5. 职能部门：认为在行政部、企划财务部和人力资源部人员不变，业务量显著增加的情况下成本没有变化，节约十几万的办公费，公司运转正常，日常工作没有受到影响。这与职能部门员工的努力是密不可分的。因此，职能部门员工平均奖金应当不低于全公司的平均水平。

可以看出，这些想法是不可能同时满足的。今天的会议主题就是讨论奖金分配方案。因为下午就要向董事会汇报奖金分配思路与执行方案，所以必须在本次会议做出决定。

请您首先用10分钟的时间，提出您认为合理的奖金分配方案和主要理由，写在答题纸上，内容包括五个部门人均奖金额的排序（由高至低）以及哪些部门的平均奖金应高于全公司平均水平；哪些部门的平均奖金应与全公司的平均奖金持平；哪些部门的平均奖金应低于全公司的平均水平。在此期间，请不要相互讨论。

在评价者说“讨论开始”之后进行自由讨论，讨论时间为50分钟。在讨论开始时每个人首先要用2分钟时间阐述自己的观点。注意，每人每次发言时间不要超过3分钟，而对发言次数不做限制。在讨论期间，你们的任务是：（1）整个小组形成一个决议，即今年的年终奖金如何分配。（2）小组选派一名代表在讨论结束后向评价者报告讨论情况和结果。

部门分奖金讨论答题纸

<table>
<tr><td colspan="3">编号：</td><td>姓名：</td></tr>
<tr><td rowspan="4">奖金分配方案</td><td>排序</td><td colspan="2">五个部门人均奖金额由高到低依次为：</td></tr>
<tr><td rowspan="3">人均奖金额</td><td colspan="2">高于平均水平的部门是：</td></tr>
<tr><td colspan="2">相当于平均水平的部门是：</td></tr>
<tr><td colspan="2">低于平均水平的部门是：</td></tr>
<tr><td>简单理由</td><td colspan="3"></td></tr>
</table>

范例3

无领导小组讨论

背景知识

宏达公司综合部一名副经理由于个人原因离职，公司准备在公司内外公开招聘一名新的副经理，经过初筛和面试进入第三轮的共有6人，这一次的测查形式是无领导小组讨论，使用的是一道开放式的问题。

指导语

首先，欢迎大家来参加这次讨论！现在我们要依据上级传达的精神要求召开一个讨论会，现场的各位现在就组成一个专题讨论小组。我们要对下列问题进行讨论、分析并做出最终决定。请大家讨论时，充分表达自己的想法，并拿出小组的意见来。讨论时间共有40分钟，请大家充分利用时间，尽快做出决定。如有疑问请及时提问，讨论一旦开始，测评师将不再回答你们提出的任何问题，也不会干预你们下面的讨论。

题目

你认为什么样的领导是好领导？以工作为中心还是以人为中心？

要求

1. 讨论时限为45分钟，请大家充分利用时间。
2. 每个人都要发言，表述观点并提供理由。
3. 请大家充分讨论，最终必须达成一致意见。

成绩报告

在讨论过程中，测评师要观察并记录每一位被评价者的表现，以及整个小组内的气氛和进度，最后综合所有测评师的意见，针对每一名被评价者形成无领导小组讨论的测评报告。见表5－4。

表5－4　对无领导小组6号被评价者的测评报告

竞聘职位：综合部副经理

编号：6号　姓名：张义山　性别：男　年龄：32

各评分维度得分：

组织协调能力	8	人际敏感性	7
思维分析能力	7	人际影响力	6
语言表达能力	6	倾听能力	7

评语

第一，具有良好的组织意识，在小组讨论中能够主动鼓励他人发言，且善于归纳他人的观点，平息组内冲突，积极推动小组讨论的继续进行，表现出善于给他人施加影响，也表现出较强的组织能力。

第二，对问题有良好的洞察力，能比较深入地把握事物的关键属性，做出客观正确的反应，也能倾听并接纳他人的观点，语言表达清晰准确。

第三，在与他人的合作中表现出较好的沟通能力，合作意识强，人际关系倾向较好。并且能够有效说服他人接受自己的观点，对小组决策的产生有很大贡献。

第四，在行为举止上，心理成熟度一般，说明成熟度还需要进一步加强。

决策意见

在参与小组讨论的6人中，张义山得分最高，故建议录用。

学习指南

作为一种新兴的选拔方式，无领导小组讨论（LGD）已经被越来越多的组织用于人事选拔。无领导小组讨论给予每个参与者平等的地位和资源，让他们在讨论中自由发挥，尽情地表现自己的各种特点。而评价者则是通过根据测评目的编制的具有针对性的题目来诱发讨论，并在讨论过程中观察各个参与者的表现并加以评分。本章的学习主要围绕着无领导小组讨论展开，读者应掌握小组讨论的操作程序，并初步学会编制无领导小组讨论的试题。

关键词

无领导小组讨论　讨论题目　评分维度　操作程序

思考题

指导语

现在我们要根据企业的要求开一个讨论会。在座的各位现在就组成一个专家小组。现在公司要对下列问题进行讨论、分析，并做出决定。请大家充分讨论，并拿出小组的意见来。讨论共有 40 分钟。请大家充分利用时间。讨论一旦开始，测评师将不再回答你们的任何提问，也不干预你们的讨论。

1. 问题情景

一天上午，你们乘坐的一架小型客机，由我国西北边疆飞向东部的一个城市。就在飞临北疆某严寒地区的一个没有人烟的雪野时，飞机遇到大风雪不幸失事，跌到山里。此时正是一月，气温低达 -15℃。飞机可乘坐 10 人，是双引擎机，机身已撞毁并起火。飞机驾驶员及 1 名乘客死亡，其他人则没有受到严重伤害。

驾驶员还没来得及告诉大家飞机的具体位置就死去了。就在失事之前，你曾注意到飞机上的高度显示：飞机是在 3000 米左右出现故障。失事地点正好在雪线下面不远，地面崎岖不平，树林茂密。乘客们穿着秋装，并且每个人都有一件外套。

问题

在飞机爆炸以前，乘客们从机舱中抢救出 15 件物品（见下表）。现在请你们将这 15 件物品按照对生存的重要性从 1 ~ 15 的顺序排列出来。请在最重要的物品旁边写上（1），第二重要的旁边写上（2），最不重要的旁边写上（15）。

排序用的物品表

（　）该地区的航空地图	（　）四副太阳镜
（　）大型手电筒	（　）三盒火柴
（　）四条羊毛毯	（　）一个军用水壶
（　）一支手枪及10发子弹	（　）急救箱
（　）一支雪橇	（　）十二小包花生米
（　）二小瓶白酒	（　）一张塑料防水布
（　）一面化妆用的小镜子	（　）一支大蜡烛
（　）一把小刀	

2. 题目

瑞克公司是一家生产经营精美小商品的中型商业公司。近年来公司员工的工作效率较低，工作态度粗暴，多数员工工作常出差错，公司的销售额逐年下降。因此，公司总经理聘请了张卫民为营业经理，希望他能振兴公司业务，提高公司利润。张卫民，32岁，曾获得工商管理硕士学位，具有一定的工作经历和管理经验，但他没有接触过商品销售工作。他认为能获得高层次的管理职位对他来说也是非常重要的，他很想把工作做好，抓住这个难得的锻炼和施展才华的机会。

（1）张卫民正式上任，开始了营业经理的工作，面对毫无章法的业务管理和低落的员工情绪以及人们对他的不信任态度，他应该怎么着手去工作？

（2）张卫民需要了解公司的经营状况和运行过程，以便设计出合理有效的组织机构，他应该怎么做？

（3）为了使公司经营更有成效，张卫民要寻找使员工提高工作效率的办法，他应该怎么做？

（4）张卫民重新设计了组织机构，并对每个岗位制定了岗位规范和考评标准，员工们的工作稍有好转。但是由于新的电脑系统的安装、调试，使一些计算机水平低的员工人心惶惶，感到自己将要失去工作，这时张卫民应该怎么解决这个问题？

（5）有一名员工工作效率较低，工作经常出小差错，以不被解雇为底限来工作，但她很聪明。张卫民相信，如果她努力，定会干得很好。但这位小姐似乎还挺满意现在的状况，张卫民应该怎么处理这件事？

（6）经过调整，公司销售额有所上升，但张卫民认为还有潜力可挖。这时他应该怎么激励推销员？

第 6 章

公文筐测验

案例导读　**湖南省首用“公文筐测验”选拔厅局级干部**

最近，湖南省公开选拔厅局级干部尝试采用“公文筐测验”这一新模式。公文筐测验在此次选拔考试中的成绩占总成绩的40%。这是在全国公选厅局级干部中第一次使用公文筐测验。公文筐测验要求被评价者在规定时间内对各种与特定工作有关的文件、报表、信件、电话记录等公文进行处理。评价者根据被评价者处理公文的方式、方法、结果等情况，对其能力和个性特征做出相应的评价。

资料来源：zzb. huzhou. gov. cn。

随着现代生产生活节奏的加快，信息量越来越大，电话记录、通知、命令等文件成为企业内部、外部信息交流的重要形式。各职位工作人员特别是领导者和管理者的一项重要工作内容，就是对日常文件、工作事务及紧急情况进行处理。而能否完成日常工作中的文件处理工作，成为衡量一个人能否胜任相关工作的重要指标。公文筐测验因其良好的情境模拟性与捕捉能力要素的有效性，成为评价中心技术中运用得最多的一种方法。

6.1　公文筐测验的基本操作

6.1.1　公文筐测验的概念

公文筐测验（in-basket test）又称公文处理模拟测验或文件筐测验，它是评价中心技术中运用得最多的，也是最重要的测评方法之一。据国外学者的一项调查研究显示，95%的评价中心都采用了公文筐测验这种测评技术。

公文筐测验是一种个人综合性笔试测验，作为一种测评中高级管理人员素质的情境模拟（situational exercises）技术，已经有60余年研究和应用的历史。从1957年起许多专家和国际知名的公司GE、AT&T等都开展了公文筐测验的研究和应用。在美国，该测验已被1000多家知名企业所采用，如美国电话电报公司、福特汽车、通用电气等，它们均将公文筐测验作为企业管理人员选拔、测评的重要手段。我国在公文筐测验的研究和应用方面起步较晚，但是其作为中高层管理人员的有效选拔工具，在近年来受到高度重视，国内一些著名的企业都开始逐步应用公文筐测验。当前在国内，公文筐测验作为一种测评技术，被越来越广泛地应用于领导干部和管理人员的招聘选拔中。

公文筐测验是一种对管理人员的潜在能力进行测量的有效方法。它根据被评价者在规定时间内（一般为1~3个小时），对一系列的公文材料（如函件、备忘录、待审批签发的文件、统计资料和报表等）的处理情况来考察被评价者的计划、组织、预测、决策和沟通等能力。在典型的公文筐测验中，测验会提供组织结构图、部门情况简介等公司的背景信息，以及便签簿和文件夹等办公用具。被评价者在测验中要按照测验的要求，模拟特定的管理者角色进行公文处理，包括做笔记、安排会议或做其认为恰当的任何事情，一切就好像在真实的管理工作中一样。测验结束后，被评价者还要以口头或者书面的方式解释这样处理公文的理由。测评人员再根据被评价者处理公文的顺序、质量、时间、理由等，来对测验进行计分。

如果是录用一般管理岗位的人员，问题可能仅仅涉及理解并遵循指令，安排日常事务性工作、文稿归类整理、协调各方面执行等任务，而对于中高层的管理人员，测验则涉及十分广泛的问题，如人事安排、人事关系、财政支出与控制下属的能力、内部关系和组织结构等。这些函件有来自上级和下级的，有组织内外部各种典型问题和任务，有日常琐事，也有重要大事。它要求被评价者在规定的时间内将这些公文处理完毕，并采取措施或做出决定，在处理的过程中一般没有其他人的协助。通过这种测评方法，评价者可以较好地观察到被评价者对公文的处理是否有轻重缓急之分，是有条不紊地处理并适当地请示上级或授权下属，还是拘泥于细节，杂乱无章地处理，由此来反映被评价者在管理方面的计划能力、组织协调能力、判断能力、沟通能力、决策能力以及领导能力等。此外，还反映了对信息的收集和利用能力、处理问题的条理性和灵活性程度以及对他人的敏感性等。

公文筐测验由测验材料和答题册两部分组成，目前主要采用纸笔方式作答。

（1）测验材料。就是提供给被评价者的文件资料和信息，通常会以信函、备忘录、投诉信、财务报表、公函、账单、上级工作报告等形式出现。在测验中可能用到的十几份材料，均标上编号，随机摆放在公文筐中，供被评价者在测验的各个阶段使用。

（2）答题册。供被评价者针对材料写处理意见或者回答指定问题，是被评价者唯一可以填写答案的地方，也是测评人员对被评价者在测验中的表现进行评分的唯一凭据。答题册包含总指导语和各分测验的指导语，它提供了完成测验所需的全部指导信息，一般各分测验的指导语会在各分测验开始时给出。

6.1.2　公文筐测验的适用性

公文筐测验把被评价者置于模拟的工作情境中去完成一系列的工作，与通常的纸笔测验相比，显得生动而不呆板，较能反映被评价者的真实水平；与结构化面试、无领导小组讨论等测评技术相比，它提供给被评价者的背景信息和测验材料以及被评价者的作答都是以书面形式完成的，一方面是考虑到被评价者在日常工作中接触和处理大量文件的需要，另一方面也为每一位被评价者提供了工作的前提条件和机会相等的情境。公文筐测验可以同时对大批量的被评价者进行测试，这也是其他情境测验所无法比拟的。并且公文筐测验是评价担任特定职务的管理人员在典型职业环境中获取、研究有关资料、处理各类信息、准确做出管理决策、有效开展指挥、协调和控制工作能力及其现场行为表现的综合性测验。

由于公文筐测验可以将管理情境中可能遇到的各种典型问题抽取出来，以书面的形式让被评价者来处理，所以它可以考察被评价者多方面的管理能力，特别是计划能力、分析和判断问题的能力、给下属布置工作并进行指导和监督的能力、决策能力等。归纳起来，主要有以下两类。

1. 与事有关的能力

公文筐的各种公文都会涉及组织中的各种事件，被评价者搜集和利用信息（洞察问题）的能力首先会体现其中，另外有的事情是需要被评价者做出分析或综合判断的，有的事情需要做出决策，有的事情需要组织、计划、协调，有的还需要分派任务（授权），而且在纷繁复杂的事情中需要分清轻重缓急，而这些能力都可以在公文筐测验中得到反映。同时，由于与其他测评方法相比，此法提供给被评价者的测验材料和作答都是以书面形式来实现的，所以还能有效地测察被评价者的文字与写作能力。

2. 与人有关的能力

由于在公文中会提到各种各样的人物以及他们之间的关系，这些文件也是来自不同的人，设计得很好的公文筐测验会把人物的特点勾勒得淋漓尽致。被评价者除了要善于处理公文中的事情之外，还要对与文件有关的人物非常敏感，而且很多情况下，事情处理得是否得当就取决于是否能够正确理解相关人员的意图、愿望、性格特点和人物之间的关系。因此，在公文筐测验中也能很好地测量与人打交道的能力，尽管这种能力是通过书面的形式间接表现出来的。

由此可以看出，公文筐测验是一种优良的选拔、考核中高层管理者的测评工具。首先，从成本核算的角度考虑，公文筐测验的成本高、耗时长，对于责任重大或者关键性的职位来说，采用这一方法还算合算，否则未免有点得不偿失。其次，公文筐测验本身就是基于中高层管理人员的工作特点设计的，自然也就符合中高层管理人员的职位特点和工作内涵。所以，除非需要将基层人员提拔到高层职位中，在一般情况下不对基层人员使用公文筐测验。

6.1.3 公文筐测验的特点

1. 公文筐测验的优点

（1）考察内容范围广泛。作为采用纸笔形式的公文筐测验，测评被评价者的依据是公文处理的方式及理由，是静态的思维结果。因此，除了必须通过实际操作的动态过程才能体现的要素外，任何背景知识、业务知识、操作经验以及能力要素都可以蕴含于公文处理之中，借助于被评价者对文件的处理结果来实现对被评价者素质的考察。

（2）表面效果很高。由于公文筐测验所采用的文件十分类似于在应聘职位中常见的公文，有时就是完全真实的公文，因此，如果被评价者能妥善处理测验文件，就理所当然地被认为具备该职位所需的素质。

（3）情境性强。公文筐测验完全模拟现实中真实的管理工作情境，对实际操作有高度的拟真性，因而预测效度高。公文筐测验让被评价者处于模拟的工作情境中去完成一系列工作、任务，与通常的纸笔测验相比，显得生动、灵活，而且有创新性，能较好地反映被评价者的真实水平。

（4）综合性强。测验材料涉及日常管理、人事、公共关系、政策法规、财务等行政机关的各方面事务，考察被评价者计划、授权、预测、决策、沟通等多方面的能力，从而能够对高层及中层领导干部进行全面测量与评价。

（5）功能多样。在实际运用中，公文筐测验除用作评价、选拔领导干部外，还可用于培训、提高领导干部的管理技巧，提高解决人际冲突和组织内部摩擦的技巧，以及为人力资源计划和组织设计提供信息。

2. 公文筐测验的缺点

（1）成本花费较大。测验的设计、实施、评分都需要较长时间的研究与筛选，必须投入相当大的人力、物力才能保证较高的表面效度，因此花费的精力和费用都是比较大的。此外，公文筐测验法同其他模拟测验一样，由于适合进行个体测验，在被评价者很多时，就非常耗费时间。

（2）评分难度大。一个文件的处理，除了个人素质的原因外，机构、氛围、管理观念等不同的组织，具有不同的评价标准。显然，政府机关与公司企业、私营企业与国有企业对有关文件的处理是大相径庭的。在我国，从事实际工作的人们往往缺乏对招聘单位管理经营状况的深入了解，因而文件如何处理才能充分表明被评价者具备招聘职位所需素质，专业人员与实际工作者往往存在理解上的差异。因此，评分不容易把握。

（3）存在一些不可克服的误差。一是被评价者目前的工作行为表现并不一定能揭示他在以后新的工作中的管理能力；二是测评人员在观察评定中可能存在错误与偏见。例如，当被测者即将从事的工作与评价他的测评人员的工作完全两样时，测评人员总是用自己的行为模式来衡量被测者的优劣。

（4）选择效标较困难。公文筐测验很难对其标准关联效度进行评定。一个装配工如果把零部件组装反了，我们能很快判定他不胜任这项工作，因为大家知道正确的零部件组装结果是什么。但是，对管理者的管理工作的评定就很难做到这一点。有些管理者存在的问题需要工作一段时间才能发现。因此，对管理人员选择标准性的验证往往比较困难，其中很大程度是由于建立适当的效标比较困难。

6.1.4 公文筐测验的基本能力要素

公文筐测验所要测评的能力是定位于领导干部从事管理活动时，正确处理普遍性的管理问题和有效地履行主要管理职能时所具备的能力。考察领导干部对多方面管理业务的综合运作能力，包括对人、财、物、时间、信息等多方面的控制、理解和把握。具体来说，考察主要针对以下几个能力要素来进行。

1. 分析能力

被评价者能在所给的众多公文中获取有关信息，能综合这些信息资料，透过现象抓住本质，分辨出各项公文文体的轻重缓急，准确掌握关键所在，洞悉事物间联系，并找出造成问题的原因，适时地做出恰当的结论或对策。

2. 组织协调能力

主要考察被评价者协调各项工作和部属的行动，使之成为有机的整体，做到有章可循和有条不紊，并按照一定的原则要求；同时处理各部门之间的关系，调解不同利益方的矛盾冲突，使组织内外关系和谐；还要合理配置组织资源，让组织中的每个人的行动都指向总体目标。

3. 决策能力

这个维度得分高的被评价者对复杂的问题能进行审慎的剖析，从而能灵活地找出各种解决问题的途径，对其做出合理的评估，对不同方案的结果有着清醒的判断，以提出更好的决策意见。该维度主要考察三部分内容：决策的质量、实施的方案、影响的因素。评价决策时更要仔细考虑决策背后的合理性成分，考察被评价者有没有考虑到短期和长期的后果，是否考虑了不同的备选方案的优点，如果采取了某种行动方案，要能给出理由。

4. 预测能力

得分高的被评价者可以全方位系统地考虑环境中各种不同的相关因素，并进而对各种因素做出合理恰当的分析，并做出合理的预测，同时能使预测具有可操作性，提供有效的实施方案。该维度主要考察三部分内容：预测的质量、预测所依据的因素、可行性分析。评价预测时，要考察被评价者在多大程度上用到了提供的材料来做出预测，即是否综合运用了各种因素才做出分析。

5. 表达和沟通能力

要求被评价者说明处理操作的理由，通过书面形式有效地表达出自己的想法和意见。根据评估内容，考察被评价者的思路是否清晰，意见是否连贯，措辞是否恰当以及文体是否合适。得分高的文章要求语言流畅自然，文体风格与假设情境相适应，能根据不同信息的重要性来分别处理，具有结构性和逻辑性，考虑问题周到全面，能提出有针对性的论点，并熟悉各个领域。

6. 创新能力

被评价者在处理问题时敢于突破常规，尝试使用不同的方法、手段、程序，创造性地解决困难和化解矛盾，并能给出合理的处置理由。

以上所列举的各个维度只是在公文筐测验中经常用到的，并不是说每个测验都必须要运用这些要素来对领导者进行考察。根据实际领导岗位的需要，还可以在测验中有所增加，如可考察洞察能力、计划能力、任用授权能力、团结部署的能力、岗位法规知识等。

6.1.5 公文筐测验的实施步骤

公文筐测验的实施步骤包括测评前的准备、开始阶段、正式测评阶段和评价阶段。各个阶段都有一些特定的要求，任何环节出了问题，其他环节都难以弥补。所以，在实施时，必须严格按照要求对所有的被评价者进行测评，以保证测评的标准化和公平性。

1. 测评前的准备

测评前的准备工作是公文筐测验能否顺利实施的关键。测评前的准备工作范围很广，包括指导语的设计、各种材料的准备、测试场地的安排等。只有将这些工作做得周到细致，才能确保实施质量。

（1）要有清楚、详细的指导语。指导语要说明被评价者在公文筐测验中的任务与有关要求，文字应该通俗易懂，以保证每个被评价者都能够准确无误地理解测验要求。一个典型的指导语应该是这样的：

范例 **公文筐指导语**

这是一个公文筐测验，在这项测验中，你将作为一个特定的管理者，在两个小时的时间里处理一系列文件、电话记录、办公室的备忘录等。

这里为你准备了你今天需要处理的全部资料，放在办公桌的塑料公文袋里。

在测验中你需要使用以下工具：一本答题纸、有关背景材料、公文袋中的测验材料、铅笔、计算器等。

请不要在公文袋中的测验材料上写任何东西，所有的问题处理都写在答题纸上。我们只对答题纸上的作答进行计分，在其他任何地方的答题将不予考虑。

在测试期间，为了不影响你的成绩，请关闭手机。

大家都听明白了吗？有问题的请举手。如果没有问题，就开始答题了。

（2）准备好测验材料。测验材料包括两类，即提供给被评价者的背景材料和待处理的各种测验资料。背景材料一般包括被评价者的特定身份、工作职能和组织机构等具体的情景设计，背景材料的多少随测验材料而定，其核心目的是为被评价者处理公文筐测验中的各种问题提供一个背景情况，以保证被评价者有足够的背景信息可以参照。各种测验资料包括信函、报告、备忘录等。这些材料事先放在桌子上的公文袋里。

为了突出公文筐测验的逼真性，上述文件可以用多种方式来呈现。比如，不同的文件用不同规格或不同大小的纸张来呈现，文件内容可以既有打印稿，又有手写稿，有些文件上甚至可以写上多位主管的批示，以表示文件已在多位主管中传阅过。

（3）准备好答题纸。答题纸是专供被评价者对材料写处理意见或回答指定的问题，是被评价者唯一能够书写答案的地方，评分时只对答题纸上的内容进行评分。给每个被评价者的测验材料和答题纸事先要编上序号，实施前要注意清点核对。答题纸一般由三部分内容组成：一是被评价者的编号、姓名、应聘职位、文件序号；二是处理意见或处理措施、签名及处理时间；三是处理理由。值得注意的是，文件序号只是文件的标识顺序，通常由易到难，并不代表处理的顺序，应该允许被评价者根据轻重缓急调整顺序，只要给所有被评价者的文件顺序相同即可，以示公正。在某些特殊的情况下，要被评价者就某个问题写一个报告，此时得另加上几页空白答题纸。

（4）要事先编制好评分标准。根据各测验要素的定义，结合具体的测验试题，给出各要素的评分标准，必要时可以给出好、中、差三种情况的作答特征描述。

（5）要事先安排一个尽可能与真实情境相似的环境。公文筐测验除了要求环境安静、空气新鲜、采光好等条件外，最好能够使测试环境与真实情境相似，至少应该保证每个被评价者有一张桌子和必要的办公用具，由于要处理大量的公文，桌面要足够大。被评价者之间的距离也应该远一些，以免相互干扰。为了保密和公平，最好所有的被评价者在同一时间内完成公文筐测验。

2. 开始阶段

在公文筐测验正式实施前，测评人员要把测验指导语从头到尾念一遍，并对测验要求做一简要介绍，同时强调有关注意事项。当被评价者对测验指导语完全理解后，每位被评价者才可以开始阅读有关的背景材料，即被评价者的身份和一个假定的时间与情境，通常包括工作职能说明、组织机构表、工作描述和部分工作计划等，阅读时间的长短随背景材料的多少而定，一般有10分钟就足够了。这里的关键是让被评价者尽快进入情境，明确自己的角色，以便开始作答测验。被评价者在这个阶段有任何不清楚的问题，都可以向主评价者提问。

3. 正式测评阶段

这一阶段通常需要1~3个小时左右的时间，为了保证公平性，在正式测评前，被评价者不得翻看测验材料。被评价者对文件的处理意见或者答案，都要写在答题纸上，除非评价中心测评的总体设计中另有设定，被评价者一般需要独立工作，没有机会与外界进行其他方式的交流。被评价者在这个阶段有任何问题，都不得向主评价者进行提问。测评结束时，被评价者必须同时停笔，但是可以提醒他们检查一下是否在每一页答题纸上写上了被评价者的编号。对于提前做完的被评价者，不要让他们离开考场，因为下一个阶段评价者可能还会对被评价者进行必要的追问。

4. 评价阶段

测试结束以后，测评人员要对被评价者的作答进行粗略的评价，只有这样，当测评人员感到被评价者的回答模糊不清时，才可能对被评价者当面进行提问，在此并不获取新的信息。如果未能及时进行评价，那么也应该在现场翻看一下，以决定是否要对被评价者进行必要的追问。测评人员一般在评价被评价者的实际回答时，不仅要看被评价者的文件处理方式与方法，还要结合被评价者对每个文件处理办法背后的理由说明。有时候，尽管两位被评价者的处理办法相同，但不同的处理理由往往反映出其不同的能力水平。

另外，在施测的时候，还可以通过现场或者录像观察被评价者处理公文的方式。有的被评价者可能比较讲究效率，在看清测验要求之后就奋笔疾书，按照公文的先后顺序回答问题，并用一、二、三等数字来体现答题的逻辑性；有的被评价者可能会从整体上考虑公文之间的联系，在附加的日历上做一些必要的标注，挑选出最重要或者最紧急的事情首先处理，然后才回答其他的。这一方面可以体现被评价者的行为风格，另一方面也可以间接反映他的管理意识和能力，可以在相应的维度上增加适当的分数。

6.1.6 公文筐测验对评价者的要求

公文筐测验对评价者的综合素质要求较高。他们不仅要具备管理学和心理学领域的基础知识，了解公文筐测验的理论和实战依据，而且要对测评对象所任职务的职责权限和任职资格（工作经验、学历、能力、潜能和个性心理特征等）进行系统研究，能够独立或与他人合作设计测评题目，了解各测评题目之间的内在联系；能够恰如其分地开展考评问询，能够对被评价者进行全面、客观、公正的评价。评价者要对每种可能出现的答案及其所代表的意义与其他评价者事先达成共识。在20世纪50至80年代，公文筐测验的评价者是清一色的管理顾问、咨询专家或心理学家，20世纪80年代以后，公文筐测验的评价者也开始逐步吸收所在企业的高级管理人员（他们通常是被评价者直接上级的上司）。企业高级管理人员通常对企业管理现状的方方面面感受深刻，通过两周左右的标准化速成培训以及顾问人员的现场指导，他们基本上能够担负起合格评价者的工作职责，而这对于企业自身管理团队的建设意义深远！

6.2 公文筐测验的题目编写

6.2.1 公文筐测验的编制

编制公文筐测验是一件非常复杂的工作，一般要经过三个步骤。首先是工作分析。通过工作分析确定工作的具体任务，以及完成工作所必须具备的知识、能力和技能。其次，要确定测评维度。在公文筐测验中典型的测评维度包括领导、决策、敏感性、问题分析、判断、组织、计划和人际关系技能。最后才可以选择测验材料。在工作分析和测评维度的基础上有针对性地选择材料。

试题编制是公文筐测验过程中的核心环节，是直接影响测评效果的关键。如果这个环节的工作做得不好，那么测评实施与结果评定等环节也很难保证，公文筐测验的有效性和可靠性就无从谈起。所以，如何设计和编制公文筐测验，是学习和掌握公文筐测验的关键。经验丰富的题目设计小组一般用2~3个工作日即可完成一个重要管理职务的公文筐测验题目设计。

1. 确定测评要素

测评要素的确定要依据两个方面来进行。

（1）通过工作分析或胜任特征分析来澄清拟任岗位的要求。通常需要分析岗位的职责与任职要求，这可以通过查阅有关职位说明进行，同时还要与任职者或者其上级领导进行深入细致的访谈，以澄清拟任职位的关键任务指标和胜任特征。如果访谈的任职者数量比较多，还可以采用问卷的方式进行调研。

有效的工作分析是公文筐测验的最核心的基础工作，工作分析的关键内容开展得越规范、越全面、越深入、越细致，公文筐测验的题目设计就越容易，测评结果的信度、效度也就越高。但仅有系统的工作分析还远远不够，对行为特点、企业内外环境、企业文化和测评目标的分析也是测评题目设计时需要考虑的重要内容。

公文筐测验题目设计的主要依据有：企业所在行业的特点、企业内部和外部环境状况、企业文化、测评的目标、招聘选拔和培训需求、管理职务设置的目的和工作职责、管理职务的工作性质与工作方式、管理者工作活动的内容、各项工作活动占全部工作活动时间的比例、各项工作活动的执行权限和执行依据、工作活动结果的预期标准（每一管理者的工作活动都包括人际关系、信息传递和决策制定三大类活动）、管理者每一工作活动的主导业务流程、管理者的工作关系、管理者的直接上级和间接上级、直接下级和间接下级、管理者的同级、管理者的企业内部客户和企业外部客户、管理者可调遣或协调的工作资源（包括人力资源、物力资源、财力资源和信息资源）。

通过上述方法，可以确定拟任岗位的素质要求，这是要素确定的立足点。

（2）要充分考虑公文筐测验的特点进行取舍。如前所说，公文筐测验方法不一定对所有的测评素质都适合，这就需要根据方法本身的特点进行选择。通过这一步骤，可以确定公文筐测验要测评什么素质，哪些素质可以得到充分测评，各个素质应该占多大的权重等。

由于公文筐内容的不尽相同，所以每次测验的维度也是根据实际情况而定的。总的说来，公文筐测验的评分维度主要有两个方面：一是明确单个公文的考察要点，针对每个要点的答题情况进行评分。公文一可能考察的是被评价者对情况的分析判断能力和决策能力，公文二可能考察的是协调能力，公文三可能考察的是授权意识，公文四可能考察的是商业敏感性等。二是从所有公文的总体进行分析。看被评价者是否能够充分认识到各个文件之间的关联，对所提供的背景信息能否充分地利用，对各个人物在组织中的角色是否有较为准确的认识，是否可以通过对一些数据的分析得出相应的结论；看被评价者是否对时间有敏感性，能否较为迅速地发现被拖延的公文；在分清时间先后顺序的同时，是否能够敏锐地发现时间冲突，并在此基础上分清事情的轻重缓急，合理安排自己的工作；看被评价者整体的文字表达能力如何，是否能够用清晰、简洁的语言来传达信息；对处理公文的一些基本格式和规则的了解程度如何。当然，每一份公文并不一定只是考察一个要点或维度，也可以同时考察多个素质维度。

2. 编制文件

文件的编制是公文筐测验编制过程中的核心环节，主要有以下三个步骤。

（1）得到文件素材。文件素材不能凭空杜撰，必须从任职者的实际工作来设定。一种比较有效的方法是请一批比较好的任职者或者他们的直接上级开个交流会，运用关键事件法，让他们回想自己在工作中处理过的印象比较深刻的各种事情，并要求他们写出来。为了得到任职者的配合，对关键事件的回忆通常从正面事件开始，因为大多数人谈论自己比较成功的事情还是比较容易的，这样做能使他们很有信心，从而乐于去回忆。为了不至于使获得的事件太离谱，事先应该将测评要素及其内涵告诉他们，让他们围绕这些要素来回忆。至于征集关键事件的总体数量的多少，要根据所需要编制的文件的数量而定，一般要按所需文件数量的2~3倍来征集。

（2）筛选、加工文件素材。运用关键事件法得到的大量素材中，有一些可能不符合要求，比如说有的事件根本就反映不出相应的能力来，这种情况就得看事件能否反映别的测评要素，如果什么都反映不出来，就可以把这个事件淘汰掉；如果能够反映出别的要素来，就可以把这个事件归类到相应的要素上。然后对剩下的许多事件进行加工。因为任职者写出来的事件中有的太抽象或者不够完整，这就需要适当补充；有的包含了多个事件，这就需要适当地进行拆分；还有的事件描述得太繁琐，这就需要进一步地精简加工。另外，完全真实的材料可能会过于偏重经验的考察，而忽视潜能的考察，据此选拔出来的人无疑是完全与招聘单位文化气氛相同的人，违背了引入外来人才、给单位输入新鲜血液的本来目的，同时这对单位外部的被评价者也不公平。最后还需要对文件的文字陈述进行加工，力图保证试题的表述清楚，文句简明扼要，表意确切，不致使被评价者产生误解，但是也不能遗漏一些必要的条件。注意：公文筐测验不是阅读理解或者语文能力测验，而是对各种领导和管理能力的测量，因而不能用艰深、难以理解的词句来影响测验结果的公平性。

（3）编制文件。完成上述的工作，就可以编制文件了。文件的类型主要有三种：批阅类、决策类和完善类。

批阅类文件要求被评价者能够区分文件的轻重缓急和性质，提出处理意见。这类文件是常规性的公务文件，通常只需要按部就班地处理即可。

决策类文件往往是请示、报告、建议之类，阐述的往往是日常工作中遇到的非常规性决策问题，要求被评价者在综合分析的基础之上提出决策方案，或从给定的几种方案中选择最佳方案。

完善类文件是指有缺陷的文件，尚缺少某些条件和信息，如材料不完整、观点意见不妥当等，看被评价者是否善于提出问题和获得进一步信息。

文件的签发方式及其行文规定可以忽略，但文件的行文方向（对上与对下，对内与对外等）应该有所区别。文件的形式尽量与拟任职位中实际可能遇到的各种文件一致。

编成的文件应该具有三大特点：一是典型性。文件内容涉及未来工作中最主要的活动，是对多种情况的归纳与概括；二是主题突出。单个文件应该以描述一个主题为核心，尽量避免一个事件的多个方面都是重点；三是难度要适中。测验的目的在于区分能力不同的被评价者，因此应该尽量避免测验中的天花板效应、地板效应，使得大家的得分都很高或者都很低而不能区分，通常应该由易到难，形成梯度。

3. 试测与收集答案

公文筐编制结束以后，制定评价标准也是相当关键的。为了使评价标准有针对性和实用性，就需要收集各种答案，即文件的各种处理办法。一个比较有效的做法就是把编好的公文筐让在职的有关人员作答。这些在职人员应该和将来应聘的被评价者团体具有相似的特征，可以看做来自于同一个样本群体，并且他们所在的岗位，就是被评价者将来拟任的岗位。人数应该保证在几十个人，不能太少，但是时限可以稍微宽松一些，以保证他们能够将所有的文件都处理完。最后根据这些在职人员的结果进行汇总分类，列出表格。

为了验证编制出来的公文筐测验的效度，我们可以将公文筐测验施测于一批优秀的任职者和一批没有管理经验的一般人员。将两个团体的作答结果进行比较。假如两个团体的作答结果之间没有显著性的差异，或者一般人员的结果比优秀管理者的结果要好，这就说明编制的公文筐测验可能存在问题，区分效度不明显，需要进一步修改。假如优秀管理者的结果明显地好于一般人员，则可以接受这份公文筐测验，但要注意保密。

4. 制定答案及评分标准

让有经验的高层管理人员或者主管对上述所有的答案用三级量表评定（好、中、差），并进一步确认题目所测试的要素以及答案可能反映出来的被评价者的能力水平。在此基础上，把所得到的结果进行总结性的统计和组织，即得出各文件的可能答案表及评分标准。下面给出一个评分标准的样例。

范例 **计划能力**

好：能够有条不紊地处理各种公文和信息材料，并根据信息的性质和轻重缓急对信息进行准确的分类处理。在处理问题时，能及时提出切实可行的解决方案，主要表现在能系统地事先安排和分配工作，注意不同信息之间的关系，有效地利用人、财、物和信息资源。

中：分析和处理问题时能够区分事件的轻重缓急，能够看到不同信息间的关系，但解决问题的办法不是很有效，在资源的分配与调用方面也不尽合理。

差：处理各种公文和信息材料时不分轻重缓急，没有觉察到各种事件之间的内在联系。解决问题时没有考虑到时间、成本和资源方面的种种限制，提出的问题解决办法不可行。

6.2.2 公文筐测验的结果评定

公文筐测验的结果评定既是重点又是难点，只有对被评价者的作答进行准确、合理的评定，才能有效地发挥公文筐测验的鉴别功能，也才能体现以此方法进行人员选拔时的客观、公正。但是，由于公文筐测验作答的开放性，加上测验背景的复杂性，其结果评定很难，这对评价者提出了很高的要求。

1. 评分标准的设计

评分标准的设计是公文筐测验结果评定中的基础环节，公文筐测验的评分标准包含着三个方面的内容：一是参考标准，即处理各个问题的较理想的方式；二是等级水平，是各种不同的处理方式所体现能力、素质的水平或质量等级；三是测评规则，即一定等级水平与参考标准之间的对应关系。

对于参考标准来说，这是评分标准设计中的关键，因为只有明确了什么样的文件处理方式说明被评价者某方面的能力高、什么样的文件处理方式说明被评价者某方面的能力差，才可能有效地评价测验结果。确定这些测量要素的测评指标的方法可以采用当前国际上盛行的行为定位法，这种方法不关注被评价者之间的相互比较，而是有一个行为性的测评基准点，寻求有效的行为表现与无效的行为表现的区别以及不同表现所产生的效果。

参考标准确定以后，评分表的设计就比较简单了。首先要确定量表评定的等级，常用的有 5 点量表、7 点量表、9 点量表、10 点量表，其特点是将被评价者的行为表现分成等距的几个等级，比如 5 点量表可以分成很好、较好、中等、较差、很差 5 个等级。10 点量表通常把行为分成好（1～3 分）、中（4～7 分）和差（8～10 分）三个等级，并对三个等级的行为表现做出具体的描述，然后评价者根据被评价者的具体表现在三个等级内再做细分。

2. 评定标准的把握

让测评人员掌握评定标准是公文筐测验结果评定的核心环节。评分表设计得再好，如果测评人员对评定标准没有把握好，那么结果评定也是没有可信度的。评价者要把握评定标准，通常需要严格地训练。

（1）要让测评人员熟悉测评要素的内涵和拟任岗位的要求。在公文筐测验的评价者中，通常由两类人员，一类是评价专家，另一类是具备拟任岗位工作经验的人（一般是拟任岗位的上级领导及人事组织部门的领导）。评价专家虽然能够很好地把握测评要素的理论界定和评价尺度，但是对具体的岗位可能不是十分了解；而有关领导虽然熟悉岗位特征，但是对测评要素又把握得不是太准确。因此，双方需要密切合作，互相学习，各取所长，提高评价的客观性和有效性。

（2）要加强评价练习。让测评人员熟悉测评要素的内涵和拟任岗位的要求并不是一件很容易的事情，需要通过评价实践来巩固。通常可以让多位测评人员同时对几份公文筐测验的作答情况进行多次评定训练。评分的实施程序一定要注意，一般应该两人以上各自独立评分，然后交流评分结果，如果发现不同测评人员的评分结果之间的差异比较大，就得让他们简述自己的评分理由，拿出客观的评分依据，据此对他们进行指导，使他们把握好统一的评分尺度，直到达到预定的标准。

3. 评价结果的内容

在公文筐测验结果的评定过程中，测评人员不要仅仅给出一个简单的分数，最好就各种测评要素给被评价者写出相应的书面评语，这样做的意义是，一方面保留公文筐测验中提供的、难以从分数中体现出来的很多宝贵信息；另一方面更明确地反映出测评人员对被评价者的倾向性意见，同时也能够使得录用决策建立在更为生动具体的评价信息基础之上。关于如何填写公文筐测验的评语，并没有很严格的限定，只要抓住被评价者的主要特点，用适当的文字描述出来，给予恰当的考核建议即可。如果对公文筐测验的结果仍然存在很多疑点或者判断模糊的地方，可以留待与其他测评方法相互印证。

6.2.3 公文筐测验的计分方法

在公文筐测验的研究和应用方面，公文筐测验的计分方法始终是研究者关注的焦点之一。这是因为公文筐测验的信度和效度，以及绩效指标的评价及其研究和应用都依赖于计分的科学性。

不同公文筐测验计分方法的主观程度和客观程度存在一定的差异。公文筐测验计分方法的客观程度指计分依据客观标准答案的程度；主观程度指计分中加入主观判断因素的程度。根据公文筐测验计分的主观程度和客观程度的差异，一般可以分为三种不同的计分方法。

表 6-1　　公文筐测验三种计分方法

	第一种方法	第二种方法	第三种方法
名称	元素计分（行为元素评估方法）	总体评定计分（主观和总体的评估方法）	维度评定计分
操作	针对被评价者对每一个文件的回答做出评定，计分时首先求出各行为元素的分数，最后求出各行为元素的分数之和	针对被评价者处理文件的方式，做出全面的、主观的评定	针对被评价者在每一维度上的回答进行计分，测验总分数是每个维度分数的总和
优点	能够客观地描述行为、信度较高	比元素计分方法具有更高的效果	应用频率较高；主观性和客观性介于前两种方法之间；比元素计分方法具有更高的效度
缺点	效度受到质疑	计分主观性强	应用较复杂

公文筐测验除了上述三种计分方法以外，希普曼（Schippmann）（1990）还提出了两类计分方法，即内容计分法（content scoring scheme）和风格计分法（stylistic scheme）。前者强调客观计分，全面地评价个体差异，计分时只考虑被评价者的决策情况、材料完成情况、书面词汇使用情况等，不对决策质量的好坏进行主观的评定；而后者强调主观计分，由个人或专家小组来评定被评价者的绩效水平或个体能力差异，它不仅考虑被评价者的决策情况，

而且需要对决策质量的好坏进行主观的评定。

公文筐测验有许多不同的计分方法，它们在计分程序的客观程度和最终结论的复杂程度上存在一定的差异，所以不同计分方法的信度、效度指标和对被评价者测试结果反馈的详略程度上也存在一定的差异。

公文筐测验的计分应用是一个不断探索、发展和完善的过程。今后公文筐测验计分应用需要解决的主要问题是，如何减少公文筐测验的计分时间和提高计分的内部一致性。

范例

公文筐测验案例

背景知识

国内一家中型企业集团公司因业务需要在公司内部公开竞聘一名副总裁，为考察竞聘者的管理能力，专家专门设计了一套公文筐测验，请参加竞聘的8位应聘者同时完成。

指导语

欢迎各位参加本次公文筐测验！我们希望通过测验增加对各位的了解，请大家注意，为了不影响各位的进度，请大家都关闭通信设备，谢谢合作！（分发测验题本和答题册）请各位查看是否都拿到了测验材料和答题册各一份，确认无误后，首先请各位在答题册的首页填写背景信息，在测验开始之前请不要翻看测验材料。

假设情境和测验的具体要求

您是李如文先生，三天前刚被提升为森宇公司总裁。

森宇公司是一家医药生产和销售企业，拥有15家子公司，正式员工3000余人，在北京和石家庄建有生产厂。但企业管理水平偏低，企业效益近期有不断滑坡的趋势。

今天是2008年1月1日，星期二，现在是上午9点，秘书已经将有关文件放入您的公文筐（共计6份文件）。您必须在一小时内处理完所有文件并保证所有问题都能在2008年1月31日前得到妥善圆满的处理。不巧现在您的电话坏了，而且公司内部的局域网也要等到明天上午才能恢复使用。请将您的处理意见写在每份文件下面。

请注意：①对于一些文件或者手稿，你需要做出相应的处理，并需要说明你这样处理的理由；即使碰到你不能马上决定的事情，或需要转发由其他多个部门协助处理的文件，也应当提供适当的建议和理由，以备决策者参考。②所有的任务需要在2小时内完成，请注意时间安排！③对每份文件的处理意见和理由都请写在答题册上，写在题本上不予计分。

测验材料

FILE　　1

李总，您好！

已到年末，年度奖金方案尚未确定。以往每年年底人均加发两个月工资，这已成传统。但今年经济形势严峻，恐怕只能加发半个月工资，与员工期望差距非常大。如处理不好，明年初骨干员工就会大量流失。行政副总刚刚离职，我们不知如何应对，请您批示。

人力资源部陈××

2007年12月×日

FILE　　2

李总，您好！

我公司员工培训费开支在同行业企业中一直处于中上等水平，为了节约经费、压缩成本，培训部准备缩减一些培训项目，计划从本月起将员工的培训费由人均60元/月调整为人均40元/月。妥否？请批示！

人力资源部侯××

2007年12月×日

FILE　　3

李总，您好！

企业行政事务日益繁杂，公司目前的文秘工作均由综合素质较低的行政文员兼做，除总裁外，其他高层领导均无秘书，很多管理工作经常被耽误。行政部计划为各位副总及各级高管高薪招聘共计11名专职秘书，以确保更好地服务于各级高管，提高企业行政工作效率和工作质量，并改进公司的对外形象。妥否？请批示！

行政部何××

2007年12月×日

FILE　　4

李总，您好！

中央电视台致函催缴奥运期间黄金时段的广告订金（295000元），如果在 1 月 10 日未付清，将取消公司的广告预定，请批示。

产品开发部张 × ×

2007 年 12 月 × 日

FILE　　5

李总，您好！

春节将至，是否能根据公司惯例请您为各子公司的领导写一封亲笔问候信。

行政部李 × ×

2007 年 12 月 × 日

FILE　　6

尊敬的李先生：

这封信是提醒您，我们于去年 12 月 15 日寄去的编号为 900124756488 的账单尚未付清，随信寄去账单副本，根据事先达成的协议，以这封信寄出日期算起，如果 14 日之内未按协议结账，您将要加付每天 1% 的利息。

× × 公司

2007 年 12 月 × 日

成绩报告

测验结束后，测评师要依据每一个文件的处理和所要考察的各个维度一一给出评分和评价，将被评价者的答案和事先做好的参考答案相对照来进行评分。见表 6－2。

表 6－2　　评　分　表

被评价者		评分者姓名		
评分维度				
文件编号	分析问题	人际敏感	领导才能	组织计划

最后的评价也不能简单将各项得分相加，而是要全面地评估他在各个维度上的总体表现。在最后的成绩报告中，要以评价维度为序，给出被评价者在各个维度上的得分和评价。见表 6－3。

表6－3 公文筐测验结果报告

被评价者： 测验时间：

评分维度	得　分	评　价
分析问题		
人际敏感		
领导才能		
组织能力		
计划能力		

在报告的最后是否给出录用建议要视情况而定。

学习指南

公文筐测验作为评价中心技术中运用得最多也最为广泛的测评方法，其优势是显而易见的。它根据被评价者在规定时间内，对一系列公文材料，如函件、备忘录、待审批签发的文件、统计资料和报表等处理的情况来考察被评价者的计划、组织、预测、决策和沟通等能力。公文筐测验最大的优点在于其具有较高的表面效度，它能够有效地鉴别出不同群体的管理潜力。

关键词

公文筐测验　测评维度　计分方法　情境模拟

思考题

1. 公文筐测验是如何操作实施的？
2. 公文筐测验试题如何编制？
3. 公文筐测验如何进行评价计分？
4. 公文筐测验有什么优劣势？

第 7 章

角色扮演技术

案例导读　　**角 色 扮 演**

角色扮演：集训班之魂

以往有些培训之所以没有带来预期的效果，其原因之一就是培训中理论甚多，实践太少。

为了提高培训效果，我们专门为集训班编写了一个系列角色扮演脚本。以惠普业务部门优秀的销售人员的成功案例为蓝本，针对 IT 行业和我们的产品编写了充满实战性的练习教案。要求销售人员在每天晚上下课后，分成4～6人一组，用当天所学的技巧，准备并真实地演练客户拜访，现学现卖，从而加速行为的改变。由于我们的集训班是把3～5门销售课程放在一起，而每天的角色扮演，犹如一条线索把这些根本不相关的培训课串联在一起，起到了画龙点睛的作用，因此，我们把角色扮演称为集训班之魂。角色扮演在我们的集训班所占比重很高，约为30%。

根据脚本，我们要有若干人扮演客户或合作伙伴，公司众多优秀的销售经理就是现成的“宝库”，他们有非常丰富的客户经验，能把各种场合下各种性格、各种态度的客户演得活灵活现，让销售人员用所学的知识、技巧和态度来应付、处理和引导“客户”。因此，我们把销售经理称之为集训班之源。我们邀请的经理多数是参加培训的销售人员的直接领导，也有上一级经理，这样在角色扮演时，这些销售经理不仅可以直接向他们的员工介绍自己的经验，为员工做当场指导，同时还可以观察本部门的员工在集训班的学习表现。

多面点评：集训班之镜

每次角色扮演之后，我们都要花很多时间来做点评。这是一个非常难得的、获取全面反馈信息的机会。

点评围绕职业销售人员在一般销售场合下应做到的动作、应具有的素质和心态展开。如开场白时，销售人员应征得客户同意拜访的日程安排；当客户有顾虑时，应怎样排除顾虑；当集成商坚持自己的利润时，应怎样处理等。

我们有来自培训讲师的点评，他们强调课堂理论在角色扮演中的得与失。如开场白有固定的程序，经验丰富的销售经理就会提醒销售人员怎样平衡固定程序和客户熟悉程度之间的关系，做到既不拘泥于程序，又彬彬有礼。

我们还有来自角色扮演者的销售经理的点评，他们会专门点评在销售过程中需要经验积累的常识。如通过观察客户怎样谈我们公司和竞争对手公司的语言和语气，来判断客户的立场。

我们业务人力资源部门则从人际交流和沟通的角度来进行点评，如从销售人员与客户的交谈中发现我们的销售人员倾听技巧不够，身体语言不够得体，客户性格把握不够等。

因为成人学习的最有效的方式之一是从同事身上学习，所以我们的集训班还很重视来自学员之间的点评。为了提供“真凭实据”，我们把每次的角色扮演都用摄像机拍下来，在点评前进行回放，以促成学员自我反思。鉴于点评在集训班中的作用是为学员提供一个多面镜，让他们清楚地看到自己在销售中的优势与劣势，我们把点评称为集训班之镜。

除此之外，我们也组织或鼓励学员开展各种活动，享受“愉悦”的企业文化氛围，培养销售人员的多面手能力。在集训班里，一切活动都是有计划和有安排的，并与销售人员的工作息息相关。

资料来源：www. shqhbj. com/show. asp? id = 384

角色扮演在现实中的运用越来越多，运用范围也越来越广。角色扮演主要运用于测评和培训中，通过角色扮演法可以在情境模拟中，对被试的行为进行评价，可以测出被试的性格、气质、兴趣爱好等心理素质，也可测出被试的社会判断能力、决策能力、领导能力等各种潜在能力。因此，在培训条件下，进行角色扮演可以发现行为上存在的问题，并及时对行为做出有效的修正。

7.1 角色扮演的概念

角色，是个人在特定的社会和团体中所处的适当位置，被该社会和团体规定了的行为模式。从社会价值来看，角色就是社会地位、身份。一个人同时会具有多种角色，在不同的组织中有着不同的角色，有时即便在同一组织中，在特定的环境下也可能具有多种角色。比如，某位女士在单位里既是领导，又是下属，在家庭里既是父母的女儿，又是孩子的母亲，同时还是丈夫的妻子，该女士每个角色的责任、义务、权利都不尽相同。

角色扮演就是评价者向被试描述一种假想的人际情境，让被评价者想象它真的发生了，并按要求做出行为反应，评价者则对被试的言语和非言语行为及行为的有效性进行评定的一种情境模拟测评法。它主要是用以测评被评价者处理人际关系能力的情境模拟活动。

评价者通常是选取和被评价者工作相关的一些人际或工作情境，设置一系列尖锐的人际矛盾与人际冲突，要求被评价者扮演其中某一角色并进入角色情境，去处理各种问题和矛盾，同时有另一名角色扮演者饰演被评价者的客户、上级、同事、下属等角色，与被评价者进行交谈互动。评价者通过观察和记录被评价者在不同人员角色的情境中表现出来的行为，评价被评价者是否具备某些素质特征，以及个人在模拟的情境中的行为表现与组织预期的行为模式、与将担任职位角色规范之间的吻合程度，即代表了个人的个性特征与工作情境的和谐统一程度。这种个性特征越是与某项工作情境相吻合，就越能发挥其潜在能力，并使其获得心理满足，从而在模拟的情境中更充分地表现自己。因此，角色扮演法成为人员测评的一种重要方式，主要用来评价一个人在人际关系技能、情绪稳定性、情绪的控制能力、随机应变能力、处理各种问题的技巧和方法等方面的素质。

一个完整的角色扮演测评方法应该包括以下几种人员。

（1）主评价者一名。宣读指导语，分配角色任务，掌握整个测试过程，按照规定的内容和程序进行。

（2）测评人员若干名。在测试前讨论并统一每次测试的评分标准；在测试过程中多次对每位被评价者的表现实事求是地进行打分；充当主评价者的得力助手，在测试中扮演一定的角色。

（3）被试一名或若干名。根据任务要求扮演角色，认真完成各项练习，尽量发挥自己的才能。

（4）计分员一名。及时向测评小组和被评价者报告测试评分结果，要求统分准确无误。

（5）监督员一名。担任整个测试的公证人，对测试过程进行监督。测试完毕后，宣布测试有效与否。

7.2 角色扮演的特点

每种测评方法都有其显著的特点，与其他测评方法相比，角色扮演可以根据工作情境的特点进行灵活的设计，针对性比较强，因此受到众多企业的青睐。但角色扮演也存在一定的问题，比如缺乏标准化等。下面，我们对角色扮演的特点进行详细的介绍。

1. 角色扮演的优点

（1）与工作情境很相近。在角色扮演中，评价者所设计的情景能够充分体现出岗位的特点，可以选择岗位中经常出现的比较棘手的问题，让被评价者必须承担特定的角色，同时又有具体、明确的任务，而且这个任务往往是现实工作中可能遇到的典型问题，解决起来有一定的难度，从而可以很好地考察被评价者是否具备了拟任岗位所需要的胜任特征。同时也为被评价者提供了展示从事未来工作状态的机会，评价者可以从中发现被评价者的素质潜能。

（2）具有较强的灵活性。和一些传统的测评方法相比，尤其针对结构化面试这种有很多条件限制、约束被评价者与评价者之间的互动的方法而言，角色扮演能够打破评价者与被评价者之间的限制，评价者可以根据被评价者的谈话内容，任意给其设置各种“人为障碍”，以考察被评价者在特定情景下的应变能力、说服沟通能力。

（3）操作实施费时较少。角色扮演一般给被评价者 15 ~ 30 分钟的准备时间，然后利用 15 ~ 30 分钟的时间进行正式的测试。而且当一位被评价者在进行角色扮演的时候，下一位被评价者就可以处于准备阶段了。在测试过程中，还可以将几个不同内容的角色扮演一块联合进行。

（4）为被评价者提供工作实习的机会。角色扮演的任务与实际工作情境很相近，所以给被评价者提供了一个尝试做有关工作的机会，这就相当于给了被评价者一个很好的工作锻炼和培训的机会。另外，角色扮演对缺乏经验的管理人员来说，也是一种很好的训练方法。

2. 角色扮演的缺点

（1）对评价者的要求较高。角色扮演需要一个人或者几个人来扮演与被评价者进行交谈的对象，这些对象通常是让评价者来充当，这样就增加了对评价者数量与质量的要求。评价者既要扮演好自己的角色，同时还要观察被评价者的行为，并对被评价者的相应素质做出评价，这都需要很强的观察和行为评估技术等专业技能。

（2）标准化程度不高。很显然，面对不同的被评价者，即使是同一个评价者与其进行交谈，也不能保证交谈内容和交谈形式完全一致，达到标准化。这就需要花费较大的工夫对评价者（角色扮演者）进行系统、有效的培训，提升评价者自我监控的能力。

7.3 角色扮演的测试过程

1. 根据工作要求确定角色扮演的目的和角色任务，编制角色扮演题目，确定评价标准

（1）要明确角色扮演的目的，也就是明确测试维度。角色扮演这种测试方法在选拔过程中应用较多，在培训工作中也有应用，这种方法主要测试的维度是“与人相关的能力”，比如沟通能力、说服影响力、言语表达能力、应变能力等，同时也包括被评价者的人格特点，比如动机、态度、情绪稳定性等。

（2）要明确角色扮演中的任务，也就是进行工作分析。传统的工作分析要系统地了解岗位的工作目标、工作内容与任职资格，而角色扮演要进行的分析则是了解岗位工作中“经常出现的、与不同人打交道的案例”，案例要求具有典型性，并存在由于观点或利益冲突而造成的人际矛盾。通常，评价者会通过细致的访谈来了解这些案例，最终选择几个最有代表性的案例作为角色扮演的任务。还需要分行业、分岗位、分角色开发一批角色扮演的材料，其中包括被评价者用的脚本和扮演角色的评价者用的脚本两个部分，同时形成相关的评价标准和评分体系。

（3）要设计角色扮演的情境，也就是对评价者获得的案例进行加工的过程。情境设计应该遵循几个基本原则：

- 语言简洁。有些评价者为了清晰地阐述情境信息，表述过于繁琐，语言累赘，反而给被评价者准确地理解情境信息带来了障碍；

- 关系突出。在角色扮演中，一般都是由对立的角色进行沟通，评价者必须在情境信息中表现出对立角色的关系，同时由于任何对立都是以事件为主线的，评价者也必须将情境信息中的事件表述完整；
- 任务明确。大部分角色扮演测试都是让被评价者完成一项说服他人的任务，所以评价者必须明确地告诉被评价者他的任务是什么。

（4）形成完整的角色扮演题目及评价标准，并准备好角色扮演测试所需要的资料。

范例 **角色扮演的情境**

快速阅读关于你所扮演角色的描述，然后认真考虑你怎样去扮演其中的角色。你将与其他两个人合作，因为你们三个角色的行为是相互影响的。请运用想象，使表演持续 15 分钟。

角色一：推销员

你是个大二的学生，你想多挣点钱自己养活自己，一直不让家里寄钱。这个月内你要尽可能多地卖出手头上的图书，否则就将发生“经济危机”。你刚才在党委办公室推销，办公室主任任凭你怎样介绍书的内容，他就是不肯买。现在你正进入人事科。

角色二：人事科科长

你是人事科的科长，刚才你已注意到一位年轻人似乎在隔壁的党委办公室推销书，你现在正急于拟定一个人事考核计划，需要参考有关资料。你想买一些参考资料，但又怕上当受骗。你知道党办主任走过来的目的。你一直很反感别人觉得你没有主见。

角色三：党委办公室主任

你认为大学生推销书是“不务正业”，只想自己多挣点钱。他们只是想一个劲儿地说服别人买他的书，而根本不考虑买书人的意愿与实际用途。因此你对大学生推销书的行为感到很恼火。你现在注意到那位大学生走进了人事科的办公室，你意识到这位大学生马上会利用你同事想买书的心理推销成功。你决定去人事科阻挠那个推销员，但又意识到你的行为过于明显会使人事科科长不高兴，认为你的好意是多余的，并产生你认为他无能的错觉。

【出题思路】通过这种情境设置，评价者观察你的整个行为过程，了解你的应变能力、处事能力、处事态度、语言表达能力等。

【参考要点】

角色一：

（1）对人事科科长尽量诚恳而有礼貌；

（2）避免党办情形的再度发生，注意强求意识不要太浓；

（3）防止党办主任的不良干扰（党办主任一旦过来，即解释说，该书对党办的人可能不一定适合，但对人事科的工作人员则不然）。

角色二：

（1）应尽量鉴别好书的内容，看其实用价值如何；

（2）最好在党办主任说话劝阻前做出买还是不买的决定；

（3）党办主任一旦开口，你又想买则应表明你的观点，说该书不适合党办是正确的，但对你还是颇有用的。

角色三：

（1）装着不是故意来阻挠大学生的；

（2）委婉表述你的意见；

（3）掌握火候，注意不要惹恼了人事科科长和大学生。

资料来源：摘自《2005 年公务员考试面试题预测 08》，中国致公出版社 2005 年版。

2. 角色扮演中的评价者熟悉题目材料，进行演练

角色扮演有一个显著的特点，即这种测试形式要求评价者在其中扮演一个或几个角色来配合开展测试工作，他们是被评价者需要进行说服沟通的“对象”，评价者能否针对不同的被评价者做出标准化的反应，是角色扮演成功与否的关键。因此，在正式施测之前，这些评价者必须要接受专门的培训，熟悉情境信息，明确有关角色扮演中各个相关角色的定位和自身的任务所在。并在此基础上进行实际演练，对角色扮演的题目进行测试，以便发现问题，从中找出被评价者可能做出的反应，规范自身的反应行为，更好地配合开展工作。

3. 被评价者熟悉情境信息，进入准备阶段

在正式的角色扮演开始之前，评价者先给被评价者阅读所要扮演角色的背景资料，提供相关的情境信息，并回答被评价者提出的有关问题。被评价者必须熟悉角色扮演的背景信息，包括被评价者自己担任的角色、需要完成的任务、所处的环境状况等。比如，被评价者的角色可能是某家公司的客户经理，其任务就是要通过与一位特定客户的沟通，建立良好的合作伙伴关系，被评价者所处的环境可能包括公司的总体经营状况和人员构成、客户服务部门的主要职责和人员构成等。被评价者在角色扮演前要认真熟悉这些信息，以便尽快地进入角色，最好提供一个专门的候考室让被评价者在准备阶段时使用。通常熟悉资料的时间为 15 ~ 30 分钟，具体时间可以根据情境信息与任务的复杂程度决定。

4. 角色扮演正式施测过程

当一切都准备就绪以后，角色扮演的活动就可以开始了。被评价者以规定的角色身份开始表演，此项活动需要给予被评价者足够的活动空间。如果是以面谈的形式进行，则要考虑好面谈的位置安排。一般来说，位置安排要体现双方平等，这样更有利于面谈的顺利进行，同时要便于评价者进行观察与记录。两个人可以相对而坐，相距 0.5 ~ 1 米即可，也可以在两个人之间放一张小桌子。

在角色扮演的过程中，被评价者往往充当积极主动的角色，也就是说，被评价者才是角色扮演的发起者，是主角，而其他的角色都是角色扮演过程的从属者。整个过程中的话题和气氛均可以由被评价者来控制，开始时由被评价者先讲话，什么时候结束也由被评价者来决定。在测试过程中，扮演角色的评价者发挥的是配合作用，主要通过为被评价者设置“人为障碍”来体现，配合作用的目的就是让被评价者完整地展现自己，让评价者完整地观察被评价者的语言和行为。

扮演角色的评价者的行为将遵循一种标准化的模式，他们可以充当各种与被评价者有关的角色，例如被评价者拟任岗位的上级、下属、客户或其他可能与被评价者在工作当中发生关系的角色，甚至可以充当对被评价者进行采访的电视台的记者。按照具体情境的要求，他们可以向被评价者提出问题、建议、反驳或拒绝被评价者的要求等，被评价者必须与评价者进行交谈以解决问题。角色扮演的时间通常在 15 ~ 30 分钟左右，时间太短不容易考察出被评价者的工作胜任特征，而时间太长人力成本较高，不仅浪费精力，而且使得测评活动不经济。

5. 评价者对被评价者进行观察和记录

角色扮演的测试过程可能由几个任务构成，被评价者每完成一个任务就要进行角色的转换，主评价者可视情况采用角色的转换和特征的改变等方式激发被评价者的潜能。比如，工厂推销员改为工商行政管理人员，人事局长改为税务局长，通过这种角色改变，可以观察与评价被评价者的反应力和应变力。在整个角色扮演的过程中，评价者需要自始至终地观察被评价者的行为表现，并记录被评价者所说的原话和表现出来的行为，包括手势、坐姿、表情变化等，这些都是给予最终评分的客观依据。

6. 评价者评分

评价者对照测试维度的定义及其行为指标，根据被评价者在角色扮演过程中实际表现出来的行为，对被评价者的每种维度进行评分，并最终通过评价者间的讨论交流对被评价者达成一致性的评价意见。

范例 **角色扮演**

1. 总体测评设计

测评岗位：人力资源部经理、各业务部门经理。

测评要素：言语表达能力、说服能力、问题解决能力、领导能力。

测评设计：让被评价者以部门经理的身份找一位员工（由一名测评人员扮演）交谈，目的是辞退该员工。

情境设计：被评价者（部门经理）拿到角色定位和任务，经过15～30分钟的准备，熟悉材料后，开始进行交谈。

2. 被评价者的角色

情境：

您是一家民营计算机公司的人力资源部经理，公司的人们习惯地称您为“王经理”。公司创办于1988年，现有员工400多人，资产规模为1.5亿元，主要业务领域为金融系统的信息管理系统设计与维护。由于近年来IT行业竞争激烈，公司已经处于亏损的边缘，为此公司高层领导决定裁员20%。您所主管的人力资源部现有员工5人，按规定必须裁减1人，考虑到员工的表现及工作发展的需要，您打算将分管培训工作的小张辞掉，尽管她已经在公司干了5年，没有大的工作失误，但是业绩与表现很一般，工作方法不求创新，越来越不适应公司人力资源管理发展的要求。因此，您决定与她进行一次面谈。

任务：

您的任务是要通过15分钟的面谈时间，让小张知道公司的这一决策，并根据人力资源部的具体情况来说服她心平气和地接受公司的决定，不要给公司留下任何后患，所以这次面谈对您来说是很重要的。

3. 测评人员的角色

情境：

您是一家民营计算机公司人力资源部的员工，分管培训工作，公司的人们习惯地称您为“小张”。公司创办于1988年，现有员工400多人，资产规模为1.5亿元，主要业务领域为金融系统的信息管理系统设计与维护。由于近年来IT行业竞争激烈，公司已经处于亏损的边缘，为此公司高层领导决定裁员20%。员工们近来都在议论此事，生怕自己下岗。您在人力资源部的业绩虽然不算突出，但是您进入公司的5年来一直都勤勤恳恳地工作。刚才，部门的王经理说有些事情要和您谈一谈，您估计与这次裁员有关。

任务：

在15分钟的面谈时间里，表达自己无论如何要留下来工作的愿望，一方面您是三口之家的主要经济支柱，另一方面您也愿意努力做好本职工作，而且本部门其他人不比您强很多。所以您的任务是在面谈中，要尽量说服经理，让他把您留下来。

学习指南

学习本章，最重要的是了解有关角色扮演的基础知识，对角色扮演的特点和实际操作中的注意事项都要做到心中有数，并掌握角色扮演的出题方法以及操作过程的处理方法。在角色扮演过程中会出现各种情况，需要测评人员灵活地运用知识进行处理，不断积累经验。角色扮演需要测评人员控制现场，对测评人员的要求比较高，在每次实践操作后，都需要进行反思和总结，进一步提高自己。

关键词

人才测评　角色扮演

思考题

1. 什么是角色扮演？
2. 角色扮演的特点有哪些？
3. 简述角色扮演的操作过程。
4. 角色扮演在操作中有哪些注意事项？

第 8 章

360 度反馈技术

案例导读　　**泊来容易用时难**

甲公司是一家以制造业为主的中型企业，王明是该公司的人力资源部主管。他在某网站上看到有关绩效管理的文章，其中提到了当前流行的360度反馈理念，对此产生极大的兴趣。于是，他收集各方面信息，了解到实施360度反馈可能会给企业带来益处。为此，他向公司的高级主管、经理推荐这种绩效管理方式，希望借助这种反馈方式改善目前公司绩效管理不佳的状况，同时也可用做员工管理的工具，以促进业绩差的员工做出改善。公司上层在听取了他的陈述后，初步同意了他的建议，并组织成立了一个以人力资源部为主的360度反馈计划工作小组，公司委任王明为该工作小组的主管，着手360度反馈方案的设计和实施计划。但随着计划的深入，他们发现许多问题，计划难以实施，最终不得不宣布终止计划。经过总结，他们发现在设计和实施计划的过程中出现了许多错误。

资料来源：www. gzii. gov. cn/publicsuemplate/jyzd/1186048106437000. htm13。

心理测验、面试主要用于人员招聘，对被评价者的能力和素质做评价和预测。那么当被评价者被正式招入之后，如何对其的实际工作业绩和能力等方面进行考核？如何管理和增强员工的工作效能呢？360度反馈技术作为一种重要的评估方法，目前已经得到广泛应用。

8.1　360 度反馈技术概述

360度反馈技术是20世纪80年代由美国Edwards等学者在一些企业组织

中不断研究发展而成的，360 度反馈不但符合公开、公平、公正的管理精神，更符合时代的潮流与趋势。该词在 1993 年经美国著名的《华尔街时报》与《财富》杂志引用之后，在短时间之内，即在美国与全球掀起 360 度反馈技术应用的风潮。目前，这一方法已经被财富 1000 强企业中的大多数企业所采用。近几年来，我国许多大型企事业单位纷纷采用这一成熟而有效的办法。这项技术不仅能够运用于人才测评，还能应用于绩效考核，为人力资源管理带来一个全新的视角。

8.1.1 360 度反馈技术发展简介

360 度反馈，又称多评估者评估（multi-rater assessment）和多角度反馈系统（multi-source feedback）。它是指由与被评价者有密切关系的人，分别对其进行评价，被评价者自己也对自己评价，然后，由专业人员根据有关人员对被评价者的评价，对比被评价者的自我评价，向被评价者提供反馈，以帮助被评价者提高能力水平和业绩。它可以用来为组织的选拔、考核、发展、培训以及组织变革服务。虽然使用目的不同，操作内容和程序也有所不同，但其基本思路是共同的：为个体提供如何被组织各个层面的人们认识和评价的机会。由不同的人提供相关反馈意见，可以从不同侧面了解管理者的行为，从而形成管理者行为的完整形象：同级的反馈，可以了解管理者在整个团队中的行为，有助于增强团队成员间的协调合作；外部人士的反馈能提供不同的有价值的观察，能帮助管理者处理好与外部客户的冲突。不同的人站在不同的角度，可以提供正面的、侧面的、远近不同的行为描述。来自不同渠道的反馈以框架结构的形式呈现出来，在分析工作中关键行为的基础上，制定有关个人的职业发展计划。

360 度反馈技术的演化体现了一个渐进的过程。从上层领导的评估，到平级同事的反馈，再到下级和服务对象的意见，见图 8－1。从一个单维的视角逐渐演变为多维的评价体系，360 度反馈适用于各个层级的人员评估，了解周围人对自己的评价，不仅可以帮助个体加强对自我的认识和工作改进，更可以拉近上下级之间的距离，促进个体的绩效改进和能力发展。

图 8－1　反馈评估发展历程

8.1.2 360度反馈技术的理论基础

360度反馈基于两个简单的理论假设：一是测量理论，对个体从多个角度获得的观察，将得出更有效和更可靠的结果，并且更有意义和更有用。也就是说，有较高的可信度和效率；二是行为及观念的改变贯穿在增强自我意识的过程之中，随着自我意识的改变，行为也将发生改变。360度反馈如同一面"镜子"，它使个体能从中发现自我、调整自我。对于这一反馈系统的研究，主要集中在系统本身操作过程中的一些影响因素上，以求使用该系统能收到更大的效果。研究者们认为，360度反馈的关键是责任问题，以往绩效评估中的责任心问题仅仅集中在责任心如何影响评估者上，而没有研究检验责任心如何影响被评估者的行为。London等人（1997）认为，被评估者是否对使用这一反馈负有责任，评估者是否对其提供的反馈准确性或有用性负责，以及组织是否接受为改变被评价者行为而提供人力、物力的帮助等，都会影响360度反馈。这就需要评估者对被评估者提供建设性的反馈和具体的建议，被评估者也应公正地证明、解释或描述他们从反馈中得到的收获。

8.1.3 360度反馈技术的效果

研究者从对参与反馈过程的管理者的调查中了解到，人们从360度反馈中学到了许多东西。在反馈过程中，把反馈与企业经营发展战略相联系，了解人们目前所具备的能力，从中找出支持企业战略改变的关键因素，并努力发展这些能力，不仅能促进人们对反馈产生兴趣，而且还能说明需发展的行为，提高团队合作以及跨部门间的交流。此外，反馈让人们清楚地意识到，被测量的行为不仅与自己的工作绩效相关，而且关系到整个企业的发展。整个反馈过程需要高层管理者的参与，以此带动其他层次员工的参与，同时让每位员工知道反馈的目的和意义。在收到反馈之后，人们知道了自己需要做些什么，但这并不意味着反馈结束，还要知道接下来该采取什么行动，并制定相应的计划，这样才能实现反馈的初衷。

在大多数的测评方法中，往往是以被评价者为核心开展各项活动，测评人员通过观察被评价者在各种活动中的表现来评估被评价者的表现，并依据这种评估对被评价者未来的行为做出预测。如评价中心技术采用了情境模拟的技术，被评价者在类似于工作的情景中参与活动，往往会采用工作中普遍采用的策略来处理问题，因此，我们认为评价中心技术有较高的预测效度，事实也证明了我们这一假设。然而，不论是传统的测评方法还是评价中心技术，测评人员都是围绕着被评价者开展各项测评活动，但360度反馈的理念与以往的测评方法截然不同，它是以被评价者周围的各种同事群体为核心，而同事群体的评分依据是被评价者在工作中的真实表现，是被评价者通常的行为表现，因此更贴近被评价者的工作实际。如果说在面试、小组讨论中，被评价者能在一定程度上通过改变自己的行为风格欺骗测评人员，那么在360度反馈中，被评价者将无法做出任何形式的隐瞒。360度反馈避免了被评价者的不诚实，也避免了主评价者的偏见，能够帮助一个组织的成员从与自己发生工作关系的所有人员那里获得自身的信息，从而更加真实地反映出被评价者的行为风格和能力水平。由于员工参与整个评估的过程，测评结果容易取得员工的信任，而员工接到这些反馈时，更愿意接受测评的结果，进而改善自己的工作。

8.2 360度反馈技术操作

本节将具体论述如何来实施360度反馈技术，并且将进一步探讨如何挖掘、利用360度反馈结果的更深层次的信息。

8.2.1 360度反馈技术操作的基本方法

360度反馈技术的方法与传统的一些考评方法有很大的不同，传统的方法是管理者成为考评的主宰者，结果的好坏全取决于上级管理者或管理部门，尤其是直接上级对个体评价起最关键的作用。所以，它不能充分利用考评结果去增强员工及组织的效能，而对于员工而言，他对这种方法的认可度也很低。360度反馈方法从多个角度来反映员工的工作，采纳了各层级的意见，使结果更加客观、全面和可靠。

360度反馈是一个全方位的反馈方式，为被评价者提供了上级、同级、下级和服务对象等人群的综合评价。如图8-2，在360度反馈中，被评价者是圆心，考评人分布在他的四周。其中，上级考评人是最少的，包括了被评价者的直接主管和组织内其他高一级管理人员，而被评价者的直接主管的评价是最有参考意义的，在统计中通常应赋予相对较大的权重；同级即被评价者的同级人员，这包括了被评价者同部门的成员以及部门外的同级成员，这个层级的考评人数相对较多；下级和服务对象指的是被评价者直接主管的下级或被评价者工作中直接服务的对象，有时我们也会将部门外的下级纳入考评人的范围（如实行项目组工作制的公司）。同时，被评价者也可以对自己的工作做出评价。

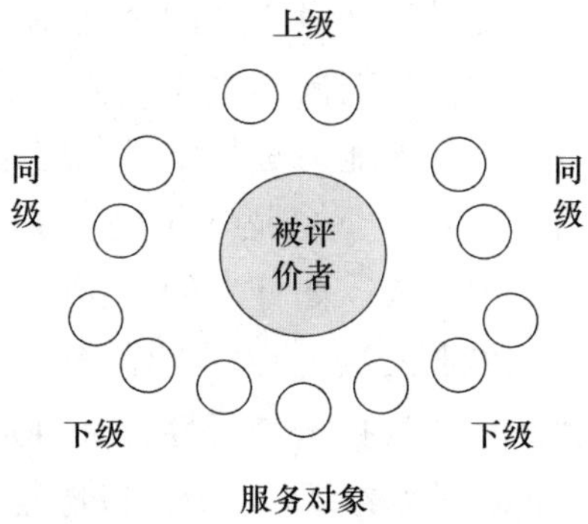

图 8－2　360 度反馈参与群体图示

实施 360 度反馈，需要综合各种人群的评价意见，因此，参与对一位员工进行评价的考评人员要在 3 人以上，许多组织在实施 360 度反馈中采用 10 人左右的规模，保证对被评价者熟悉的相关人员尽可能地都参与到对其的评价当中。在测评时，最好将 360 度反馈问卷有选择地分发给那些能诚实、认真作答的考评人，而那些提出过高或过低评价的员工则不适合参加考评，或者在结果统计中将此类员工的评价删除。同时，需要采取预防措施保护考评人，在实施过程中严格进行流程控制，保证问卷回收的保密性，只有让考评人确信自身匿名的可靠性，才会吸引更多人参与到评价当中，也才能让考评人更真实地反映自己的想法。

在回收问卷后，需要对问卷进行科学的统计分析。首先要对问卷进行筛选，剔除漏答项目过多或评价分数呈明显规律的问卷，例如分数全部过低，评分简单循环（123123123……）等；其次，对不同考评群体可以适当地赋予不同的权重；最后，合理统计分数，绘制评价剖面图，将最终结果提交给相关部门，为下一步工作提供参考依据。

8.2.2　360 度反馈技术的实施过程

360 度反馈技术的整个实施过程包括评价量表编制、评价量表的发放与回收、评价量表结果分析、评价信息的反馈与应用。

1. 评价量表的编制

360 度反馈用于测评的量表与用于绩效考评的量表存在较大的差异，当

360 度反馈用于绩效反馈时，量表主要围绕着绩效指标来制作，内容主要涉及工作业绩、工作效率等，但是当 360 度反馈技术运用于测评时，制作量表的思路一定要转变，我们已经说过测评科学性的基础在于胜任特征模型，那么在编制 360 度测评反馈量表时，我们同样也应该从胜任特征模型出发，根据相应职位的胜任特征模型，对各项能力进行定义，用通俗易懂的语言描述出各项能力以及其对应的行为，并根据所描述出的定义和行为确定评价等级，由此编制出科学的 360 度反馈量表。如计划能力：能有目标、系统化、前瞻性地协调工作，能够为自己和别人拟定必要工作步骤，有计划地运用材料和资源，包括计算成本和利润、考察技术可行性、时间充足度和背景条件、制订周密的计划、设立高标准而现实的目标、分阶段地监控进度等。

此外，还需要注意的是量表的打分系统，一个好的打分系统对分数的可靠性和准确性至关重要。在心理测验中，不同的测验往往有着不同的评分系统，有些根据百分制改为十分制来进行评分，有些采用三分制，有些则设置不同的选项。工业心理学家曾经对 360 度反馈打分系统的设计进行了多年的研究，总结出了一些规律。

（1）打分系统应当简单、易懂，最合适的打分系统是 5 级左右，如果超过 7 级，即使我们对分数的解释进行了人为设定，评估效果也会变得混乱而失去控制。如十分制系统中，10 分代表非常好或非常吻合，0 分代表非常差或完全不符合，但对于外界的评价者而言，他们对每个分数的理解总是存在偏差，我们无法避免类似情况的发生：小张不满意现在的工作状况，认为周围同事的工作水平较差，因此他对被评价者的打分就集中在 3 ~4 分，而小王对现在的工作状况非常满意，认为周围同事的工作水平较高，因而他对被评价者的打分集中在 8 ~9 分，假设在其他评价者的分数都比较一致的情况下，如果小张只给被评价者 A 打分，而小王仅给被评价者 B 打分，那么 A 的分数必将低于 B。

（2）打分的语言描述应当清楚、明确，并且要与打分内容相一致。如语言描述尽量使用陈述句，避免使用否定或疑问的语气，以免评价者对量表产生误解。

（3）分数递进的逻辑一定要清晰。由于参与评分的人员都是非专业人士，他们对于分数的理解存在一定的偏差，甚至评估者只选择一两个分值，使打分结果出现“趋中效应”，为此，必须通过指导语和培训把这种误差最小化。这方面要做的最重要的工作就是把分数的逻辑关系澄清，如 5 分制中：1 代表完全不符合，2 代表比较不符合，3 代表不置可否，4 代表比较符合，5 代表完全符合，只有把分数的定义澄清了，才能保证打分的公正和公平。

（4）区别对待不同的评价者。在条件允许的情况下，评价指标体系对于不同的评价者可以有所区别。如以服务对象为评价主体时，评价的内容可以以其服务态度、服务意识为侧重点进行设计。

（5）评估项的设置。在实际操作过程中，少量的评估项可以节省时间，而大量的评估项能够提供更多更有效的信息，设计量表时就需要在这两者中寻求一个平衡。由于 360 度反馈需要大量的评价者参与，而每位评价者都需要对周围的人群进行评估，尤其是经理，需要对广大的下属进行评估，其评估量很大，因此在设计评估项时一定要注意内容丰富而又精炼。

2. 信息收集

360 度反馈主要采用的是问卷的方式，因为问卷是定量化的一种手段，能够大面积地收集信息，从而达到全方位评价与反馈的目的。实施中，我们需要注意以下两点。

（1）保证评价者信息的保密性。由于评价的是本单位的同事，如果没做好保密工作，评价者不敢真实作答，其结果的有效性将大打折扣。有大量研究表明，在匿名评估的方式下，人们会愿意提供更为真实的信息，这样才能保证参与者消除心理上的忌讳。为了做到评价者信息的保密，我们需要在程序上保证问卷的发放与收回工作标准化，完全通过第三方进行，且评价者在填写内容时尽量避免文字的书写，减轻他们的顾虑。

（2）指导清晰。我们面对的评价者来自各个层次，其文化水平各异，除了提供指导语外，还需要对问卷进行详细的阐明，及时解答他们的问题，避免他们产生误解。

此外，我们还可以使用访谈法辅助 360 度反馈的信息收集。针对 360 度反馈中出现的异常情况，我们可以进行访谈，深入了解，比如对被评价者 A 的评分趋于两极，一部分很高，一部分很低，为了使测评更加准确和有效，可以针对这个问题开展访谈工作。由于测评的保密性，不方便进行集体访谈，因此，在 360 度反馈中，我们只能进行单独访谈，在这种情况下，就需要合理设计访谈提纲，且注意询问、倾听和记录上的技巧。

3. 评价量表结果分析

360 度反馈的重点在于对数据的分析。360 度的测评反馈是来源于周围各个群体的评估，包括上级、同级、下级乃至服务对象，从组织结构上我们可以看出，上级数量最少，同级同事稍多，人数最多的是下级和服务对象，如果我们对各个评分简单地进行平均，后果之一便是人数最少的上级领导的评分将被湮没。然而对于一个组织而言，领导的意见是相当重要的。因此，如果需要对分数进行汇总，必须对不同的群体赋予合适的权重。

汇总分数是为了对评价者各种能力进行综合比较，发现评价者的优劣势。此外，分析问卷还可以通过另一个角度进行，即比较不同群体的评分，通过比较上下级对被评价者评估的差异或比较被评价者自身评估与他人对其评估的差异，可以进一步分析出许多有用的信息。比如同级、下级和服务对象都给小张的沟通能力打了高分，而上级给小张的沟通能力打了低分，如果仅仅是简单的汇总，我们可能会获得小张的沟通能力较好的信息，但是进行了横向的比较后，我们发现上级和其他群体对他的评估存在较大的偏离，这种现象说明他在上级面前的沟通方式可能存在问题，需要调整自己的行为方式。

4. 评价信息的反馈与应用

将回收的评价量表所得的信息综合成报告，及时向被评价者反馈，让被评价者更加全面地了解自己，更清楚地认识自己。如果有可能，还可以对被评价者进行一定的辅导，促进其进一步的发展。但在进行反馈之前，首先告知员工为什么要进行反馈，一定要解决其心中的焦虑，明确企业对他的期望。

在反馈的呈现阶段，人们可能会出现不愿接受反馈结果的情况，主要的原因有三点。

（1）人们不愿挑战自我观察。许多人把成功归因于自我能力和自己具备某种特长，他们担心反馈中的结论与自我观察的相悖，因而拒绝接受反馈。但当他们看到反馈是持续学习和进步的重要因素后，这种障碍会逐渐消除。

（2）害怕暴露缺点。没有人愿意被人看做是低效率或是无能的，而反馈必然要冒暴露缺点的风险。为减少这种顾虑，就要让人们相信他们完全控制着自己的反馈信息。这种控制能让人们在分析和了解了反馈信息之后，决定下一步该做些什么，是否改变某种行为，为实现这种改变，应采取什么样的发展战略。360 度反馈报告中应当提供大量丰富的信息，通过这些信息，人们能了解自己的优势和劣势，并能明确自己需要进一步发展的领域。具体而言，反馈以后还需要一定的后续活动来支持，才能使反馈发挥其独特的作用。

（3）信息是否客观公正。这是另一个让人难以接受反馈信息的原因。客观、公正、正面的反馈信息比负面的反馈信息更能让人接受。反馈要告诉人们的是哪些行为要继续，哪些行为要发展，让人们在关注自己的同时，增强倾听坏消息的可能性。传统的发展培训系统通过正式、非正式的方式来明确员工发展的需要，并制定相应的措施，员工也有机会了解到自己的能力状况，但当他们回到日常工作中后，却无法付诸实施。他们通常会抱怨传统的培训系统不能让人们清楚自己的发展需要和有待提高的能力，对事先的培训不重视，忽略对培训资源的安排，而且人力资源系统与企业内其他系统互不交流，造成传统的培训是随机的、偶然的。在发展与培训系统中运用 360 度反馈，使人们了解到他人是如何看待自己的，对需要发展的技能就有更全面的认识，能更好地选择对自身发展有利的培训安排。由于 360 度反馈提供了关于个人优势和劣势的具体信息，无论是个体还是企业，都能更好地做出相应工作安排的决策，明确在工作中哪些能力是应该优先发展的。通过第一轮反馈，可以建立一个标准，一段时间后再次反馈，可以了解员工的进步有多大。把 360 度反馈与发展培训系统相联系，由人们自己控制信息，是一种比较安全的方式。

被评价者应当通过反馈报告明确自己首要的发展目标，选择最佳的学习方式，拟订发展计划。人们在理解反馈信息时往往只注重劣势而忽略自己的优势，建议被评估者把反馈结果与有关人员讨论，这种讨论很有必要，既能提供有关反馈行动的信息，还能说明反馈的严肃性，也给予被评估者一个机会，去塑造自己所期望的行为。讨论可以是单独的，也可以集体进行。但要注意，讨论的只能是反馈信息中的一部分，而不是全部。

8.3 360 度反馈技术应用

8.3.1 应用 360 度反馈技术需遵循的原则

360 度反馈技术可以用于绩效考核与人才测评，当 360 度反馈用于人才测评时，其直接目的是选拔人才或组织诊断，最核心的目的是服务于员工的发展，从多个角度、多个方面来考察被评价者的行为表现，从而深入了解员工与岗位胜任标准的能力差距，使员工培训和发展更有针对性。360 度反馈技术在实际应用中应遵循下面几个原则。

1. 准确性原则

人才测评最根本的前提就是准确性，背离了准确性的人才测评是没有任何意义的，只有保证了测评的准确性，测评才具有预测性。360 度反馈根据岗位胜任特征模型，有针对性地选择并确定特定的评估内容，是测评科学性、准确性的重要保证。此外，我们还需要对岗位进行充分的剖析和了解，进行深入的调查与评估，进行合理量化，降低各种不确定因素带来的负面影响。

2. 全员参与原则

360 度反馈是全方位的反馈计划，需要有尽可能多的人参与其中，一个人的评价有可能是偏颇的，带有偏见的，但大家的一致评价是可信的。就好比社会调查，小样本的结果可信度将大打折扣，而样本量越大，结果的可浮动性就越低，结果的稳定性和可靠度也越高，我们才有充分的理由相信结果是真实可信的。只有足够多的评价人员参与评价，才能保证被评价者有一个公平、客观、积极的反馈环境，从而保证 360 度计划实施的有效性。

3. 客观性原则

360 度反馈的结果是否公正、准确，是否能切实地反映被评价者的实际情况，最终是否能起到发展的目的，很大程度上取决于实施 360 度的客观性。因此，应坚决杜绝平均主义和个人偏见，使结果更加公平、公正。这包括纳入各方面的人员参与测评，以保证评价群体的完整性；认真地汇总数据，剔除不符合事实以及不负责任的评价；客观分析数据，并针对不同群体赋予不同权重进行分析。

4. 保密性原则

所有人才测评工作都必须考虑保密性原则，人才测评多为晋升选拔服务，所得信息极为敏感，作为测评人员，一定要掌控信息的披露度，知道什么信息是可以向被评价者阐明的，什么信息是应该提供给人事部门的，什么信息只能掌握在自己手里。比如 360 度测评的原始答卷，就不能再返回给被评价者，以免造成不必要的猜忌。

8.3.2 360 度反馈技术在应用中常见的问题

近年来，360 度反馈技术作为一种新型的人才测评工具，越来越多地被应用。但是，在实施 360 度反馈技术的过程中，潜藏着许多问题。这些问题主要表现如下。

1. 缺乏领导层的参与

在设计和使用 360 度反馈的过程中，领导层的参与是非常重要的。他们长期处于管理者的地位，对谁更能胜任新的岗位有自己的想法，因为他们知道企业或组织现在究竟缺什么，需要什么样的人才，而这些因素有些无法量化到评价量表当中，而 360 度反馈的数据分析中，领导层的打分也往往被赋予更高的权重。因此，领导层的参与对于 360 度反馈的成功实施是至关重要的。

2. 泄密

360 度反馈相关信息的泄露会带来员工不必要的猜忌，因此，参与评价的成员总会十分关注反馈过程的保密性，如果过程不能保证个人信息的隐密性，就会丧失对评价的信任，从而造成评分的无效，甚至上升到对人才测评的质疑。

3. 沟通不足

充分的沟通对于 360 度反馈来说是非常重要的，要想避免潜在的误会和对感情的伤害，参与的评价人员在实施 360 度反馈之前就必须进行充分的沟通，有一点细节没有提到都有可能造成不良的后果，最终影响结果。

4. 反馈不足

如果是用于员工成长，那么 360 度反馈还需要进行个人反馈工作，这一步的实施也是至关重要的，如何让被评价者对自己有清晰的认识以促进其进一步成长是反馈工作的最核心任务，在这个环节里，我们需要合理调节他们的情绪，并对他们的发展规划加以指导。

5. 正确看待 360 度评估反馈技术的价值

360 度反馈技术最重要的价值不在评估的本身，而在于能力的开发。其价值主要包括两个方面：可以帮助人们提高对自我的洞察管理，更加清楚自己的强项和需要改进的地方，进而制定下一步的能力发展计划；可以激励人们不断改进自己的行为，尤其是当 360 度反馈几乎和个人发展计划的制定结合起来时效果更明显。正是由于 360 度反馈将差距明显地呈现给被评价者，从而激起其积极向上的动力。

6. 文化差异

360 度反馈是人才测评领域中一项较新的技术，在国外已经得到了一定的实践，但是国内企业毕竟不同于国外的企业，不管是人的思想观念，还是企业本身内部的管理体制，都有很大的差异，因而在国内的企业使用 360 度反馈技术时应注意文化上的适用问题，如果组织是民主开放的，那么运用 360 度反馈时能获得较好的效果。

8.3.3　对我国企业有效推行 360 度反馈技术的建议

1. 将 360 度反馈与本企业的发展战略、文化等结合起来

这种新的评价工具本身可能就是一把双刃剑，因为它对企业的文化、价值观、管理理念等有着相应的要求。如果企业中不存在这样的一种氛围或组织文化，360 度反馈评价不仅不能取得应有的效果，反而有可能会对企业现有

的组织文化产生冲击。另外，即使企业文化、价值观和管理理念为360度反馈评价的实施提供了良好的土壤，企业还必须注意两个问题：一是清醒地认识到本企业的发展战略与其他企业存在的差异；二是做好详细的规划，保证360度反馈评价的有效性和操作规范性。

2. 选取适当的衡量指标

企业所要衡量的对象，是推动员工行为的重要力量。360度反馈用于人才测评时必须选取适当的指标来进行衡量，在前文中提到可以参考岗位胜任特征模型来制定，了解了自己的能力与岗位胜任特征之间的差距，才能更有效地促进个体的改变和发展。

3. 注重操作细节和实施步骤的推进

首先是就360度反馈与全体管理者进行细致的沟通，因为只有在评价者认同组织目标并且理解了360度反馈的作用的时候，人们才会正确地去使用它。其次是在大家不熟悉360度反馈的时候，最好是先将其用于能力发展的目的，让高层管理者和中层管理人员对于这一过程感到舒服和适应。当参与评价的人员看到自己所提供的反馈不大可能对自己不利，管理者们也看到这些信息对自己确实非常有帮助时，再将360度反馈运用于晋升、选拔等过程，才会更加顺畅。再次，除了上级对下级的评价之外，其他几种类型的评价最好是采取匿名的方式，因为在匿名的评价方式下，人们往往愿意提供更为真实的信息。最后，还需要注意相关信息的保密工作。

4. 对评价者进行培训

几乎所有的360度反馈评价工具都依赖评价的尺度，而评价者即使是无意地歪曲评价结果，也有可能在反馈评价的过程中犯各种类型的错误。因此，在执行360度反馈的时候，测评人员需要对评价者进行必要的培训，教会他们如何填写反馈表格，以及如何有意识地避免各种主观误差。

360度表格反馈法并非是用来进行人才测评的唯一方法，也就是说，360度反馈不能替代其他人才测评方法。360度反馈之所以纳入人才测评，是因为这种方法为我们的工作提供了一个不同的视角，它是唯一的不以被评价者为核心的人才测评方法，因此，360度反馈具有其独特的价值。任何一种测评方法都有其局限性，360度反馈的数据来源是被评价者周围的同事，他们都是非专业的评估人员，他们的观察评价往往过多受情绪、人际因素等方面的影响，并且不够深入、全面，更难以洞察到被评价者的潜能水平，他们的参与无法取代测评专家的参与评估。所以，在实际运用中，还必须结合工作的实际情况来决定是否使用或如何使用360度反馈，进一步提高其可行性，使人才测评工作更加科学、合理、有效。

学习指南

360度反馈技术是一项特殊的人才测评的技术手段，学习本章，要了解有关360度反馈技术的基础知识，对360度反馈技术的操作方法、实施流程都有清晰的认识，对可能出现的情况和应当注意的事项都要做到心中有数。360度反馈是一项较新的技术，它的应用也不仅限于人才测评，读者在掌握了360度反馈技术后，也能同样运用于人力资源管理的其他环节，如绩效考核等。不论是什么技术，在实际运用中，总会出现各种情况，需要参与者灵活应用所学的知识来解决问题，从而不断地积累经验。而且，本方法在实施过程中，涉及较多的人，因而在实施过程当中应当注意处理好员工之间的关系，以免员工及领导产生消极情绪，影响本方法实施的效果。每次实践操作之后，应当对整个过程进行反思和总结，思考哪些环节仍然存在疏漏或处理不当，提出改进的办法。同时，对于遇到的新问题新情况，可以进一步来促进自己学习理论知识，同时，还要不断关注本技术的最新发展和应用趋势。

关键词

360度反馈技术　绩效评估　360度反馈技术的应用

思考题

1. 什么是360度反馈技术？它的主要功能有哪些？请结合实例作答。
2. 简述360度反馈技术的实施过程。
3. 360度反馈技术在实际应用中应注意哪些问题？
4. 请指出本章开头的案例失败的原因，并提出改进的意见和建议。

第 9 章

其他测评技术

案例导读

范文一

1977 年 9 月 ~1984 年 7 月　河南省荥阳市广武乡丁楼村读书　丁冠中

1984 年 9 月 ~1987 年 7 月　荥阳市第一初级中学读书　马玉珍

1987 年 9 月 ~1991 年 7 月　荥阳市第一高级中学读书　楚坤

1991 年 9 月 ~1995 年 7 月　郑州大学中文系读书　郑杰

1995 年 10 月 ~1997 年 8 月　荥阳市第四高级中学教书　王芳

1997 年 9 月至今　郑州大学文化与传播学院读书　张红生

范文二

刘 × × 的个人履历

刘 × ×，男。1968 年 7 月 14 日生于江西省南昌市，× × 街 10 号 3 号，现在 32 岁，汉族人，已婚，一子四岁；妻在 × × 大学音乐系任教。现住址郑州市管城区 × × 新村 8 单元 302 室。邮政编码：450 × × ×，电话号码：(0371) 77 × × ×。

主要经历：1987 年毕业于 × × 第一高级中学，同年考入 × × 大学法律系，1991 年大学毕业后留校任教；1992 年考入 × × 大学研究生院法学系，1995 年毕业获法学硕士学位，同年被学校选派至美国 × × 大学进修，1997 年获法学博士学位，回国后到 × × 大学任教至今。

刘 × ×

2000 年 × 月 × 日

【评析】

这是两则不同格式的履历。范文一为表格式履历，范文二为行文式履历。这两种不同格式的履历写作上略有差异，但内容上都注意到了时间上的衔接，没有也不可能出现时间上的空当。另外，语言简洁明了，都在介绍自己过去的情况时说明得很清楚。表格式履历只要依据表格内容依次填写即可。时间上要依照先后顺序，不可轻易颠倒。行文式履历是以散文形式介绍自己的，可以稍加详细地介绍个人情况。如范文二，标题为“刘××的个人履历”，正文写出籍贯、家庭住址、家庭成员等个人的基本情况。然后依次写出自己的主要经历，最后落款署名及成文时间。总之，履历内容强调个人事实，能真实记录其以往主要经历，格式要尽可能规范化。

资料来源：job. veryeast. cn。

本章主要介绍履历分析技术、笔迹分析技术、工作样本测试、管理游戏以及事实搜集技术这五种人才测评工具的定义、特点、实施过程、注意问题及其应用。另外，本章还简单介绍了案例分析和个人演讲。这五种工具的共同特点是灵活性大，不易操作和标准化，由于受这一特点的限制，它们的应用都不是很广泛，但正是由于它们拥有这些特点，使用这些方法往往可以测量出在某些标准化测评中所测不到的内容。如笔迹分析技术运用心理学中的投射原理来分析被评价者的性格及行为特点，管理游戏将管理活动与游戏相结合，在游戏中考察参与者各项能力素质……

总的来说，它们在一定程度上可以测量出评估者所要测量的内容，因此它们在人才测评当中有很大的应用价值。而且随着测评技术的发展，国内外的不少人才测评中心都对这些技术进行了一定的改良，使它们能够更好地发挥作用。通过本章的介绍希望读者能够对这些技术有所了解，作为面试者，能够提前做好充分的准备，在面试时做到“知己知彼百战不殆”；作为招聘者，能够有效地利用这些技术，筛选出公司所需要的人才。

9.1 履历分析技术

履历分析和筛选是人才甄选的第一步，在履历筛选时要以最重要的指标对人才进行初步评选，“个体过去的行为表现是预测其未来能否成功的最佳指标”，对个体过去经历的剖析是十分有价值的测评手段。一份设计良好的应聘履历分析表，可以提供很多有用的信息，对履历表进行分析，可有一定的预测效度。所以，履历分析在人才测评体系中占有重要的地位，履历分析技术的推广对完善人才评价体系具有重大意义。

履历分析又称资历评价技术，是通过对评价者的个人背景、工作与生活经历进行分析，来判断其对未来岗位适应性的一种人才评估方法。履历分析技术的雏形是个人经历分析，它诞生于第二次世界大战期间。著名心理学家J. P·吉尔福特及其同事在开发军队征兵用的阿尔法测验的同时，根据个人经历来预测军事训练的成功率，这一方法取得了相当的成功。第二次世界大战后，经历调查的方法被应用到民用部门，在大量研究和应用的基础上，逐步发展成为人才测评和预测的一项重要方法技术。

9.1.1 履历分析技术的基本原理

履历，又称作简历，代表的是一个人的学习和工作的经历，一般来说，包括了个人的基本信息、学习培训经历、工作任职经历、项目经历、个性特征等。履历分析的原理同样是基于岗位的胜任特征模型，分析岗位的要求，选择一些与职位胜任最密切的素质能力，建立岗位胜任特征模型，再将这些素质能力量化到履历分析表中，设置若干选项，由被评价者填写；根据事先设计的计算方法和被评价者填写的内容及选择的选项，对这些内容进行量化统计，由测评人员来决定被评价者每项测评要素的得分，再根据不同能力要素的不同权重进行汇总，最终根据常模转化为履历分析测评的总分，以此来评估被评价者与空缺职位的适宜性或匹配度。

9.1.2 履历分析技术的特点和适用范围

1. 履历分析技术的特点

履历分析技术作为一种评价手段，与传统的知识测验、能力测验和人格测验等人事选拔方法不同，它有自己的特色。

（1）真实性强。履历分析技术的测评依据是被评价者过去的经历，这种经历通常是可以核实的，在必要的情况下，甚至可以通过与被评价者以往的朋友或同事进行沟通来确认一些相关信息。因此，面对一个设计科学、合理的履历分析表，被评价者说谎的可能性相对较低。

（2）适用面广。科学的履历分析测评是基于岗位胜任特征模型的，因此，履历分析的结果与应聘者日后的工作行为表现之间往往有较高的相关性，如工作绩效、出勤率等。履历分析表涉及面很广，凡是与职位相关的因素都可以纳入，因而可以对被评价者进行多角度的评估和预测。就此而言，履历分析的方法较之心理测验适用面更广。

（3）准确性高。履历分析技术基于岗位胜任特征模型，通过应聘者过去的工作经历、工作表现来预测其未来的表现，这种思路与评价中心技术的核心思想是异曲同工的。尤其在现阶段，大部分评价者都是非专业人士，履历分析技术由于科学地量化了岗位要求，避免了评价者主观偏见的影响，使测评结果更加公正和准确。

2. 履历分析技术的适用范围

履历分析技术的使用范围很广，毫不夸张地说，履历分析技术是简历筛选的最佳替代品，只要使用简历进行人才筛选的环节，都能采用履历分析技术；简历筛选能做到的，履历分析技术则做得更好。履历分析技术适用于所有部门，尤其适用于一些高级经营管理人员、营销人员或从事实践性较强工作的人员。考察这些人员是否胜任岗位，知识考查是远远不够的，有些营销人员只是高中学历，甚至没有学过专业的营销常识，但是他们仍然能够做出很好的业绩，对于这些人，更重要的是衡量他们的工作经历和工作能力。在这方面，履历分析技术无疑是一项很好的工具。

9.1.3 履历分析技术应用的有效性分析

1. 履历分析技术能客观、全面、真实地反映个体的工作及学习经历

一份科学、合理的履历分析表能够收集到人员招聘所需要的大量信息，这些信息客观、全面、真实、系统地反映出个体的工作学习情况。这些信息资源作为测评人才的基础性依据是必不可少的，也是有效的。

美国教授卡西奥对履历填写的真实性问题进行了专门研究。他的研究表明，履历中填写的内容与已证实的情况的一致性为0.9，证明大多数人是能够真实填写的。当然，确实存在一些虚假填写履历的人，他们出于掩饰的目的，填写过分夸张或不真实的信息。因此，一个科学、合理的履历分析表，一定要有规避的方法，设计一些用于检验一致性和真实性的测评要素，如设置测谎题、填写相关证明人以及联系方式，或结合档案及相关材料进行调查。例如，在我国政府或军队招聘应届毕业生时，往往会派专员到学校了解该学生的情况。

2. 履历分析技术能较准确地预测未来个体的工作行为

履历分析技术建立在岗位胜任特征的基础上，所选取的测评要素、选项和权重都与岗位有直接的联系，具有很强的针对性，在设计中，不同的能力要素还根据价值赋予了不同的权重，使履历分析的准确性和预测性更高。英国某大学和一些公司的研究显示，履历分析技术预测的准确率分别为：技术工人 0.27 ~0.46，工程人员 0.39，商业类办公室人员 0.4 ~0.47，销售人员 0.35，事务性人员 0.48，信贷员 0.62，创造性人员 0.48。当然，准确率的高低与胜任特征模型的构建、素质能力的选择以及履历分析表的设计都有很大的关系。

9.1.4 履历分析技术的操作

履历分析测评技术已在欧美发达国家得到了广泛的应用，很多大公司开发了适合自己特点的履历分析测评系统，并应用到网络中，采用网络填写的方式。应用较广的主要有加权申请表 WAB（Weighed Application Blank）和传记式申请表 BIB（Biographical Information Blank）两种形式。这两种申请表的主要不同之处是它们收集信息的多少和信息的类型，加权履历表一般包含 10 ~20 个信息，主要是一些能够确定和证实的信息，即客观性信息；传记履历表可以包括 50 ~200 个问题，这些问题，有些是不能确定或不能被证实的问题，即主观性信息，如态度、观念等方面的问题。但二者的原理和计算方法基本上是一致的。需要说明的是，由于制度、文化、经济发展程度等方面的不同，这些国家履历分析表的很多内容是不适合我们的。

国际上通用的履历分析表一般是以选择题的形式要求被评价者填写。这方面的代表有美国人事总署研究开发的经历调查表（IAR，又称个人成就信息表)。该表自 1983 年起沿用至今。它从学习经历、工作经历、工作能力和人际关系等方面编制了 148 道选择题，每个选择题有五个选项。目前经历调查表已经成为美国公务员选拔的一种重要手段。我国辽宁等省也开始将这种方法引入到公开选拔领导干部考试中，并获得了一定经验。

1. 履历分析的设计过程

（1）工作分析。履历分析技术是以岗位胜任特征为基础的，因此，在实施履历分析技术时，首先应进行工作分析，即对待聘岗位进行工作分析，结合岗位胜任特征模型找出最重要、最关键的能力素质维度。对于如何进行工作分析，以及如何筛选相关素质维度，在前面相关章节已有详细介绍。

（2）履历分析项目的选用。履历分析表的项目设计直接关系到最后的分数汇总，所以绝不能马虎对待。一般而言，我们把履历分析表的项目分为几大部分，判定每一部分的重要性，赋予一定的权重，最终汇总每一部分的得分，得出对个体的评判。

通常，我们把履历分析表的项目分为以下四个维度。

- 个人基本情况。包括姓名、性别、出生年月、民族、婚姻状况等，这是最普通的信息，简历表也同样有这部分内容。这是履历表中最基本的信息，在履历表分数汇总中的贡献最小，但是当被评价者的能力情况相同时，这些信息往往会成为次级的优先录用标准。
- 个人学识。这部分内容包括学位、专业、论文、研究成果、职业培训情况等，这一类主要反映被评价者的受教育情况，以及其在知识层面上的个人能力水平。
- 工作能力。这部分主要针对岗位胜任特征进行安排，里面包括项目经历、领导团队能力、协调解决矛盾能力、社会关系等，是履历分析的核心所在，也是履历分析与普通简历分析的差别所在。
- 个人品质。这类信息主要从过去的工作表现、出勤率、奖惩情况来进行判断。除此之外还有一些其他的项目，如政府选拔中，通常会对个人的政治背景进行调查。

对于这些内容，有些是能够核实的，如学位、专业、奖惩情况等，有些是不太容易核实的，如研究成果、职业培训情况、项目经历等，这些信息就必须通过询问被评价者的同事或亲属来进行核实。履历分析表的有效性很大程度上依赖于填写结果的真实性，然而被评价者往往都有夸大自己的倾向，因此，适当的核实是很有必要的，这是结果真实性的重要保障。此外，在分析表中，还可以适当地设置一些测谎题来考察被评价者的诚信度。例如，加入“你说过谎吗?”项目，如果被评价者回答从来没有，那么其诚信度将受到质疑。

（3）选项确定以及分值设定。履历分析表还需要确定每一个要素的选项及选项的数量。如最高学历可以分为高中以下、大专、在职本科、全日制本科、在职硕士研究生、全日制硕士研究生、博士研究生等选项。这些选项的划分应根据岗位的需求和特点来确定，如招聘生产岗位的员工时，应聘者大多学历较低，就可以适当缩减一些选项，而在招聘研究岗位的员工时，这类人群的学历相对较高，有时还需要根据实际情况增添更多选项。

在设定选项后，就必须给每个选项赋予一定分数，我们可以根据岗位的需求来设定这些分数。例如，通过调查发现，大专生中20%的人工作表现优秀，本科生中80%的人有优秀的工作表现，研究生中只有50%的人工作表现优秀，这说明学历对该岗位工作存在明显影响，在实际操作中，本科生选项就会被赋予更高的分值，其次是研究生，最后是大专生，这种方法实际是采用了构建胜任特征模型的思路，找出业绩优秀者与业绩一般者的差别所在，再把这些素质量化到履历分析表中。前文已经阐述了科学的履历分析应当是建立在胜任特征模型的基础上的，这也就为履历分析的编制与实施提供了最核心的指导思想，以岗位胜任为终极标准。此外，国外也有机构采用大样本调查统计的方法来确定选项的加权系数，用百分数来表示，这种方法类似于心理测验，用常模来对个体进行判定。

（4）履历分析项目维度的权重设定。通常，履历分析由几个维度或类别组成，在设定选项的分值后，就需要对每个维度乃至每个题目进行权重设定。在实际操作中，权重确定的依据是项目内容与未来岗位要求及工作绩效的相关程度，对与待聘岗位有关的项目会赋予较大的权重，一般来说，相关越大，权重越大；反之则越小。例如，在生产岗位的选拔中，工作技能类的项目获得的权重就比学识类项目高，而在研究型岗位的选拔中，学识类项目将获得更大的权重加成。因此，权重设定并不是一成不变的，与岗位胜任特征模型一样，每个岗位都有不同的胜任特征模型，也就有不同的权重加成。

（5）履历分析表的分数汇总。履历分析表的分数汇总，首先要对每一个类别里的不同项目进行汇总，以个人学识为例，研究型岗位对学位、论文、研究成果赋予的权重相对较大，而市场型岗位在职业培训上赋予的权重相对较大，把每个类别的分数按百分制进行统计汇总；然后，对不同类别的分数进行汇总。例如，个人基本情况的权重相对较低，而工作能力上的权重通常相对较高，再根据不同权重统计出不同类别的最后得分，根据一定的公式计算被评价者的最终得分。

在分数汇总中，通常会采取以下三种公式：

$$Z_1 = (A \times B \times C \times D)\ 1/4 \text{（乘法公式）}$$

$$Z_2 = (A + B + C + D)\ /4 \text{（加法公式）}$$

$$Z_3 = [(A + B + C)\ /3 \times D] \times 1/2 \text{（混合公式）}$$

乘法公式是最严格的评价公式。由于乘法的放大效应，一项明显的弱项将导致整体得分的大幅回落。这一评价公式意味着被评价者必须全面地均衡发展。当一种岗位对各类素质要求都很高时，比较适合采用这个公式。加法公式是普遍的统计公式，这个公式比乘法公式更能容忍被评价者在某项能力上的弱势，即使一项分值低，也不会有乘法公式那么大的影响，这个公式还可以演变成参照权重的计算公式，$Z_2 = (n_1 \times A + n_2 \times B + n_3 \times C + n_4 \times D) / 4$（$n_1$、$n_2$、$n_3$、$n_4$ 代表了不同的权重）。混合公式兼顾了二者的优劣势，但是授予了D类别很强的决定性，D类别的分数将会因为乘法被放大，通常的做法是将品德等特质作为D类别进行统计。

以上履历分析表主要针对的是客观性的履历分析表，在实际操作中，还有另外一种形式的履历分析表，即主观性的履历分析表。这种分析表的问题更加开放，脱离了单纯选择题的模式，如一些项目经历、自我评价等问题。其设计的依据和方法与前文所述大同小异，不过这种题目的结果较客观题更难控制，只能人为地进行判断打分，但这能反映出更深层次的信息。

作为一种初筛手段，履历分析是非常有效的，有的心理学家研究认为，履历分析作为预测人事变动率的效度系数0.77～0.79之间。另外一些研究也表明，它对于出勤率、生产效率、节约成本具有预测能力。履历在最初设计时，为使其具有有效的预测能力，需要花费一定的时间，但此后，它的实际施行则既简单又省时。

2. 进一步完善履历分析技术的建议与措施

履历分析是招聘选拔的首要工作，一份设计良好的履历分析表能够为招聘方节省大量的人力物力，初步达到评价中心的效果。但是现阶段，企事业单位采用的往往都是简历分析技术，对应聘者的简历筛选没有任何科学依据，有时仅凭个人喜好、学历专业来挑选，这些都是急需改进的。因此，履历分析技术有着很好的推广前景。企业在运用履历分析技术时需要注意以下几点。

（1）规范使用资格。对履历分析工作，应该自上而下进行规范管理；对进行履历分析的工作人员，应当进行资格认证和管理。目前，许多地区和部门在缺乏专业人员指导的情况下采用履历分析技术，选拔各类人员，由于不了解履历分析的各种要求与使用规则，导致其信度和效度较低，达不到选拔人才的目的。

（2）规范程序是结果公正的前提。应建立严格、规范的履历分析程序，对不符合程序的选拔结果予以否决。

（3）规范数据资料。对履历分析的数据及资料进行强化管理，确保数据资料符合履历分析信度和效度的分析要求，这是不断提高履历分析选拔质量的基础性工作。

（4）档案管理。应建立、健全履历分析的档案管理工作。有关履历分析的各类文件、资料、数据，均需以纸张文档和电子文档两种方式保留。各级分析的数据档案管理权限与时限，由上级部门制定。

范例 **ABC 四大名牌主持人履历分析**

1977 年是美国广播公司（ABC）新闻部具有历史意义的一年。这一年，鲁尼·阿利奇（Roone Arledge）出任 ABC 新闻部总裁，“由于他的谋略，ABC 这个长期处于三大广播公司末流的公司迅速发展、崛起，在新闻报道方面成为与 CBS 和 NBC 旗鼓相当的一流电视新闻机构”。其谋略之一是“把记者、撰稿人、制片人和主播组成一个令人印象深刻的班子。詹宁斯主持晚间新闻节目，特德·科佩尔主持《夜线》（Nightline），黛安·索耶主持《黄金时间直播》（Prime Tine Live），巴巴拉·沃尔特和休·唐斯则主持《20－20》节目”。

20 多年过去，《美国新闻史》上所提到的彼得·詹宁斯、特德·科佩尔、黛安·索耶、巴巴拉·沃尔特依然是 ABC 最著名的新闻主播，他们主持的晚间新闻栏目、《夜线》、《黄金时间直播》和《20－20》依然是 ABC 最著名的新闻栏目。他们现在的具体头衔见表 9－1。

表 9－1 ABC 四大著名主持人的头衔以及他们负责的电视新闻栏目名称

姓 名	负责的栏目	头 衔
彼得·詹宁斯	晚间新闻（World News Tonight）	主播、高级编辑
特德·科佩尔	《夜线》（Nightline）	主播、总编
黛安·索耶	《黄金时间直播》（Prime Time Live）、《早安美国》（Morning American）	联合主播
巴巴拉·沃尔特	《20－20》栏目、《巴巴拉·沃尔特特别报道》	主播、记者
	《ABC 日间观察》（ABC Daytime's The View）	联合主播

下面本文通过对上述4个名牌新闻栏目主持人的履历分析，来总结他们的共同特点。

1. 现在ABC四大著名主持人都是年长者（见表9－2）

表9－2　ABC四大著名主持人都是年长者

姓　名	性　别	出生日期	现在年龄
彼得·詹宁斯	男	1938年7月29日	65岁
特德·科佩尔	男	1940年2月8日	63岁
黛安·索耶	女	1945年12月22日	58岁
巴巴拉·沃尔特	女	1931年9月25日	72岁

从表9－2我们可以看出，彼得·詹宁斯、特德·科佩尔、黛安·索耶、巴巴拉·沃尔特的年龄分别是65岁、63岁、58岁和72岁，平均年龄是64.5岁。而在中国的电视荧屏上，我们无法见到如此高龄的节目主持人。

2. 他们入行时间早、从业时间长（见表9－3）

表9－3　ABC四大著名主持人初入媒介时间、年龄、至今的从业总时间

姓　名	初入媒介时间	入行时间	至今从业时间
彼得·詹宁斯	1948年	10年	55年
特德·科佩尔	1960年	20年左右	40年
黛安·索耶	1967年	22年	28年（曾离开媒介8年）
巴巴拉·沃尔特	1954年	23年	44年（曾离开媒介5年）

四位主播都有长时间的从业经验，新闻行业是他们初入社会所选择的第一个职业。彼得·詹宁斯“10岁时便主办了自己的广播节目——《彼得的节目》——由加拿大广播公司定期播出”，至今从业时间已经长达55年之久。巴巴拉·沃尔特1953年从大学毕业后，家庭及社会关系帮她打开了电视业的大门，1954年初，她得到了第一个在电视界的职位，在纽约WN-BT电视台开始为各式各样的节目写宣传发布稿，1957～1961年，她暂时离开电视行业，时至今日，她有长达44年的从业经验。特德·科佩尔1960年从斯坦福大学硕士研究生毕业后，在WNCA电台工作，1963年进入ABC，有40年的从业经验。黛安·索耶1967年从威斯里安大学毕业后，在WLKY电视台工作3年，然后，在尼克松政府工作了一段时间，于1978年再

次进入电视界，有28年的从业经验。四位主播中，虽然两位女主持人都曾经短暂地离开媒介，但她们的其他行业经历为她们重返媒介奠定了坚实的基础，巴巴拉·沃尔特在公关公司工作，进一步锻炼了公关能力，黛安·索耶在尼克松政府工作了一段时间，进一步培养了她的政治敏锐性，深入了解政府的运作程序和决策产生的程序。

3. ABC四大著名主持人都在40多岁时，开始成为目前栏目的新闻节目主持人（见表9－4）

表9－4　获得目前职位时的年龄、当时已有的从业时间以及现在已主持目前栏目的总时间

姓　名	获得目前职位时间	当时年龄	当时已有从业经历的时间	现在已经主持目前栏目的总时间
彼得·詹宁斯	1983年	45岁	35年	20年
特德·科佩尔	1980年	40岁	20年	23年
黛安·索耶	1989年	44岁	14年	14年
巴巴拉·沃尔特	1979年	48岁	20年	24年

彼得·詹宁斯、特德·科佩尔、黛安·索耶、巴巴拉·沃尔特分别是45岁、40岁、44岁和48岁时获得目前的职位，当时他们分别已经有了长达35、20、14、20年的从业经历。现在，他们已经成功地捍卫目前的职位长达20年、23年、14年和24年。美国是一个商业化社会，电视界竞争异常激烈，在如此激烈的竞争中，他们依然能够捍卫目前在电视媒体中的地位，足见他们的魅力并没有随着岁月的流逝而减退。

4. 在成为目前新闻栏目的主持人之前，他们都有着丰富的新闻从业经验

从业经验主要包括：节目主持主播经验、记者经验、主持＋记者经验，以及新闻行业其他经验（见表9－5）。

表9－5　ABC四大著名主持人获得目前职位之前的从业经历及时间一览表

姓　名	获得目前职位前的从业时间	任主播主持时间	任记者时间	新闻行业其他经验时间
彼得·詹宁斯	35年	28年	7年	
特德·科佩尔	20年	2年	18年	
黛安·索耶	14年	3年	6年	
巴巴拉·沃尔特	20年	2年		3年

在担任目前的职位以前，彼得·詹宁斯、特德·科佩尔、黛安·索耶、巴巴拉·沃尔特都有多年的新闻节目主持或主播经验。如彼得·詹宁斯10岁时就主办广播节目，成年后从广播转入电视，在加拿大商业电视网担任主持，于1964年8月加入ABC，在ABC有过长达12年的主播经验，在获得目前职位前，共有长达28年的主持经验。特德·科佩尔有2年的主持经验。黛安·索耶有3年的主播经验。巴巴拉·沃尔特的经历比较特别，她入行时是个撰稿人，担任过制片，在以后的岁月里，她的工作一直包括记者和主播两方面，无法将这两方面的工作区分开来，甚至在今天，她的头衔中，仍然包括“记者”身份。除主持或主播经历外，他们还有多年的记者经历，即Reporter或Correspondent。

彼得·詹宁斯1965年初次尝试担任晚间新闻栏目的主播失败后，于1967年底回到记者队伍，来到罗马成为ABC新闻部的国际新闻记者，后来他到中东建立了美国第一个在那儿的电视新闻分部，担任ABC新闻部驻贝鲁特的负责人长达7年。在这7年里，他磨砺了新闻报道水平。这段经历为他后来独立主持晚间新闻栏目，与CBS、NBC的晚间新闻栏目三分天下奠定了坚实的基础。特德·科佩尔在1963～1980年的17年间，除1975～1976年担任《ABC周六夜间新闻》主播外，其余15年时间都担任记者或驻外分部记者及负责人。黛安·索耶于1978～1981年的4年间，担任CBS晚间新闻栏目的记者，1984～1989年的5年里担任《60分钟》栏目的记者和联合主播。

他们都经历过重大的历史事件，采访过世界许多国家的高级领导人，在采访报道中，有着卓越的表现。他们都有深厚的写作功底。彼得·詹宁斯有着出众的写作水平，并因此得到过高度评价。“美国新闻学术界认为，他的写作水平在三大主持人中名列榜首（另外两位指NBC的布罗考和CBS的丹·拉瑟）：清晰、简洁、口语化，长于分析和解释，往往能切到问题的要害之处”。彼得·詹宁斯和特德·科佩尔所写的书曾经上过最畅销书籍排行榜榜首。黛安·索耶曾经协助尼克松撰写回忆录，巴巴拉·沃尔特曾经专门接受过写作训练，并以撰稿人的身份开始在媒体的职业生涯。

5. 教育背景（见表9-6）

由于自小对主播工作的痴迷，彼得·詹宁斯对正规教育缺乏兴趣，他仅在加拿大读过10年书，中学学历，他的知识主要来自实践，他完全是靠自

表 9-6　　ABC 四大著名主持人教育背景一览表

姓　名	时　间	教育背景	专　业	学　历
彼得·詹宁斯		加拿大，10 年		中学
特德·科佩尔	1960 年	斯坦福大学	大众传播研究和政治科学	硕士
黛安·索耶	1967 年	威斯里安大学	英语专业	学士
巴巴拉·沃尔特	1951 年	萨拉劳伦斯学院	英语专业	学士

己长期不懈的努力取得成就的。他成名后对朋友们说："我曾拼命用功读书，以克服早期受教育的不足。"特德·科佩尔、黛安·索耶、巴巴拉·沃尔特则都在著名高等学府受过良好的教育。

6. ABC 四大著名主持人都创造了奇迹

这四大主持人都以自己的努力在电视史上创造了奇迹：彼得·詹宁斯 1983 年接手《晚间新闻》栏目后，开创了 ABC 与 CBS 和 NBC 三足鼎立的历史。

特德·科佩尔在加入 ABC 时，是美国三大电视网历史上最年轻的记者。

黛安·索耶是第一位进入《60 分钟》栏目的女性。

巴巴拉·沃尔特是第一位进入三大电视网《晚间新闻》栏目主持人行列的女性。

7. ABC 四大著名主持人的家庭婚姻经历（见表 9-7）

表 9-7　　ABC 四大著名主持人的家庭婚姻经历

姓　名	时　间	婚姻经历	孩　子
彼得·詹宁斯		4 次婚姻经历，3 次离婚	2 个孩子
特德·科佩尔	1960 年	一次婚姻经历	4 个孩子
黛安·索耶	1967 年	1988 年结婚，结婚时 43 岁	
巴巴拉·沃尔特	1951 年	3 次婚姻经历，3 次离婚	1 个孩子

我无意暗示家庭的稳定与事业成功之间存在着某种关系，但显然，这四大主持人中，除特德·科佩尔有着比较正常和稳定的家庭婚姻生活外，其余三位都有非常态的因素。彼得·詹宁斯有 4 次婚姻经历，3 次离婚，巴巴拉·沃尔特有 3 次婚姻经历，3 次离婚，黛安·索耶则在 43 岁才建立家庭。或许，事业的成功通常必须付出一定的代价！

8. ABC 四大著名主持人都因杰出的表现多次获得美国电视新闻界各种奖项

四大主持人为获得今天的地位付出了艰苦的努力，他们的努力也获得了业界和社会的承认，观众们以高的收视率来表达自己对他们节目的喜爱，而业界则予他们以行业最高奖项。如艾美奖是美国电视艺术的最高荣誉奖，素有“电视界的奥斯卡”之称，彼得·詹宁斯、特德·科佩尔、黛安·索耶、巴巴拉·沃尔特分别获得过14、37、9和4次艾美奖，其他各种大奖更是难以计数。①

通过上述ABC四大著名主持人的履历分析得出：ABC通常选择年龄在45岁左右，有着丰富的一线采访经历和新闻主持、主播经历的人来担任新闻栏目的主持、主播工作。

据此，设计招聘主持人履历与分析表（示例，仅供参考）。

1. 你的年龄

A. 30岁以下（0.1） B. 31~39岁（0.3）

C. 40~49岁（0.6） D. 50岁以上（0.2）

2. 参加相关工作经验

A. 15年以下（0.1） B. 16~20年（0.5）

C. 21~30年（0.4） D. 31年以上（0.3）

3. 教育背景

A. 名牌高校（0.8） B. 普通高校（0.3）

……

①资料来源：周涛：《ABC四大名牌主持人履历分析》，《新闻界》2003年第3期。

9.2 笔迹分析技术

9.2.1 笔迹分析技术的定义

笔迹分析属于实用心理学的范畴，是一种笔迹心理学，作为边缘学科，它是以书法学的内容和方法研究人的心理、生理和行为的，所以又可称为书法心理学。笔迹分析技术是人才测评技术中的一种投射技术，是现代心理学的一个分支。它依据心理投射的原理，充分运用心理学的研究成果，通过分析笔迹中的压力、速度等因素，还原出书写者的气质、性格、个性和行为方式等特征，从而为个人和组织的发展提供帮助和建议。

笔迹分析技术的研究对象是人书写的笔迹，是通过对字的点线书写的特点（即力度、速度、方向、角度、顺逆、藏露、曲直、长短、粗细、浓淡、湿枯、多少、笔序、笔势、形态、神态等不同）、结体的特点（即大小、方圆、长扁、斜正等状貌）以及通篇布局的特点（即字在方格或横格中的位置，字距，行距的疏密、连笔、避让、呼应、曲直、错落、倾向、上下变化）的研究，体察并鉴别出书写者的年龄、性别、体质、疾患、寿命、性格、智力、思维方式、学识、职业、感情、品德、机遇等情况。基于此，又可以确切地说：笔迹分析的研究对象是人，而笔迹只不过是赖以通向人的特定信息的符号而已，这才是笔迹分析的真谛。

范例 **英国笔迹学家乔伊斯·帕金森的笔迹分析实践**

被商业女性年鉴所推崇的笔迹学家乔伊斯·帕金森是英国笔迹家协会成员，他以精确分析笔迹而闻名。他为公司提供招聘人才咨询以及相关服务，也提供个人职业发展规划等咨询服务。乔伊斯的精确分析遵循的规则是：笔迹的大小、倾斜和压力。乔伊斯常说，“笔迹犹如肢体语言被冻结在一张纸上”。有关乔伊斯·帕金森的介绍频繁出现在英国媒体上，为此，某好事者对乔伊斯做了一个有趣的实验。

他私下里找来了三份不同的笔迹请这位笔迹学家分析，之后再邀请这三份笔迹的书写者来验证分析结果的准确性。乔伊斯知道这三位书写者的性别，但不知道他们从事的职业。以下是乔伊斯对其中的一位——网站管理者吉莉安的笔迹所做的分析。

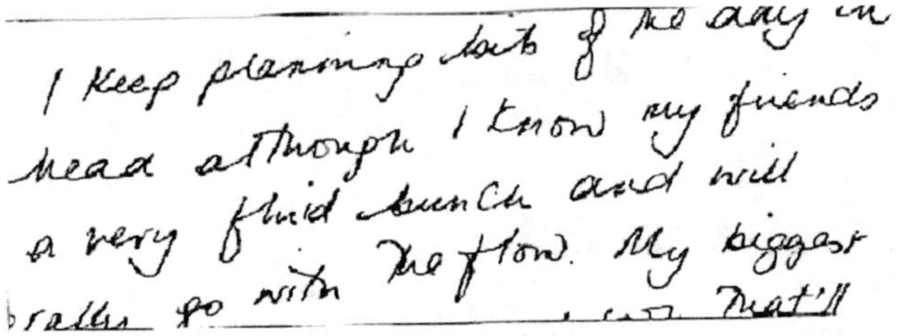

性格构成及社交行为分析

吉莉安拥有自信、富有影响力的外向型性格。个性活泼，有些方面能看出她的良好社交才能，以及比普通人更强烈的兴趣爱好。对于环境，她是善于接纳并能做出反应的，因此，她能很快地变换她的形象来针对不同的环境和事物。她能在别人毫不察觉的情况下展示她的得心应手。

她的变化是潜移默化的，她自己并不明确如何改变，但别人都很欣赏她的做法。活跃和忙碌是她性格的主要因素。她精力充沛、乐观，并善于接受新事物。换句话说，就是她能迅速从一个项目转到另一个项目，或能同时负责几个项目。然而，这种迅速性缺乏对事情的精细体察。

智力方面及适合的工作

吉莉安有强烈的好奇心和敏锐的头脑，不断寻找生活的多样性。日常工作对她来说很轻松，以至于她经常会找些刺激性的事情来做。她很容易分心，遇到感兴趣的事情会很快偏离正在做的事情，但从积极的方面讲就是总能不断发现新事物并抓住机遇。

吉莉安意志坚强，野心勃勃，领导力卓越，有很强的成功欲望，她的热情能有效地感染周围的人，因此她会是个成功的企业家。同时她又是一个很好的推动者，让人能充分相信她所做的事情一定会成功。她有能力规划未来，虽然她的规划缺乏细节，并具有侥幸倾向。在工作中，有些来自合作方的约束可能会困扰她，因为她崇尚保持自己的灵活性和对任何突发事件的选择权。她需要注意的是，力戒浮躁，三思而行，这样可避免不必要的失误。

吉莉安的反馈

我常常在想，真的能从人的笔迹了解这个人吗？乔伊斯的分析相当准确。我想起我的家人和工作中的朋友曾说过，我在不同的环境中变换形象的例子确实有很多。我同意，我曾努力寻找很多不同的活动来填充我工作以外的时间，尽量避免无聊。很幸运，没有哪两份工作是相同的。我给这份分析结论85% ~90%的准确性评价。现在我开始觉得笔迹分析对于雇主来说是一个很有用的工具。

资料来源：www. britishgraphology. org。

9.2.2 笔迹分析技术的应用

由于笔迹分析具有简捷、方便、准确性高、个性化强以及书写动力定型的特点，所以，尽管书写者可能由于心情等原因在笔迹上略有变化，但是，正如英国著名的笔迹鉴定专家戴维斯所说：“一个书写者能变化字体的斜度、大小、轻重和速度，但是他一生中的书写习惯如同指纹一样，是改变不掉的，即使他涂抹或者雕琢。”因此，笔迹分析可以避免被测试者不愿合作而带来的掩饰、歪曲、装好、随机作答等局限，能更客观地了解被试的心理。正是基于这样的特点，笔迹分析的准确率一般为65%。笔迹分析的这些优点使其在实践中得到广泛的应用。

俗话说“字如其人”，从一个人的笔迹中，我们可以得到关于他的很多信息。以下将从笔迹与智力、社交、性格以及心理健康的关系等四个方面来说明笔迹在实践中的应用。

1. 笔迹与智力

（1）观察能力。优者笔画依笔顺而写，照顾到字的四面八方，完整无遗漏，并追求字形的完美；笔画幼细，其收笔处尖锐，字的中隙较窄，字体向左倾斜；从章法上看，空白边逐渐增阔，不论左右。

（2）注意能力。优者字的上部笔画长大利索而又护住下部，说明书写者注意力集中。这种人接受能力强，能聚精会神地听取他人谈话，专注于研究、工作和学习，效率颇高，容易出成绩。

（3）记忆能力。优者字的结构严谨而匀称，字体大小统一而略有变化，点画左顾右盼、首尾呼应线条劲道而内含弹性，笔画衔接适度，结构严谨，通篇合于布局之法。

（4）反应能力。优者字体右倾，运笔坚定有力，字距较紧，字行逐渐上偏；横竖画有力而长大；如在稿纸上写，几乎把字都写在格子的右半部；签名时朝右上偏，收尾的笔画呈流转的长曲线。

（5）理解能力。优者笔画搭配匀称而丰润，书写速度较快，笔画流畅优美，墨色匀称，通篇布局合于规范，气脉灵动、通畅。

（6）分析能力。优者字体较小，笔画幼细；墨色匀称，字的上隙较窄；字形较圆，字距、行距清晰，结构符合章法，字迹工整清楚，写字速度快且易辨认。书写者的形象思维和逻辑思维均为上乘，有冷静而清醒的头脑，能将所获得的全部信息加以综合处理，通过归纳演绎等严密的逻辑推理找出事物的内在联系和规律性，从而恰如其分地解决问题。

（7）判断能力。优者笔画刚健，结构方正，或字形左右倾侧一致，字距、行距分隔清楚，说明此人判断能力强，知书达理，看问题透彻、清晰，不被表面现象所迷惑，办事稳妥、可靠。

（8）运筹能力。优者字迹严谨周正，各部分搭配体现出主从顾盼，又合于法度，字的相邻笔画牵丝缠绕，又多出现环状之形；笔画简约，字体中正严谨，四面八方舒展，善于谋篇，巧于布局。这样的书写者遇事有主张，胸有成竹，办事公道，合乎情理。

（9）想象能力。优者字体饱满，墨色滋润，撇舒捺展，笔势贯通，主笔突出，外围笔画长大优美而又常出现游丝连贯，用笔放纵。

范例

笔迹分析案例一

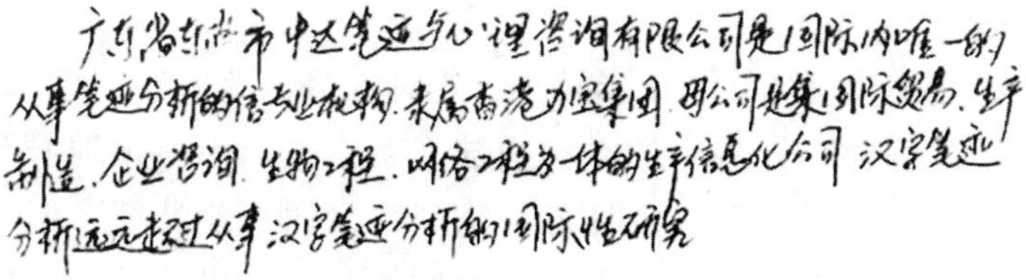

分析

总体来说，上述书写者综合素质较高，智商属于中上等水平，尤其观察能力、记忆能力、反应能力、分析能力较强，在逻辑思维上属优者。但书写者的运筹能力和想象能力略逊一筹，做事缺乏灵活性和发散性。这种人凭借社会规范和经验的办事能力较好，能够正确处理事物之间的联系。有自信心，处事胸有成竹，有一定的组织领导才能，办事认真负责，但创新意识不足，因此适于做事务性工作。

资料来源：www. bijicn. com。

2. 笔迹与社交

（1）激动型。激动型的人行笔如风，会旋转扭曲出大小、长扁、方圆等各种各样的字形；通篇文字似惊蛇乱舞，怪蟒翻江，掀起层层骇浪惊涛，聚散撞击。另外，速度有快有慢，力度有重有轻，字位高低不平，字形大小不一，左摇右摆，缺乏稳定性，同一个字会有几种不同的写法，通篇笔迹相当不协调。

（2）动情型。动情型的人字体向右倾斜，横写的字行会逐渐朝上爬，左边空白处会越来越宽，笔画的连接处呈弯曲状，字的外形很美，犹如花环。写信的时候，往往把问候语写得很大，借以表达深厚的情谊。动情型的人感情丰富而细腻，从他们的仪表或谈吐便知道，这种人感情外露，在为人处世方面容易走极端，说话过头，掌握不好分寸，喜欢使用感情色彩浓烈、出人意料的词汇，我行我素，跟着感觉走，对亲朋好友有着强烈的情感需要，喜欢结社会友，害怕孤单；工作顺利或成功时，兴高采烈，举杯相庆，而遇到困难或受挫时，灰心丧气。

（3）社交型。社交型的人分为两种，一种是利他型，一种是利己型。

利他型的人开篇会空出两三行，留出较宽的天头空间。主笔长大，避让长短分明。通篇文字均按一定的倾斜度向左或向右微倾，有的相邻两字的下部笔画无意中相触，且左右字顾盼生情。这种人需要与他人、社会和团体建立联系，将自己置于群体之中。他们善于辞令，待人接物开诚布公，热情好客，乐善好施。

利己型的人字体呈环状，字形较小，笔画左环右绕。在空白纸上书写时，左边的空白边过分狭窄，右边的空白边被文字占据，不留余地。开篇第一行起笔，不留天地空间。这种人虽具备社交型性格的一般特征，但喜欢把自己融于群体之中，有很强的活动能力，但他们的付出是讲代价的，决不做无用功，一定要获得名利心中才坦然。

（4）反应型。反应型的人写字时如流星闪电，字距较密，字迹潦草，难以辨认。他们习惯把字的最后一笔拖得很长，或把最后一笔向右拉长甩开，签名时，喜欢有"之"形的曲折。这种人具有本能的即刻反应能力，性子急躁缺乏耐心，想和做几乎同步，快节奏，重效率。

（5）黏稠型。黏稠型的人笔画紧凑凝重，不落点画，力度很重，给人以遒劲、朴拙、繁茂之感。快写时常出现拖笔，整篇字微微右倾，左低右高。这种人性子慢，处世冷静，坚定刚毅，情绪不表露于外，容易自制，不善言辞，不喜交际。

（6）意志型。意志型的人写字紧张有力，字形呈浓缩状，字与字之间摩肩接踵，顾盼生情，快写时字行容易相叠相接。这种人心理素质较好，善思索，有主见，处变不惊，自控力强，不会随波逐流。

（7）理智智慧型。理智智慧型的人写字规范，匀称，清楚，绝无媚态、做作、胡抹之习。他们的阿拉伯数字写得漂亮，签名时也和正文风格一致。他们具有良好的综合思维能力，形象思维和逻辑思维都很发达，遇事喜欢逻辑推理，胸有谋略，极少出错，有使人豁然开朗的能力。

从一个人的字迹上，我们大致可以分析出这个人的性格，比如性格刚强的人一笔一画都显得干净利落、方正坚硬；性情软弱的人，字体相对无力，柔弱得多。目前在西方，笔迹分析已渗透到各行各业，在招聘、升学、择业、司法鉴定等各方面均可见其踪迹。

范例

笔迹分析案例二

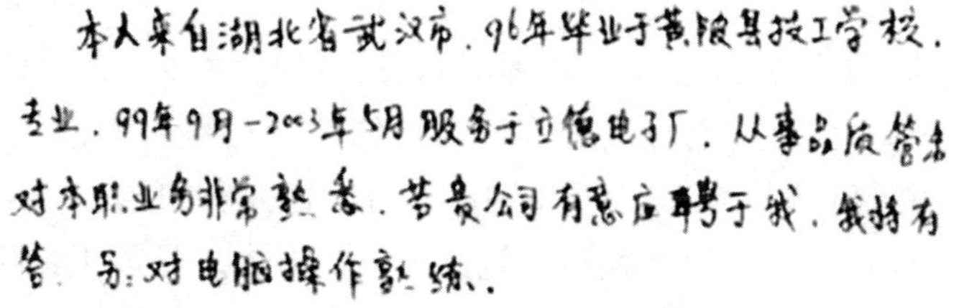
本人来自湖北省武汉市，96年毕业于黄陂县技工学校，
专业，99年9月-2003年5月服务于立德电子厂，从事品质管理
对本职业务非常熟悉，若贵公司有意应聘于我，我将有
管，另：对电脑操作熟练。

分析

书写者为女性。从字的收笔不向外、运笔的速度、字态的拘谨等，明显可以看出其性格内倾，性情温和。从字的倾斜度来分析，其性格有明显的古板和古怪的一面。虽然她没有攻击性，心肠也很好，但多虑和优柔使她在人际关系方面不成功，很少有要好的朋友。她做事以讲究质量为主，原则性好，耐性也很不错。从字的意态和走向及整体布局，特别是收笔方式的小心等，可以体现出书写者胆怯的心态，显示其近期的情绪很不稳定，似乎大难还没有过去，有一种潜藏的害怕心理和恐惧感。

资料来源：www. bijicn. com。

3. 笔迹与性格

美国著名的心理疗法专家威廉·希契科克对笔迹学研究已达20多年，他藏有4万份笔迹档案，他发现：

（1）笔迹是一个人的性格、智力水平和思维逻辑的具体反映。笔画轻重均匀适中，说明书写者有自制力、稳重，对自己所喜欢的工作能竭尽全力去完成；笔画不均匀的书写者多半是个脾气暴躁、喜欢破坏和妒忌心强、喜欢背后做小动作的“阴谋家”；笔画过重的人比较敏感；笔画过轻的人往往缺乏自信。

（2）字行高低不平是机智或狡猾的人的笔迹；字迹有棱有角说明书写者是个意志坚定、观点鲜明、不会改变立场的人，但这种人一般说来会与观点不同者辩论得面红耳赤。反之，字迹圆滑者则是性格随和、办事老练，能一唱百和，善于搞公关工作的人。

（3）凡是在字的上部书写得干净利落而又能紧紧护住下面的书写者，象征有进取心、接受能力强、好学，这些人是做领导者的好材料。

（4）凡是字体丰润、笔画搭配匀称、书写速度又较快者是理解能力强、忠于职守的人；而在字的结构方面严谨、方正以及点画都能体现力度者是记忆力强、办事认真的人；字体方圆、长短、大小错落有致者，其适应性及变通能力强，适宜做交际及公关工作。

（5）凡能模仿别人的笔迹又缺乏新意者，可靠性强，但难能独当一面；如果字迹书写得较小，运笔轻重适度，阿拉伯数字写得很美而签字却显得比较拘谨者，是内藏心机、喜怒不外露和能沉着应付大事的人。

（6）敢于打破常规，另辟蹊径，笔迹求异变形者，是富于冒险精神的人；在字里行间起伏不平的书写者富于外交手段，善于发现别人的弱点；书写时越写越往上者是乐观主义者，而越写越往下者则是悲观主义者。

（7）字体大小也是个性的一种表现。字写得过大的人是举止随便、过于自信和做事比较草率的人；字写得过小则是有观察力和会精打细算的人，字迹过于紧凑则具有吝啬和善于盘算的性格。

总之，从字的笔画轻重、匀称性，字迹的棱角或圆润，写字速度的快慢，字的间架结构，字体的形状、长短、大小，字的模仿性或创造性，字行的高低、倾斜度等特点，综合起来看人的心理，是有一定道理的，有的人甚至由此预测未来和人生。

范例 **笔迹分析案例三**

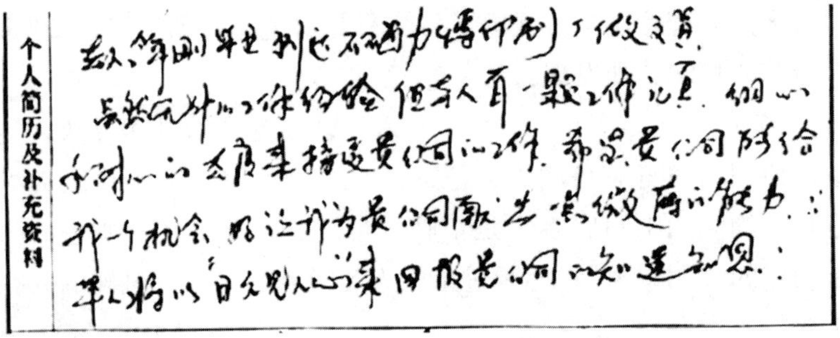

分析

书写者为女性，笔迹特点是字体大、书写流利、潇洒，用力很重，速度快而有分明的节奏感，说明其个性明显的直爽、开朗，做事有效率，很多时候表现出男孩子的勇敢、打抱不平和正义感。但工作中最大的特点是：工作不认真，朝三暮四、好高骛远，严重缺乏细心和耐心；不适应办公室的文员工作，较适宜的工作是管理和其他与外界接触的交往性工作。

资料来源：www. bijicn. com。

4. 笔迹与心理健康

笔迹分析学家通过分析字的力度与斜度、字体与结构、空格与空白、签名风格等，能够准确地判断出书写者的心理方面的问题。笔迹家雅曼把笔迹学研究的成果分为七个大类：

（1）书写的压力反映了人精神和肉体的能量。

（2）笔画结构方式代表了书写人面对外部世界的态度。

（3）书写的大小是自我意识的反映。

（4）连笔程度反映了思维与行为的协调性。

（5）字和字行的方向是人自主性及社会关系的反映。

（6）书写速度与人理解力的快慢有关。

（7）整篇文字的布局反映书写人面对外部世界的态度与占有方式。

范例

笔迹分析案例四

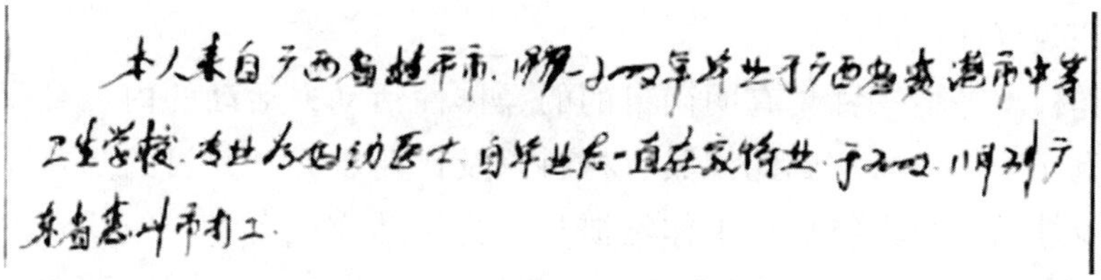

分析

书写者性格偏于内向，而且比较孤僻，内心里总有一种攻击的欲望，工作和生活方面，很希望通过自己的努力来获得与别人同样的待遇和尊重。

其成长过程很不顺利，应该是在极端缺乏爱和基本的物质生活条件下长大的。父母婚姻畸形和离异对其成长的影响很大，孤独和寂寞伴随着她的少年期。进入青年期后，对周围的一切都产生怀疑，没有真正的朋友，没有亲情，自己感觉到人际关系、工作关系总是紧张，甚至有些恐惧。

资料来源：www. bijicn. com。

本节介绍的笔迹分析的基本内容，是笔迹分析技术中最基本的组成部分，也是其中很小的一部分，如果要全面地了解一个人，还需做更全面的分析。尽管如此，若能把握以上要领，用人单位对应聘人员的主要性格特征也能有一个大概的了解。但值得注意的是，笔迹分析作为一项技术，是一个综合考虑的结果，必须通过各方面的综合分析、高度概括，才能得出比较符合应聘人实际的鉴定。笔迹分析技术是一门尚年轻的学问，但它也是一项有趣而充满活力的事业。相信在不远的将来，它能为我们带来新的信息。

9.3 工作样本测试

9.3.1 工作样本测试的定义

“过去的行为是将来行为的最好预测”，工作样本技术就是据此理念设计的，用来测试求职者实际执行某项工作技能的测试技术。

工作样本测试（working sample test）实际上是对一个求职者未来可能面临的实际工作场景、工作内容进行抽样和模拟，然后观察和评价其在这种与实际工作背景非常相似的情况下所表现出来的工作绩效。它可以直接衡量工作绩效。它的主要目的是测试员工的实际动手能力，而不是理论上的学习能力。与心理测验相比，工作样本测试所产生的结果对于求职者未来的工作绩效的预测效度往往较高。

工作样本是指一种具有明确目的的操作性活动，活动的内容可模拟一个或一组真实工作里所用到的工具、材料以及作业步骤。其目的是要评估应征者的职业性向、个人特质、工作习惯与行为以及应征者学习模式、了解指令（口头或书面）的能力与职业兴趣。工作样本的种类有单一特质和多重特质。单一特质只测量一种工作特质，如手指灵巧度；而多重特质则测量一组工作特质，如力量、耐力、关节活动度、速度与灵巧度等。

9.3.2 工作样本测试的实施

在工作样本测试中，主试通常向被试布置一项工作任务，要求被试在一定时间内完成，观察者对被试完成任务的行为过程和行为结果进行观察和评估。例如，在招聘打字员时，评价者通常让应征者现场录入一篇文章或打印一封口授信函，对应征者的打字速度、错误率进行评估。在招收演员时也常常采用工作样本测试的方法。

1. 工作样本测试的具体实施步骤

（1）选择几项对拟招聘职位十分关键的工作任务，或者基本的工作任务作为测试的样本。在选择任务时最重要的一点就是所选择的任务一定要有代表性，即用于测试的任务能够真正地代表真实的工作情境，否则很难说被评价者能否够胜任应聘职位。

（2）让应征者执行这些任务，并由专人观察，将其工作记录在测试清单上，并打分。此过程对观察者的要求较高。观察者不但要有敏锐的观察力以便全面评估被评价者的表现，还要有专业的客观态度和科学的编码知识。为了使观察尽可能客观，此过程最好安排若干个观察者。

（3）求出各项工作任务的完成情况的加权分值。这是一种较简单的计分方式。计分方式的有效性不在于其复杂性，而在于是否适合测试内容。

（4）确定工作样本测试的评估结果与实际工作表现之间的相关关系，以此决定是否选取这个测试作为员工选拔的工具。其实这又回归到选择的工作样本有足够的代表性上，那么这儿的要求——工作样本的评估结果与实际工作表现之间的相关就能较好地达到。

2. 工作样本的测试工具

目前使用较普遍的商业化多重特质工作样本测试工具为杰考氏职前技能评估（Jacobs Prevocational Skills Assessment）中的VALPAR系列。其研制目的是希望能借由一套标准化的工具，广泛性地评量劳动者的特质，以预测个体的能力是否符合就业市场的相关工作能力要求。VALPAR系列共有23套工作样本，如：小型机械工具图、尺寸大小辨识组、独立问题解决测验组、多重标准分类图、全身活动度测量组、手眼脚同步测验组、职前能力评量组、动态体能评量组、视觉空间测试组，再加上一套新研发的灵巧度工作样本系列。

以下将简要介绍一下VALPAR工作样本系列（以VCWS－7为例）。

（1）工具的目的及其发展过程。1969年，Charles J. Rastatter、Donald R. Ross和Mr. Thomas L. Brandon共同设计出这套评估工具。这套工具包含很多子项目，皆可独立施测，也可把各子项目所测得的数据加以统整。使用这套评估工具可测得受测者是否符合大部分职业工作的一些特质，其优点是可用来做职业评估及弥补当时一些标准化评估工具所不能评估到的地方。

VCWS－7工具的优点在于可以模仿真实的工作环境和提供受测者立即的回馈，并可以在测验中测量到真实工作中所需要的技巧和动作协调、手指和手的精细动作、图形知觉、颜色的区辨能力等。

（2）工具内容。VCWS－7是一个盒子，盖子是分开的，另外一半则是由分类板和蓝色塑胶的薄板所组成。最上端工作平面是倾斜的、可转移的，工作平面上有八列及几行已经标明的狭孔。最下端的狭孔则是练习的部分。在测验中，被评价者要把塑胶板一一分类。其中，这些小塑胶板又分为颜色、颜色和字母、颜色和数字、有颜色、字母和数字等四类。如图9－1所示。

图 9－1　VCWS－7

（3）环境需求。良好的光线、整齐的环境、没有噪音和视觉的干扰，让应征者可以专心地完成测试。所需的设备包括桌子（约 30 英寸高）和舒服的椅子（约 17 英寸高）。

（4）适用对象。适用的范围很广，不论有无工作经验，还是有无障碍的人，都适合施测。

（5）评量方式。依据指导语让应征者完成测验。整个施测过程可分为两个部分：一开始是练习部分，可以用来确定应征者是否完全了解施测的内容。应征者对于做法不再有问题后，就可以开始正式施测，直到应征者全部完成为止。

有学者认为，这套评估工具很符合临床的需求，而且它又易于操作和评分，比一般传统用的纸笔测验多了以下优点：

第一，因为这套工具是模拟实际工作所需的能力来评估的，所以它所得到的结果也就更具有参考价值。此外，这些要求的能力都暗示着应征者在真实工作情境中大概的表现。

第二，这套工具附有一份工作特质表，这是根据美国 1.2 万份不同工作性质的工作分析所得到的结果，这可让应征者做对照，这种方式和实际工作分析的方法相似。

第三，利用这套评估工具，不仅可得到应征者在工作方面的表现，还可经由应征者的操作过程间接获得一些信息。如应征者的兴趣、挫折忍受度等，更可全方位掌握到应征者的能力范围。

第四，这套工具以操作为主，可减少一些文化差异所造成的误差，也可减少口语使用能力所造成的差异。

第五，因为这套工具和实际工作情形很类似，所以可用它来监控应征者一些和工作有关的或无关的行为表现，这些都具有决定性的价值。例如，有一位应征者可能因为性格或生理上的缺陷，完全和工作样本不合适，因此在操作的过程中就会显得无聊或疲劳，应征者透露出的这种信息使我们知道这种工作不适合他。这是一般纸笔测验所不具有的优点。

第六，这套工作样本可与其他评估工具所测得的应征者兴趣相吻合，而应征者也可透过这套工具的操作来发现自己对类似这样的工作是否有兴趣。这也是一般纸笔测验所不具有的优点。

第七，可用来强化工作情境，同时也可协助职业调整训练、强化肌力耐力，或作为渐进性工作评估工具。

3. 情境评量

情境评量是工作样本测试的一个变式，是指在一个真实或模拟性的工作情境中，评估者可以操纵工作情境的因素（如工作要求、督导的性质与数量等），系统地观察应征者的工作相关能力及行为。情境评量适用的场所包括：真实工作或学习情境；模拟工作或学习场所；职业培训情境；针对残障人士的庇护性工厂或康复机构。

（1）实施的重点。情境评量的重点包括准备好观察记录的工具（如观察记录表），并学会常用的行为观察评量技术（如时间样本法、计次—计时法等）。事先做好评量的准备，无论是材料上的，还是经验上的，都非常重要。在观察过程中，不要盲目地收集所有的信息，要有重点、有选择地观察，这样可以节省人力、物力和财力。同时，观察人员的态度也很重要，要尽量保持客观，这样可以避免观察结果因观察人员的不同而有差异。但保持客观的态度并不意味着可以降低敏感性，对观察对象敏感是一个合格的观察人员所必备的素质。敏感性并不只是针对观察对象，还要顾及观察对象的行为发生时的情境因素。将行为与当时的情境因素结合起来考虑，会获得更丰富的信息。

（2）具体的实施步骤。情境评量的实施有以下步骤。

第一，找出适合的工作。

第二，确定合适工作之企业单位。

第三，联系该企业单位之人事主任。

第四，确认与分析适当的工作（工作分析）。

第五，安排情境评量时间表。

第六，进行情境观察与评量。

范例

台湾“国科会”的情境评量

“中学生信息科技的网络学习及评量系统的研究”，是台湾“国科会”科学教育处所支助的“智能型远距合作学习环境中评量管理的整合研究”计划的延伸，其目的是针对中学生的信息科技学习，发展计算机网络学习及评量系统，研究其可行性，并进行在线测试，使信息科技的学习能符合未来潮流，迈向以网络实施、收集、分析之目的。并借由本研究发展的网络学习与评量系统，使在线学习、终生教育、在职训练等的网络环境更为完备。以下是此情境评量系统的结构图。

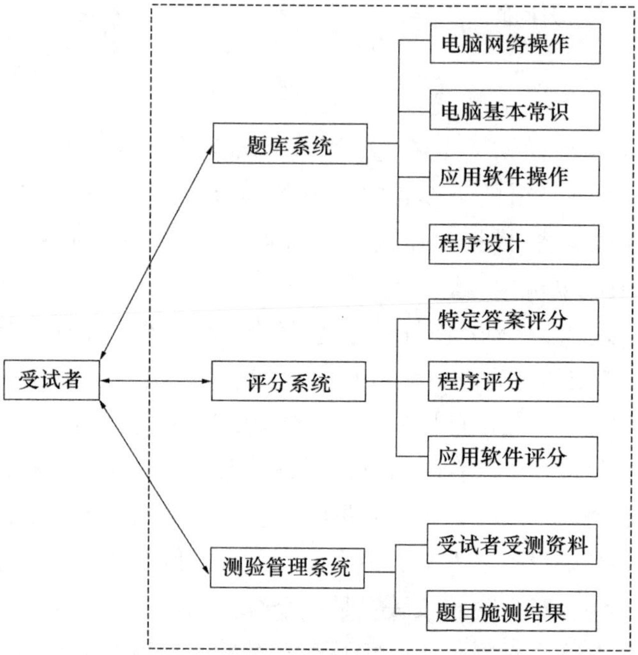

图 9－2　情境评量系统的主从结构图

（3）记录的原则。记录观察内容有以下原则。

第一，避免在记录时做解释或提供个人的见解。记录人员的责任只是提供客观真实的记录，不需要加入个人的任何意见。描述行为时尽量使用简单易懂的词汇，避免使用情绪化的字眼。对记录进行分析是必须的，但这是到后期才进行的工作。

第二，不要对自己的记忆力过分自信。记录的另一要义是记录一定要及时，最好是实时记录，即行为发生后要立即记录下来。这样可以避免经过记忆的加工后，事实被扭曲。

第三，需注明日期与时间。记录资料是要存档管理的，因此，为记录资料注明日期和时间，既有利于文档的保存，也有利于将来的查找。

第四，有系统地整理观察记录。整理观察记录的分类的维度因事而异，可以按照记录的时间、地点等维度分类，也可以按照观察的事件或对象的类别进行分类。

第五，尽可能将数位观察者的记录做比较。要做到绝对客观的观察是不可能的，但可以尽量使观察记录更客观。例如，可以综合各个观察者的记录结果，这样可以避免一个记录者较大的主观性。

第六，对观察对象所做的前后观察记录做比较。观察对象的行为可能会受当时当地的情境因素的影响，因此，情境的改变很可能也会导致观察对象的行为发生变化。要探究其行为是由哪些因素引起的，必须在不同的情境下加以观察。

第七，观察资料需与其他评量资料并用。观察资料只是评价观察对象行为的一种方式，而且观察也只能在较短时间内进行，要获得全方位多侧面的信息，必须要结合使用其他评量方法所得的评量资料。

第八，对每一次的观察记录做摘要，并特别注明具有意义的部分，以方便对观察对象工作行为的了解。翔实的观察资料查找起来比较费时，因此，为观察资料编写摘要就变得尤为重要。

4. 对工作样本的评价

作为一种人才测评工具，工作样本测试之所以广泛应用于实践，必然有着其他测评工具所无法比拟的优势。但同时，它也具有某些缺点，限制了它的应用。以下列出了工作样本测试的各项优缺点。

（1）工作样本测试的优点。让应征者实际执行工作的基本任务，效果直接客观，应征者很难伪装。工作样本测试是一种现场测试，也是一种更倾向于动作技能的测试，可以真实地考察出应征者的工作能力，也有利于评估者观察应征者的实际工作行为；由于其内容是模拟真实的工作内容，从测验中可推断应征者是否有能力从事此类型的工作，而且在工作样本测试中，许多项目能同时被检测，如工作技巧、兴趣、体能和工作行为，因此这是一种省事、高效的测评方法；此外，由于工作样本测试不涉及应征者的人格和心理状态，不可能侵犯隐私权，不会引起公平就业方面的忧虑。

（2）工作样本测试的缺点。相较于纸笔测验来说，工作样本测试需要的成本较高，包括对评估人员、时间、场地、器材等，都有较高的要求；实际操作中可能会遭遇工作样本内容过时之问题，不符合目前的工作现况。因此，需要测评人员对样本内容及时更新，以便更有效地评估应征者的能力。此外，只从工作样本的结果，较难有效地预估应征者日后在正式工作中的表现，因为真实的工作是日常性的，与工作样本的环境有较大的不同。而且应征者在测试情境中，动机一般较强，这可能会导致测试成绩较高，与在真实工作中的成绩可能会有偏差。

对求职者进行工作样本测试是一种传统的做法，富有经验的店主或商人会给求职者实习工作的机会，以评价该求职者的能力和学习速度。如今，由于在职人员在人事及保险方面的复杂性，采用这种测试方法的组织较过去不那么普遍了。此外，由于许多工作变得很复杂，以至于不适合一次短期测验来评价求职者的真实情况。但是，一些组织在某些情况下仍然采用这种工作预演方式，尤其是零售商业组织仍采用这种测试方式。这些组织一般没什么正式的工作定向，因而能保证求职者真正理解工作要求的测试方法是绝对有效的。

有组织的工作实习比较清晰地向求职者说明了有关岗位情况，这种说明比用大量的文献所能提供的说明要清楚得多。如果可能且合适的话，应要求求职者接受这种测验，这可能成为选拔系统的有效组织成分。

9.4 管理游戏

案例导读 **用管理游戏选拔人才**

这是美国一家公司在选拔人才时采用的方法。被评价者进入考试现场之后，发现自己正处在一个纷乱的“公司”里，并被委以“经理”重任。在这里，堆积如山的积压文件亟待处理，排着长龙的顾客等待洽谈，许多下属要求接见并反映情况，一个一个的会议需要参加和主持，接连不断的电话铃声……这一切令人心烦意乱，难以着手处理，扮演下属的人员中，不乏经验丰富的行家能手。他们可能提出一些棘手的难题，让被评价者在很短的时间内处理解决，否则就可能会当众出丑，能否胜任经理职务，就全靠被评价者自己的素质和本事了。

资料来源：郑安云主编：《人才测评理论与方法》，清华大学出版社、北方交通大学出版社 2005 年版。

以上就是管理游戏的案例，可以看出，这种方法具有游戏的性质，所以它本身具有一定的趣味性。下面将详细地介绍这种方法。

9.4.1 管理游戏的定义

管理游戏是评价中心常用的测评方法之一，也是评价中心中最为复杂的一种测评方法。它是一种以完成某项或某些“实际工作任务”为基础的标准化的情境模拟活动，通过被评价者的模拟运作来观察与测评被评价者的实际管理能力。它是面试中以游戏的方式来模拟真实的情境的一种测评方法。

在这种活动中，小组里的成员即被评价者会被分派给一定的任务，而这些任务必须通过合作才能很好地完成。比如，让他们共同讨论有关购买、供应、装配或搬运等问题。有时候也会引入一些竞争因素，例如让三四个小组同时进行销售市场的占领，以便评价人员来进行人才的筛选。

评价人员在管理游戏中的主要任务包括四项：第一，在游戏开始之前向参加游戏的被评价者进行简单的介绍说明，以便让所有的被评价者都能清楚地了解整个游戏的过程；第二，给参与游戏的被评价者分配角色；第三，在整个游戏的过程中，时刻保持警觉的状态，注意观察现场状况，处理各种意外的情况；第四，对被评价者的各种行为进行系统的观察和评价。被评价者在管理游戏中，充分发挥自己的积极性和主动性来完成任务，评价人员通过观察来评价他们实际的管理能力与技巧、合作能力以及团队精神等方面的素质。

9.4.2 管理游戏的形式

管理游戏的形式并不是单一的。根据测试目的不同，评价者往往会采用不同的管理游戏。经常采用的管理游戏有三种形式，见表9-8。

表9-8 管理游戏的三种形式

最简单的形式	将所有的被评价者分成三人一个小组，要他们共同讨论有关生产、市场、销售以及财务等方面的问题。通过这种活动，可以评价被评价者的组织能力、理财能力、思维敏锐力、紧张情境下的效率、适应能力以及领导力等
比较复杂的形式	将游戏分为三个单元，每个单元的任务与要求都不相同，让一组被评价者（通常是5个人）按照不同的分工模式来完成任务。将每个单元被评价者的表现及其任务结果与另外的单元进行对比分析，以便发现每个被评价者的特点。这种方式主要用于对被评价者进行自我评估

续表

最复杂的形式	评价者给所有的被评价者分配不同的角色，并且根据任务配备道具，被评价者根据评价者设定的游戏规则完成三个阶段的任务，通过被评价者协同工作最终完成全部的任务。评价者对游戏的全过程进行观察，对每个被评价者的语言及非语言行为进行观察与评价。这类管理游戏多用于团队配置与团队诊断的项目

三种形式中，最简单的形式与无领导小组讨论有点相似，但二者存在不同之处，无领导小组讨论提出的问题往往更具体，而且其形式比较固定，一般采用圆桌会议式，而管理游戏的问题更抽象，灵活性更大，而且其强调的是“模拟情境”下解决现实问题的能力。

9.4.3 管理游戏的特点

1. 真实感强，能够突破实际工作情境时间与空间的限制

管理游戏能够比其他形式更好地再现组织中的真实情况。在管理游戏中，被评价者需要处理与真实情境相同的工作或问题。例如，做一个销售工作的管理游戏，要求测评对象要了解市场情况，并根据具体情况去做分析，制定相应的销售方案，来完成销售任务的这一系列的活动，与实际的工作情境极为相似。另外，由于其本身的性质，它能够突破时间和空间的限制，一些实际工作需要几个月甚至几年才能完成，但是在这里就像演电视或电影一样，在几个小时内就可以发生。这样就可以全面地去评估被评价者的各方面能力，全面了解被评价者。最后，在管理游戏中，它能够帮助被评价者对组织内部各单位之间错综复杂的相互关系有更加深刻的了解，提高被评价者的协作能力。

2. 目标明确而单一，针对性强

每一个管理游戏都是为了解决某种具体的问题或为了达到一个具体的目的而设计的。因此，他们更多地着眼于实际的、细节的问题，而非泛泛的、空洞的问题。游戏的具体性使被评价者在解决问题的过程中，很多能力素质都能够得到集中的反映。如在键盘销售游戏中，六个被试小组扮演小型企业的管理委员会，他们经营计算机产品所用的支架的买卖业务。对于给定的具有不同利润的键盘，每个小组成员均要就投资、购买、股票控制及销售问题发表意见。主试通过行为表现观察、关注小组讨论中自然形成的领导人以及其他成员的组织能力、财务敏锐力、思维的敏捷性及压力条件下的工作情况。

3. 可以激发被试的潜在能力和创新精神

虽然管理游戏是以真实的工作环境为原型的，考察的也是管理活动中解决问题必需的能力素质，但是它的特色就是将复杂的测评内容与有趣的游戏结合起来，为游戏的参与者提供一个全新的情境。在这种情况下，面临具体的问题，更容易激发出被评价者的潜在能力以及创造性地解决问题的办法。

4. 具有趣味性

由于管理游戏有游戏的性质，所以更具有趣味性。由于它的模拟内容真实感强，可以使被评价者产生一种身临其境的感觉。管理游戏还富有挑战性，要完成特定任务，需要与其他人合作才能完成。在测评过程中，被评价者可以及时获得自己在完成任务过程中的表现情况。另外，评价人员也会在游戏中人为地设置一些问题或困难，调动被评价者主动地去分析解决矛盾，这样就激发了被评价者的浓厚兴趣。

5. 对被评价者的观察较困难，费时较长

管理游戏使被评价者处于一种动态的情况下，然后由评价人员进行观察和评价。被评价者因为要完成任务需要来回走动，从而为观察带来了一定的困难。若评价者需要观察几个被评价者的行为，问题就更为复杂了。由于几个被评价者有不同的活动，所以处于不同的测评地方，观察者不可能同时观察到这几个被评价者的活动。另外，与其他测评形式相比，管理游戏需要花费很长的时间准备和实施。在准备阶段，评价人员要配备相应的人员和设施、寻找合适的测评地点等一系列准备工作。在实施阶段，完成整个管理游戏，就要花费五六个小时，这些都使得它的应用受到限制。

9.4.4　管理游戏测量的内容

在管理游戏中，评估者通过游戏中被评价者的表现，测量被评价者以下几个方面的能力。

1. 团队协作能力

团队协作能力是指在团体工作中为了共同的目标一起工作或共同完成某项任务而与他人配合的能力。管理游戏更多强调的是合作而不是竞争。在现代的管理活动中，竞争是必不可少的，因为它可以促进工作效率，但我们也需要团队合作，团队合作可以使团队的能力得到极致的发挥。所以，在现代的企业管理中，管理者都强调团队的合作能力。团队协作能力在管理游戏中的具体表现为被评价者能与他人合作，而不是一味地自我表现，孤军作战，能充分认识到伙伴的长处并加以利用，为了团队的共同目标而不计较个人得失。

2. 应变能力

应变能力是指在有突发事件时，能够迅速而灵活地转变思考和解决问题的角度，随机应变，触类旁通，做出正确的判断和决策能力。在日常的管理活动中，往往有许多突发事件，需要人们做出快而准的决断，所以应变能力是管理游戏中考核的重点内容之一。在管理游戏中，往往也存在一些突发状况的设计安排，被评价者需要对此做出迅速的反应，但被评价者的应变能力肯定是有差别的，这样我们就可以评估出被评价者反应能力的优劣。

3. 沟通能力

沟通能力也是管理游戏中所要考察的重点。沟通能力是指能够很好地理解别人所要传达的信息，同时又能准确地将自己的意思表达出来。由此可见，沟通能力包括两个方面的能力：理解能力和表达能力。在这里，我们强调的是对口头语言的理解能力和口头表达能力。沟通在管理中就如人的血脉，如果沟通不畅，就像血管栓塞，其后果是可想而知的。良好的沟通能力可以使管理者与同事、上司和下属建立良好的关系，可以获得更多的有效信息，有利于工作的顺畅进行。在管理游戏中，可以考察一个人的沟通能力，一个好的沟通者会很快让游戏的其他成员领会他的意图和想法，并加以配合而顺利地完成游戏规定的任务。

4. 适应能力及领导能力

在管理游戏中，你的合作伙伴都是不熟悉的人，被测者要通过适应和把握他人的行为风格愉快地与人合作。群龙不能无首，在游戏过程中，看谁成为自发的领导者和全局组织者，整合小组资源，带领小组又快又好地达到目标。

5. 理财能力

利益的最大化无疑是企业追求的目标。在管理游戏中，要看被评价者在完成目标的过程中的成本意识、运算能力、财务知识、统筹能力等，即能用最小的投资、最少的人力和时间获得利益的最大化。

6. 创新能力

在当今社会，创新的重要性不言而喻。谁善于在浩如烟海的信息中敏锐地捕捉到有用的信息，并对其进行分析综合，谁能够挖掘出深层次的隐含信息，并综合自身工作的需求，对信息加以创新利用，谁就能够在竞争中获得成功。在管理游戏中，可以考察被评价者在面对游戏中的任务时如何有效地利用已有的信息进行整合和创新。

7. 情绪控制能力

情绪控制能力强的人，能够理智地对待周围发生的事件，有意识地控制自己的情绪，约束自己的行为，能够冷静分析、沉着应对，便于化解危机，使其转化为新的机遇。在管理游戏中，评估者可以通过设定一些容易激怒被评价者的情景，来考察被评价者的情绪控制能力。以下这个例子可以很好地测查被评价者的情绪控制能力。

范例

建筑任务

成员包括一名被评价者和两个辅助人员。这个任务要求被评价者使用木材建造一个很大的木头结构的建筑。在任务中，有两个"农场工人"A和B，帮助被评价者一起来建造。这两个工人A和B是辅助人员，就像许多社会心理学实验中的假被试一样，他们按照预定的目的和安排行事。

A表现出被动和懒惰的特征，如果没有明确的指定命令，他就什么事也不干。

B则表现好斗和鲁莽的特征，采用不现实和不正确的建造方法。

A和B以各种方式干扰、批评被评价者的想法和建造方案。

资料来源：郑安云主编：《人才测评理论与方法》，清华大学出版社、北方交通大学出版社2005年版。

9.4.5 管理游戏的实施

1. 管理游戏的实施过程

管理游戏的实施过程类似于无领导小组讨论。它包括四个阶段。

（1）首先由测评人员宣读游戏的指导语。在宣读指导语时要使用统一的用语用词，以确保测评过程的标准化。

（2）被评价者进行准备活动。在游戏正式开始之前，被评价者可以先进行一些准备活动，如小组成员可以先进行一定的讨论。

（3）被评价者实施游戏活动。在这个过程中，测评人员要在现场进行观察，但不能给被评价者任何提示。

（4）测评者进行评分。在游戏进行中，测评者就要根据自己观察到的情况，根据评分标准进行评定，随后在游戏结束时每个测评者首先要宣读通过观察游戏中被评价者的表现所评定的分数，其他的测评人员则根据宣读的结果，独立地评出被评价者的分数。

管理游戏与无领导小组讨论的区别有两点：第一，管理游戏多了一项工作，即除了文本材料外还要准备在游戏中规定使用和可能使用的各种道具，如象征性的原材料、车间、商品等。第二，评估者观察的方式不像无领导小组讨论那样隐蔽，因为在管理游戏的过程中被评价者的活动范围很大，所以评估者也要进入到场地中去，以便更好更全面地观察，这也就增加了评估的难度，因为评估者既要身在其中又要置身事外。

2. 管理游戏实施过程中的注意事项

（1）讲解游戏规则，对于违反规则者要进行一定的惩罚。

（2）游戏开始之前，要确定出场顺序。其他小组可以先做准备工作。游戏活动结束后由评判和小组代表来共同明确胜负结果，并宣布活动结果。

（3）避免只为游戏而游戏，不要因为好玩而忘了游戏的目的，因此在游戏进行中要经常提醒游戏的目的。

（4）仔细地挑选游戏。在进行管理游戏之前，要了解游戏的目的以及测试的主要目的，选择最适合测试目标的游戏。

（5）有备用的计划。在首选计划实行不通的时候可以使用备用的计划。

9.4.6 管理游戏的结果评估

1. 管理游戏结果评估的原则

（1）公正性原则。如果选拔缺乏公正性，选拔也就失去了它的价值和意义。只有公平、公正，才能选拔到公司所需求的人才。什么是公正呢？就是以岗位需求的人才特性为标准来选拔人才，不能因为其他原因歧视被评价者。举例来说，如果身高、长相对岗位职能没有影响，就不能因为身高不够高、长相丑陋而给被评价者低分。评估者的评分过程要透明化，以便我们能够达到测评的真正目的，选拔到我们所需要的人才。

（2）客观性原则。管理游戏相对来说是一种主观性比较强的人才测评工具，评估者应根据测评的目的进行符合公司测评需求的、实事求是的判断。在做判断时应深思熟虑，不应该因对被评价者的好恶或者是刻板印象，而做出主观性过强的评估。

（3）非唯一标准答案的原则。管理游戏的答案有一定的灵活性，它不像学校里的考试，每个题目都有标准的答案。所以在评估的过程中，不能只按照给定的评分标准来进行判断，而是要以这个标准为基础，再结合管理中的实际情况进行评分，这就对评分者提出了更高的要求。

2. 管理游戏结果评估的过程

管理游戏测评结束后，评分者要将测评过程中所注意到的细节进行归类、评估，写出评估报告，然后共同对每位考生在测试过程中的表现分析整合，逐一对每一项给出分数，并按照严格的格式撰写测评报告。在进行评估时要尽可能进行量化评估，使评估更具有操作性和客观性。如表9－9。

表9－9 “建筑任务”中情绪控制能力的评估指标

测评内容	测评指标	测评级别
情绪控制能力	理智，冷静，完成任务顺利	5
	较理智，冷静地处理事情，完成任务较顺利	4
	有一定的情绪控制能力	3
	偶尔有情绪不稳定的情况	2
	情绪极不稳定，易怒	1

范例

管理游戏两则

（一）

几个被评价者在不被分配角色的情况下共同经营一家制造企业。他们必须购买原材料，生产产品，然后到市场上销售。他们还必须进行产品需求预测。也就是说，他们作为企业的经营者，要对各个环节进行管理和安排。不仅如此，为了增加工作的压力和难度，在整个游戏过程中，原材料的价格、商品售价以及市场供需状况都是有所变化的。该游戏的目的是测试被评价者的主动性与积极性、经营管理能力、创新与冒险精神、人际交往能力、协调说服能力、精力、自控力和情绪稳定性。[①]

（二）

给被评价者一个滑轮及铁棒、木板、绳索等工具，要求他们把一根粗大的圆木和一块较大的岩石运到小溪另一边。这样的任务单靠个人的力量是无法完成的，而必须通过所有人员的协作努力才能完成。通过这项练习，评价人员可以在客观的情景下，有效地观察评价对象的领导特征、组织协调能力、合作精神、有效的智慧特征和社会关系特征等。[②]

资料来源：①资料来源：郑安云主编：《人才测评理论与方法》，清华大学出版社，北方交通大学出版社2005年版。

②吴春华、张瑾：《人员素质测评理论与方法》，天津教育出版社2005年版。

9.5 事实搜集技术及其他技术

9.5.1 事实搜集技术

1. 事实搜集的定义

事实搜集就是给予被评价者少量的有关某一问题的资料，要求他做出对这一问题的全面分析。这种测评方法并不像其他的方法那样要求被评价者解决一个问题，而是让他去发掘一些与某个问题有关的信息。首先给予被评价者关于一个他所要解决的问题的少量信息，然后他可以向一个能够提供信息的人询问一些额外的情况。被评价者所问的人——一个掌握资源的人——通常由一些接受过专门训练的辅助人员或评委或企业中的高管人员担任，他们掌握着大量的相关信息。如果他提出的问题比较模糊，那么他得到的答案也就是比较泛泛的；如果他能够提出比较具体的切中要害的问题，那么他就会得到一些有利于解决问题的有价值的信息。在提问和回答之后，要求被评价者给出解决问题的建议和原理。被评价者需要用创造性的、有洞察力的方式进行提问，这样才能够获得更多的信息。

2. 事实搜集测试的目的及其特点

事实搜集测试的目的是测试被评价者搜集信息的能力，特别是从那些不愿意或不能提供全部信息的人那里去获取信息的能力，以及把握事实做出正确决策的能力。

事实搜集非常适合评价被评价者搜集信息的能力，尤其是适合于测评其如何从那些不愿意或不能够提供全部信息的人那里获取信息，并最后把握事实的能力。评估者也可以通过事实搜集法来评价被评价者的决策技能、倾听能力和压力承受能力，它主要适用于测量较高层的管理者。其缺点是设计与实施难度均较高，而且实施的成本也比较高，另外事实搜集很难为测评对象提供一种非常标准化的情境。

3. 事实搜集测试的内容

在事实搜集的任务当中，主要考察被评价者以下几个方面的能力。

（1）理解能力。理解能力是通过事物之间的联系认识事物的本质、特征及其规律的能力。在事实搜集时，被评价者要根据提供的少量的信息，了解到所要解决的问题的核心本质。

（2）分析判断能力。分析判断能力是指能否看出表面上互不相干事件的内在联系，并从系统的角度进行分析。分析判断能力有助于人们把握全局，并能深入系统地分析问题和解决问题。分析判断能力是对已知信息的处理、对事物发展趋势进行方向性把握的能力。良好的判断能力有助于在工作中提高效率和准确力。事实搜集的过程犹如在迷雾中寻找方向，而分析判断能力就像迷雾中的灯塔，指引你走向成功。

（3）获取信息的能力。在现代的数字化社会里，信息浩如烟海，如果能在信息的海洋中敏锐地捕捉到有用的信息，挖掘到深层次的信息，就能使工作事半功倍，节约大量的人力和物力。这是事实搜集技术中要测量的一个重要的方面。

（4）决策能力。决策能力是人们在问题发生后，根据判断做出正确的决定的能力。通过信息依靠思维做出决定而不是仅凭自己的感觉做出决定，这一能力在工作中是极其重要的，在公司中高级管理者的一个决策往往可能会影响整个公司的发展。在搜集到足够的信息之后，确定正确的处理问题的方案，这是至关重要的一步。

（5）对压力的承受能力。不可否认，由于现代社会竞争的加剧，工作压力愈来愈大。良好的应对压力的能力是指在压力面前能够保持清醒冷静的态度，能够坚持做下去，不因压力而放弃或退缩。如能面对压力，管理得当，则压力会给工作带来动力，否则将会成为阻碍工作发展的杀手。

4. 事实搜集实施应注意的问题

（1）在这个测验当中，信息源必须要非常的详细。

（2）提供信息的人必须对这些信息很熟悉，这样他才能及时地提供被评价者所要求的各种各样的信息。例如，告诉被评价者工厂的流水线上的产品出现问题，让其找出原因；告诉被评价者公司的客户要求退货，找出原因，并解决问题。

（3）提供信息的人要对所有的被评价者一视同仁，保持客观的态度，以确保测试的标准化。

9.5.2　案例分析

下面是一个比较简单的案例分析的例子。案例分析是一项综合性的情境模拟测试项目。通常是让一个被评价者查看一些关于组织中的问题的资料，了解并研究某个组织在管理中所面临的问题，然后让他准备出一系列的建议，以提交给更高级的管理部门。

范例

如何解决难题

A公司是一家通信公司。目前主要市场在通信、电力等方面。公司中的项目一部分是软件平台开发，另一部分硬件开发。在本地区，硬件开发部门人员流动较快，流失严重，而招到合适的开发人才又较困难，培养自己公司的硬件人才则需要几年的时间。作为开发部门的经理，你如何解决人员流失的问题？如何尽量减少人员流失给公司带来的损失？请在30分钟内对这两个问题进行分析，30分钟后进行口头报告。

分析结果既可以采取口头报告也可以采取书面报告。当书面分析报告提交之后，评价者可以从报告的形式与内容两方面进行分析评价。这种测评方法可以考察被评价者的综合分析能力和做出判断决策的能力，它既可以考察一些一般性的技能，也可以考察一些特殊性的技能。

这种方法的优点包括以下几点。

（1）案例与工作情境非常相似。案例分析，顾名思义，就是给被评价者一个或几个案例，让被评价者对案例进行分析，评价者们给出的案例往往就是与工作情境相关的案例，可以直接考察被评价者解决现实问题的能力。

（2）测试过程简单，时间短。案例分析的测试大体上分为三个阶段：准备阶段、施测阶段与评价阶段。如果是书面报告就不需要评价者在场，即使是口头报告，所需要的时间也比无领导小组讨论或管理游戏这些评价方法所需要的时间要短。

但是，它也有一些缺点，它的缺点是评分比较主观，难以制定一个客观化的评分标准。一方面是因为任何案例都存在结构上的瑕疵，也就是说所出的考题本身就不是完全标准化的；另一方面，评价者进行评价的时候，往往是依靠自己以前的经验进行评价，评价过程的主观性也很大。

范例

绿宝公司是一家化工材料公司，由于经营不善，公司进行业务转型，公司股东看好环保产业，公司耗资200万元引进了技术与设备生产原材料（包括颗粒料、片材、板材），面向不同的目标市场出售。由于企业经营业绩不佳，董事会辞退了原来的总经理。以下内容是绿宝公司面临的一些情况。

1. 通过相关媒体报道，中国出口欧盟的家电产品遭遇“绿色壁垒”，主要原因是包装材料为泡沫塑料，为此家电企业需要缴纳高昂的固体垃圾处理费，否则将不能进入欧盟市场。

2. 天津电视台推出“绿色家园”专题节目，希望与公司合作推出专门介绍环保产品与百姓生活的系列节目，来增强社会公众的环保意识。

3. 技术部门对原有配方检测后发现，该配方不能达到预期的产品质量，新的配方与工艺开发至少需要80万元，开发周期为1个月。

4. 科技部推出了面向环保企业的“环保产品扶持基金”，如果申请成功，公司可以获得至少300万元的无息贷款。该项目业务代理公司对项目考察后保证60个工作日内可以申请成功，但需支付15万元的服务费。

5. 目前公司在市场上出现竞争对手——绿野公司生产的产品非常畅销，但产品的监测报告显示，虽然降解程度低，但产品成本比绿宝公司产品成本要低10%。

6. 由于前任经理经营不善，有能力的员工感觉没有发展机会，技术经理、公关经理、市场经理均要辞职，并已经向人事部递交了辞职书。

7. 财务部门报告，由于公司经营业绩不佳，银行已经将公司的授信额度降为三级（最多只能贷款100万元）。

8. 公司由于疏于管理，人心涣散，部门经理经常外出兼职，公司很难召集各种会议。

9. 公司的试验生产线建设需要4个月，耗资350万元。建成后月产值为25万元。

10. 销售部向高清电器公司展示了试验产品，该公司同意在未来一个季度内尝试性采购价值30万元的产品。

请根据以上提供的资料，在30分钟内完成如下任务：董事会提出公司必须在一年内扭转亏损局面。请您分析企业现在面临的问题，提出下一步的工作计划并写出书面报告。

9.5.3 个人演讲

个人演讲即被评价者按照给定的材料组织自己的观点，并且向评价者阐述自己的观点和理由。有时，在被评价者演讲之后，评价者要向被评价者提问。这种测评方法可以考察被试的分析推理能力、语言表达能力以及在压力下应对的能力。评价者可以从语言表达、仪态举止、口头表达能力等方面对被评价者的表现做出评价。

演讲可以分为即兴的演讲和有准备的演讲。即兴的演讲是被评价者抽到题目之后，略做准备之后就进行演讲。在有准备的演讲中，被评价者大约有一个小时的准备时间。正式演讲的时间大约为10分钟，另外还有5分钟的时间由评价人员对其演讲的内容进行提问，由被评价者做出回答，从而对被评价者进行评价。这种测试方法可以考察被评价者思维的敏捷性、系统性、条理性、创造性、说服能力以及自信心等。它的优点是操作比较简单，而且节省时间。缺点是人们无法看到被评价者的实际行为过程，所以得到的有关被评价者的信息比较有限。通常情况下，个人演讲并不单独使用，而是和案例分析等放在一起，同时测查被评价者多方面的能力。

学习指南

本章主要介绍了履历分析技术、笔迹分析技术、工作样本测试、管理游戏以及事实搜集技术这五种人才测评工具的定义、特点、实施过程、注意问题及其应用，还简单介绍了案例分析和个人演讲。在学习本章时，要了解这些技术的特点，掌握其实施的过程、注意问题，能够在现实中加以应用。这几种技术都是情境性、操作性的心理测试，所以在学习时，除了了解这几种技术的基本理论之外，还要对文中案例加以分析演练。有兴趣的读者可以从网上找一些管理游戏，与朋友一起演练，互相评估分析，在实践中了解整个游戏的操作过程，这样才能有切身的体会，真正做到学以致用。

关键词

履历分析　笔迹分析　工作样本测试　管理游戏　事实搜集　案例分析个人演讲

思考题

1. 履历分析技术的优劣势各是什么？请结合案例说明。
2. 确定履历分析内容的方法有哪些？

3. 具体工作中如何更好地应用笔迹分析技术？

4. 工作样本测试适用于哪些领域？

5. 工作样本测试与一般的纸笔测验相比有哪些优点？

6. 管理游戏的优缺点是什么？

7. 先仔细阅读本章第三节中案例游戏四，然后思考如果你是被评价者，你会采取怎样的措施来排除A和B的干扰？

8. 事实搜集主要测量被评价者哪些方面的能力？在实际的工作中如何提高自己搜集信息的能力？

9. 在事实搜集中，什么样的提问方式能使信息的提供者提供更多的信息？

第 *10* 章

评价中心技术

案例导读　　**评价中心技术大放光彩**

在北京，市委组织部、人事局已连续两年在面向社会招考50多名局级干部中采用了人才测评技术。北京市人才素质测评中心自1997年6月成立以来，已为发展银行、国贸中心、北城集团等几十家单位的员工和新聘人员进行了测评，分别对1000多人提出了职业能力及职业发展报告。

在上海，近年来市任职资格评价中心已先后接受了100多家大中型企业、三资企业的委托，动用人才测评手段选拔中高级管理人才，同时还为10多家急需招聘人才的银行等单位提供了人才测评服务。社会上其他人才测评服务机构也应运而生，如浦东新区人才市场的人才测评系统；经营者人才公司与其他单位合作开发的“人才测评技术”包括了“人才测评量表”“招聘面试的方法和技术”“挑选人才的原则和技巧”等。一些猎头公司对客户委托招聘的中高级人才，也开始进行各项专门的测试。

深圳企业高级经理人才评荐中心在专题调研、问卷调查、企业座谈、专家论证的基础上，设计开发了“高级经理任职资格评价标准体系”，涉及品德、知识、能力、资历、绩效、体能等六个方面，通过定量定性分析，力求全面、准确、客观、公正地评价经理人才。

资料来源：www. sycp. com. cn。

随着人才测评业的兴起，评价中心技术也在社会上广为运用。采用评价中心技术，人才测评才会更为科学、准确，更能为用人单位的招聘、选拔提供重要的参考依据。

人力资源是企业最宝贵的资源和最关键的因素。核心的管理团队和优秀的人才是公司的依靠和骨架，脱离了这一切，企业战略、组织文化等全是纸上谈兵。企业在选人和用人上必须面对两大问题：其一，岗位的要求和岗位的胜任素质到底是什么；其二，根据岗位需求，如何选拔合适的人才。解决这两个问题是人力资源的关键所在。

评价中心的出现使问题迎刃而解。评价中心技术起源于20世纪20年代，在近50年来迅速发展、完善。评价中心技术主要是在专门建立起来的测量情境中对行为进行评定的技术。通常使用多名经过训练的面试官和多种测量技术进行评价，通过整合不同面试官的评定结果以及不同测量方式的评价结果，得出应聘者行为表现的综合评价。评价中心技术最突出的特点是它专门设计了一系列模拟情境，这些情境与应聘者未来可能面临的工作情境类似，通过观察和评价他们在模拟情境中的行为表现，可以很好地预测他们在未来岗位上的工作绩效。由于识别和确定应聘者是否具有胜任未来工作的潜力是评价中心技术的核心，因此，评价中心技术拥有很高的预测效度。此外，评价中心技术在选拔阶段建立的评价标准也是组织考核与培训员工的标准，为建立一个科学的人力资源管理系统打下良好的基础，具有极高的潜在回报。

评价中心技术在各个领域的应用中不断被证明是极为有效的测量方法之一。广义的评价中心技术一般分为心理测验、结构化面试、无领导小组讨论、公文筐测验、角色扮演、管理游戏等。狭义的评价中心技术指的是以情境模拟技术为核心的评价技术。

10.1 评价中心技术概述

10.1.1 评价中心技术的起源与发展

评价中心被认为是现代人员素质测评的一种新方法。它起源于德国心理学家1929年所建立的一套用于挑选军官的非常先进的多项评价程序。其中一项是对领导才能的测评，测评的方法是让被试指挥一组士兵，他必须完成一些具体任务或者向士兵们解释一个问题，在此基础上进行观察评价，这实际上是评价中心技术的前身。可见，评价中心起源于情境模拟测评。后来这种方法被带到了美国。第二次世界大战期间，在美国的部队中（特别是战略情报局），他们使用了小组讨论和情境模拟练习，用来选拔情报人员。二战结束后，这种方法被带到了工业企业中，此后，该技术在西方的企业中得到了迅速推广和运用。据统计，到20世纪80年代中后期，仅在美国就有3000多家企业、非营利性组织和政府机构建立并使用着各种各样的评价中心技术。

开创了在工业企业中使用评价中心技术先河的是美国贝尔电话电报公司（AT&T）。1956年，该公司开发了“管理进步研究计划”，这是当时对管理者的职业开发所进行的规模最大、最全面的研究，目的是弄清楚在该公司中具备什么特性的年轻雇员能够从公司中的低级职位不断提升到中级和高级的职位。该评价工作从1956年一直持续到1964年，被评价的人员是受雇于该公司的几百名大学毕业生和非大学毕业生。心理学家和有经验的贝尔系统工作人员经过深入的探讨做出评价报告，公司将评价的报告封存起来。8年以后，公司将当时的评价报告与这段时间内的实际升迁情况进行了对照，发现在被提升到中级管理岗位上的人员当中，约有80%当时的评价鉴定是正确的；在未被提升的人员当中，有90%左右在8年前就已经被预测到了。

随后，美国的许多知名企业，如标准石油、IBM、通用电气等公司纷纷效仿AT&T引入评价中心技术，于是评价中心技术在工业组织中得以迅速传播。据估计，1980年，美国本土采用评价中心技术的工业组织超过2000个。同时，其他国家也逐渐接受了这一技术并逐步应用于人员选拔。然而在中国，直到20世纪80年代才开始有学者对此有系统的介绍，此时，由于改革开放，评价中心技术也被外商企业带入中国，用于评估其在华企业的员工，自此，国内的评价中心技术才逐步走向正轨。如今，不论在学术界还是在企业界，评价中心技术得到广泛认同；不论在公务员选拔还是在企业招聘中，处处都可见评价中心技术的身影。我们有理由相信，评价中心技术将来还会有更广阔的、更美好的前景。

西方管理学家在对评价中心的效果分析中发现，由企业领导根据个人意见选择的管理人员，按照使用的结果，其正确性只有15%；引入评价中心和部门推荐的，其正确性在70%以上。匹兹堡大学职业研究院的威廉·C·柏海姆调查了评价中心的研究项目后也指出，经过评价中心技术选拔的管理人员比仅凭主观判断而提拔的管理人员的成功率要大2~3倍。

总的说来，评价中心的作用是多方面的。首先，评价中心可以有效地利用人力资源，量才选用，合理安置人员，很好地预测个人的管理能力，以便有组织地选择、提升管理人员。同时，评价中心还可以对个人的潜在能力以及对需要特殊训练、培训的个人能力做出诊断。

其次，评价中心可以非常准确地诊断被测者培训和发展的需要。观察出培训和发展需要，为所采取的培训和发展计划开出精确的“药方”，使得培训较为有效。

最后，评价中心对人员的选择具有很高的预测效度。评价中心能较准确地预测哪些职员具备担任高级管理人员职务的潜力，这对于提升中低层管理人员具有很高的效度。对高级管理人员提升的问题，相对于其他的方法，它的效果是最好的。

10.1.2 评价中心技术的特点

评价中心最主要的特点之一就是它的情境模拟性。它是通过多种情境模拟测评形式，观察被试的特定行为方法。例如，评价中心的内容可以是一个市场问题的分析报告，发表一个口头演说，或者处理一些信件与公文，处理某个用户产品质量投诉问题，或者组织生产问题或销售策略问题，等等。

评价中心的优点表现为以下几个方面。

1. 综合性

评定者在一系列维度上对被评价者进行评价。这些维度一般包括人际关系建立、沟通协调、动机和智力等。这一系列维度提供了从不同的角度对被评价者的行为进行观察和评价的机会，能够得到关于被评价者方方面面的信息，从而对被评价者进行较为可靠和有效的观察与评价。

评价中心综合使用了多种测评技术，使用多种评估方法，包括心理测验、集体或个体的面谈、集体或个体的情境练习等。多种测评手段综合了各种测评手段的优点，而且各种测评手段之间可以相互验证，如果从各种不同的测评手段中得出了被评价者在某方面较为一致的特征，就有助于做出较为准确的评价。

由于取综合测评技术之长，而补它们独立使用之短，被试在这些测评形式中的行为反应具有多样性与广泛性，使评价中心测评的效度与信度大大提高。有关研究表明，其预测效度系数时常在 0.60 以上，为各种技术中最高的，见表 10－1。

表 10－1　各种评价方法与工作绩效之间的相关系数

评价方法	与工作绩效的相关系数
评价中心	0.65
行为性面试	0.48～0.61

续表

评价方法	与工作绩效的相关系数
工作实习测试	0.54
能力测验	0.53
现代个性测试	0.39
自撰材料	0.38
推荐信	0.23
非结构化面试	0.05～0.19

2. 动态性

它的第二个显著特点是表现形式的运动变化性。与心理测验、观察评定、面试相比，评价中心中被评价者是处于最兴奋状态，评价中心通过一系列的活动安排、环境设置，将实际管理工作中瞬息万变的特点模拟重现在被评价者面前。通过对被评价者施加压力刺激，激发其潜在素质，使被评价者在动态的环境中充分地表现自己，使评价者对他有一个真实、全面的把握，真正体现了在运动中、在活动中来测评素质的特点。事物只有在运动中才能显露其特点与本质，被评价者只有在活动中才会充分表现其内在素质。

动态性的另一表现是评价中心的操作不像其他测评方法那样，要求有一个统一的规定，它操作的具体内容、时间与程序，灵活变动，没有固定的模式。

3. 预测性

评价中心所采取的测评手段很多是对真实情境的模拟，而且模拟情境是与拟任岗位高度相关的情境。在这种情况下，被评价者的表现比较接近真实的情况，并且在复杂的任务之下被评价者也不易做出伪装。因而被评价者在情境性测验中的表现在实际工作中有较大的可预测性，对被评价者未来的表现有较好的预测效果。在评价中心中更多测量了被评价者实际解决问题的能力，即实践能力，而不是他们的观念和知识。并且，评价中心技术为培训打下良好的基础，企业可以针对被评价者的劣势进行有针对性的培养训练，从而有效地促进被评价者的职业发展。

4. 全面性

评价中心技术所获得的信息量很大，它既不是个别人的评定，也不像面试那样仅仅以谈话方式测评，而是综合多种测评活动测评的结果。它由多个测评人员共同测评，测评方式上突破了前述各种形式的限制，测评内容涉及监督、管理与决策诸方面的技能，给测评双方提供了多种表现或观察的机会。相对于其他测评手段，评价中心技术无疑能够更全面地反映出被评价者的真实能力、水平，为人事决策提供有力的依据。

5. 公正性与客观性

首先，评价中心程序的标准化是保证测试公正客观的重要手段，评价中心各个阶段都有严格的可操作性的规定和细节，对于测试题目、测试要素、测试方法、测评评价者等都有严格的标准化的要求，所有被评价者都处于竞争机会均等的情境中，这一系列标准化的手段确保了评价中心技术的公正、客观。

其次，对被评价者来说，多种测评手段能提高评价的公正性，因为他们要经历的是多个测评工具的考验，假设一个被试在第一个测验中由于紧张或其他原因没有发挥出正常的水平，而在后面的测验中由于他的情绪稳定下来表现得很好，这会在一定程度上弥补先前表现的不足；反过来，如果一个被试侥幸通过了一项测验，但在其他测验中，他的不足之处可能就会暴露无遗，即就被评价者来说，在测评活动 A 中行为失控，可在测评活动 B 中弥补，但在 A 活动中可能侥幸过关，在 B 活动中就不一定了。

再次，从评价者的角度来说，由多个评价者进行评价，可以有效地避免评价者的个人偏见。

6. 形象性

由于在评价中心技术中大量采用了情境模拟技术，因而，评价中心法的另一个显著特点是形象逼真。评价中心所构建的情境与实际工作有很大的相似性，并且评价中心的试题也来源于实际工作中，它所测评的素质往往是分析和处理具体工作的实际知识、技能与品德素质。此外，由于评价中心测试活动的形象性与逼真性，整个测评过程生动活泼，不像其他测试手段那样死板，能引起被评价者的更大兴趣，发挥潜能。

此外，评价中心的每一个测试情境都经过测评技术的处理，使许多与测评无关的因素都得到了有效的控制，经过组合加工，还可以把分属于不同工作中的活动综合连接在一起，既提高了测评的准确性，又扩大了测评的内容与范围，可以在同一种情境模拟中测评多种素质。

范例 **上海某公司实施评价中心**

目的

上海某公司为了确保自己能招聘选拔到适应一流企业、一流产品需要的高素质员工。

评估模式规范标准

上海某评价中心完全按标准化、程序化的模式进行。凡被录用者，须通过填表、筛选、笔试、目标面试、情境模拟、专业面试、体检、背景调查和审批录用九个程序和环节。每个程序和环节都有标准化的运作规范和科学化的选择方法。其中，笔试主要测试应聘者的专业知识面、相关知识、特殊能力和倾向；目标面试则由专业评估人员与应聘者进行面对面的问答式讨论，在其登记表中已有的信息基础上进一步获取信息；专业面试则由用人部门完成；情境模拟是根据应聘者可能担任的职务，编制一套与该职务实际情况相仿的测试项目，将被测试者安排在模拟的、逼真的工作环境中，要求被评价者处理可能出现的各种问题，用多种方法来测试其心理素质、潜在能力的一系列方法，如通过无领导的两小组合作完成练习，观察管理岗位的应聘者的领导能力、领导欲望、组织能力、主动性、说服能力、口头表达能力、自信程度、沟通能力以及人际交往能力等。公司还把情境模拟推广到了对技术工人的选择上，如通过齿轮的装配练习，来评估应聘者的动作灵巧性、质量意识、操作的条理性及行为习惯。在实际操作过程中，观察应聘者的各种行为能力，孰优孰劣，泾渭分明。

资料来源：www. dgmy. gov. cn。

评价中心技术通过情境模拟，还原真实的工作环境，在一个相对比较逼真的环境里去考察被评价者的各种表现。在现实的应用中，证明评价中心技术确实是有效的，选拔出的人员在日后的工作中发挥着重要作用。如今，这种方法已经在企业界广为应用。

10.1.3 情境模拟技术的应用

评价中心的核心在于情境模拟技术的使用。情境模拟技术是通过创设一种逼真的模拟管理系统或工作场景，将被评价者纳入该系统中，让其完成各种工作，如集体决策、处理公文、处理各种突发事件、主持会议等。在这一过程中，评价者采用多种测评技术和方法，观察分析被评价者在模拟情景中的心理、行为、表现以测试其管理能力和潜质等。

测评情境不同，方法可以多种多样，但它们的目的都相同。综合使用心理测验、面试和情境模拟等技术，就构成所谓的“评价中心”，评价中心是所有测试手段中效度最高的一种测试工具，见图 10－1。

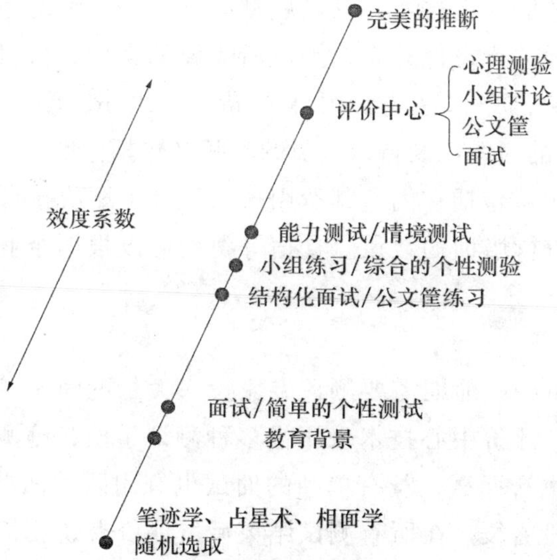

图 10－1　各种测评方法的效度比较

不论什么测评方法，都是用于揭示特定职位上的特定技能和能力倾向，从而对被评价者进行测评。可以认为，所有上述所列的测评方法，都是依据胜任特征，为了产生与不同的实际需要尽可能相似的管理情境，从而引出被评价者的表现，以便评价者对其未来的发展潜力进行测评。不同的测评情境只是一种手段，一种为引出被评价者的管理行为的手段。设计人员在设计时，可考虑不同的情况，选用不同的测评情境和方法。

10.1.4　评价中心技术在应用中应当注意的问题

1. 准确度

评价中心的准确度，已被证实是高于其他管理人员的评价和测评方法。但评价中心并不可以取代其他方法，而是作为那些方法的补充，从而使一个企业能够更全面地去观察其员工。

然而，评价中心的这种高准确度受到许多因素的影响和制约：模拟情境与实际工作情境的一致性；评价者的来源、专业背景、与被评价者的关系等。由于评价中心操作难度较大，对评价者要求相对较高，因此，要想达到评价中心预想的准确度绝非易事。

2. 成本问题

评价中心要想取得预期的效果，首先必须投入大量的前期工作，评价中心所采用的每项情境模拟技术，其试题都必须由专家针对企业的境况、岗位需求等一系列因素进行设计开发，测试所需要的案例、材料都需要花费相当多的时间和精力去准备，这些必须计入成本。此外，评价者时间（包括培训）、参加评价者的时间以及行政人员的时间（包括做准备工作和写报告的时间）的费用有时也被包括在内，其费用很大程度上取决于评价中心所进行的时间和评价人员进行培训的数量。食宿等费用可以根据企业办培训方案的经验进行计算。

3. 时间问题

一方面，评价中心前期需要测评专家投入大量的时间准备案例、试题等资料；另一方面，评价中心技术采用了多种测评手段，施测比较复杂，整个过程中既有笔试也有面试，既有单独的面试也有团队的面试，因此，其耗时比普通的测评手段更长。在所有测试结束后，评价者还要综合所有测评手段对考生的表现进行综合评估，最后根据考生情况撰写测评报告。

通过评价中心技术选拔出的人才，其为企业创造的价值远远超过评价中心技术所花费的费用。然而综合考虑评价中心技术对人力、物力、财力的需求，在实践中，通常只在选拔中高层管理者时才采用这一技术。

10.1.5 评价中心的培训价值

一个评价中心的活动对被评价者和观察者来说，肯定都有一次培训影响。

1. 对评价者的培训影响

评价者能够得到以下几方面好处：提高与人面谈的熟练程度；扩大观察的技能；对集体动力和领导风格方面增加鉴别力和分析力；对行为有新的深度理解；通过重复做公文处理的案例问题和其他模拟，加强了管理技能；扩大对问题做出反应的各种实际技能；制定用以评价绩效的规范标准；发展出来形容行为的更为确切的词汇。

这些提高了的技能可以在很多方面用于工作，评价者在执行评价过程中所受的影响最大。从评价者得到的大量数据证明，他们后来对人所做评价的准确度和随后的行为方面都有很大的改进。有些公司对评价者培训得到的好处深有感受，以至在他们的评价方案中提高了评价者与受评价者的比例，以便让更多的评价者取得该工作经验。

评价者的正规培训计划是在建立评价中心之前进行的，主要是在运用评价程序的过程中受到培训的。对经理来说，那是去集中地观察行为的独特机会。在观察行为以后，评价者可以将他观察的结果与其他评价者所观察的结果进行比较，有时还可以通过看录像再作观察。将在评价者培训中学到的程序付诸实践，从而在评价者的记忆中打上了烙印。

评价者培训的主要焦点是观察行为、记录行为，将行为分成尺度，并将尺度按照下了定义的绝对比例划分等级。评价中心所用的全部练习通常都有将这些结合起来的技能。另外，在企业的评价中心，将要作观察的全部练习通常都提供给评价者。每次培训多少名评价者都可以，很多企业开始搞评价中心时先培训很多经理，建立一个评价人员备用库，然后从库中抽调评价人员。这种做法有几项好处，包括让很多管理人员熟悉评价方案，从而能最有效地使用评价报告。它还允许对评价者做粗略筛选，为在随后的评价中心方案中挑取最熟练的评价人员。

2. 对被评价者的培训影响

参加一个评价中心是做一次发展管理人员的练习，评价人员在执行评价过程中给他们提供相当多的绩效反馈。举例来说，参加练习的被评价人听到由专业管理人员对他们的行为进行评价时，或是从录像中看到他在小组中的工作情况，就得到了反馈。在个人为了被评价而做的公文处理练习后，他们开小组会讨论他们的论证，以扩大他们应对的技能，这也是一种反馈。即使评价方案没有内在的反馈，有很多证据表明，人们从参加评价中心练习中能对自己有更深刻的认识，而且这种认识的准确度很高。

从评价中心所做练习得到的自我洞察虽然是重要的，但还不如根据评价所做的观察得到的反馈有效。几乎所有的评价中心都给参加者提供反馈。反馈的数量和详细程度有很大区别，但基本上都是从企业一级来的反馈。对较高级别的受评价者来说，职业咨询和关于职业生涯的讨论时常与评价者反馈合并在一起。很多反馈面谈会产生一份参加者对发展行动所做的书面承诺，有时是企业所做的承诺。

3. 其他培训效益

通过一个评价中心，对士气和对工作的期待肯定会有影响，被评价者将来参加评价中心视为在公正和现实的情况下表现他们能力的机会。他们还会得到将要担任的职务要求的现实概念。例如，在做完一次公文处理练习之后，某些候选人由于对经理职位需要做的文书工作有了新的认识，认为自己无法胜任，从而撤回申请。

10.2 评价中心操作流程

评价中心技术不是一种单一的技术，而是多种技术的复合体，根据某个职位或某类职位设计出评价流程，在实施中采用多种技术进行综合评价。在施测过程中，既有笔试也有面试；既有单独面试，也有团体面试。评价中心的实施难度相当大，如果评价中心技术想获得预期的测试效果，就必须遵循特定的规范和步骤，见图 10－2。

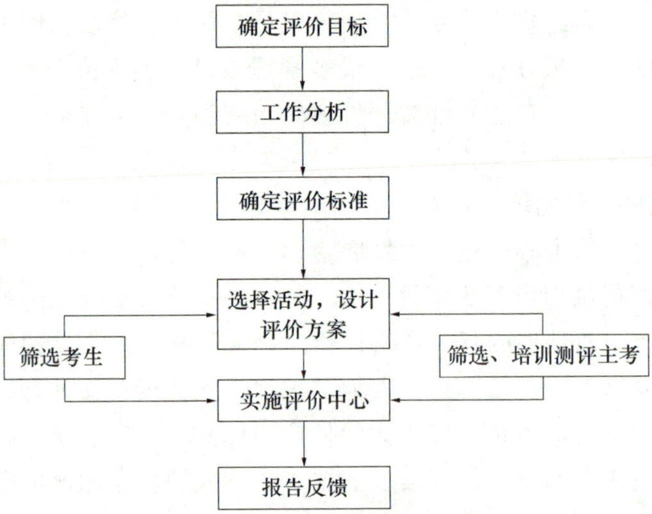

图 10－2 评价中心操作流程

10.2.1 确定评价目标

评价中心技术可以广泛用于测评各级管理人员的潜力，并且职务的管理工作成分越大，评价中心所测量出的管理潜力越准确。对于专业人员，如销售人员、技术人员、行政人员等的潜力的测评，评价中心也有较高的效度。然而，由于评价中心技术操作实施较为困难，对资金、时间的要求较高，因此，评价中心如今主要应用于中高层管理人员的选拔。

10.2.2 工作分析

评价中心技术的高准确性需要通过与职务胜任特征结合来实现，因此，准确、全面地找出职务的胜任特征是很重要的。人的能力是多元的，由各个不同的维度组成，但不是所有方面的能力都对某个职务有显著性的影响，确定职务的胜任特征模型，对于选拔无疑有着指导性的作用。这一阶段包括确定成功管理行为的特征（以便观察被评价人员的行为）、确定各项测验练习的结果和等级。评价人员要根据已有的研究资料和组织目标，确定被评价人员将要面临的工作情境，确定管理行为的特征。辨认一个职务和职务级别的管理行为特征的方法有以下几种。

1. 确定评价职务或职务级别

如果是要评价几个职务，即在同一管理层级中的不同职务，每个职务的管理胜任特征应单独地进行评价。

2. 进行该职务的工作分析

（1）查阅企业现有的关于该职务的信息（职位说明书、人事部门的工作分析或人员规范）。

（2）查阅与该职务类似的、出版了的职务内容的研究资料。

（3）与现在任职人员面谈，以明确他们是如何使用他们的时间的，及他们最难以做出的决定等。

（4）与将要评价的职务的上级的高级管理人员面谈，明确该职务成败的关键性事件。

3. 需要确定工作内容的数目

这是一件重要的事情。职务级别愈高，就需要确定更多的工作内容；将重点放在确定培训的需要上，也需要有较多的内容。

开展评价中心所犯的一个最大可能的错误是将内容规定太多。内容过多会降低评价内容的准确度，增加评价人员的工作负担，延长评价人员讨论的时间。一个企业应该有“职务上真正需要”的一切内容，但不要外加那些“知道也好”的内容。

4. 制定一个内容选择询问调查表

这能进一步明确职务内容的重要性，并使定义更清楚。询问调查表还应能据此决定哪些内容对候选人的职位能做出充分的评价。这一点对选择练习有很大帮助，因为这样可以更多地强调重要且难以评价的内容。询问调查表应发给与那个职务或职务级别有关的适当级别的管理人员。

5. 对内容的提炼

职务内容在评价人员的培训阶段和评价中心开始阶段要能得到进一步提炼。

10.2.3 确定评价标准

评价中心往往是与胜任特征结合使用的，评价中心的宗旨不是选拔最优秀的人，而是选拔最合适的人，对企业最有用的人，因此选拔标准的确立是至关重要的。由于职位、行业等不同背景，对于不同企业、不同职位的人才选拔，标准往往千差万别，根据工作分析找出关键素质之后，最重要的就是确定标准。以往的做法是给关键素质下定义，详尽地做出解释，评价者根据这一定义对被评价者做出优、良、中、差的评价或者给其评分。这种方法比较简单，也不够规范，其存在的最大弊端在于评分标准不统一，随意性太大，不同评价者难以做到一致性。对于这一环节，更为规范的做法是，对每一项素质都进行分级讨论，对每一级别都给出操作定义，评价者将每一级别的定义与被评价者行为进行比较，从而做出评价，真正做到有法可依，有理有据。下面就人际关系建立与大家共同探讨这两种评价标准的不同。

人际关系建立的一般定义：与有助于或可能有助于完成工作目标的人，主动建立或维持友善、温暖的关系或联系网络，这些关系是有目的的，与工作相关的。

人际关系建立的分级定义：第一级，避免联络，逃避社交互动；第二级，限于工作相关的事项上，与同事或顾客接触，维持正式的工作关系，不刻意建立工作关系；第三级，建立融洽的关系，经常在工作中与同事或顾客进行非正式的接触，努力建立融洽关系；第四级，经常的社交接触，经常在工作之外的俱乐部、餐厅等地方，开始或继续跟同事或顾客的友善关系；第五级，经常招待同事或顾客，跟他们建立亲密的私人联系、私人友谊，从而扩展业务网络。

从两种定义中，可以看出两种评价标准的差异，前者只是对人际关系建立做了解释，评价者依然难以把握评价的尺度。而后者具有很强的操作性，所做出的定义来源于工作情境，很容易与被评价者的行为进行对比，通过这种方式评分相对标准、规范。

10.2.4 选择活动，设计评价方案

各种情境模拟技术都有其固有的优劣势，结合胜任特征确定评价维度及评价标准之后，如何选择模拟活动来进行测评同样是非常关键的。一般来说，同一测试维度应至少有两种模拟技术来测量，通过不同的情境模拟活动可以互相印证被评价者的表现，这样才能使测量结果更加准确。例如，组织协调能力可以通过无领导小组讨论与结构化面试共同考察，人际关系建立可以通过无领导小组讨论与角色扮演共同考察等。

选定情境模拟活动之后需要对流程进行合理的安排，尽量在最短的时间内完成对所有人员的测评，这样一来可以节省时间，二来不至于因为时间太长而造成评价者对被评价者记忆模糊。下面以一个2天的评价中心为例，介绍评价中心的一般程序。

表10－2 评价中心的一般程序

第一天	10:00～12:00	与第一名测评人员面谈，测评管理能力、动机
	12:00～13:30	与一些管理人员共进午餐
	13:30～14:30	做事实寻求或案例的练习
	14:30～16:30	第二次面谈。分析一个案例，并准备一个10分钟的演讲发言，完成一个公文筐练习
第二天	9:00～10:00	对案例进行说明并提出建议
	9:00～10:00	测评人员检查他的公文处理练习作业，准备做后续面谈
	10:00～11:00	测评人员与他面谈，内容是关于他的公文处理作业
	11:00～12:00	被评价者返回，测评人员讨论达成一致

10.2.5 筛选考生

评价中心技术花费较高，因此不可能对每个人都使用这种技术，通常会利用心理测验或其他方式对被评价者进行初步筛选，剩余的被评价者再使用评价中心。在筛选被评价者时应当注意以下几点。

（1）每个企业都有人力资源规划，使用评价中心技术应该和企业的人力资源规划，甚至与企业战略规划结合。从管理人员的培养观点来说，在很早以前就把有可能成为管理人员的人发掘出来是明智而且必要的，这样可以使企业有充足的时间采取措施，对他进行培训以克服其弱点。在筛选时，不仅要考虑到他当前需要担任的职务，还必须考虑其再次提升后，在下一级别是

否依然能够胜任。

（2）是否将所有候选人都考虑到了？其他部门的工作人员是否有可能成为候选人？是否将某些有独特经验和技能的副职引进来了呢？评价中心有发现有潜力者的完善方法，其结果往往会使企业得到意外的收获。

（3）如果目标定位为了解发展潜力，那么现职人员是否应全部纳入评价范围？很多企业对现在任职人员采取这种方法进行评价，因为用其他方法衡量不出他们在某些方面的潜力，如对销售主管做销售管理职务的评价等。现在，将整个一级管理人员都送往评价中心做一次评价的做法愈来愈多。

10.2.6 筛选、培训测评主考

以往任何一种测评手段对主考的要求都没有评价中心对主考的要求高。由于评价中心的高度模拟性，对于主考而言其工作不是简单地为被评价者打出分数。首先由于评价中心模拟活动的复杂性，主评价者必须熟悉评价中的各项程序，预先模拟主持和练习，对于角色扮演还需要讨论可能出现的各种情况以及反应；其次，每次评价中心活动的评价素质维度总有所不同，因此主考必须熟悉评价的素质维度，掌握评价尺度；再次，在实施中，主考还需要观察行为、记录行为，并对相应行为进行等级评定。

因此，对于评价中心而言，筛选、培训主考是相当重要的环节。一般而言，主考由测评专家、部门领导和人事部门共同组成，而培训主考分为以下几个方面。

（1）讲解测评目的、测评对象的特点、测评方案和测评方法的原理，让主考充分了解测评指标的内容和意义，对此次测评有个较宏观的认识。

（2）评价中心预演，让主考了解测评的内容及实施过程，并让主考进行试评分，掌握测评的评分方法和标准，提高评分的一致性。

（3）培训主考的专业测评能力，主考必须严格按照指导语的要求实施测评。在主持过程中，要保持友好的态度，不能带有偏见，在评价中要本着客观、实事求是的原则，不能加入自己的主观看法，不能透露可能对测评结果产生影响的信息。

10.2.7 实施评价中心

在各项评价中心活动中，每个评价人员都要对每个被评价人员进行观察，尤其是要观察被评价人员说的和做的具体事情，然后按成功行为的特征独立

给出特定的等级，再进行集体讨论。具体流程如下。

（1）观察行为。在各种评价中心活动中，评价者需要观察的是被评价者的行为表现，一般而言，一名被评价者应该由两名以上评价者进行观察打分。作为评价者，必须牢牢记住：记录的应该是客观的所观察到的被评价者的具体行为表现，这些表现应该和所需测评的素质相关，绝对不能加入评价性的语言，不允许对行为做出主观的解释。

（2）评分。在活动结束后评价者应该将所记录的行为表现进行归类，把每一种行为表现归类到相应的素质维度上，与事先设计好的评分等级进行比较，对该被评价者进行评分。如人际关系建立维度，前文已经将其分为五个等级，评价者需要将被评价者在活动中的表现与之进行比较，考察被评价者究竟达到了哪个等级，甚至还可以在每个维度上分出优良差。

（3）讨论。所谓仁者见仁，智者见智，对于同一人，不同评价者可能有不同的角度和看法，因此在评分结束后互相交流非常重要。对于每一位被评价者，评价者必须将自己观察到、记录下的行为以及评分结果与其他评价者进行充分的讨论。首先是宣读他对被评价人员的观察记录结果，宣读的内容包括被评价人员在该测验或练习中的行为表现、作用和地位等，尤其是与成功管理行为有关的行为表现和初步的等级，其中绝不能带入个人的主观思考和评价。然后，所有的评价者根据已宣读的该被评价者的全部结果，共同讨论行为等级。在这个过程中，评价者应该主要就不一致的素质维度以及该岗位重要的素质维度进行讨论，直到每一维度等级达成一致意见。

10.2.8 报告反馈

评价中心的最后一步是撰写测评报告，根据评价者讨论的最终结果写出每位参加评估对象的评价等级，指出被评价人员在今后几年内大概发展的建议，然后将报告呈现给被评级人员所在的人事管理部门，以确定提升人选。在撰写反馈报告时应该注意以下几点。

（1）准确性。评价者应该克服首因效应，不能带有民族、年龄、性别等偏见，一定要客观、准确地将测评结果反馈给评价对象或者组织。报告中尽可能避免使用似是而非、模棱两可的语言，以免造成误解。

（2）建议性。测评的结论虽然是明确的，但万万不可就此对被评价者随意做出决定性判断，尽管评价中心技术拥有很高的信效度，然而人的心理测量非常复杂，加之其他因素的干扰，对人的测量不可能是完全正确的。所以评价者在撰写报告时万不可随意做出决断，但是可以为其提出建议，使之在日后发展中扬长避短，做出改进。

（3）保密性。测评的结果只能反馈给相应的组织或个人，绝不能将测评结果随意公开化，以免对被评价者造成负面的影响。

报告反馈是评价中心的最终目的所在，是人才选拔中最后的关键的一环，为用人单位选聘人才提供了科学依据。

学习指南

本章内容主要介绍了评价中心技术，读者学习本章，重点在于全面了解评价中心技术。这一技术是人才测评的核心和灵魂，也是最难掌握的一项技术，通过评价中心技术，可以科学地对人员进行测量评价，发现个体的优劣势。本章是评价中心技术的总结，读者认真学习本章，可以对各项评价中心技术有一个完整的认识。

关键词

人才测评　评价中心　测评人员　情境模拟技术　操作流程

思考题

1. 评价中心技术有哪些？哪些技术经常在实际中运用？

2. 评价中心技术有哪些特点？想一想为什么评价中心技术受到人力资源部门的高度重视？

3. 评价中心技术在现实的运用中有哪些局限性？我们应当注意什么？

4. 试比较评价中心的几种不同的技术，并指出它们分别适用于哪些情境。

第 11 章

测评的实施过程

案例导读　　**R 公司人才测评**

项目背景：势在必行

某大型保健品公司（以下简称“R 公司”）是一家集现代生物和医药制品研制、生产、营销于一体的高科技股份制企业，在国内保健品行业具有很高的知名度，是国内保健品行业首家上市公司。随着业务的发展，R 公司希望在未来的时间里抓住机遇，加快实现超常规发展，在产品系列化、产业多元化、经营规模化、市场国际化的基础上，使 R 公司的品牌真正成为国内、国际知名的一流品牌。

一流的品牌必须要有一流的人才来支持。为了创建一流的品牌精英团队，R 公司决定对其所有的 30 余名品牌经理、市场经理和大区销售经理进行全面的考核与评价，以此全面了解这三类人员的岗位胜任能力和潜在素质。

为了保证评价的科学性和公正性，R 公司希望通过专业的测评机构对这些营销骨干人员进行科学、公正的评估，并提供中立的、客观的专业评估意见，为科学、合理地配置这三类人才提供决策依据。R 公司经过对多家专业测评机构的严格审核和比较，最终委托×××咨询公司人才测评中心（以下简称“×××测评中心”）对 R 公司的这三类人员进行评价与选拔。

项目工作组：精英组合

×××测评中心接受委托之后，专门成立了一个由测评中心主任唐为民博士任项目经理的工作组，工作组成员包括中心的三位资深测评咨询顾问、三位心理学硕士和四名分别来自宝洁、联合利华、可口可乐、三得利的中心特聘外部资深顾问。

解决方案：科学合理

结合×××测评中心管理人员选拔与评价的流程，项目工作组为R公司设计了一套科学、规范、专业的岗位胜任能力评估方案。

第一步：前期沟通与访谈

为了科学地把握三类岗位的具体评价要求，项目工作组在R公司进行了三次访谈：首先，向R公司了解和收集了有关三类岗位的工作职责和任职资格要求等方面的基本信息，对其进行统计整合；然后，与R公司的总裁、营销副总、人力资源部经理等高管人员就公司的企业文化、发展战略、三类人员胜任能力和工作业绩的现状、高层对三类人员的期望与要求等方面进行了沟通与访谈；最后，采取“两极抽样”的方式，对三类岗位上绩效良好和绩效较差的经理人员就相关岗位的工作职责、工作内容、工作流程、工作障碍和面临的挑战等方面进行了关键行为事件访谈，同时与他们的上司、助理、业务相关部门的同事进行了360度访谈。

通过对访谈所获得的各种信息的分析，结合×××测评中心的项目经验，项目工作组从知识、能力、心理素质和职业素养四个方面分别初步确定了三类岗位的胜任能力模型。

第二步：建立胜任能力模型

为了确保岗位胜任能力模型的科学性和准确性，×××测评中心组织了品牌经理、市场经理和大区销售经理岗位胜任能力模型的专家研讨会，邀请具有相关资深管理经验的人员作为外部专家，与中心的测评咨询顾问和R公司的人力资源管理人员一起对岗位胜任能力模型进行研讨，参会人员达16人。研讨会上，专家们运用菲尔德法对三类人员的岗位胜任能力提出了各自的看法，通过与会人员的交流与辩论，最终达成了品牌经理、市场经理与大区销售经理的岗位胜任能力模型专家意见。

在整合专家意见的基础上，项目工作组按建立胜任能力模型的要求，对能力维度的名称、定义、权重和标准等进行了分析和整理，形成了R公司三个岗位的胜任能力模型草案。随后，项目工作组就此模型草案向R公司高层领导征询了意见和建议，经修订后，最终达成了各方认可的胜任能力模型。

建立的三类岗位胜任能力模型主要包括四方面内容：职业素养、核心能力（核心业务能力与核心管理能力）、心理素质和知识素质。品牌经理的岗位胜任能力模型具体内容为：

（1）职业素养：包括诚信度、成就动机、激情等。

（2）核心能力：包括市场分析能力、系统思考能力、创新能力等。

（3）心理素质：包括情商、工作风格、个性特征等。

（4）知识素质：包括市场营销、法律、财务等。

第三步：确定评估方案

结合胜任能力模型的内容与特点，项目组拟定运用专业化的评价中心技术对每个人进行全方位的评估与考察。所使用的评价中心技术主要包括：

（1）心理测验：主要从个性特征、情商、工作风格等方面进行评价，以此评估个性和行为风格，预测职业生涯发展的方向。

（2）综合知识考试：主要从市场营销、法律、财务等方面进行测验，以此评估知识技能，为公司培训和个人自我学习与培训明确方向。

（3）结构化面试：通过收集相关的行为信息，重点评估企业视为重要的诚信度、市场分析能力、系统思考能力、激情等。

（4）无领导小组讨论：重点评估创新能力、沟通协调能力等。

（5）公文筐测验：重点评估市场分析能力、执行控制能力和组织协调能力等。

（6）无领导小组任务：与户外体验式培训公司合作，运用户外体验式评估的方式，重点评估创新能力、团队合作等。

这些评价方法的具体评估内容和方案是项目组在前期工作分析的基础上，根据专业化的设计技术，结合企业的特点和三类岗位特点设计出来的，具有较强的针对性和实效性。尤其是结构化面试、无领导小组讨论和公文筐测验的具体评估内容，具有较强的针对性和情境性，能让评估专家更有效地评价每位被评价者。

第四步：实施评估

具体评估实施共计四天时间，分别运用了上述的评估方法对30余名被评价者进行了全面的考察与评估。

（1）心理测验主要运用×××测评中心自主开发的人才素质测评系统进行个性、情商、工作行为风格等方面的人—机测验。

（2）综合知识考试采用纸笔答卷的方式对被评价者的各项知识技能进行了测验。

（3）结构化面试是评估专家通过一一面谈的方式对每一位被评价者的能

力与素质进行观察与评价。

(4) 无领导小组讨论则在×××测评中心设计的情境模拟测评室中进行，6~8位被评价者组成一个小组，共同讨论、解决一项任务或方案，评估专家则通过录像监控观察的方式对每位被评价者进行了观察评估。

(5) 公文筐测验通过让被评价者处理针对岗位而设计的文件的方式对其能力与素质进行评估。

(6) 无领导小组任务是通过被评价者分组完成“地雷阵”和“一圈到底”两种游戏的情况，评估专家组对每位被评价者进行观察评估。

第五步：提交报告与建议

经过四天多时间，评估专家对30余位被评价者做了一系列科学、多角度和深入细致的观察与评估。通过评价数据的整理，对收集到的各种原始证据进行充分的讨论和分析，从各种评价中收集反映被评价者的各项素质能力的行为证据与信息，评估专家形成了每位被评价者的书面评估报告，并向R公司提交了个体与群体书面评估报告。个体书面评估报告具体分析了每位被评价者的岗位胜任能力特征，并综合分析了被评价者的强项与弱项、优点与缺点、胜任水平与潜在素质，提出被评价者相应能力发展及培训的建议和推荐建议。另外，评估专家对被评价者群体做了综合分析与比较，分别以四级推荐的方式推荐出三类岗位的胜任人选、比较胜任人选、基本胜任人选和不胜任人选。

报告出台后，×××测评中心专门举行了项目报告会，向R公司出席的9位高层领导汇报了被评价者的个体与群体的评价结果，并提出了一些针对团队建设和管理方面的问题和建设性意见。

评估效果：皆大欢喜

R公司高层人士认为×××测评中心实施的品牌经理、市场经理和大区销售经理相关岗位人员的评价方法与评价结果比较科学、客观、公正，对于公司的人事调整与任用决策具有很好的参谋作用。事实上，在随后R公司对三类岗位任职人员的人事调整中，该公司基本上采纳了本次评价结果与建议。

资料来源：www.clichr.com。

本章将要给大家介绍实施人才测评的具体过程。现代人才评估的趋势告诉我们，基于胜任特征的人才测评（competency-based talent assessment，简写为 CbTA)，才是真正能够帮助企业进行人才管理的有效方法。因此，本章所要讲的测评就是围绕着基于胜任特征的人才测评展开的。

在对人才测评的具体过程进行学习之前，我们回顾前文的案例，对人才测评有一个感性的认识。请大家思考一下以下五个问题：

1. 实施人才测评时应该做哪几件事情?
2. 如何设计人才测评方案?
3. 实施人才测评的流程是怎样的?
4. 如何撰写人才测评报告?
5. 如何根据测评结果进行人事决策?

11.1 测评方案的设计

人才测评可用于人力资源管理的每一个具体环节，当使用目的不同时，人才测评的设计实施会有一些差异。在设计具体的人才测评方案时，我们首先要明确三个问题：我们想要达到什么目的，我们需要测哪些内容，根据这样的目的和内容我们应该如何安排具体的测试时间、地点、测试工具。

11.1.1 确定测评目的

一提到人才测评，大家首先想到的肯定是招聘工作中的人才测评。其实，除了招聘以外，人才测评在培训、薪酬管理、绩效考核、员工发展、雇员关系等人力资源管理模块中都能发挥作用。根据不同的使用目的，会设计不同的测评方案。

11.1.2 确定测试内容——构建胜任特征模型

在前面的章节我们已经介绍过胜任特征模型的构建，在此就不再赘述，只给大家看一些资料。

阅读 **胜任模型的分类**

一般将胜任特征分为三类：核心胜任特征、管理胜任特征和专业胜任特征。其中，核心胜任特征针对企业每一个员工，代表了一个企业最核心的特点和要求，在一定程度上体现了公司的精神面貌和企业文化，无论是高层主管还是基层员工，都必须具备这类型的胜任特征。管理胜任特征针对管理岗位的人员，根据企业不同情况又可以细分为高层、中层、基层管理胜任特征，这类型的胜任特征体现了管理职位所需的各项能力及特征。专业胜任特征则是针对不同职能或部门来说的，比如营销类的胜任特征、行政类的胜任特征等，它体现了各职能类别专业方面的能力和要求。

在为企业建立胜任特征模型的时候，为了将语言表述得更加贴近企业文化及企业特色，让员工清晰地了解和接受，我们往往把工作分成几个阶段进行，并广泛地收集意见来确保结果的实际应用性。通常会采取以下的步骤来完成：

1. 企业理念整理。通过资料收集和人员访谈获得企业现有核心价值观、愿景描绘、文化口号、方针策略等方面的详细资料，并将其进行推导和整理。

2. 针对胜任特征的访谈。分别对各层级管理人员和基层员工开展有关胜任特征的访谈，收集相关胜任特征的信息。可以采取一对一访谈、团体焦点访谈、BEI 行为事件访谈等方式。

3. 问卷调查。利用访谈的结果设计出每个类别和层级的调查问卷，开展公司全员调查，获得大量的数据并对此进行分析。这样做不仅起到了一定的宣传效果，还能够了解员工普遍的认知和想法。

4. 建立胜任特征模型。将问卷调查的结果与访谈结果进行对照分析，推导出初步的胜任特征模型框架。

5. 针对行为的访谈。在已推导出的胜任特征模型的基础上，对各层级和类别的员工开展胜任特征行为特征的访谈，这里使用的方式和第二步骤中的一样，但是要更多地考虑员工对具体描述的接受程度，如果是大家都能够理解并认同的语言，那么胜任特征模型才能够切实地应用到各项工作中，否则大家会以排斥的心态来对待，效果会大打折扣。

6. 行为问卷调查。在访谈的基础上设计有针对性的行为问卷，对全员展开调查，可以充分了解员工对模型及语言描述的认同程度和问题所在。

7. 建立完整的胜任特征模型。将上述步骤得出的结果和问题汇总修正之后就得出了完整的胜任特征模型，可以看到模型是以行为特征为最终判别标准的。

资料来源：www. zhiding. com. cn。

11.1.3 选择和设计测评计划

在确定测评目的并构建了胜任特征模型之后，我们就可以开始挑选测评方法和工具，设计测评实施流程了。

1. 测评方法和工具的选择

进行人才测评的主要方法有笔试、单独面试、无领导小组讨论、公文筐、案例分析、管理游戏等，关于这些测评方法，前面章节已做过介绍。

2. 测评方案的设计

测评方案的设计主要包括费用预算、确定测评目的、职位分析、确定测评要素、确定测评工具、实施过程设计、预期结果等几个方面。

人才测评方案的设计，即测量工具的组合设计，一般包括几个步骤，下面分别进行分析介绍。

（1）确定预算或者报价。正所谓“大军未动，粮草先行”，资金问题是每项计划中必不可少的一环，对于企业内部运作人才测评，往往需要进行财务的预算，咨询公司接受企业邀请后，如何合理地进行报价也是一门学问。

人才测评是一个整体的过程，设计人才测评方案，首先要进行成本效益分析，因为测评会有一定的人力、物力、时间成本。聘请专家、租用场地、食品饮料等方面的费用都要纳入计划之内。因此，在进行测评方案设计的时候还要考虑这些方面的问题，量力而为。

当需要给一个人的多项测量结果撰写综合报告时，会有额外的费用。同时测量大量人员往往会比同等人数单人测量的合计费用要高。这是因为专业人员要处理、分析大量测量结果会相当困难，可能因为疲劳而影响其分析质量。

当一个组织同时测量很多人，特别是整个组织大规模测评时，往往需要对所有被测量人员的综合结果，或是对整个组织的情况做出全面报告。这个报告总是会被额外计费的，因为它要求额外的系统分析。当然，这个工作是很有价值的，它给出了组织整体人力资源的概貌。

（2）确定测评要素。建立人员素质测评要素，就是整个人才测评的标准，要素是否全面、适用、有效，决定了整体人才测评工作的质量和可实现价值。

人才测评的内容按要素包括个性品质、动机系统、知识与能力、职业技能（如营销技能）、管理技能（如计划、预测、决策沟通能力）。

关于测试的标准与测评的要素，现在测评界普遍采用的概念是胜任特征，这也是国际流行的评价中心技术一般采用的概念和测试标准。胜任特征的概念在前面章节已经有所介绍。

还要构建各个测试要点之间的整合关系。测评要素也是下一步组织测验方案的评价目标，同时也是做评价结果报告时对各项测验得分进行综合评估和优劣评定的参照依据。

（3）确定测试工具。有了详细的需求分析，就可以选择具体的测验工具了，围绕上述分析得出的测评要素来组织测验工具。对于测评要素，特别是易掩饰的测评要素应选择使用多项测验工具，这样可多次考察这一要素，在结果分析中可多方参照，相互印证，了解该方面的真实情况。

采用什么测试工具？例如选择面试还是评价中心技术，考虑的关键在于：其一，效度（能否准确预测未来工作的表现）；其二，费用（视牵涉人数多寡而定）。效度和费用是取舍的关键问题，但是效度高的方法（如评价中心）通常费用较高。

前面提到过，我们一般不会单独采用一种评价方法，我们常常把多种方法结合在一起进行综合评价。选用哪种评价方法？这需要根据我们的目的而定。比如说，在进行招聘的时候，对于技术类的人才，采用笔试、小组面试、单独面试；对于销售人员，采用笔试、小组面试、角色扮演、单独面试；对于中高级领导人才，除了采用笔试、小组面试、单独面试外，还采用公文筐、案例分析、管理游戏等方法。在进行绩效考核的时候，除了采用自评的方法外，还会使用他评的方式，进行360度的评估。

采用了多种评价方法，就会产生多个结果。以哪个结果为准？或者怎么给这些结果赋予权重？这也根据我们的胜任特征模型而定。一般来说，会给核心胜任特征要素赋予较高权重，然后是专业胜任特征、管理胜任特征。对于管理类人员，则会把管理胜任特征放在专业胜任特征之前。

（4）实施过程的设计。还要分析设计测量的具体程序、时间、地点、辅助材料、现场布置要求、分组（如果需要的话）、人员配置、设备、流程等所有细节工作的安排及落实。

选好了评价方法以后，我们还需要确定哪种评价方法在先哪种在后。一般来说，初步筛选的评价方法在先，综合评价方法在后。

何时进行测试评估？这需要参考被评价者、工作人员、部门负责人、专家等相关人员的时间。进行多长时间？一般来说，要评估的职位越高，评估方法越复杂，用时也就越长；要评估的人越多，用时也会越长。各个测量之间要有充分的休息。由于一般都会有多个测量项目，不同项目的先后顺序也需要考虑妥当。

评价对象较少时，一般就在用人单位办公的地方进行，当参加评价的人较多时，就要考虑租用大型的场地。是安排人事管理部门的人员参与评价，还是各部门负责人参与评价？或者外聘专家参与评价？一般来说，笔试评价时安排人事管理部门的人员进行监考和评价就可以，小组面试或单独面试时安排人事管理部门的人员或各部门负责人进行评价，有时也会请心理学专家参与，采用公文筐、案例分析、管理游戏、角色扮演等方法时一般会请管理咨询专家、心理学专家参与。还需对人员进行培训，通过培训让他们了解评价的目的、使用的方法、程序等方面的细节。对专家也要进行培训，因为专家虽然在评估方法上是权威，但是对于不同企业不同职位的具体情况并不完全了解，事先跟专家进行沟通才有利于评估的顺利进行。

（5）预期结果。系统地评价这个设计方案，对可能的结果做出预期。这一预期包括：由具体的分数如何建立综合报告；测量的结果将如何指导后期的工作；可能在更大范围中对员工产生的影响。

对于上述要素，如何整合在一起，如何根据测量分数撰写综合报告？不同分数之间是否可能会出现矛盾？如何处理？这些在设计时都应有所考虑。

测量的结果会因测量目的的不同而对工作具有不同的意义。针对招聘的测量会影响到人力资源的质量；针对培训的测量会影响培训决策和效益；针对晋升的测量会触及个人和企业双方的利益；要考虑清楚测量实施产生的影响。

（6）实施测试。按照评价中心的标准对评价者进行培训，做好现场的管理工作。

另外投入多少精力、时间进行测量，应该全面分析找到一个恰当的平衡点。一个企业要招一位高层管理者，花上几天的时间诊断这个被评价者是否能胜任，肯定是值得的。但如果过多的内容造成疲劳、厌倦，或所增加的信息量过大，出现边际效应，则多测无益。实际上，许多组织常常是因为对系统测量的时间不能接受而放弃测量计划的。

（7）测试结果的综合与使用。将测试数据统计整理，写出测试报告，提交给有关部门供人事决策参考。报告通常分为两部分，即个人报告和整体报告。个人报告是针对每一位被评价者的，而整体报告是针对参与测评的所有人员，尤其是测评用于内部甄选时，整体报告同样有很高的价值。对人才测评结果通常不会给予被评价者反馈。一般来说，只有当结果用于个人发展时才会对个人进行反馈。

下面是一个测评方案案例。

范例 **×××公司测评方案**

1. 背景介绍

某国有银行被国务院确定为国有独资商业银行股份制改革试点银行，两年来一直在推进股份制改革工作。为配合股份制改革及公司上市，该银行积极推行人力资源改革工作。继该银行总行在干部选拔中委托第三方人才测评机构协助其进行干部选拔之后，其省级分行也积极推行对经营管理干部进行选拔测评的工作。该省分行党委研究决定，对省分行部分部门管理岗位的空缺职位和部分二级分行副行长职位进行公开竞聘上岗，本次竞聘职位共12个。

为了保证评价的科学性和公正性，该行希望委托专业的测评机构对这些岗位的竞聘人员进行科学、公正的综合能力测评，并提供中立的、客观的专业评估意见。经过多方考察和比较，最终委托在银行系统人才测评方面有着丰富经验和良好声誉的北京×××管理咨询有限公司（以下简称×××公司）对参加竞聘上岗人员进行综合素质测评。

2. 成立人才测评项目小组

×××公司接受委托之后，专门成立了项目小组，工作组成员8人，均为心理学硕士以上专业背景，有丰富的人才测评和人力资源管理实践经验。

3. 项目程序

（1）建立胜任特征模型。通过与该分行领导进行访谈，了解该分行的业务战略、文化和岗位现状，了解高层人员对竞聘岗位的要求。利用关键事件访谈法，对熟知岗位情况的人员进行访谈。

项目组按建立胜任能力模型的要求，对胜任特征维度的名称、定义、权重和标准等进行了分析和整理，形成了该分行竞聘岗位的胜任能力模型初稿，并与该分行高层领导进行沟通和修改，最终形成双方认可的胜任能力模型。

（2）确定测评方案。根据建立的胜任能力模型特点，项目组制定了基于评价中心技术的测评方案，对每位竞聘者进行多角度、多工具和多专家的评估与考察。所使用的评价中心技术主要包括：

①纸笔测验。主要从认知能力、分析和理解能力、个性特征和工作风格等方面进行评价。

②情境模拟。重点评估分析能力、言语表达、进取心、人际影响、组织协调、团队意识。

③结构化面试。通过收集相关的行为信息，测评胜任特征模型中各方面的素质水平和特点。

（3）现场实施测评。具体实施评估共计 8 天时间，对 100 余名竞聘人员进行了测评。

①纸笔测验。用一天时间，使用了九项测评工具实施测评。

②情境模拟。用两天时间，6 ~8 位被评价者组成一个小组，共同讨论、解决一项任务或方案，测评师对每位竞聘人员进行观察评分。

③半结构化面试。用五天时间，面试评价者通过多对一面谈的方式，对每一位被评价者的能力与素质进行观察与评价。

（4）提交测评结果。

①现场测评完成后，测评师将测评结果带回×××公司进行数据分析和整理。

②按照×××公司建立的人事决策模型，将测评数据进行整合，对每一位岗位竞聘者的测评分数排序。

③根据每位竞聘者的测评分数及其个性特点，针对岗位胜任特征模型，按等级确定竞聘者的适合程度，如适合、比较适合、保留性推荐和不太适合等。

资料来源：www. zhiding. com. cn。

11.2　测评方案的实施

11.2.1　准备测评资料

测评的资料包括测试题目、答题卡、评分表、草稿纸。准备这些资料是实施测评的第一步。

1. 测试题目

无论采用何种测评方法，都需要预先准备好测试题目。

对于笔试题，除了确定题目、内容以外，还需要在题目编排上下功夫。题目要以先易后难的顺序排列，选择题、填空题、判断题等简单的题目放在前面，简答题、资料分析、讨论等复杂的题目放在后面。这样有利于缓解答题者的压力，使其能够发挥自己的真实水平。在编排心理问卷时，一般按照能力测验、个性测验、价值观测验的顺序依次编排试卷。因为个性测验及价值观测验会涉及更多有关个人隐私方面的问题，因此不宜一开始就让被评价者答这部分的问题，应该让被评价者适应答题的状态下再让其回答。另外，题目要统一编号，统一纸张规格，统一编号，以便之后整理。单个测验的题目要单独装订。试题要在开始测试时发给每个被评价者。

对于一对一的面试，也需要设计一定的面试提纲，有目的地进行提问和讨论。在确定了内容的基础上，也要对问题的先后顺序进行编排。一般来说，也要按照先易后难、由浅入深的顺序进行编排。轻松愉快的面试有利于被评价者发挥自己的真实水平。

小组面试中，一般只有一个题目，但对这个题目的要求会比较多。首先，这个题目必须是几乎无对错可言但又反应不同的价值观倾向。另外，题目的答案必须要有争议，才能引起讨论。一般来说，题目一般会先描述一定的实际情况，然后给出两种以上互斥解决方案，让被评价者共同商讨最终的决策或对策。

公文筐测试需要设计的题目就比较多了。题目可以来源于不同岗位工作中出现过的难题，可以通过访谈和员工工作日记获得，需要一定的积累。题目主要考察的是问题解决能力。其他比较灵活的题目，如案例分析、角色扮演、管理游戏、演讲等，也基本是一样的规则。

2. 答题卡

对于笔试题，一般会提供被评价者专用的纸或卡片，以便评分者进行评分，案例分析或公文筐测试项目也需要答题卡。需要指出的是，评价者需要向被评价者说明答题卡的使用方法及注意事项。

3. 评分表

笔试题的评分表可以列在试卷上，然后统一记录在一起，以便比较。单独面试、小组讨论、公文筐测试、案例分析、角色扮演、管理游戏、演讲等比较灵活和主观的测试一般会设计统一的评分表，用于测试人员记录被评价者在测试过程中表现出的语言和行为。有时会列出需要评价的项目，然后在后面填写分数。如表 11－1。

表 11－1　　　　　　　　　　笔试评分表

被评价者编号	评价指标	得分	备注
1	语言表达能力		
2	逻辑思维能力		
3	沟通能力		
4	领导能力		
……	……	……	……

4. 草稿纸

要准备充足的草稿纸，以备被评价者在能力测验、面试、情境模拟测验中所需。

5. 其他

如果采用网络或单机等人—机对话的方式进行测试，还需要设定好题目呈现程序、计分方法程序等。

11.2.2　选择布置测评场地

实施每种测评都需要一定的场地。每种测评形式对场地的要求基本一致：光线充足、安静、场地宽裕、色调温和，不能对被评价者产生视觉刺激或空间上的压抑感。如果是笔试，最好让被评价者之间有一定距离，以免互相干扰或出现作弊情况，参见图 11－1。如果是面试，则需要设计好桌椅摆放的位置，让测试人员与被评价者能够面对面，有一定距离但又不过于遥远。小组面试时，要让被评价者围着桌子坐成一圈，便于小组成员进行讨论。角色扮演要设置好足够空旷的场地，准备好道具。演讲要设置好讲台或适合被评价者站的位置。每个被评价者一次会参加几个测试，为了测评能够井然有序地进行，在布置场地的时候还需在每个测评室门外的显著位置上标明该房间测

图 11－1　笔试/机试测试场地图示

试的项目，如："面试室""小组讨论室""笔试"等。如果是同样功能的房间不止一个，还要给房间编号，以利于被评价者快速准确地找到测试场地。在人员条件允许的情况下还可设立专门的引导，对被评价者进行带路。

如果一次被评价者人数很多，最好另设候考场。候考场与考场最好隔有一定距离，以免由于人多嘈杂对考场的被评价者产生影响。

11.2.3 评分者培训

评分者的一致性在很大程度上决定了测评的结果，然而评分者的评价往往受到主观因素的影响。而评分者的主观判断会对测评结果产生影响。有的笔试题有比较标准的答案，需要手工计算的结果要求评分者比较细致精确就可以了，有的笔试题主观性比较大，如：简答题、公文筐等，在评分时就会掺杂进评分者的主观成分。因此，需要对评分者进行严格的培训，让评分者准确理解岗位素质标准、典型行为、准备过程，了解测评目的、测试的维度（维度的定义以及典型的行为）、施测中对评分者观察与记录的要求、出现争议的解决方法、对评分者评价语言的要求、对测评报告的结构与内容的要求，等等。全面深入地与评分者进行沟通，才能达到所有评价者使用统一的评价标准对被评价者进行评估的目的。

如果要邀请外部专家来完成测试过程，也必须向专家说明以上内容。因为每个单位对人员要求的侧重点不一样，虽然专家对各类岗位的要求有较为详细的了解，如果不清楚单位的具体情况，也很难做好评价工作。

11.2.4 测评过程控制

1. 施测时间的控制

被评价者的时间管理观念不同，做题的速度也有快有慢，在控制测试时间的时候应当设定合适的范围。对于笔试题，要根据题目长度和难度设定时间，能力测验题等客观题的时间可以设置得紧凑一些，因为对于这一类的测试来说，时间也是一个评价标准；心理测验、公文筐等主观题的时间可以设置得宽松一些，因为对于这些题目来说，答题时间不是一个非常重要的评价标准，能够全部完成才是比较重要的。对于单独面试、小组面试、情境模拟等比较主观的评价方式，需要根据测评目的以及要考察的内容设定比较固定的时间，提高工作效率，特别是一次参评的人数较多时，更要注意控制时间。最好是在测评人员比较容易看见的地方放置时钟。

2. 评议时间的控制

除了笔试题以外，其他测评都需要测评人员记录被评价者的表现，并根据记录给出评价。先由测评人员单独做出评价，然后进行集体讨论，对被评价者在每个维度上的表现进行定性评价。多个测评人员进行评价，如果意见达成一致，集体讨论就可以结束。为了更客观地考察评分者的一致性，集体讨论结束后还需要测评人员分别在各个评价维度上单独打分。如果在集体讨论中测评人员有不同的意见，那么需要通过讨论达成一致，然后再单独打分。如果无法达成一致，则需要调用录像资料进行取证，然后再讨论。

评价所需的时间因具体情况而有变化，但也需要控制时间，提高工作效率。

范例

×××测试安排表

2007 年 7 月 10 日

时　间		测试内容	参加人员
上午	9:00～10:50	述职报告	所有考生（11 人）
	11:00～11:20	MBTI	
	11:20～12:00	16PF	
	12:00～12:15	生活特性测验	
下午	13:30～14:30	面试	杨××、安××、刘××、李××
	14:30－15:30		李××、崔××、浦××、王××
	15:30－16:30		曹××、孙××、丁××

2007 年 7 月 11 日

时　间		测试内容	参加人员
上午	9:00～10:00	公文筐	所有考生（11 人）
	10:00～11:00	无领导	李××、刘××、蒲××、安××、杨××、崔××
	11:00～12:00	小组讨论	王××、丁××、曹××、李××、孙××

11.3　撰写测评报告

11.3.1　报告的种类

1. 个人报告和整体报告

个人报告是对每个被评价者参与的测试、测试维度以及测试结果的说明。个人报告的目的在于说明每个被评价者的特点。要求不同，报告的结构与内容也有所不同。

整体报告是在对同一组被评价者的素质状况进行统计分析的基础上，对该组人员的素质特点进行描述。整体报告对于人力资源开发有着重要的意义。

个人报告与整体报告的范例的样式见表11－2、表11－3。

表11－2　　按照各项测验撰写的个人报告（选拔性）

编号	1	姓名	×××	性别	女	年龄	39
部门	货运部						
测验项目	1. 公文筐测验　2. DISC个性测验　3. 无领导小组讨论　4. 管理人员人格测验						
测评结果请见附件							

公文筐测验

1. 工作条理性

工作极其有条理，能从各种纷繁的事务中理出头绪，能根据事务的性质进行准确的分类，并能按照事务的轻重缓急安排工作。

2. 计划能力

对工作的处理得当，分析能力较强，能提出有效的处理意见，主要表现在能根据事务的轻重缓急对工作的细节、策略、方法做出较为合理的规划。

3. 预测能力

较有远见，能够从不同的材料中获取信息，通常能看到环境中各种不同相关因素的影响，并在足够的深度上获取解决问题的事实，预测的逻辑性较好，并能提出有针对性的实施方案。

4. 决策能力

决策能力不足，不能发现各种解决问题的方法，有时不能对各种行动的结果有一个清醒的认识，或者不能有效地评估。

5. 沟通能力

书面表达方面，语言较为流畅，谈起问题来很有针对性，能够提出有力的论据，结构性较强，表现出较熟悉业务的各个领域，并能通盘考虑。

有意识，善于合作，能够成为高绩效的团队成员。

备注：由于应试者中途退出讨论，评价结果不一定全面和充分，在此仅供参考。

无领导小组讨论

具有一定的领导组织意识，能够影响和带动他人，营造合作的团队氛围。

对问题的思考和分析有良好的洞察力，能够比较深入地把握问题的关键层面，做出客观合理的反应。

在人际沟通中缺乏成熟的意识和技巧，倾听与沟通的效果有待加强。

语言表达方面有一定的说服力，但在言谈举止上成熟度还不高，可进一步加强力度和感染力，在领导行为上还缺乏一定的操作经验和魄力。

DISC 个性测验

个性类型：影响型。

1. 优势

- 影响他人接受自己的方式去思考问题的能力；
- 用非常开放的方式交流的能力；
- 平息冲突的能力；
- 提出并发扬新思想和新产品的能力。

2. 需要注意的事项

- 做决策时能过分依赖当时的情绪；
- 当需要时，要勇敢地面对困难和危险；
- 要有实际的期限，并尝试好的时间管理方法。

3. 个人倾向

目标：维持友谊

通过什么影响他人：自尊和领袖人物感人的超凡魅力；对团队的贡献；平稳的、依赖的、有很广泛的友谊

处理应激状态时：过多的言语

害怕：失败

个人发展建议

——加强数量关系的训练，增强分析和判断问题的准确性和深刻性。

——增强承受较大压力的自信心，学习更为有效的调节和控制情绪的技巧。

管理人员人格测验

该应试者有很强的责任心，工作认真仔细，较有原则性和组织性；有很强的自信心，

对自己的能力有充分的把握；善于把握自己在他人面前的行为，从而给他人留下良好的印象；权力动机倾向明显，希望自己能够影响、管理他人。

综合评价

能力素质良好，有很好的个性品质，综合素质好，很有发展潜力。工作上有突出的条理性，善于计划；为人稳重、严谨、认真负责、持之以恒，有高标准的取向；从小组讨论的结果来看，具有良好的团队意识，有一定领导才能。

推荐指数：3 级，基本适合

复核意见：

同意以上陈述

报告撰写人：　　　　　　　　　　报告复核人：

撰写时间：2006 年 6 月 1 日　　　　复核时间：2006 年 6 月 3 日

表 11－3　　　　综合报告（选拔性）

测验结果及分析

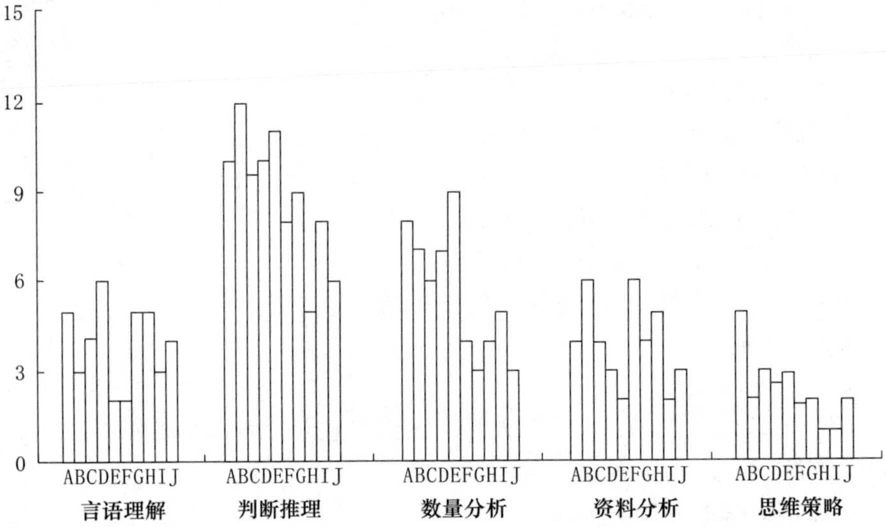

基本能力测验

从上图及统计学的标准（全体人员中得分在前 33% 的被视为高分者，总共 5 人，5 ×33% =1.65，约等于 2 个，即得分排在前两位的被视为高分者）可以看出：

（1）在言语理解方面，D 的得分较高，说明他对言语概念的理解、分析和把握的能力较强，A、G、H 的得分比 D 稍低，E、F、I 的得分偏低；

（2）在判断推理方面，B和E得分较高，说明他们在判断管理事务、做出有效决定方面比其他人更强；H略低；

（3）数量关系维度满分9分，E得了满分，说明他解决数量关系问题的能力比其他人更强；G、J略低；

（4）资料分析满分8分，B和F的得分较高，得了6分，说明他们在处理文字和数字结合的图表综合信息上的能力比其他人更强，E、I的得分较低；

（5）思维策略上，G、H的得分最低，只得了1分，说明他们在思维的灵活性、敏捷性及多方法、多角度解决问题的能力比其他人差。

2. 单项报告与综合报告

单项报告是对被评价者参与的一项测验的分析说明。例如，职业兴趣测验报告、16PF个性测验报告等。（表11－2节选的部分就属于单项报告）

综合报告是对被评价者参与的所有测试项目的数据进行综合分析后，按照不同的测试项目或维度报告结果，并加以评价者的综合性评价的报告。综合性报告不仅展现了每个被评价者参与的全部测验结果、每个维度上的具体表现，还包括了评价者对被评价者的综合性评价意见等。（表11－3属于综合报告）

3. 选拔报告与开发报告、诊断报告

选拔报告是以选拔为目的的报告，需要体现被评价者的素质特点与岗位要求的匹配程度。（表11－2和表11－3都属于选拔报告）

开发报告是以绩效管理、职业开发为目的的报告，侧重于体现被评价者的素质特点与岗位标准的差异，以及评价者提出的素质提升与发展建议。

诊断报告是以能力诊断为目的的报告，主要体现被评价者的素质特点、与岗位的匹配程度以及被评价者使用意见等。

11.3.2 报告的撰写

一个完整的测评报告主要由标题、基本信息、使用工具介绍、测试结果、评价者建议等五个部分组成。

1. 标题

标题是用来概括测评内容的，因此，标题一般由参测人员的名称、测评内容及报告内容三个部分组成。如：“×××后备干部能力素质综合评估表”“×××管理人才测评报告”等。

2. 基本信息

基本信息是用来描述参加测评的个人或集体的名称、性质、测评目的等基本资料的部分。不同种类的报告，需要报告的基本信息略有差异。整体报告需要介绍单位概况、测评过程、测评时间等内容；个人报告需要介绍被评价者姓名、性别、工作单位、职务、测评时间、评价者、报告撰写人等内容。

3. 使用工具介绍

使用工具介绍是用来描述所使用工具的名称、使用目的、使用方法、维度等内容，旨在告诉报告使用者每个测评工具的用途。介绍的内容有详有略，这主要取决于报告的目的、用途和报告的其他部分等。

4. 测验结果

测验结果是用来描述被试在每项测验中的表现，介绍测评整体结果的部分。

对测验结果的分析主要是通过横向分析与纵向分析两种方式进行的。对被试在每个测验中的表现及结果进行分析是横向分析，而评价者对被试关键维度的分析则是纵向分析。横向分析以每个被试为对象，对单个被试在每个维度上的表现进行比较，了解个体的优劣势。纵向分析是以每个测试维度为主线，依据被试在每个测试项目中的表现进行独立的分析，主要说明被试每项素质的特点。另外，由于测试项目的维度较多，为了便于概括和理解，有测评专家建议把测试分为工作风格、个性品质、一般能力三个方面对被试的特点进行概括。选择哪种方法进行纵向比较仍取决于测验的目的。两种分析方法可以单独使用，也可以结合在一起使用。

对被试表现的描述主要是根据胜任特征模型对胜任者每个素质维度的等级描述，量化行为表现，再将被试每个维度的行为等级与岗位胜任特征进行量化的比较得出。在衡量被试在每个维度上的表现时，既采用量化了的行为指标，也采用综合分析的定性指标。定量指标一般用直方图、折线图、雷达图、表格等方式将被试的成绩直观地呈现出来，一张图或表可以呈现一个人的结果，对其各个维度之间的差异进行比较，了解其主要的优劣势，还可以在图表中加入其他被试的平均分数或者胜任特征模型的分数，以比较个体与其他人、与胜任特征模型之间的差异。一张图或表也可以同时呈现一组人的结果，比较每个人在每个维度上的差异，当然，图表中也可以加入被试的平均分或者胜任特征模型的分数，以对整体情况或整体匹配度有所了解。

定量描述的下面会附上定性描述，对结果进行文字说明。除了对定量指标进行直接描述外，还可对被试的优缺点进行综合的评价。另外，还可以根据胜任特征模型的任职标准对被试达到的行为等级进行描述。最后，综合考虑被试在各个测试项目中的表现，归纳总结出被试的优缺点，按照从重要到不重要的顺序进行合理的排序。

另外，在写不同报告时，撰写格式和顺序上会有所差异。在撰写被试总体评价报告时，首先要做出定性评价，例如：“×××基本具备×××岗位的素质”或“×××不胜任该岗位”。然后是优点概括与分析，将被试在测试过程中表现得较好的素质维度提取出来，并进行排序，最优秀的素质排在第一位，依此类推。另外，被试的优势素质维度必须要通过两种以上的测试方法表现出来。同时，被试的不足之处同样要通过两种以上的方式得到验证，并进行排序，最欠缺的放在第一位，依此类推。

5. 评价者建议

评价者建议是用来为被试提出建议的部分。建议可分为推荐建议和发展建议两类。其中，发展建议又包括工作建议与学习建议。推荐建议主要是为被试给出任职推荐，确定适合他的岗位或适合的等级。推荐建议的等级分类依用途而定，有分为四个等级的：非常适合、比较适合、一般、不太适合；有分为三个等级的：很好、较好、一般；还有分为两个等级的：合格、不合格。发展建议会指出被试在哪些方面还有待于进一步改进，还需进行哪些方面的学习。工作建议更集中于指出被试工作过程中应该注意的问题，学习建议要在概括被试优缺点的基础上，为被试指出短期和长期的学习目标、学习内容和学习方法。

整体报告是对测评总体情况的描述。首先要从统计角度分析全体被试的年龄、性别百分比，分数分布特点、平均数、离散程度；然后分析不同职级、职系人员之间的差异，为企业理解雇员素质和能力构成提供科学可靠的依据；最后由专家结合企业的实际经营情况和管理模式，为企业的管理和发展提出具体的建议。整体报告的主要内容包括：所有测试项目的说明、被评价者测验结果分析、对组织的发展建议。它对组织管理的优化和发展很有价值，对加强人力资源管理的有效性也提供很好的建议和参考依据。

11.3.3 撰写报告时需要注意的事项

1. 需要注意的问题

（1）报告的结构要统一。主要内容应该包括标题、基本信息、测验结果（定量评价、定性评价）、总体评价（优劣势）、发展建议（素质提升或改进的建议，包括学习与工作过程中应该注意的问题）。

（2）报告内容要一致。首先，评价观点前后要一致，如果评价者对某项素质维度缺乏理解，或者成绩统计出现错误，这些都是需要避免的。另外，定量分析和定性分析要一致，不能出现明显的冲突，使人感到迷惑。

（3）不能遗漏任何有价值的信息，但也要注意突出重点。每项素质维度的评价要完整，又因为测评报告是要向阅读者说明被试的素质特点，以便于进行决策的，所以报告必须突出重点，以维度为中心，无关内容尽量不要写入。

（4）面试与情境模拟测验中的定性评价要充分利用行为证据，避免简单地对素质定义进行堆砌，使得评价过于简单，无法体现被试的个体特征。评价要有说服力，不能仅凭评价者的主观判断。

（5）要对内容进行复核。测评报告写完以后，要经过有丰富经验的人才测评专家或者多人复核小组进行复核。检查对被试的总体评价是否全面、准确，是否出现前后矛盾，各项解释是否客观、恰当，对不当之处提出修改意见。另外，还要检查行文是否流畅、是否有错别字、标点符号是否正确、格式是否统一。

2. 需要备注说明的问题

（1）人才测评主要根据自评和他评的方式进行评价，因此报告的结果既可能受到被试测试过程中的心理状态或环境的影响，也可能受评价者的主观判断的影响，报告结果可能存在误差。

（2）评分标准说明。不同的分数代表不同的意义，看一个被评价者的成绩如何，首先要看满分是多少，他是处于 0 分到满分间的哪个位置。此外，还需要看被评价者在于群体中所处位置。

11.4 测评后的人事决策

所谓人事决策，就是收集和整合人事信息，最终做出用谁或不用谁的程序和方法。在前面几节里，我们介绍了收集人事信息的方法和程序，接下来要考虑的问题就是如何将这些个体的、零散的多元信息有效整合起来，以便于做出人事决策。

11.4.1 人事信息的整合

首先是整合人事信息。按照心理测量学的理论，组合信息的方法有多种，这里简单介绍几种。

1. 经验判断法

经验判断法是指根据直觉经验，主观地将各种因素组合得出结论或预测的方法。收集信息时，采用主观判断的方法，做人事决策的时候也是采用主观判断的方法。这种方法是人们用得最多的方法，就好像临床上医生看病并不对有关病人的各种资料进行统计分析，而是凭借经验做出判断，所以叫做经验法。与此相似，一个测评人员在帮助经理或者高层决策人员做某职位的甄选工作时，通过面试或者通过平时的观察，根据应聘者的一些基本信息，如学历、专业、身体条件等因素，分析并做出这个人是否胜任这份工作的判断。

很显然，经验法具有以下优点。

（1）人的心理特征是复杂的，很少有要素能够脱离其他要素单独存在，经验法能从整体上对各个要素加以综合考虑，不但考虑到各个要素的相对重要性，还能考虑到各要素之间的相互影响，具有高度整合的性质。

（2）人的个性是独特的，经验法的每个判断都是针对特定的个人做出的，能考虑到每个人的实际情况，具体问题具体分析。

（3）经验法比较简便易行，易于获得专家权威的支持，也容易让人信服和接受，在实际中能够得到广泛应用。

经验法的主要缺点：经验法实际上是凭借评价者的经验做出的一种主观加权、差异加权方法，很可能受到判断者的偏见的影响，不够中立客观；同时，经验法没有精确的数量指标，难以用事实说话，也难以保证评价者对每个被评价者的评价标准都是一致的；另外，该方法要求判断者受过长时间的专业训练并具有相当丰富的经验。

在应用主观方法进行判断的时候，评价者还需要克服外界的一些障碍因素的影响，如注意力不集中、刻板印象、首因效应与近因效应、基础归因性错误、取景偏差等。

2. 量化评估法

与经验法略有不同的是，量化评估法在收集信息时采用的是主观判断的方式，而在做决策时采用了量化统计的方法，是主客观结合的量化评估法。举例来说，企业在招聘时，由几位评委面试被评价者，按照几个评价要素给被评价者打分，然后对评分结果进行统计处理，录用分数高者。这种方法也常被用到，但由于缺少专业训练和经验，或者使用得不科学，使打分的结果与实际情况存在很大差异。最容易因为以下三点而出现偏差。

（1）评价的要素。评价要素不够全面、没有设置合理的权重。

（2）评分标准。缺少评分标准或评分标准不统一。

（3）评分者。评分者缺少训练，对评价尺度的理解有所不同，不同评价者分数离散程度不统一。

因为以上原因，对同一个人的评价打分出现严重不一致时，根本无法用于决策。

3. 因素解释法

因素解释法是指在收集信息时采用量化的方式，在决策时根据收集的量化信息进行主观判断，然后做出决策。例如，采用信效度比较好的能力测验，收集被评价者能力特征信息。被评价者完成问卷后，按照事先的计分，得出每个被评价者的分数，就可以用来判断被评价者的能力特征了。之所以叫因素解释法，是因为对被评价者的判断不是根据所有测验的总分，而是根据每一个维度或者因素的得分进行判断的，因此最后的决策还要靠评价者的主观判断来进行。

4. 完全统计法

完全统计法是指收集信息和做人事决策时，均采用量化的方法。一般在面对大量的被评价者的时候会采用这种方法，作为初选的方法。例如，一个企业要招聘 20 名新员工，而报名的人有 100 位，此时就可以选择一般能力测验或者专业能力测试等作为筛选测验，选取排名前 40 的人参加下一轮选拔。

5. 判断合成法

判断合成法是指在收集信息时，既采用主观判断的方式，又采用统计计分的方式，在决策时，对上述收集到的量化信息和主观印象进行总体判断。例如，很多企业在选拔人才时为了更全面地收集信息，会同时采用笔试、面试等几种方法。在做决策的时候，决策者通过自己面试时的印象，再参考被评价者的笔试得分做出决定，这样的方法就是判断合成法。

这种方法比前面的单一的方法更加全面和精细，但从根本上来说，这种方法最终还是靠人的主观判断来进行决策的，缺少一个量化的模型，因此很难克服人的主观性对决策结果的影响。另外，在面试时，如果评价者没有受过严格的训练，依然会犯经验判断法常犯的错误。

6. 统计合成法

这种方法是综合运用主观判断方法（如面试、角色扮演、管理游戏），以及量化统计方法（如笔试、公文筐测试），并在评价的时候把主观判断的方法量化，最终通过一个量化的决策模型统计出结果。这些方法中最准确的一种要数评价中心技术了。要正确使用评价中心技术，首先要建立一个科学的胜任特征模型，根据最关键的能力因素及其所占的权重，胜任者的平均分数或者常模分数通过不同的测评工具，如面试、笔试、角色扮演、公文筐，甚至加上 360 度评估以及业绩考核的结果，采用相应的统计计算模型，得出量化的统计结果，形成科学、量化的人事决策。

7. 综合判断法

统计合成法所提供的人事决策结果是完全量化的，按照一定的总体得分，有一个排序。但有时并不能完全依照名次去录用。在真正做人事决策的时候，还会考虑测评之外的其他因素，如年龄、性别、饮食习惯、家庭状况等。这属于在既定结果的基础上，考虑实际情况来进行的人事决策。

作为专业、科学的人事决策，做到人事决策信息的量化是非常重要的一个方面。但现实情况中，各种方法的运用还需要考虑到人力、物力、时间、性价比等因素。一般在任用高级职位时会把所有方法都用来进行全面的评估，建立量化模型；在任用一般职位的时候可能会根据实际的需要选择上述的某一种或几种方法整合人事信息。

关于主观判断与统计预测的有效性，人们做过大量的研究，并产生了很多争论，多数人认为这两种方法各有利弊，分别适合不同的情况。一般来说，在预测确定的、可观察的效标时，统计法较为适合，预测的更为准确些；当预测的东西比较微妙或没有确定的、单一的结果，需要做开放式预测时，经验法更适合，它可以估计到各种可能的结果。统计法只适用于一般的、典型的模式，而经验法对特殊的、非典型的模式也是适用的。因此，当需要预测的绩效易于量化、有明确的结果时，可以选用统计法；当需要预测的绩效比较含糊而且没有确定单一的标准时，就可以采用经验判断法。另外，当事物的发生率相当低时，统计法便失去其价值，经验法却可以做出较为准确的预测。也就是说，如果事先知道一大群人当中只有少数几个人有能力胜任某一重要或者特殊的岗位时，就应该用经验法来进行主观挑选。

例如，将一名著名经理人应对复杂局面的决策能力加以科学总结，并编成程序存入计算机，然后将机器与人的决策判断做比较。在处理一项紧急事件的案例中，经理人比计算机少写了一个决策步骤。查找原因，原来是经理人忽略了某个下属提出的合理化建议。这说明人的判断有疏忽和考虑不周的时候，而计算机只要程序中有的就绝不会遗忘，这是统计法的优点。而在处理另外一项紧急事件的案例中，有一项措施经理人和计算机做出的选择不同，经核对，双方提出的建议和措施都有道理，只是计算机提出的那项措施没有考虑到刚刚在组织内部发生的一件不大的矛盾纠纷问题，而经理人考虑到这一点，所以就换了一个较为合理的措施，这又说明了经验法的优点。

11.4.2 人事决策中应该注意的问题

1. 将决策的人数减到最少

人事决策的一条普遍性经验就是只用确实所需的人。如果把所有的人都叫来做决策，那只会使原有的一些问题变得越来越明显。例如，人数的增加会引起时间和精力的浪费，要知道并不是所有的人都需要或者都愿意付出时间和精力来帮助做决策，而且，由于决策者将讨论的是被评价者的强项和弱项，其中某些属于机密材料，被评价者一旦被录用，这些资料就会很重要。

一般而言，做决策时只请那些直接负责考察被评价者工作表现的人，以及那些会经常与被评价者接触的人，如班组的同事或那个部门的经理参照专业测评师所获得的结果，共同完成决策。

2. 录用标准不要设得太高

有些招聘者总是希望能够招聘到最好的人，他们会对一群应聘者进行比较，选出其中最好的，或者不愿意做出决策，总是说：“再等等吧，也许后面还有更好的。”其实，这种想法是不现实的。

3. 要尽快做出决策

一个应聘者在找工作或者换工作的时候往往不是只对一家公司感兴趣，他可能会面临很多个选择，尤其是优秀的人才面临的选择余地越大。因此，如果公司不能尽快做出录用决策，那么优秀的人才可能认为公司并没有真正想要他的诚意，从而另谋高就了。即使他希望来到公司，但是由于其他公司在该公司给予答复之前已经抢先一步，结果也只是错失良机，少了一个优秀人才。

当然，尽快做出决策也并不意味着草率决策，而是有充分根据地利用前述系统方法做出有效决策。

4. 要留有备用被评价者的名单

对于一个职位，初步录用的人选名单可能要多于实际录用的人数。这样做的原因是要对初步录用的人选进行背景调查，并与他们讨论薪酬待遇等，因此可能因一些原因无法录用某些人。一个典型的例子是，如果我们初步决定录用某个人，而他实际遇到的问题是原来的单位无法让他离职，或者他对我们提出的薪酬很不满意，那么我们就不得不舍弃他而去考虑其余的人了。

在被评价者的名单中，一定要注明录用这些人的优先次序。首先考虑最合适的人，如果这个人符合各种录用条件，那么就录用他；如果他不符合录用条件，就考虑处在第二位的人选，依此类推。

5. 适当的反馈

一旦做出了决策，就该告诉被评价者结果。如果一开始就打算给被评价者回馈意见，就应该记住以下的几项原则，以免随便做出回馈。

（1）只有受过专门训练以及了解运用工具的专业人员才能给予回馈。

（2）可以当面给予回馈，但对于那些外部被评价者，也可以采用电话或者信件的形式。

（3）给予回馈前，先询问被评价者的感觉。

（4）先称赞被评价者做得好的地方，再指出他们没有做好的地方，试着以正面评价作为结束。

（5）举出他们说过的或做过的事情，要求他们说明这些事情的意义。

（6）告诉他们你要找的人究竟是什么样的，以及他们为什么不符合你的要求。

（7）绝对不能泄露确切的测验分数，可以以百分比的方式公布分数排名，比较他与其他被评价者的表现。

（8）不武断评定性格资料。切记一个人的工作方式只有适当与不适当的分别，没有绝对的好或坏。

（9）不要让被评价者感觉你只凭借了单一的测验或信息就草率地做出了决定。

（10）对未能过关的被评价者，必须强调这次测评结果只表明他们不适合此职位，但他们在其他方面仍然有自己的长处。

11.4.3 其他决策

从广义上来说，除了聘任决策以外，人事决策还包括培训决策、薪酬决策、劳动保护决策等人力资源管理环节的决策。例如，通过测评对人力素质情况有所了解之后，就要确定应该让哪些人参加哪些培训，制定培训计划，做出培训决策。这些决策相对容易一些，我们就不再一一展开。

学习指南

本章的重点在于人才测评实施过程的掌握，学习本章必须认识到实施人才测评时应该做哪几件事情？如何设计人才测评方案？实施人才测评的流程是怎样的？如何撰写人才测评报告？如何根据测评结果进行人事决策？本章内容围绕着这些问题展开，这些问题是学习本章的重点所在。

关键词

人才测评　人才测评方案　报告撰写　人事信息的整合　人事决策模型

思考题

1. 人才测评的目的有哪些？
2. 人才测评方案的设计包括哪几个步骤？
3. 怎样控制测评过程？
4. 撰写人才测评报告时有哪些需要注意以及说明的事项？
5. 简述人才测评中常用的方法和测评工具。
6. 怎样充分利用主客观信息做出人事决策？
7. 阅读下面的材料，思考问题。

一家电子产品销售和维修公司要招聘一位电子技师。小张和小王都过关斩将进入了选拔过程的最后阶段。招聘经理要决定谁更胜任这份工作，并要在周末之前发出通知。他们要用 5 分制（1 分为最低，5 分为最高）来给每项才能打分，并以此为根据做出决定。所有才能的平均分至少是 3 分才可以被列入考虑范围。测评结果见下表。

能力	小张的分数	小王的分数
适应性	5	3
注意细节的程度	3	3
认真程度	4	3
工作动力	2	4
解决问题的能力	4	3
责任心	4	3
技术水平	4	3
总平均分	3.71	3.1

上表是应聘者每项才能的分数，是根据他们在测评过程中的表现打出来的。如果各项素质的加权是不同的，你认为应如何为每项素质加权？请你分别使用差异加权法和严格的推理法，分析应该雇用哪位。

第 12 章

人才测评的应用领域

要确切知道一个人的身高，拿尺子量一下即可；要确切知道一个人的体温，拿温度计测一下即可。同样地，要把握一个人的发展潜力、个性特点等心理特征，就需要进行人才测评。人才测评在人力资源管理中的应用非常广泛。它是建立在对人员技能和素质的历史行为表现全面了解与概括的基础上，判断人员职业胜任特征，从而对员工的职业发展进行某种预测，并辅之以规划指导，同时为企业系统地开发和选拔人才提供了客观的依据。通过对企业各方面的人员测评，企业的人力资源管理效果可以得到科学的评价，它可以让企业的管理者了解与掌握人力资源开发的进程，做到“心中有数”，为有效地使用、培养人才打下了基础，尤其可以更好地实现对员工的职业发展规划和指导。

可以说，人才测评是招聘、培训、开发、考核人力资源的基础，人才测评过程影响其他人力资源职能，同时也受其他人力资源职能的影响。例如，如果人才测评过程只提供给企业基本合格的员工，企业将不得不加强培训工作。如果薪酬低于企业竞争对手，吸引素质好的求职者可能十分困难，甚至是不可能的。测评能够在一定的深度上评价人的素质，反映出人员的功能与实际岗位、担负责任和期望之间的距离，这就为每个人的培养目标和培训计划，提供了其他考核无法得到的依据。总的说来，人才测评在鉴别人才方面非常成功，而科学地鉴别人才是合理配置人力资源的基础，人力资源的管理是从人员招聘这一环节开始的，如何提高招聘的成功率，提高培训的效益，减少人员工作适应及培训和能力开发的成本，是人力资源部门面临的现实问题。人才测评能够帮助企业做到人尽其才，才尽其用，人事相配，最大限度地发挥人力资源的作用。因此，人才测评质量的好坏，对于企业人力资源开发的效率与效果有着决定性的影响。

人才测评是人力资源管理整体解决方案的一部分，是人力资源开发中不可分割的一部分，它与工作分析、招聘、选拔、考核、培训、人员激励等均有密切联系，尤其在招聘、选拔方面有很高的使用价值。可以说，人才测评应用的深度和适用范围不断拓展。人才测评最初的目的是用于招聘和人才选拔，后来逐渐发展到管理潜能的确认、培训、提升、个人未来发展、职业生涯管理等方面。总之，人才测评的作用既体现于日常的职能管理中，也体现在人力资源管理战略的决策过程中。

人才测评用在什么地方呢？凡是需要了解员工较为稳定的素质和能力时就可以借助人才测评技术。目前，在管理比较现代化、重视人力资源开发的企业中，人才测评常常有四种比较实际的用途：招聘时用人才测评技术来评价应聘者的岗位合适程度；晋升时用评价中心技术来预测候选人在目标职位上成功的可能性；发展与培训之前用人才测评技术了解培训对象的发展和培训需求；规划人力资源时用人才测评评价和诊断企业的人力资源状况。

12.1 人才测评在竞聘上岗中的应用

12.1.1 竞聘上岗概述

大多数管理者承认，选人是最困难、也是最重要的决策之一。竞争上岗是目前企业内部选拔人才的一种形式，是以公开、平等、竞争、择优为主要特征的领导干部选拔任用方法，即在企业内部一定范围内公布竞争的职位和任职条件，通过公开报名、考试答辩、群众评议、组织考察，产生竞争职位人选，然后按规定的程序和干部管理权限择优任用干部。竞争上岗这一措施的积极推行，有利于企业拓宽识人、选人、用人的视野，拓宽骨干人员的选拔任用渠道，有利于形成正确的用人导向，激发企业内部员工的不懈奋斗精神和创新精神，破除了论资排辈、平衡照顾的旧观念和框框，有利于防止和克服用人方面的不正之风和腐败现象，同时增强企业内部人员选拔任用的公正性和科学性，增强全体员工的上进心和危机感，有效地激发领导干部尤其是中青年领导爱岗敬业、勤奋努力、刻苦钻研、争创佳绩的热情，有利于企业形成人适其职、团结和谐的良好氛围，充分发挥每个人的主观能动性和创造性。这对实现领导干部的能上能下，促进其奋发工作和提高领导干部整体素质，都有重要意义。

竞争上岗要有科学系统的测评考核程序和工具手段，而采用人才测评在企业内部选拔有管理潜质的人才，加以合理培养和使用，是最经济最有效的建立管理团队的手段，也是世界各大跨国公司普遍采用的做法。采用人才测评，使选拔的企业内部管理者对企业文化认同，与管理风格匹配，这对企业来讲是一个宝贵的财富，有助于管理团队成为团结、有战斗力的集体。

可以说，现代人才测评技术为科学选拔企业内部各级管理人员提供了有效、系统化的方法，人才测评技术是确保竞争上岗科学性的工具之一。在竞争上岗过程中，企业通过使用人才测评技术，能够更加客观准确地了解、把握每位竞争者的素质水平，通过评价者对竞争者在竞争上岗过程中表现出的素质特点与岗位标准进行对比，综合全面地评价，从而发现最适合的任职者，达到人适其职、用人所长。竞争上岗最重要的环节之一就是演讲答辩，在演讲答辩之前，人力资源部要根据竞争岗位的特点，事先确定好测评的维度，并对测评维度进行定义，在定义的基础上建立评价标准。如果有时间和精力，还要对参加评分的评价者进行统一的培训，让评价者们能够准确理解这些素质定义和评价标准，达到所有的评价者能够使用统一的评价尺度对参加竞争上岗的人员进行评估。这样打破了过去选人由个别人或少数人主观决定的状况，有利于防止个人意见倾向和求全责备的片面性，为德才兼备、自觉干事、群众拥护的人才脱颖而出创造了有利条件。同时，通过使用科学的测评技术，使中选的人能充分发挥其特长和作用，让落选的人心服口服，消除了有些虽然符合报名条件而未参与竞岗的员工“怀才不遇”的怨言，从而形成协调、和谐的工作环境。

12.1.2　人才测评在竞聘上岗中的应用

与外部招聘不同，竞聘上岗的对象是本企业有一定工作经验者，因此，在设计考试题目时，可适当加一些与工作有关的内容。另外，除了采用评价中心素质考察应聘者的胜任特征、发展潜力外，还可以结合应聘者的平时表现（使用360度评估）进行综合的分析。

下面是两个竞聘上岗的案例。示例一是使用现代人才测评技术完成的竞聘上岗工作，示例二是采用传统方法进行的。大家可以看看两个案例中有哪些值得借鉴的地方，比较一下哪一个更好。

范例 **A公司中层干部竞聘上岗项目**

项目背景

A公司是×××地区最大的现代化企业之一，也是×××地区最大的成品油流通企业和主要供应商，拥有雄厚的产品开发、生产、检验和营销的技术业务力量。自2003年10月A公司与省B销售公司重组后，机关管理人员严重超编，人员素质和岗位技能参差不齐。根据省公司2005年工作会议精神，为激发队伍活力，优化队伍素质，达到"精简效能"的目的，该公司拟通过竞聘上岗的方式，对机关管理人员采取"两步竞岗一分流"的办法进行人才的优化配置。即第一步：先对中层管理人员竞争上岗；第二步：再对一般管理人员竞争上岗；一分流：对落聘人员分流到经营一线。

2005年3月，根据省公司的统一规划，作为×××地市级公司中层竞岗的试点单位之一，A公司在省公司人力资源处及H测评公司的全力协助与精心指导下，顺利地完成了第一步工作，按照"人岗匹配，人企匹配"的原则为各部门优化配置了中层管理骨干。第二步工作是A公司的重点与难点。主要的难点表现在：①人员众多，编制不足。按照省公司的用人编制，A公司一般管理人员只有81个编制，但现有的一般管理人员达120多人。②人际关系敏感、复杂。与其他国有企业一样，由于不可避免的历史原因，公司内外部各种人际关系相对比较复杂，疏忽任何一个环节，都会给人才选聘工作带来不利的影响。③工作量大，时间紧迫。由于有关的竞岗方案在一个月前已公布，如果不能及时高效地完成这一步工作，将可能影响员工的工作热情与积极性，员工心态的不稳定甚至可能影响企业的正常经营。如何确保竞聘工作公平、公正、公开，既能真正选出胜任岗位的管理人才，又能避免选聘过程中产生不必要的误解与震动，成了A公司领导班子必须慎重考虑的问题。由于有了第一步竞聘工作的成功经验，A公司的领导班子深刻体会了人才评价中心技术的作用与好处。经过研究，他们决定再次聘请H测评公司全面负责一般管理人员竞聘上岗的素质测评工作。希望借助第三方专业测评机构的顾问服务，为人事任免决策提供客观、公正、科学的依据。

解决方案

H测评公司接到这一任务后，派出4名具有丰富项目实施经验的测评资深顾问组成项目小组，负责本项目的具体实施，另外调派2名顾问助理为项目实施提供数据统计分析等协助。项目实施过程中，H测评公司秉承一贯客观、公正、务实、专注的专业服务精神，首先与A公司的竞岗领导小组成员进行了深入的沟通。在进行大量的访谈、调查与信息收集工作的基础上，根据项目的特点，与A公司的竞岗领导小组共同商定了具有可行性的实施方案，并遵照以下流程开展竞岗工作。

1. 报名与资格审查。人力资源部通过公司内部OA系统公布竞聘职位，接受员工的自愿报名，通过资格审查后，成为竞岗候选人，最终确定接受测评的候选人数为118人。

2. 建立胜任能力模型。通过对竞聘岗位进行岗位分析，并与竞岗领导小组成员进行充分沟通的基础上，专家顾问们运用菲尔德法建立起竞聘岗位的胜任能力模型，并确定了各维度的权重与测评标准等。

3. 综合素质测评。综合素质测评包括笔试、民主评议、心理测评、无领导小组讨论与半结构化面试等几个测试环节。

（1）笔试。主要测试履行岗位职责所必备的基本知识，并注重能力测试与实务操作。

（2）民主评议。借鉴360度反馈评估方法，组织相关人员对竞聘候选人进行民主评议，了解候选人平常的德才表现、工作态度以及工作绩效。

（3）心理测试。应用“智尊”人才测评系统进行心理素质测试，主要测试候选人的个性特征、行为风格、职业价值取向与职业倾向等。

（4）无领导小组讨论。将候选人分为17个小组，每组6~8人，围绕指定的主题展开小组讨论，主要测试其影响力、沟通能力、团队合作精神、主动性等素质。

（5）半结构化面试。在本环节中，H测评公司在面试题库中精心挑选出285道有针对性题目，主要测试候选人的沟通能力、应变能力和分析能力等素质。

4. 提供人事决策建议。按照人岗匹配的原则，H测评公司在综合分析笔试成绩、民主评议结果、情境模拟测试得分、心理测评报告的基础上，结合学历、职称等参考因素对每个候选人给出了一个可以量化的分值，以供A公司竞岗领导小组结合候选人的申报志愿择优录取。

项目成果

A公司依据H测评公司提供的竞聘人员综合素质测评结果和人事决策建议，谨慎、客观、公正地做出了对118名一般管理人员的聘用决策，平稳、顺利、圆满地完成了第二步的管理人员竞岗工作。

客户评价

A公司总经理感慨地说："我们以前的选才方法很简单，通常是面试加演讲，由于过于主观随意，很难选准。通过借助H测评公司的专业选才技术与经验，使我们的人才选聘更加规范、科学、专业、准确！我们前两次的合作都很成功、很愉快！H测评公司的专业、严谨、务实，令我们信服。接下来，我们还希望能继续得到H测评公司的支持，协助我们建立企业人才评价委员会并进一步完善人才评价体系，为我们企业的发展选准、选好人才。"

资料来源：2006. powerhr. com。

范例 **×××机关部分处级领导职位竞聘上岗实施方案**

为深化国家局机关干部人事制度改革，逐步形成优秀人才能够脱颖而出、干部能上能下的选人用人机制，根据《党政领导干部选拔任用工作暂行条例》、《深化干部人事制度改革纲要》及国家有关规定，结合国家局机关实际，制定本实施方案。

1. 指导思想

竞聘上岗工作，坚持《党政领导干部选拔任用工作暂行条例》规定的原则，努力加强国家局机关干部队伍的革命化、年轻化、知识化、专业化建设，为提高×××机关工作的效能奠定基础。

2. 竞聘职位

办公室：秘书处副处长、综合调研室副主任、政策研究室副主任、安全保卫处副处长

行业管理司：综合处副处长

邮资票品管理司：管理处副处长

计划财务部：统计信息处处长、科技处处长、资金调度中心主任、计划处副处长、工程管理处副处长

公众服务部：市场处开发处处长、副处长，总视察室主任、机要通信处处长、报刊发行处副处长（2名）

网路运行部：总调度室副主任

国际合作司：国际业务处处长

审计局：工程建设审计处处长

×××工会：办公室主任、权益保障部部长

3. 任职条件

（1）有坚定的政治立场，坚持党的基本路线，有较高的政治修养及良好的思想品德，遵纪守法，廉洁自律。

（2）有较强的事业心、责任感，热爱邮政工作，有较强的开拓创新意识和积极进取精神。

（3）熟悉并掌握竞聘职位的专业知识和技能，具备较强的政策理论水平，有一定的组织协调能力、文字表述能力和综合管理能力。

（4）一般应具有大学本科及以上学历。

（5）年龄一般应在45岁以下，且身体健康。

（6）现职副处级干部可申报竞聘处长或副处长职位；正副科级干部可申报竞聘副处长职位。

4. 竞聘范围

具有本市常住户口的邮政系统企事业单位具备任职条件的工作人员。

5. 工作程序

（1）公开报名。印发通知（中国邮政报刊登、局机关出展板、邮政网上公布等），公布竞聘职位、任职条件、竞聘范围、时间安排、组织领导和纪律要求等有关事项。

（2）资格审查。根据竞聘任职规定的条件，对报名者进行资格审查并公布结果。

（3）笔试。主要测试竞聘者履行竞聘职位职责所必备的基本知识和运用这些知识解决实际问题的能力和水平（含时事政治、邮政经营、业务管理、相关法规、公文写作等内容），笔试为闭卷考试，时间为90分钟，满分为100分，按50%的比例计入总分，分数通知本人。

（4）面试。主要测试竞聘者履行竞聘职位职责所必备的基本素质和能力，面试由参加竞聘者对竞聘考评小组的提问进行答辩。主要内容包括竞聘者个人介绍自己的工作经历、特长和对竞聘岗位工作的设想，时间每人10分钟。回答考评小组提出的有关问题，答辩时间20分钟。面试满分为100分，按50%的比例计入总分，分数通知本人。

（5）组织考察。根据竞聘者笔试、面试的综合成绩，采取综合筛选的方式确定考察对象（综合成绩低于60分者，原则上不作为考察对象），考察人数应多于竞聘职位数，由人事部门组织进行考察，内容包括考察对象的德、能、勤、绩、廉情况和能否胜任所竞聘职位的评价意见，注重考察其工作实绩。然后将考察结果报竞聘工作领导小组，研究确定拟任人选，报国家局党组审定。

（6）公示。按中组部《关于推行党政领导干部任前公示制的意见》的有关规定，对拟任职人选进行公示。

（7）决定聘用。按干部任免有关规定办理任职手续。

6. 时间安排

7月3日，召开竞聘上岗组织工作会议，下发通知，对局机关部分处级领导职位竞聘上岗工作进行部署。

7月4日至11日，进行公开报名和资格审查工作，竞聘人员报名时，只限选报一个职位。

7月16日上午9:00－10:30，进行笔试，地点：×××三层会议室。

7月18日至20日，进行面试，地点：×××五层会议室。

7月日22至月31日，进行组织考察。

8月上旬，进行公示及决定聘用。

7. 组织领导

国家局机关竞聘上岗工作，在局党组领导下，由人事教育司组织实施。竞聘上岗工作领导小组组长陈××（人事教育司司长），成员：李××（行业管理司司长）、孟××（办公室主任）、冯××（机关党委副书记）、赵××（监察局副局长）、王××（人事教育司副司长）、王××（人事教育司副司长），组织工作由人事教育司人事处具体实施。面试考评小组成员由人事教育司和相关司部领导及专家等7人组成，人选由竞聘上岗工作领导小组研究确定。

8. 相关规定

（1）凡本次竞聘的职位，符合条件的报名人数少于2人时不实行竞聘上岗，待条件成熟时再组织竞聘。

(2) 符合资格条件，但因病、外出或其他原因而不在岗位者，其所在部门或单位须负责向本人通报情况，征求本人意见是否参加竞聘上岗。

9. 具体要求

(1) 提高认识、端正态度。充分认识在国家局机关进行竞聘上岗工作的重要性和必要性，要把此项工作看做是推进局机关干部人事制度改革，拓宽选人用人渠道，提高干部队伍政治素质、业务素质的重要途径。

(2) 精心组织，严格政策。要把深入细致的思想政治工作贯穿于竞聘上岗工作的全过程，使本地邮政职工积极参与，并保持良好、正常、健康的心态。严格竞聘上岗工作程序，保证质量，以达到预期效果。

(3) 加强纪律，严格监督。开展竞聘上岗，政策性强，影响面大，在实施过程中要组织严密，加强监督，局监察、党务等部门将全程监督整个过程，确保竞聘上岗工作健康、顺利地进行。

表 12-1　　×××处级领导职位竞聘报名表

<table>
<tr><td>姓　名</td><td colspan="2"></td><td>性　别</td><td></td><td>出生年月</td><td></td></tr>
<tr><td>政治面貌</td><td></td><td>学　历</td><td colspan="2"></td><td>毕业学校及所学专业</td><td></td></tr>
<tr><td colspan="2">参加工作时间</td><td colspan="3"></td><td>所在单位及行政职务</td><td></td></tr>
<tr><td colspan="2">任现职时间</td><td colspan="3"></td><td>联系电话</td><td></td></tr>
<tr><td colspan="2">竞聘职位</td><td colspan="5"></td></tr>
<tr><td colspan="7">主要工作经历</td></tr>
</table>

职位工作概述示例

职位名称：办公室秘书处副处长

工作概述：

①编辑、审核有关文件汇编、大事记等文稿；

②负责局长办公会、专题会会务组织工作和拟写会议纪要；

③参与起草办公室工作制度、计划、工作安排及室、处工作总结，参与起草综合性报告、会议文件、局领导相关活动的讲话及部分给中央、国务院的请示、报告；

④负责人大和政协建议、提案的检查督办工作；
⑤参与综合调研工作，起草调研报告；
⑥负责办公室内的公文运转工作；
⑦协助负责办公室、秘书处的部分行政事务工作。

资料来源：www. chinapostnews. com. cn。

12.2 人才测评在招聘选拔中的应用

12.2.1 招聘与选拔概述

现在企业需要从外部招一些或挖一些人才，补充一些新鲜血液，而过去的招聘方主要考察应聘者的学历、工作经历、职称，经过简单面试就决定是否录用，结果发现成功率非常低。为什么呢？道理很简单，因为我们招聘所依据的信息都是表面的而且是部分的、不全面的信息，招人需要借助人才测评技术对他深入了解，对各方面素质特点进行深入分析后才能把握他的特点，对他和他的招聘岗位之间的匹配程度做出评价，才能提出合理的科学有效的招聘决议，做出好的人事决策。

过去的选拔是主要根据员工的工作业绩、工作成绩。这种根据工作业绩提拔存在很多弊端。因为一个人在某一职位上干得好并不意味着在更高职位上也干得好，两种工作层次是不同的，承担的职责、压力也就不一样，这在国内外有许多教训。

招聘是人力资源管理的第一步，也是关键的一步，它直接决定了企业人才管理的难易程度，将对人力资源管理的每一个环节产生重要影响。使用科学的方法进行招聘才能保证招聘质量。

从广义上来说，招聘分为外部招聘和内部招聘两大类，外部招聘又分为社会招聘和校园招聘两种形式；内部招聘分为内部提升和内部竞聘上岗两种形式。在进行不同类型的招聘时，我们需要有所侧重。一般来说，社会招聘主要针对的是有一定工作经验、业务技能较为成熟的社会人士，因此，对于这类人群，考察的内容会更偏重于他们的工作成果，面试、无领导小组讨论等方法更常用。而校园招聘针对的是刚毕业的学生，没有工作经验，因此，测评时会更多地考察基础知识以及人际交往状态。在进行内部招聘测评时，除了进行常规的测试外，还可以根据员工以往的一贯表现及同事的反馈进行全面的评估。

12.2.2 人才测评在招聘选拔中的应用

如果一个企业雇用了太多平庸的或较差的人，那么即使有完善的计划、合理的组织结构和协调的控制系统，企业也不会取得长期的成功。为确保组织目标的实现，必须有能够胜任各项工作的人员。人才测评是企业外部招聘选拔最可靠的工具。单在外表或身体方面，人与人之间的差异就非常明显：身高、体重、肤色等。心理特征则没有身高和体重等那样明显，但大量理论与实践证明，人与人心理特征也存在着巨大的差异性。在组织中，同一岗位由不同人做会产生截然不同的工作绩效，大量研究表明，高能力员工和低能力员工之间生产率差异高达3:1。

一个正式雇员的成本是你将在今后几年或几十年付给他的薪酬福利，所以进入时要由高级主管把关审核，并对其才能与企业组织的实际需求的匹配程度做出严格评估。如果在录用时没有科学的评估和测评程序及工具手段，那么其可靠性就会大打折扣。一旦不慎录用了一个不能胜任工作的人员，为提高其胜任工作的能力，要对其进行不断的培训，花在培训的成本一般是高于测评费用的。若此人经过培训仍然不能胜任工作，工作考核总是较差，其本人对工作满意度下降，就会产生流动，或被辞退或自己跳槽，这时对企业所造成的损失已经很明显了。随着新《劳动合同法》的颁布实施，错误人选将造成更大的损失。若此人虽然能完成工作，但存在其他问题，与企业的文化格格不入，则会影响企业其他人员的风气，使企业的产品或服务质量下降，给企业带来很大的不利；若此人是在与顾客打交道较多的岗位，还直接影响企业的市场形象，那时的损失就远远不是录用人员时的测评费用所能比的了。

因此，人员测评可以看做是企业在购进特殊的生产资源——人力资源时的质量检测过程，而且是直接关系到企业投入产出效益的一个生产环节，这时强调的是人员测评的筛选淘汰功能，就是从一组求职者中挑选最适合特定岗位要求的人的过程。

选人过程的目的之一是使人员与工作岗位相适应。如果员工的条件过高、过低或者由于各种原因与工作岗位或组织不相适应，他们很可能会离开企业。虽然某些员工流动对一个组织有积极作用，但是代价很大。高的流动率使企业几乎不可能有好的业绩。例如，产品研究开发被延误，制造过程缺乏效率，市场营销渗透缓慢等。

人才测评是企业外部招聘的最主要手段之一，是通过科学方法对个体的行为和内在素质进行分析的手段。人才测评最主要的作用，是为招聘提供可靠、客观的依据，为招聘决策提供参考性意见，降低人员招聘的风险，是招聘决策的基本工具。人才测评的运用可以使人事决策更为科学、准确，并可以大大提高甄选效率。通过各种人员测评方法对应聘人员进行选拔和评价，可以了解一个人的能力、个性特点、工作风格等与工作相关的各方面素质，得出一些诊断性的信息，从而分析该应聘人员是否能够胜任工作。通过选拔和评价，可以找到适合职位要求的人，避免不符合任职资格的人，也就降低了由于录用不胜任的人员而带来的风险。例如，美国 1942 年通过使用弗拉纳根编制的全套心理测验选拔程序，使飞行员淘汰率由 65% 下降到 36% 。中国空军也于 20 世纪 80 年代中后期开始研制和启用飞行员选拔的心理素质检测系统，使招收飞行员的成功率有了显著的提高。

人才测评还有利于人员的安置和管理。通过人员的选拔和评价可以得出每位应聘人员在素质各方面指标上的高低，依据测评获得的测量数据，客观地描述他们的素质水平，可以知道每个人在哪些方面比较强，在哪些方面比较弱，这样在安置的时候就可以扬长避短，按照每个人的特点，结合企业岗位的要求，为每个人安排适合的工作岗位，实现人职匹配，人尽其才，使人力资本利益最大化。也就是实现了从大量的应聘人员中，选出认同企业文化和价值理念的、符合岗位各项要求的、具有发展潜力的新人进入企业，提升人力资源的配置效率。另外，主管人员在录用员工之前就了解了他们的特点，有助于在今后的管理过程中针对员工的特点实施管理。

人才测评还为人员的预测与发展奠定基础。我们招聘一个员工，不仅要看到他目前的特点和职位适应情况，由于人和环境都在不断发生变化，我们还需要预测一个人未来发展的可能性。人才测评应用于以选拔为目的的管理决策时，对于应聘人员未来的工作绩效有很好的预测效度。它不仅可以使我们了解应聘人员目前的素质状况，为目前的人职匹配提供信息，而且还可以为我们提供录用人员未来发展可能性的信息。我们能够通过系统的工作分析或胜任特征分析，发现招聘岗位的任职者应该具备哪些方面的素质，再通过对应聘人员实施有针对性的测评技术，能把握他们实际具备的素质以及进一步发展的潜力，从而能够准确地判断出应聘人员对招聘岗位的胜任程度，并预测出应聘人员在特定岗位未来的绩效水平。另外，人才测评技术中的一些测验工具本身就具有很好的预测效度，比如情境模拟测验，由于测验中所采用的情境与应聘人员现在或未来的工作情境高度相似，应聘人员所处的情境就是自己熟悉的或是将来要面对的，所以根据他们在测验中的表现，我们就能够很好地预测他们未来的工作绩效。请看下面的招聘方案。

范例 **校园招聘与人才测评的解决方案**

1. 校园招聘测评服务简介

校园招募是企业储备新生力量和传播企业文化的平台，每年一度的校园招募备受企业关注和重视。校园招募的特点：人才繁多、筛选工作量大、强调人才的综合素质和潜质。自在基业招聘与评测公司作为一家提供人才测评服务的专业机构，结合自身测评技术优势和校园招募特点设计出了数种测评方案，供各企事业单位在校园招募中使用，通过引入测试环节，可大大提高招募工作的质量和效率，降低用人风险。此项测评服务一经推出，就受到了诸多知名企业的关注。我们拥有专业的顾问团队、高质量的测评工具、丰富的评估经验以及丰富的校园招募操作经验。我们的服务包括初试筛选测评（基本素质测评、潜能测评、性向测评）以及复试甄选方案设计（采用评价中心技术、情境模拟、无领导小组讨论等）。

2. 校园招聘测评解决方案建议

测评方式：

（1）人机对话测评

（2）纸介质测评

测评流程：

流程 A：简历筛选→测评→首轮面试→复试……

流程 B：简历筛选→首轮面试→自在基业测评→复试……

（注：可为复试提供评价中心技术，如设计情境模拟测试、无领导小组讨论等）

测评方案：

方案一：单纯潜能测评

方案二：潜能测评 + 性格测评

方案三：潜能测评 + 性格测评 + 量身定制的复试方案

表 12－2

测评项目	测评维度	测评时间	测评说明
逻辑推理潜能测试（中文版）	逻辑推理	1 小时	适用的岗位：咨询顾问、金融分析、中高级管理、中高级技术等
逻辑推理潜能测试（英文版）	逻辑推理	1 小时 20 分钟	适用的岗位：咨询顾问、金融分析、中高级管理、中高级技术等。本测试也同时考查了英文水平
技术类招募基本素质测试	一般学习能力 逻辑推理能力 数学能力	1 小时	适用的岗位：IT 工程师、财务人员等逻辑推理能力、数学能力
销售类招募基本素质测试	一般学习能力 言语理解能力 数学能力	1 小时	适用的岗位：销售人员言语理解能力、数学能力
基本素质综合测试	想象能力 观察能力 数学能力 言语理解能力 思维能力	1 小时	适用的岗位：行政、人事等岗位。观察能力、数学能力、言语理解能力、思维能力
性格测试	MBTI	30 分钟	适用的岗位：所有岗位

资料来源：自在网。

范例

公司招聘测评方案

1. 测评目的与背景信息

针对某公司招聘、安置需求，通过现代的测量手段，对应聘人员的个性特点、综合素质、专业知识技能等进行多方面的测量、评价，为招聘者提供科学、客观、翔实的定性、定量依据。

2. 需求分析

某公司招聘的职位可以简单划分为专业技术人员和市场营销人员两大类。

（1）对于应聘专业技术职位的考生，主要考察以下几个方面：能力倾向（包括数学运用、判断推理、言语理解、资料分析等）；责任心、进取心、成就潜能、团队精神等个性特征；对行业现状和发展趋势的认识；对本专业工作的丰富经验和优秀业绩。

（2）对于应聘市场营销职位的考生，主要考察以下几个方面：能力倾向（包括数学运用、判断推理、言语理解、资料分析等）；创造力、成就性、新环境适应力、情绪稳定性等个性特征；对行业现状和发展趋势的认识；对本专业工作的丰富经验和优秀业绩。

3. 测评工具的使用

整个测评分为笔试和面试两种形式，对专业技术人员和市场营销人员的上述方面进行测量。具体测评工具的选择使用为：

（1）专业技术人员：使用一般能力倾向测验、加州青年性格问卷、对行业理解认识的笔试问卷以及甄别履历真实性的面试问题，实现对于能力倾向、个性特征、专业知识技能的测量。

（2）市场营销人员：使用一般能力倾向、卡特尔16种人格因素测验、对行业理解认识的笔试问卷以及甄别履历真实性的面试问题，实现对于能力倾向、个性特征、专业知识技能的测量。

4. 测评流程与时间计划

从开始施测到最后出具测评报告的时间总计约为：10天。具体见表12－3。

表12－3

任务名称		实现方式	需要时间	设备、人员要求
一般能力倾向测验（高级经营管理人员版）	专业技术人员	纸笔测验（集体施测）	共 100 分钟	机读卡阅读机
	市场营销人员			
加州青年性格问卷	专业技术人员	使用局域网进行人机对话的网上或者网下测验	1个小时/场，总时间＝考生人数/局域网的计算机数量	连接 internet 的局域网或者安装《数银综合素质测评系统》的局域网
卡特尔16种人格因素测验	市场营销人员			
专业知识技能面试		面试	半小时/人	技术专家，部门主管
综合测评报告的撰写		测评专业人员根据考生测评结果撰写	5个工作日	网站专业测评人员

5. 测评结果使用

测评报告将对选拔、招聘起到辅助作用，方便我们根据测评结果确定推荐人选，同时也为客户公司最终录取决策提供依据，使得选拔真正做到客观、公正、合理和高效。

资料来源：www. sycp. com. cn。

12.3　人才测评在人力普查中的应用

12.3.1　人力普查概述

人力资源普查是企业搞好人事工作的基础，也是做好人力资源规划的依据。人力普查是指通过测评全面掌握组织内全体人员的素质状况，为人力资源规划、培训、流动和安置提供依据。

传统的人力普查具体有以下种类。

1. 重点普查法

如果人力普查对象在某些部门较为集中，或者某类人力资源是本次普查的重点，就可以对人力资源信息采用重点调查法，即对人力普查对象集中的部门进行相关信息收集，以降低采用全面普查所需要的高额信息收集费用。在重点普查时要确定哪些部门是重点调查部门、哪些人力资源是重点调查对象。例如，某企业需要制定销售人员的发展规划，企业下属部门和单位共有 35 个，其中销售人员共有 750 人，但是其中影响最大的部门和单位只有 5 个，共有销售人员 589 人，占全部销售人员的 75.8%，因此只要做好对这 5 个部门和单位的销售人员重点普查，就可以获取足以反映该企业销售人员状况的基本信息。

2. 典型调查法

典型调查法是从全部调查对象中选择一批具有代表性的进行调查，而重点调查法则是选择一批重点进行调查，二者是有区别的。典型调查只对很少的一批具有代表性的典型单位进行周密而系统的调查，调查范围小，便于调查的深入，以获取第一手的调查信息。由于该调查方法花费人力、物力少，收效快，获取信息详细可靠，是一种经常采用的调查方法。

3. 抽样调查法

抽样调查法是按照随机抽样原则在调查对象中抽取部分调查对象进行调

查，以调查结果来推论总体状况。抽样调查由于是建立在科学严谨的概率论和数理统计基础之上，采取了随机抽取样本的方法，因此排除了人为主观因素的干扰，并通过对样本数量的控制来控制抽样调查的误差。故抽样调查可以在节约人力、物力和时间的情况下，获取一定的样本调查资料用于整体的推断。

4. 统计报表调查法

统计报表调查法主要是利用企业人力资源报表来收集人力资源信息。目前国内大多数企业按照国家统计部门和主管部门的要求，建立了较为完整的人力资源统计体系，按照统一的格式、指标、内容填写上报有关人力资源的统计信息。此外，有的企业为了内部管理需要，还建立了用于内部管理的人力资源统计体系。

传统的人力资源普查（或说人员摸底更为准确），是通过了解人的学历、工作经历来确定整体的人力资源状况，从而制定相应的企业人力资源规划。实际上仅靠上述信息远远不足以制定出好的人力资源规划，因为这种方式忽略了相当多的重要信息，比如人员发展潜力、适合的发展方向等。现代人力普查则更多的是通过建立“人才信息库”，为将来的公司管理及个体发展提供依据，或为企业的人力资源管理诊断提供依据。通过对员工的人格特征、情绪特征、智力结构、需求结构、工作满意度、职业价值观倾向等方面的测评，可以详细、系统地明晰员工的基本素质信息，有助于提高企业发现具有发展潜力的人员的准确性和科学性，形成企业的“人才信息库”，增强企业人员信息管理的功能，为人力资源管理的现状分析、人员的合理配置提供参考依据。通过“人才信息库”，可以了解企业或组织各层次、各岗位人员的基本素质状况，并根据各层次、各岗位的职责要求、岗位特征等，具体诊断企业在人员安置上存在的问题，分析企业或组织的人力资源现状，为企业合理配置人员提供参考依据，为企业人力资源规划提供重要的指导性建议与依据。

12.3.2 人才测评在人力普查中的应用

21 世纪将是高科技竞争的世纪，世界范围内兴起以微电子技术、通信网络技术、生物工程、光导纤维、宇航工程、海洋工程以及新材料、新能源等开发应用为主体的新技术革命。它们带来社会生产力的飞跃，在新技术革命的条件下，科学技术迅速地转变为生产力，人的智力尤其是人在科技上的创造力日益成为生产力发展的最重要的因素。这就使得企业在对待高技术雇员的管理模式上发生了重大的变化。而由于雇员智力资源的内在性，雇员的人员流动将引起企业的重要生产力的流动，企业的业务模式和竞争力的可变性增大，未来的管理模式特别注重员工的职业价值趋向和企业的长远发展目标是否相符。

人力资源队伍的数量是否充足？人力资源队伍的素质是否能够满足企业经营战略的需要？人力资源队伍的专业结构是否符合企业经营目标？人力资源队伍的年龄结构是否合理？人力资源队伍的性别结构是否合理？只有通过对人力资源的普查分析，我们才能了解这些问题产生的原因，并针对当前人力资源队伍的缺陷，进行科学规划并采取具体的发展措施及改进方法，以促进企业人力资源队伍的健康发展。人员测评不仅能对人的知识和智力进行定性和定量的测量和评价，同时能揭示人的性格特征和价值趋向。这对于企业的人力资源普查是具有战略意义的。

另外，人才测评可以及时提供人力资源变化的信息，明确人事配置的现状及未来变化的趋势，因而在进行人事管理的近期与长期的规划工作时，可以做到纵观全局，方向明确，能区分优先次序制定切实可行的战略与方案。

企业使用人才，只有各具其得，各随其志，才能人尽其才，才尽其用。反之，小材大用或此才彼用，则会危害企业的运作，而大材小用，则会埋没人才，浪费企业资源。人才测评告诉你企业的整体人力资源状况和水平，从而使企业在充分认清自我的基础上制定人力资源规划，在对人才全面了解的基础上有针对性地培养人才、使用人才。

人才测评有利于企业管理者知才之长，知才之短，知才之志，从而将人才安置在最适应的岗位，发挥其最大的作用。

对于人才资源来说，只使用而不开发，它是有限的，使用又开发，则是无限的。人才测评注重人的智力、能力的测量，能够在一定的深度评价人的智能水平及其内在关系，反映出人才的功能与其实际岗位、担负责任及其期望之间的距离，这就为每个人的培养目标和培训计划提供了科学依据，从而高效地开发现有人才资源。

从单位规模来讲，如果被调查企业较小，就可以直接从被调查对象和日常人力资源管理统计资料中获取；如果被调查单位较大，就需要建立统一的调查机构，制定周密的调查方案，包括确定具体的调查工作人员、调查登记、汇总复核和上报。在进行人力普查时要做到五统一，即统一调查时间、统一调查地点、统一调查期限、统一调查方法及统一调查步骤。由于人力普查可以根据人力资源规划的需要设计调查项目，因此对所需要的人力信息的了解更全面、详细，这对进行科学的人力资源规划十分有利。但是，这种普查由于涉及面广、工作量大、时间性强，在缺乏人力资源管理信息系统支持的情况下不宜经常采用。

范例　**彦隆咨询公司承接×××公司人力普查项目**

项目背景

2002年，×××公司经过短短几年的高速发展，已成为一个全国驰名的乳品企业，但随着中国加入“WTO”后国际国内竞争环境的变化和公司战略远景的推动，提高人力资源开发与管理水平，塑造高绩效员工队伍，提升企业持续的竞争力，成为公司发展的必然要求。该公司拟通过彦隆咨询公司对本企业内部200名各层次骨干进行人力普查，全面了解掌握员工的性格、动机、能力等方面的素质特点，详细、系统地明晰员工的基本素质信息，形成企业科学合理的“人才信息库”，增强企业人员信息管理的功能，并为以后的人才培养、使用提供依据。

解决方案

彦隆咨询公司接到这一任务后，派出5名具有丰富项目实施经验的测评资深顾问组成项目小组，负责本项目的具体实施，另外调派4名顾问助理为项目实施提供数据统计分析等协助。项目实施过程中，彦隆咨询公司首先与×××公司的高层领导小组成员进行深入的沟通，在进行了大量的访谈、调查与信息收集工作的基础上，根据项目的特点及国际测评操作规范要求，同时结合本公司多年的测评实践，与×××公司的高层领导小组共同商定了具有可行性的实施方案——整体化评价中心技术方案，并遵照以下流程开展人力普查工作。

第一阶段：建立主要岗位的胜任特征模型

针对企业文化、发展阶段和岗位要求，建立岗位的胜任特征模型是企业人员招聘、晋升、考核和培训的基础性工作和首要环节。建立岗位的胜任特征模型就是建立了测评的标准，只有建立了岗位的评价标准加之科学先进的测评工具和方法，才能保证人力资源测评的科学性和有效性。

项目组将采用定量和定性研究相结合，包括问卷调查、访谈法和数据统计等，采用基于行为事件的访谈技术，通过比较分析工作绩效表现优秀者和工作表现一般者两类人员的行为表现，总结出主要岗位的素质结构模型。

第二阶段：选择、组合测试工具，设计测试方案，全面开展人力普查工作

针对不同的测评目的和对象，设计和组合测试练习和测评工具。比如，对新进员工的能力倾向和 16 种人格特点测试；对中高层管理人员的三大基本能力、管理行为方式和倾向等测试。具体的测试工具包括个性测验、能力测试、面试技术、履历分析和无领导小组讨论、角色扮演等评价中心技术。

第三阶段：培训测评师

项目组为×××公司培训 2~3 名专业的测评技术骨干，使其掌握测评的基本工作方法和测评工具，能够根据测评的目的和对象，独立选择、组合测评工具，实施测评项目，撰写测评报告，具备优秀测评专家一般素质。

项目成果

×××公司依据彦隆咨询公司提供的 200 份综合素质测评报告，全面、客观地了解了各层次骨干员工的素质特点、发展方向及进一步发展提高的建议，并在公司以后的培训和选拔干部过程中加以结合，起到了十分好的效果。

12.4　人才测评在培训与职业发展中的应用

12.4.1　人才测评在培训中的应用

1. 我国人才培训现状

测评与培训息息相关。由于人力资源供应市场的限制，招聘进来的人不一定完全符合企业目标对人力资源的需要，或者由于企业自身发展，原有人力资源已不再适应现实企业目标的要求，故需考核现有人力资源状况，针对人力资源现状与企业目标要求之间的差距进行培训，以提升员工的能力与技能水平，改变员工的认识与观念，满足企业的要求，增强企业应对外部变化的能力。

近年来，企业对培训的重视和投入越来越大，然而培训效果却不尽如人意。企业在选择培训时，对自身的需求不明确，选择培训课程很盲目，很多

是应急式培训，常常流行什么学什么，别的企业学什么我就学什么，甚至拍脑门决定培训内容，企业花了许多冤枉钱。据统计，目前约有70%的企业选择了70%以上不需要的培训课程，造成上述问题的原因，关键是企业缺乏有效的培训需求分析。培训是一种投资，而投资收益的好坏很大程度上将取决于投资前的投资分析，即培训需求分析。作为培训管理的关键环节，培训需求分析很大程度上依赖于企业中高层的重视，特别是作为执行者的中层管理人员，要掌握一定的培训需求分析技术，并配合培训人员做好工作，培训才成为企业收益最大的投资。

培训实施后，最让人关注的是效果，即有效性。这也是人力资源部门关注的一个重要问题，老板希望培训后能立竿见影，员工希望学完后能上一个台阶，事实上，除了一些业务操作性的培训外，很多培训尤其是管理培训往往要经过较长的时期才能真正体现出效果，正所谓冰冻三尺，非一日之寒。由于缺乏科学的培训效果的评估，在实际操作中，很多企业的培训往往是“虎头蛇尾”，只重视培训的过程，忽视培训的真正效果和实效性。然而培训的最终目的是为了提升组织的竞争力，因此，培训效果的评估也是十分必要的，应当受到重视。所谓的培训效果评估就是指针对特定的培训计划及实施过程，系统地搜索资料，并给予适当的评价，以作为筛选、修改培训计划等决策判断的基础。

2. 如何发挥人才测评在培训中的作用

我们必须承认一个现实，就是很多的企业并没有从最根本的角度去考虑员工的培训问题。通常，很多缺乏专业知识的人力资源专员使用最简单的办法，让各部门填报培训项目，请老板签字报销培训费了事。我们不禁要问：部门主管所提出的培训内容能够解决哪些问题？员工真正的培训需求是什么？你所选的培训课程对于提升组织整体绩效有哪些帮助？

一个真正能够提升组织绩效的培训源于对员工实际情况的客观分析。人才测评在员工培训中的作用在于，测评技术能够帮助人力资源主管清楚地了解培训对象现有的素质水平。如通过岗位的胜任特征，知道该岗位需要组织计划能力，我们可以通过不同的测验方式来求证员工的计划能力如何。还比如，销售经理最核心的能力包括团队精神、组织协调能力、沟通风格、影响力，我们可以通过无领导小组讨论来发现销售经理以上的能力状况。因此人才测评技术特别是情境测试技术既可以测查被评价者现有的素质状况，又是很好的培训方法，可谓“一石二鸟”。

现代企业如何做好培训需求分析呢？做培训需求调查时，各职能部门负责人敷衍了事是普遍存在的情况，致使培训需求分析不准确，他们常抱怨培训没有针对性，却很少从自身的角度去找原因。这其实是每一位管理者必须具备的技能，因为一个成功的管理者，首先是一位优秀的“导师”。培训需求分析技术一般是从组织分析、工作分析和人员分析入手，发现绩效差距。比如培训需求分析从绩效差距入手，从绩效差距中找出员工素质能力短板，或是企业战略和企业文化需要的员工能力与员工实际能力之间的差距，从而确定能否通过培训手段消除差距，提高员工生产率。发现了绩效差距并找出差距的原因，才能确定通过什么办法去消除它，若绩效差距属于环境、设备或激励制度的原因，培训不会起什么作用，若是属于员工个人个性或其所具备的知识、技术或态度不足，培训才是必要的。

培训最终是为实现企业战略与经营目标服务的，从企业经营战略到年度经营计划，从年度计划到人力资源开发计划，分析制定出一定时期的培训需求计划。但是，培训计划还要不断地随企业业务的变化而调整，才能真正服务于企业发展的需要，使企业始终能得到适应未来竞争需要的候选人。所以，系统的培训规划要根据基于企业战略的人力资源规划来制定，培训需求分析就是为实现企业战略目标对人才的要求应运而生的。所以，培训的发展方向将是建立符合企业发展需要的员工素质模型培训体系。

而人才测评技术在员工培训方面就充分体现出它的两大价值所在。首先，在人员分析方面，人才测评应与企业的经营战略和人力资源计划相结合，确定企业为适应未来竞争需要而要求员工具备的素质，通过对员工现有素质的考查，发现员工实际具备的素质与岗位要求之间的差距，根据反馈意见建立发展培训计划，也就是员工需要提升的方面，即培训需求分析的过程；其次，人才测评技术中的一些测验本身也是十分有效的培训方法，比如情境模拟测验，因为与实际工作有较高的仿真性，通常可以作为很好的能力开发工具，发挥开发、提升员工能力水平的作用。最后，个体的测评结果与岗位胜任特征的差距，就是个体真正的培训需求所在。

现阶段培训效果评估模型使用最广泛的是 Kirkpatrick 培训四级评估模型，这个模型已经成为企业培训效果评估的主要标准，该模型将培训效果分为四个层次进行评估。

（1）反应层，即学员反应。这是最直接、最基本的调查，在培训结束后，通过问卷、面谈、座谈、电话调查等形式，征求学员对培训内容、讲师、方式等各方面的综合评价，这个层面评估简便易行，容易被接受，如今大多数的培训机构都进行了这个层面的评估，但这个层面的评估容易受到学员当时情绪或周围环境的影响。

（2）学习层，即学习效果。考察学员对培训教授的知识、技能的理解和掌握程度，可以采用闭卷考试的形式，也可以根据培训内容通过讲演、讨论、角色扮演等方式来进行考核。这个层面的评估带有考核的色彩，能对学员产生一定压力，督促他们认真参与培训，专心听讲，同时也能督促讲师认真准备培训课程。这个层面的评估主要针对操作化的技能和知识，如岗前培训、安全知识、操作规程等。

（3）行为层，即行为改变。这个层面的评估主要针对学员在实际工作中行为的变化，考察学员在培训结束后行为的改变，如工作态度、工作技巧、工作效率、工作热情等，由此来推断其所学的知识、技能对实际工作的影响。这个层面的评估是相对长期的效果评估，可以通过业绩考核来观察，也可以通过 360 度反馈等方式对其培训后行为表现的改变进行评估，从学员培训前后的改变来了解学员对培训内容的掌握及应用情况。

（4）结果层，即产生的效果。这个层面的考察主要针对企业的关键指标进行衡量，如在培训结束半年后，将企业的产品质量、数量、销售量、顾客满意度等指标与培训前进行比较，通过数据来衡量评估培训的效果。

通过这四个层面的考察，能够形成一份较完整、全面的培训效果评估报告，对于效果好的培训项目保留，效果差的项目取消，为培训项目的处置提供了有力的依据。不仅为个人提供了一个认识自己的机会，对个人提升自我能力有很高的参考价值，还能真实地反映培训的效果，为企业的决策和用人提供了可靠的事实依据。

对于培训效果的评估，Kirkpatrick 培训四级评估模型是对现有培训效果评估的一个总括。在实际运用中，反应层的评估可以通过问卷，学习层的评估可以通过相关测试，相对简单易行，一般的企业或培训机构仅仅停留在反应层，部分的评估达到了学习层，极少数的评估达到了行为层和结果层。

结果层的评估主要考察企业关键数据的变化，如产品质量，销售量等。然而这些数据会受到大量其他因素的影响，在评估培训效果时，很难分离出其他无关因素的影响，并且，培训针对的是个体，数据只能间接地反映个体在培训后的变化，其有效性很难把握。因此，最为核心的评估应当还是行为层面的评估，然而行为层面评估的指标不仅繁多，而且很难量化，如何对行为层面进行评估成为关键问题。然而培训后员工行为层面的变化是每位企业领导者最希望看到的结果，参加了营销培训的销售人员，其沟通技巧是否得到了改善，参加了领导力培训的管理人员，其组织协调能力是否有所提高等。

人才测评在培训效果评估中的应用恰恰对应于 Kirkpatrick 培训四级评估模型的行为层的评估。通过评价中心等手段，测量学员的相关能力。能够在关键素质上测查出学员的改变，如通过评价中心的无领导小组讨论就能够轻松地考察出管理人员的组织协调能力，通过角色扮演也能考察出营销人员的沟通能力。而这些能力难以从书面的考试或口头的陈述中考察出来。因此，人才测评为传统的培训效果评估带来质的飞跃，从简单的知识、技能型评估，一跃至素质能力方面的评估，有效地评估出培训的作用。

组织为员工提供培训是一项着眼于未来的投资，是长期的投资，需要定期评估培训结果。通过人才测评等方法的使用，考察员工的行为表现和行为变化，从而看出训练的效果，检讨培训的回报，为培训计划的改进提供有力的依据。

12. 4. 2　人才测评在职业生涯规划中的应用

1. 职业生涯概述

职业生涯规划是近十几年来从人力资源管理理论与实践中发展起来的新学科。职业生涯规划分为个人职业生涯规划和组织职业生涯规划，个人职业生涯规划是以实现个人发展的成就最大化为目的，通过对个人兴趣、能力和个人发展目标的有效管理实现个人的发展愿望。而组织职业生涯规划是以提高组织人力资源质量，发挥人力资源管理效率为目的，通过个人发展愿望与组织发展需求的结合实现组织的发展。

随着社会和经济的发展，现代企业组织中越来越多的员工强烈地要求改善和提高工作与生活质量。他们不再仅仅要求工资、福利的物质待遇，而更加追求对工作的兴趣性和挑战性，希望在工作中能不断地有成长和发展的机会，并能在工作中不断地提高自己的满意程度。因此，如果一个企业组织不了解自己员工的职业兴趣以及他们对自己成长与发展的方向和要求，也就无法合理地指导员工职业兴趣的开发和他们自我成长与发展的方向，这样也就无法培养和调动本组织的人才去满足发展和变革的需要。而通过组织职业生涯规划系统，可以达到组织人力资源需求与个人职业生涯需求之间的平衡，从而创造一个高效率的工作环境和引人、育人、留人的企业氛围。职业生涯规划有助于让员工明白自己未来的发展方向和空间，也有利于企业在储备和选拔人才上建立自己的“中央人才库”。如果能把个人职业生涯规划与企业自身的人力资源发展战略结合起来，那么企业可以建立自己的价值和绩效导向的员工发展体系。

2. 人才测评在职业生涯中的作用

现实中多数管理人员对职业生涯规划感到遗憾，往往因为他们的职业生涯在很大程度上取决于他们的上级，只有他们的上级对其职业生涯上的发展或多或少地持有积极态度，他们才可能有发展的希望。也有些人认为，他们的职业生涯纯属机遇和巧合，即他们的职业生涯取决于他们与自己上级所保持的关系。D·S·沙文认为：一个员工的发展由一个领导决定的管理方式是影响员工献身精神的障碍。

对于那些个人发展前途掌握在直接上级手中的抱怨情绪，企业高层管理人员应引起重视。要根据机会均等原则，公布令人信服的选拔标准，淡化重点培养的气氛，提供同样的潜能测评机会，力求得到客观的测评结果。而评价中心等人才测评技术的出现则有效解决了这一问题。

人才测评是找到职业生涯目标的捷径，具体表现在以下几个方面。

（1）对确认生涯目标的作用。人才测评中情境模拟测试的目的不在于得到被测试者在练习中成功还是失败的结论，而在于确定其素质水平，以及素质水平与追求的职业生涯目标是否一致，当企业管理人员所追求的职业生涯目标和人才测评评定的结果不一致时，有两种基本的态度：怀疑自己原先定的目标是否正确，以致彻底改变原来制定的目标；清醒地找到现在的能力素质水平与达到目标所需要的能力水平的差距，并积极地寻求缩小或者消除这种差距的方法。

企业的人力资源部门可以根据对员工的测评结果，指导员工进行职业生涯设计。进行职业生涯设计时，每个员工的职业需求和目标必须是可行的，如果没有切实可行的目标做驱动力，人们很容易对现状妥协。职业生涯目标的确定，就如个人理想的具体化和可操作化，是指可预想到的、有一定实现可能的最长远目标。

另外，在职业计划的执行过程中应该进行定期的评估。职业生涯设计和职业生涯评估构成了一个闭合循环，如果在发展过程中出现偏差，可以及时地分析原因进行调整，通过不断修正自己的目标，最终达到理想的生涯目标。

（2）对生涯目标分解的作用。我们可以将人才测评比喻为一面特殊的镜子，它反映出来的是未来的形象。如果这个未来的形象与我们预计的目标有很大差距，需完成的工作是在同一职业生涯方向上将预计目标分解。例如，一个管理人员的职务目标是工厂厂长，通过人才测评，发现其观念、知识、能力都与工厂厂长的能力要求差距较大，此时可以考虑副厂长的目标是否更为适合或者再将目标降为车间主任、副主任，直到将目标分解为最接近测评得到的未来形象。这一分解过程是认清职业发展路径的过程。

（3）对确定教育培训内容的作用。应用现代人才测评技术，可以帮助企业了解员工、员工了解自己，能明确每人的长处和短处，优势和缺陷，能明确人员素质与实际工作岗位所担负的责任以及今后期望要求之间的差距。这样员工可以针对自身劣势，制定出自我发展计划，使学习的具体内容、方式、时间安排，尽量落于实处。同时人力资源部门可以针对员工特点有针对性地提供各种培训，推动员工职业能力的提升。

下面是×××公司对员工开展职业生涯规划管理项目的案例。

范例 **×××公司对员工进行职业生涯规划管理**

项目背景

2004 年 12 月，彦隆咨询公司与×××公司共同完成了其中高层管理人员及部分骨干员工的人员素质测评项目。在该项目执行过程中，项目组收集了大量有关×××公司人力资源现状方面的信息，并提出×××公司在目前急需解决的一些问题。总体来说，×××公司工作的每个环节都需要高素质的人才，而目前×××公司的人才情况，一方面使得公司发展遇到人才“瓶颈”，另一方面影响员工个人的发展，公司的凝聚力受到影响。如何解决上述问题，除了提供必要的人力资源管理方案与制度建设，还需要从员工职业生涯规划管理入手，如何开展职业生涯计划，如何量身打造每个人的职业发展计划，如何设计公司长期的培训计划，如何培养和储备后备人才，是实现公司长期稳定发展的最重要的一步。

解决方案

彦隆咨询公司针对×××公司的企业特点，诊断员工的素质特点和职业心理，辅导×××公司与员工进行职业生涯规划，使员工目标与企业目标一致，帮助员工选择适合的发展路径，促使员工和企业一起成长，并设计出×××公司长期的培训计划，培养和储备后备人才。具体的实施步骤如下：

1. 动员工作

项目准备阶段，成立职业生涯规划项目组，明确员工职业生涯规划名单，对员工进行职业生涯规划培训，公布职业生涯规划管理项目运作程序。

2. 资料收集分析

采用文献法、访谈法、调查法、评价中心评估技术等方法。并采用职业发展履历问卷、职业锚问卷、职业满意度问卷、职业兴趣问卷等，收集企业社会环境、企业自身状况和员工个人情况三方面的信息。

3. 撰写个人职业生涯发展报告

报告内容包括每位员工的职业目标和评价标准，内职业和外职业发展方案，职业指导与咨询，个人职业问题的应对技巧及个人职业发展建议。

4. 公司的职业生涯规划管理报告

5. 开展个人反馈面谈

项目成果

×××公司通过对员工开展职业生涯规划管理项目，提升了公司员工的整体士气，促进了人才队伍的建设，积累了一定的人力资本，推动公司各项工作顺利开展，最终达到公司和员工双赢的目的。

客户评价

公司所有的参加该项目的员工一致认为，这次职业生涯规划项目非常及时，是以往项目不能比的，当初以为这个项目只是走走过场，现在才知道做得非常正规，真的没有想到！而且从客观公正的角度对每个人进行了深入分析，形式比较新颖，优点与缺点并重，比较符合自己的真实特点。有些东西虽然自己平时能够感觉到，但是没有专家分析得那么透彻、全面、到位，特别是提出了针对每个人的咨询建议，以真诚的态度商议提出改进工作的意见，对我们具有很好的指导意义；从另外一个角度重新认识了自我，是自己当初没有预料到的，很有收获，很受启发，基本明确了自己的职业方向和改正的措施。大家对这个项目给予了极大的肯定，并且委托彦隆咨询公司向×××公司的领导转达他们的谢意，开展这样的项目对他们帮助很大，是公司为他们提供的一种福利。

12.5 人才测评在绩效管理中的应用

12.5.1 绩效管理与人才测评

传统意义的绩效考核对员工已经完成的工作进行评定，属于“事后考核”，应该说传统意义的绩效考核是基于企业战略的绩效管理的一部分内容，或绩效考核是绩效管理过程的一段内容。现代意义的绩效管理是在企业发展战略的基础上，将提升员工绩效与组织绩效进行高度统一的管理。因此，现代意义的绩效管理必须以了解员工的现实绩效与企业所要求的胜任特征绩效之间的差距为基础。

基于胜任特征的人才测评技术能够客观地对被考核者的能力与职业态度进行评估，同时通过情境化的测试方式又能对考核对象的能力进行培训与开发，在信息反馈的过程中一改以往的“人为考核”或“关系考核”，使考核的结果更加具有说服力。

在中国，由于人才测评还是比较新颖的事物，大家对它的应用还存在很多模糊的地方，从而对自己的工作造成了被动。比方说，有的人事部门就想购置一套人才测评系统用于年终的绩效考核，专门考察员工在工作能力和工作态度方面的水平。虽然人才测评可以用来客观地评价员工的能力、动力以及个性。但是，人才测评和绩效考核所关注的点是不同的：绩效考核的英文是 performance appraisal，其中 performance 指的是一种行为方面的表现，能够从外在的言行或者数据指标来观察表现，笼统地称为绩效；而人才测评所关心的主要是人的心理素质和较为稳定的能力方面的东西，比如思维能力、责任心、灵活性、全局观等比较稳定的特性。

绩效考核也关心诸如责任心方面的东西，但它强调员工在一定时间里有关责任心方面的实际行为表现。比方说，通过 2005 年终的考核发现李 × ×的责任心较强，但是这并不说明 2006 年李 × ×的责任心也很强，由于环境的变化，李 × ×的行为和态度暂时发生变化是正常的现象。

因此，人才测评替代不了绩效考核，但是绩效考核又需要借助人才测评的结果。

12.5.2 绩效管理的误区

现代绩效管理是一个基于企业发展战略制定绩效评估标准，对员工进行系统评估，从而发现员工在工作过程中存在的素质上的不足，并对员工进行反馈，促进其改善自身素质不足的过程。

谈到绩效管理，人们首先想到的就是对绩效的评估。在不同的组织中，都在进行着绩效评估。有时它可能一点都不重要，人们对此敷衍了事，走走过场；有时它似乎又变得命运攸关，晋升、奖金、出国培训的机会，所有的好事都与它联系到一起，甚至有时它还会成为激发矛盾的导火索。人力资源部门在设计、策划和组织绩效评估的过程中煞费苦心，而最终的结果是不得不反复催促那些直线经理们交回评估表格，对评估的效果根本不敢期待。而直线经理和员工们则尽可能地去回避这件事情，不愿意花费时间去做这件事情。由于绩效评估而引起的争执、纠纷、抱怨也越来越多，摆在面前的事实使我们不得不去思考，绩效评估到底出了什么问题？很显然，许多事实已经表明，绩效评估的结果已经远悖于我们的初衷。为什么会这样呢？

如果说绩效评估是一件很容易的事情，或者说是一件让人喜欢的事情，那么我们不必花费太多的力气就可以让企业从这件事情中受益，而事实是管理者和员工从心里都不太喜欢这件事情，绩效评估是一件容易让人引起焦虑的事情。因为当一个人知道自己将要被别人评价时，或者当一个人评价别人时，往往会感到有些焦虑，而绩效评估就是一个评价与被评价的过程，所以由此产生的焦虑就是不可避免的。这种焦虑有时会引起对评估的回避，甚至抵触。

人们不喜欢绩效评估的另一个原因是他们没有意识到这件事情的必要性与重要性。许多管理者对绩效评估持怀疑态度，他们始终在问：绩效评估对我们到底有什么用？包括被评估者也常常不清楚绩效评估的作用。当人们不清楚一件事情对自己有什么好处的时候，他就很难喜欢这件事情，尤其是这件事情要花费很多时间和精力而又不能确定这件事情给自己带来什么好处时，人们通常采取的行动就是回避。

总之，绩效评估毫无乐趣可言。相反，它往往令人感到十分懊恼，在绩效评估中往往存在以下几个方面的误区。

误区一：将员工进行比较

想破坏感情、挫伤士气、破坏团队、互相猜忌吗？那就给员工排名次，或对员工进行比较吧！这方法准行。此外，管理者不仅在员工之间制造了种种摩擦，而且可能成为众矢之的。这就是管理者所获得的奖赏。

误区二：忘了评估的目的在于提高，而不在于批评

进行绩效评估的目的是为了提高绩效，而不是找一个典型，进行批评。忘记这一点的管理者最后培养出来的员工可能不再信任他们，或者无法忍受他们。那是因为批评是毫无意义的，而且也于事无补。如果说绩效评估有什么意义的话，那就是让管理者和员工携起手来，共同前进。

误区三：认为某种评估表是客观的、不偏不倚的工具

许多公司利用评估表（比如，分为 5 等）来评估员工。他们之所以乐意这么做，恐怕是因为这种方法特别快，但它未必就是正确的方法。一旦管理者觉得这种等级划分是“正确的”，或是客观的，那么问题就出现了，因为这种评估只能是主观的、不正确的。比方说，你让两个人来评估同一名员工，你就会发现，评估结果很可能相去甚远。这就是主观评估的表现。你应该不断地提醒自己：划分等级是主观的，评估表是主观的，评估表是不可行的。

误区四：管理者相信自己可以精确地评估员工

管理者自欺欺人地认为，他们可以精确地评估员工的绩效，事实上，他们可能根本没有见过员工工作的过程，甚至没有见过员工工作的效果。因此，准确评估是根本不可能的。大多数的管理者都不可能为了准确评估员工而长时期地监督员工工作。然而，管理者又喜欢这么做，或者有充裕的时间这么做。同时，有哪些员工希望经理居高临下地观察自己的一举一动呢？所以，在评估的过程中，我们希望管理者和员工能齐心协力。

误区五：取消或推迟评估会议

这类事情经常发生，因为评估根本就不深入人心，所以，管理者只好一拖再拖了。为什么取消或推迟评估会议会产生巨大的负面影响呢？因为它可能会给员工造成这么一种印象：评估是不重要的、虚假的，如果管理者不愿意举行评估，那么，他们就不必评估了。员工不是傻瓜，管理者到底会不会重视评估，他们一看就知道。

误区六：衡量或评估小事

最容易衡量、最容易评估的就是工作中的琐事。管理者热衷于把客户服务定义为“电话铃响三声内接电话”，或诸如此类的规定。如果你希望这样评估的话，那太容易不过了。真正不容易评估的是服务的整体质量，那些能够吸引客户、留住客户的服务的整体质量。衡量全面客户服务质量是困难的，所以许多管理者并不希望这么做，而希望评估琐事。

误区七：在评估的过程中让员工措手不及

你希望真正浪费时间、产生不足取的绩效吗？试试这种方法一定错不了：一整年都没见管理者和员工交谈，当员工搞得一团糟的时候，没有出面管管，而是暂时搁置一旁，默记在心。而后，到了评估会议上，管理者将过去收集起来的一切一股脑地搬了出来，让员工措手不及。事实上，这只能让人看清谁是老板而已。

误区八：认为所有的员工、所有的工作都应该通过同样的程序、按照完全一致的方法来评估

所有的员工都需要同样的方法来提高自身的绩效吗？当然不是。有些人需要具体的反馈，有些人则不需要；有些人需要更多的沟通，有些人则不要。当然，工作都是不相同的。设想，我们可以用同样的方法来评估福特汽车公司的 CEO 和车间清洁工吗？当然不能。所以，为什么管理者坚持要用同样的工具和同样的标准来评估接待员和民建工程师呢？这样做是愚蠢的，同样的标准不可能放诸四海而皆准。

误区九：如果个人工资与绩效评估脱钩，就停止评估

管理者之所以进行绩效评估，往往是为了将其结果作为加薪的依据，当员工工资达到顶点时，或者说工资已经和评估与绩效脱钩时，管理者就提不起兴趣。但是我们必须要明确的是，绩效评估是为了提高绩效，而不仅仅是为了加工资。再者，无论有钱还是没钱，每个人都希望人们对他们的工作做出反馈。

误区十：把太多的时间浪费在绩效评估上，而不是花在绩效计划或持续不断的绩效交流上

绩效评估是一个基于管理者与员工之间的良好沟通的环节。所以，我们应该把更多的时间用于预防可能影响绩效的问题，而不应该集中在年终来评估绩效。如果管理者懂得细水长流，那么，评估过程可能很简单，而且也可能十分愉快，因为这样的评估结果往往不会出人意料。

对于上述绩效评估中出现的种种问题，我们该如何做才能使得绩效评估更科学、更客观呢？人才测评技术为我们提供了很好的支持。其实，人才测评与绩效管理关系很大，广义地说，绩效评估也是一种人才测评。

绩效评估的概念从内涵上说是对人事的评价，其中包括两层含义：对人的工作业绩，即人在组织中的相对价值或贡献程度进行评价；对人及其工作现状进行评价。

其中业绩考核，就是考核组织成员对组织的贡献，或者对组织成员的价值大小进行评价。每一个员工的行为要能够有助于企业经营目标的实现，为企业作贡献，这是最起码的要求。对人及其工作现状进行评价包括两个方面：能力考核和态度考核。能力考核是考核员工在职务工作中发挥出来的能力，依据他们在工作中表现出来的能力，参照标准或要求，确定他的能力发挥得如何，对应于所担任的工作、职务，能力是大是小、是强是弱等，做出评定。能力不同，所担当的工作重要性、复杂性和困难程度不同，贡献不同。我们希望把一些有能力的人提到更重要的岗位，希望使现有岗位上的人能发挥其能力，把一个能力偏低的人调离其现职，无疑有利于企业效率的提高。实现该目标的重要手段之一就是能力考核。能力是内在的，难以衡量和比较的，能力考核是业绩考核的难点。能力的形成基础由四部分构成：常识、专业知识和相关专业知识；技能、技术和技巧；工作经验；体能。

除了能力考核，还有工作态度的考核，工作态度是工作能力向工作成绩转换的中介。但即使工作态度不错，工作能力也未必一定能全部发挥出来，并转换为工作成绩，因为从能力到成绩的转换过程中，还需要除个人努力因素之外的一些“中介条件”，有些是企业内部条件，如分工是否合适、指令是否正确、工作场地是否良好等；还有企业外部条件，如市场恶化、商品卖不出去、原材料短缺等。

能力、业绩和态度三者的关系是复杂的。工作态度考核要排除个人以外的因素和条件，必须剔除运气上的外在因素，否则是不公平的，也是有害于组织的；如果由于工作条件差等外在原因出不了成绩，并非个人不努力，考核时必须予以考虑。

另外，一个员工在自己的职位上是很少能充分发挥其拥有的能力的，总是存在一定的潜力；通过对潜力的了解、测评和把握，为有潜力的员工提供锻炼的条件，使潜力转化为现实的能力，是十分有实际意义的。将潜力测评和开发纳入绩效评估系统作业中，有助于使人力资源发挥更大作用。

12.5.3　人才测评在绩效管理中的应用

针对上述绩效评估中包含的几个方面，我们看看人才测评技术在绩效评估中具有的应用空间。

(1) 日常的人事考核内容非常丰富，但关注的核心是事实和现状，同时它具有制度性、强制性的特点，往往过分强调对人的外显行为和表现的观察，忽视对人的内在心理机制的了解。引入人才测评技术中对人的动机、兴趣取向的考察，了解其行为指向性，并与工作岗位对照分析，如果这种内在心理特点与工作任务相匹配，就会大大调动其工作热情。

所以，通过人才测评了解企业员工的内在需求，有策略地加以利用，会大大提高员工的工作绩效。因此，在考核方案中适时地增加关于员工个性、兴趣、动机、需求等方面的心理测评，能够使得考核更加丰富、完善。

（2）人才测评技术在绩效评估中，对能力进行考核方面具有显著的效果。人力资源管理者在传统的绩效评估中，对于能力的考核习惯于采取“民主评议”的方法，这种方法的弊端在于评估者的评估标准与目的缺乏统一，所以也就变成被评估者在企业内部人际关系水平的代表。而测评技术能够帮助企业员工发现自身的素质特点，对于员工的优势和不足均有直接的行为依据，具有较强的说服性。

（3）能力测验可以作为潜能考核的重要手段。大量研究证明，各种测验中，能力测验的预测力和诊断力最为可靠，因此在绩效评估中最能发挥作用，而能力测验是人员潜力测评的有效手段。先了解其在工作中的能力考核结果，根据员工在工作中表现的能力状况，选择测量工具，测试潜能水平，推断和把握其潜在的发展方向。

总之，组织中的绩效评估都是要对人进行考察、评价，这一评估过程通过利用人才测评技术，将更加科学、公正、客观、有效。定期对员工进行考核，一方面可以给予公平的报酬与奖励，从而从外部给予激励；另一方面可以使人才随时在纵向上了解自己在能力和个性方面的优势，从而自觉地接受组织培训，加强自身的学习、训练和修养，以达到调整、提高的目标。而且，组织往往出于很多原因需要对员工进行考核，除了绩效评估以外，企业经营环境与目标的变化，往往需要企业重新审视、考察人力资源，使其能与企业的目标相匹配。这应当成为企业的一种自觉的经常化的意识。比如，一个企业可能要启动一项巨大的投资计划，但如果资金环境条件、市场潜力都有很好的评估，唯独对实现该计划的人力资源没有恰当的考虑和配置，该投资计划大概会失败，因为该投资计划是要靠人去实现的。可见，人力资源评估有举足轻重的意义，而其中，人才测评无疑是一张有用的王牌。

12.6　人才测评在甄别心理健康人员中的应用

12.6.1　心理健康概述

心理健康是指一个人具有良好的心理品质和健全的人格，即一个人心理上有比较完善的发展，有健全的个性，能适应客观环境，使个人心理倾向和行为与社会现实要求之间有着和谐完美的关系。其中，良好的心理品质包括：①智力正常。能够完成正常的工作和学习任务；②情绪健康。其标志是情绪稳定和心情愉快，内容有：愉快情绪多于负性情绪，乐观开朗，富有朝气，对生活充满希望；情绪较稳定，善于控制与调节自己的情绪，既能克制又能合理宣泄，情绪反应与环境相适应；③意志健全。意志是人在完成一种有目的的活动时，所进行的选择、决定与执行的心理过程，意志健全者在各种活动中都有自觉的目的性，能适时地做出决定并运用切实有准备的方式解决所遇到的问题，在困难和挫折面前，能采取合理的反应方式，能在行动中控制情绪和言而有行，而不是行动盲目，畏惧困难，顽固执拗。健全的人格是指有健全统一的人格，即个人的所想、所说、所做都是协调一致的。也就是说，人格结构的各要素完整统一；具有正确的自我意识和自我评价，以积极进取的人生观作为人格的核心，并以此为中心把自己的需要、目标和行动统一起来。

此外，一个心理健康的人还会有良好而深厚的人际关系，并能正常地适应社会，扮演好各种社会角色。乐于与人交往，既有广泛而深厚的人际关系，又有知心朋友；在交往中保持独立而完整的人格，有自知之明，不卑不亢；能客观评价别人和自己，善取人之长，补己之短，宽以待人，乐于助人，积极的交往态度多于消极态度，交往动机端正。做客观观察以取得正确认识，以有效的办法对应环境中的各种困难，不退缩，还要根据环境的特点和自我意识的情况努力进行协调，或改变环境适应个体需要，改造自我适应环境。

长期以来，人们普遍关注身体健康，而忽视了心理健康。随着人才和市场的竞争日益激烈，人们生活和工作的节奏加快，压力加重，员工容易出现心理紧张、挫折感、痛苦、自责、丧失信心等不良心理状态。比如企业裁员、并购以及制度机构的改变使员工产生弥散性的心理恐慌。员工的压力、情绪和个人心理问题无疑极大地影响着工作效率，也会对企业产生很大的影响。

据美国一些研究机构调查，每年因员工心理压抑给公司造成的经济损失高达3050亿美元，超过500家大公司税后利润的5倍。目前，在中国，据业内人士估计，职业压力带给企业的损失每年至少在亿元人民币以上。

12.6.2 如何甄别员工心理健康与否

如何才能较好地甄别员工心理健康与否呢？我们一般先采用综合性的心理诊断量表进行大规模的普查，然后把普查中的高危人群挑选出来，与心理咨询师或者心理治疗师面谈，进一步地确诊。另外，在预知某类人群从事的是高压高危工作时，还可根据其自我评估、工作特点及心理咨询师或者心理治疗师的建议，对其施测单个症状量表，在条件比较有限时，也可发给员工关于各类症状的资料，让其自行进行调整。

对于常见心理疾病，心理诊断量表不仅有良好的诊断效果，而且施测方便，操作及评分都比较简单。心理健康诊断量表大致分为两大类，一类是综合性的诊断量表，一类是有针对性的单个症状量表。前者主要包括症状自评量表SCL－90、明尼苏达多项人格测验等。症状自评量表SCL－90（包括90个条目，反映9个因子）评分方法包含躯体化、强迫、人际敏感、抑郁、焦虑、敌对、恐怖、偏执、精神病性等9种因子，采用分级评分法，级数越高，症状越严重。明尼苏达多项人格问卷有399题及566题两种，主要用于临床普查目的，或者是为情绪稳定性很重要的高度危险、高度紧张的职业筛选人员。这些测验常用于心理健康普查，但这些题目的题量都很大，设计的题目主要是针对精神疾病的，往往会使填写者感到厌烦，没有读题目就任意作答。

比较有针对性的单个症状量表包括状态—特质焦虑量表、贝克抑郁自评问卷、分离体验问卷等，这些测验的题量较少，准确度也较高，但并不是说没有缺点。心理测验都有一个共同的局限性，当受试人不合作（检查结果中说谎成分过高等）、注意力不集中、病情过于严重或文化程度过低等因素存在时，其结果的可靠性会大大降低。因此，指导被评价者填写问卷变得非常重要，施测者需要向被评价者澄清测试是为了帮助被评价者及施测者了解被评价者的实际状况，以便于帮助被评价者及时解决问题，以使被评价者真实作答。

采用了心理学专业量表工具，并通过职业化的心理调查、评估等技术运用，可以帮助组织全面了解、评估员工的职业心理健康状况，包括：心理健康状况、身心幸福感受、职业枯竭水平、主要压力源、压力认知水平、压力应对方式、组织支持感受、组织人际、团队效能、离职倾向、工作满意度、对心理服务诉求等，以及其他可能存在的相关问题，同时根据组织需求，对特殊群体（不同层级、不同部门、不同年龄段等）的心理健康状况进行深度分析；也可出具员工个体心理健康报告，并协助组织建立心理健康档案，如销售人员测评系统、专业技术人员测评系统、服务人员测评系统、管理人员测评系统等。通过挖掘影响组织整体心理健康状况和员工个体心理健康水平的各种因素，从心理学和管理学相结合的角度提出相关咨询报告，还可为管理者提供决策参考。

12.6.3　人才测评在甄别心理健康人员中的作用

上面我们谈到员工的心理健康状况既受到其自身的心理素质的影响，也受到外来压力以及突发事件的影响。因此，对于经常要面临压力和突发事件的群体，如警察、高层管理者，我们需要及时地用心理问卷对他们进行排查。另外，在提高员工的心理素质方面也可以通过问卷了解情况，以便对症下药，为员工的心理素质提高设定具体的方案。可以说，心理测评既可用作及时排查心理健康高危人群，又可以为提高员工心理素质服务。

在对员工的心理状况有所了解后，可根据情况把结果反馈给员工，并根据心理学知识给予指导，给出调适的方法。还可以聘请心理咨询专家，以讲座、一对一咨询、团体咨询等方式帮助员工。

阅读　**远程心理咨询**

心理咨询专家可以通过远程支持，如电话、网络等方式对人员进行远程服务，也可以进行面对面的心理个案咨询或团体咨询，缓解员工心理压力，处理极端情绪，防止引发更严重的危机。

员工心理健康投资主要包括以下三方面内容。

1. 加强 HR 方面的投入

（1）加强人力资源培训。提高员工的工作技能，使之工作起来更为得心应手，从而减少员工完成工作的能力压力；进行更为有效的时间管理培训；加强员工的沟通技巧培训等。

（2）保障员工的生活质量。完善薪酬体系，向员工提供富有竞争力的薪酬，增强员工的安全感和较为稳定的就业心理；在员工结婚、离婚、生产、配偶或近亲去世、搬家等特殊情况时给予额外的带薪假期。

(3) 鼓励员工健康的生活方式。向员工提供保健或健康项目，可以建立专门的保健室和内部健身中心，让员工免费使用，配备专职的健康指导员监督锻炼计划和活动。

2. 优化企业工作环境

(1) 创造良好的工作环境。从人体舒适度的需要出发，如关注空气、噪声、光线、温度、整洁、绿化、装饰、拥挤度等方面，给员工提供良好的工作空间，提高员工的安全感和舒适感。在工作场所设置音响系统，工作时播放一些轻松舒缓优美的背景音乐，可以达到减压的目的。

(2) 鼓励员工兴趣爱好。举办集体活动，如唱歌、绘画、体育比赛等，在公司内部成立员工兴趣爱好团体。

3. 帮助员工提高心理保健能力

(1) 提供有关心理健康的期刊、书籍、光盘，利用内部网向员工普及心理健康知识。

(2) 实施心理培训，开设有关心理卫生的课程或定期邀请专家作讲座、报告，让员工学会缓解压力、应对挫折。

(3) 企业与专门提供心理咨询与心理治疗服务的公司签订合同，当企业有这方面需求时，心理咨询公司派人对问题进行评估、咨询，对超出自身服务范围的严重心理问题，介绍其到相应的专业医疗机构或治疗师那里接受治疗；当突发灾难引发大范围心理问题时，提供及时全面的服务。心理服务公司可以组织多种形式的员工心理咨询：电话咨询、网上咨询、信件咨询、一对一咨询等。员工可以通过电话或电子邮件与咨询公司预约，咨询内容（甚至员工姓名）对企业完全保密。

资料来源：blog. sina. com. cn。

12.7 人才测评在发展中心中的应用

12.7.1 发展中心的概念

发展中心（development centre）是在评价中心的基础上发展起来的。它是一个用以支持组织人力资源发展过程的系统，它不仅确定了职业发展途径中的绩效结果，还确定了对员工个人深入的了解，激发员工了解自己的优势以及个人发展空间。其基本程序是：首先评估岗位所需的胜任特征，然后利用心理测验、面谈和情境模拟的综合方法来评估员工的能力专长和不足，确定个人能力与岗位所需胜任特征之间的差距，把结果通过某种形式当场反馈给员工，并采取合适的辅导方式，帮助员工发展自己的潜能，使其胜任自己的工作，并在自己的职业生涯中不断进步。

对于整个组织而言，员工潜能的开发最好结合各自的岗位工作开展，把潜能开发融入到具体的工作中去。全体员工都应该结合潜能开发项目，思考自己岗位上的工作革新，思考如何通过自己的岗位工作来更好地满足顾客的需求（包括外部客户和内部客户）。

人才的增值过程就是组织增值的过程。培训员工能力的方法很多，目的在于挖掘员工的潜力，围绕岗位胜任特征，提高他们的能力，更好地完成工作。其实，人的潜能远没有开发出来，如果在潜能开发方面做好了，那么一个人的能量可能要比十个人都要强。因此，及早发现、发展员工的潜质是非常重要的。发展中心技术为评价和发展员工的潜能提供了很好的工具，许多跨国公司普遍使用这种方法，收到了良好的效果。对于评价个体的才能、定义职业发展途径以及鉴别公司所需人才来说，发展中心是理想的解决办法。

阅读 **评价中心与发展中心的相同之处与不同之处**

1. 评价中心与发展中心的相同之处

- 都是采用一些预先了解的与工作相关的标准；
- 都是针对这些标准提供系统的、有目的的评价；
- 都是用一系列练习来引出与工作相关的行为；
- 练习阶段都是由经过培训的评价者进行观察、评价，并给出评价依据。

2. 评价中心与发展中心的不同之处

评价中心：	发展中心：
• 有通过/不及格标准；	• 没有通过/不通过标准；
• 被用以填补空缺职位；	• 被用以个人发展中；
• 解决组织即刻的需要；	• 解决长远需要；
• 评价者少于被评价者；	• 评价者与被评价者的比例是1∶1；
• 经理们也是评价者；	• 没有经理作为评价者；

• 很少着重自我评价；	• 非常看重自我评价；
• 看重当前被评价者能做什么；	• 重视潜力；
• 用以满足组织需要；	• 用以满足个人以及组织双方的需要；
• 评价者扮演审判官的角色；	• 评价者扮演服务者的角色；
• 重视筛选，很少或者没有发展反馈及追踪；	• 重视发展反馈及追踪，很少或没有筛选功能；
• 之后一些日子给出反馈；	• 即时给予反馈；
• 只有组织拥有信息获得的权利；	• 个人有信息获得的权利；
• 开始之前很少对评价中心进行介绍；	• 开始之前会有很详细的介绍；
• 更多用于外部候选人的筛选。	• 更多用于内部候选人。

12.7.2 人才测评在发展中心中的应用

发展中心技术仍然采用评价中心技术中的心理测验、面谈以及情境模拟，评价中心能够测评到的个人潜质，发展中心就能帮助个人发展这些潜质。例如，先用心理测试测评个体的性格特性、价值观、能力倾向、兴趣倾向，再采用面试进行深入了解，测试完成后就可以把测试结果反馈给被评价者，对其性格、能力、动机等方面的优劣势进行分析，适当给出反馈，提示如何发挥自己的优势以及如何注意不当的地方。再采用无领导小组讨论、角色扮演、公文筐测验等情境模拟技术，让被评价者亲身体验处理现实问题，通过回放自己的录像或者评价者给予指出等方式，客观地了解自己在处理问题时还有哪些没有考虑到的问题，还可以在哪些方面提高；自己与别人交流时存在什么问题，好的交流方式是怎样的，自己应该如何改进，等等。最后，还可以融合拓展培训等其他技术，帮助个体或者团体提高。

发展中心既是切合实际情况的科学的技术，又是能让个体深刻了解自己的体验式的技术。与其他培训技术相比，它能够达到的效果有：首先，对全体人员进行培训，让大家感觉到组织对个人的重视和关心，从而提高他们的积极性和凝聚力；其次，采用新颖的培训技术，使大家耳目一新，以此为契机，打破员工的一些旧的思维习惯，激发他们的兴奋点，带动思维的创新；最后，通过针对岗位胜任特征的培训，提高员工的素质能力，使员工在个人得以发展的基础上出色地完成工作，创造出优秀的业绩，推动组织的发展。

范例　**彦隆公司承接××银行领导力发展中心项目**

项目背景

××银行是我国历史最悠久的银行。目前，该银行是我国领先的国际化银行，分支机构遍布全球，主要业务包括商业银行、投资银行和保险业务在内的全面的金融服务。由于近年来对人力资源进行了大刀阔斧的改革，许多年轻人上升到了管理层，如何培养提升这些人的领导力，带领银行更好更快地发展成了银行的头等大事。

解决方案

彦隆公司接到这一任务后，派出 4 名具有丰富项目实施经验的资深顾问组成项目小组，负责本项目的具体实施，另外调派 3 名顾问助理为项目实施提供协助。项目实施过程中，彦隆咨询公司首先与××银行的领导小组成员进行深入的沟通，在进行了大量的访谈、调查与信息收集工作的基础上，与××银行的高层领导小组共同商定了具有可行性的实施方案，并遵照以下流程开展领导力发展中心工作：

第一阶段：访谈研究，设计发展中心方案

针对企业文化、发展阶段，以及岗位胜任特征要求，通过问卷调查、行为事件访谈等方式，切实掌握领导力发展需求。根据访谈结果，组合不同的测试手段，编制客户化试题以及客户化测评工具。

第二阶段：发展中心培训阶段

针对访谈调查得到的领导力发展需求，进行有针对性的培训，培训内容囊括了领导力发展的主要方面，并且在整个过程中，充分利用了各种测评手段，对参与培训的学员进行了全方位的测评，了解其能力、素质上的特点和短板，并及时地向学员做出反馈。

第三阶段：培训反馈阶段

在对学员素质、能力特点充分了解后，撰写学员反馈报告，并进行反馈面谈，指出其缺点和不足，向其提出在银行业进一步发展提高的建议。

项目成果

参与发展中心计划的每一名学员都获得了彦隆咨询公司咨询团队的指导，全面、客观地了解了自己的优点和不足。在反馈阶段中，彦隆公司咨询团队根据每名学员的特点向他们提出了进一步发展提高的建议，受到学员和组织机构的一致好评。

12.8 人才测评在团队领导力评估中的应用

12.8.1 团队和团队领导力概述

当今知识经济时代，“团队”一词备受组织的关注，无论政府机构还是企事业单位，越来越重视团队这一组织和管理方式的建设。那么何谓团队？美国管理学家斯蒂芬·罗宾斯认为，团队是为了实现某一目标而由相互协作的个体所组成的正式群体。也就是说，团队是由一些具有共同信念的人为达到共同目的而组织起来的，各成员通过沟通与交流保持目标、方法、手段的高度一致，从而能够充分发挥各成员的主观能动性，运用集体智慧将整个团队的人力、物力、财力集中于某一方向，形成比个体更具战斗力的工作群体。其中，在团队中集体的业绩远远高于每个人所付出的总和，是团队的最重要的特征之一，所以我们不仅关注团队成员个体的素质和能力，而且更为关注团队整体领导力。

所谓团队领导力不是指某个人单独的能力，而是为了组织的使命、发展战略和整体目标，往前迈进的一种团队能力，它是以个体领导力为基础的，但又高于个体领导力。在团队中，“完美的个体”是不存在的，但建设一支“完美的团队”却是可能的。一般绩优团队之所以绩优，主要是因为以下方面做得较好：①团队角色清晰、技能互补、性格多元化；②团队成长周期正处于上升阶段，没有出现衰落迹象；③团队中主要成员表现出的领导风格能够适应组织类型、战略发展和企业文化需要。尽管完美团队需要异质化个体，但是个体成员在思维方式、决策风格、价值取向、领导能力上的差异却极易产生内部冲突，许多情况下，优秀的人才并不能保证组成最优秀的团队，组织往往拥有众多优秀的人才，却没体现出 1 + 1 > 2 的结果，所以对于组织而言，增强团队融合度，提升团队领导力至关重要。

12.8.2 人才测评在团队领导力评估中的应用

人才测评不仅可以用于个体素质测量，而且可以作为团队领导力的评估工具。团队领导力评估就是根据企业组织结构和团队职能定位分析每个管理团队的个性类型、行为风格和角色倾向的组合匹配情况、能力素质结构情况和具体行为能力要素的水平分布情况等。例如，在影响团队领导的诸多因素中，团队成员的个性、价值观和动机冲突是重要原因，而人才测评可以在团队组建之前就对团队成员的个性特点、合作性和成就/权力动机等素质进行预测，并对团队组建后可能出现的冲突做出预警，然后对人员或者进行调整，或者帮助团队成员学会欣赏彼此差异、增强认同感，保证团队运作顺畅高效。再者，对于存在问题的团队，人才测评可以通过对团队中团队角色的分析等方式，找出"问题"症结，重新调整团队成员工作或引入新的团队成员。总之，根据测评结果对团队进行人员配置，使团队人员能力、态度、兴趣、个性、年龄等搭配相得益彰，有助于提升团队领导力。

下面是一个团队领导力评估分析的案例。

案例　　**×××公司某管理团队领导力诊断评估**

项目背景

×××公司是一家民营中型贸易集团公司，2006 年销售额已逾百亿元，该公司拥有丰富的采购、销售网络资源和精干的管理团队。随着业务的发展，公司由单一贸易产品转向多种贸易产品，公司人员规模迅速扩大，组织流程和组织架构相应进行调整，管理团队人员也进行了充实和调整。2007 年年初集团从下属二级公司中提拔的多名管理者进入集团的高层管理团队，协助现有高管的工作，以适应公司业务的不断发展。然而之后在公司管理层中却频频传出一些不和谐的声音，并且员工也抱怨公司领导能力弱，管理层之间不合作，致使大家工作很被动。于是，集团总经理邀请彦隆咨询公司对其集团内的所有中高层管理团队进行诊断。

解决方案

彦隆咨询公司接到这一项目需求后，派出 3 名资深测评顾问组成项目小组，负责本项目的具体实施，另外调派 3 名顾问助理为项目实施提供数据统计分析等协助。项目实施过程中，测评顾问首先通过与高层的访谈，深入了解和把握项目的需求，最终根据项目的特点，制定了具体领导力评估实施方案。

1. 设计领导力评估方案

通过对公司领导、人力资源人员和关键员工进行访谈，了解管理团队中存在的问题，同时结合公司的发展战略和公司的文化，提出测评方案，制定领导力评估进度安排。

2. 确定领导力模型

从研究企业战略和文化出发，选取管理者样本进行关键事件访谈，通过系统分析研究，提炼出企业特有的核心领导力模型。

举例：

全局意识：在处理工作中的各类事情时，能够站在公司的角度思考和处理问题，从大处着眼从小处着手，形成“一盘棋”的思想，推动公司整体发展。

关注未来：主动跟踪信息的变化，洞察公司内外部的变化，发现潜在的机会和威胁，并在未来需要的基础上，果断决策，通过预先调动资源和实施变革，提前做好准备，创造、利用和把握好机遇，有效应对危机。

遵循规范：熟悉和遵守组织中政策、制度及工作规范和流程，遵照程序办事，并能监督、指导和鼓励他人遵守规范；同时能够根据工作需要，建立新规范或者不断地修订和改进已有的规范和流程，提高整个团队或者组织绩效。

经营意识：指不断做出决策和行动来提升组织的经济效益。注意节俭，在日常工作中有较强的成本意识，尽量开源节流，以最少的投入获得最大的产出。

培养人才：指乐于帮助他人成长，关注下属潜能的发挥和提高，制定计划，安排和创造机会帮助他人成长。

……

3. 准备测评工具

测评顾问选取和设计相应的测评工具，从团队成长阶段、团队角色、职责角色、个体领导力、行为风格、需求和动机、价值观等方面对所有中高层管理团队领导力进行诊断评估。采用测评工具包括：

(1) 纸笔测验

- 团队成长阶段诊断问卷
- Belbin 团队角色分析测验
- 职责角色评估工具
- MBTI 个体行为风格测验
- 需求和动机测评问卷
- 价值观评估测验

(2) 情境测验

- 基于素质模型的行为事件面谈
- 无领导小组讨论
- 基于素质模型的 360 度评估
- 公文筐

4. 组织、实施测评

严格遵循测试流程，标准化施测，纸笔测验集中半天完成，情境测试分 3 个考官组，历时三天测试完毕。

5. 数据统计分析，提供评价结果

施测结束之后，对每个参评者的各项测评结果进行处理整合评估，得出每个参评者的领导能力、心理类型、行为风格、团队角色以及动机和价值观特点，并在此基础上得出每个管理团队所处的成长阶段、团队角色组合状况以及行为风格、动机类型匹配特点，对突出的问题进行描述和分析，从而对团队领导力做出全面的评估。

6. 团队领导力测评结果分析及发展建议

举例：

个体领导力评估：

公司的许多管理者都是由基层通过实战业绩的积累，逐步晋升到领导岗位，他们大多数业务能力好，关注未来，善于捕捉机会，有较好的经营意识，这些素质都有利于个人业绩上的成功。但是他们的全局意识相对较弱，存在本位主义思想，不太遵循管理规范，多停留在经验管理层面，同时缺乏培养人才的意识，带领队伍的能力明显欠缺。

团队领导力评估：

(1) 团队成长阶段：目前高层管理团队处在新的形成期，处于冲突和磨合期，原有业务线上的管理团队则处于稳定期，团队成员明显同质化，对于目前外部快速变化的市场和内部业务的调整表现出明显的不适应。

(2) 团队角色：公司中实干者比较多，他们非常现实、传统甚至有点保守，喜欢计划，有很好的自控力和纪律性，对团队的忠诚度高，为团队整体利益着想而较少考虑个人利益，但过于保守，对公司目前发展战略和投资决策心存疑虑。

(3) 行为风格：从 MBTI 测验结果看，公司中 SJ 型的管理者比较多，SJ

型的人多关注细节，执行力好，但常常忽视长远的发展，建议适当引入NT型的管理者。另外，值得关注的是其中一位副总几次在矿山投资上都捕捉了机会，但因为一些细节处理不好，使投资没有得到预期的回报，经测试其行为风格为ENTP行为风格，建议为他配备一名ISTJ或ESTJ的助手，以增强其执行力。

（4）动机状况：公司管理层动机结构中，值得关注的一点是，高层的风险动机普遍比较低，成就动机一般，而权力动机相对较高。由此可见，目前管理层相对的开拓精神显得不足，一定意义上存在“小富即安”的心态，仍需进行管理层保持“创业心态”的教育。

（5）核心价值观：公司的管理层普遍比较认同公司的价值观，并且秉承了公司创业以来的勤勉敬业等精神，在360度评估中，员工对管理层的敬业精神普遍评分较高。

……

决策和发展建议：

鉴于个体领导力相对较弱，建议加强管理层领导力培训，同时集团公司在测试结束之后与北京某大学的工商管理学院合作，对中高层管理者进行为期一年的管理课程培训；考虑目前公司组织结构的变化，新人的进入，为了增强团队凝聚力，建议多举办和组织团队建设培训和团队活动。同时，建议集团公司建立后备干部储备库，从下属公司中提拔一批有学历、有成就欲望和管理潜质的年轻人作为后备干部，并通过培训、轮岗和提供助理岗位，从理论和实践两方面加快年轻干部的培养，避免未来公司管理团队出现断层和领导力不足的问题。

……

学习指南

本章介绍了人才测评在各个领域的应用，竞聘上岗、招聘选拔是人才测评最常使用的领域，在这些方面的应用读者也多少有所体会，但人才测评的价值不仅限于这两个领域，人才测评的价值在不断被挖掘出来。实际上，人才测评是人力资源工作的重要辅助，这种辅助不仅体现在选拔上，在培训、调查等方面也有着一席之地。因此，学习人才测评，就要深入了解它的应用领域。通过这一章节的学习，读者应当充分了解人才测评的应用领域，为使用人才测评进行工作提供参考。

关键词

竞聘上岗 招聘选拔 人力普查 培训与职业发展 绩效管理 心理健康甄别 发展中心 团队领导力 人才测评

思考题

1. 人才测评在竞聘上岗中的应用有哪些优点与不足之处?
2. 应用人才测评进行招聘选拔时应该注意些什么?
3. 在人力普查中应用人才测评时应该注意些什么?
4. 使用人才测评进行培训与职业发展评估有什么好处?
5. 如何正确使用人才测评进行绩效管理?
6. 如何使用人才测评进行心理健康状况甄别,以改善人力资源管理状况?
7. 发展中心对于人力资源管理有哪些帮助?
8. 怎样在发展中心中使用人才评价?
9. 人才测评在团队领导力评估中有哪些作用?

参 考 文 献

[1] 郑日昌. 心理测量. 长沙：湖南出版社，1987

[2] 唐玉宁. 人事测评理论与方法. 沈阳：东北财经大学出版社，2002

[3] 彭剑锋，荆小娟. 员工素质模型设计. 北京：中国人民大学出版社，2003

[4] 钱德勒. 重武译. 看得见的手——美国企业的管理革命. 北京：商务印书馆，1997

[5] 彭剑锋，包政. 人员甄选录用与培训卷. 北京：中国人民大学出版社，2003

[6] 李明德. 管理心理学. 成都：四川大学出版社，2002

[7] 波特·马金，凯瑞·库帕，查尔斯·考克斯. 王新超译. 组织和心理契约——对工作人员的管理. 北京：北京大学出版社，2006

[8] 安鸿章. 工作岗位的分析技术与应用（第 2 版）. 天津：南开大学出版社，2005

[9] 萧鸣政. 工作分析的方法与技术（第 1 版）. 北京：中国人民大学出版社，2002

[10] 戴良铁. 传统职务分析方法及利弊分析. 中国劳动，2002 年第 8 期

[11] [美] 韦恩·卡肖. 张续超等译. 活的资源——人力资源管理. 北京：煤炭工业出版社，2005

[12] 廖京文. 人力资源管理. 上海：同济大学出版社，2006

[13] 高闯. 寻求新的模式——中日美企业管理比较. 哈尔滨：黑龙江人民出版社，2003

[14] 潘锦棠. 劳动与职业社会学. 北京：红旗出版社，1991

[15] 张维迎. 博弈论与信息经济学. 上海：上海三联书店，1996

[16] 卞华，罗伟涛. 创造性思维的原理与方法. 北京：国防科技大学出版社，2001

[17] 郑晓明. 现代企业人力资源管理导论. 北京：机械工业出版社，2002

[18] 冉振东，杨保健. 管理理论在人才队伍建设中的作用. 重庆大学学报，2004 年第 4 期

[19] 韩庆祥，戚食. 现代人力资源管理新思路. 工人日报，1999-11-09

[20] [美] 保罗·S·麦耶斯著. 蒋惠工等译. 知识管理与组织设计. 珠海：珠海出版社，1998

[21] 刘小平，邓靖松. 现代人力资源测评理论与方法. 广州：中山大学出版社，2006

[22] 寇家伦. 人才测评. 北京：中国发展出版社，2006

[23] 何非，顾磊，蔺益. 破解企业人才测评中的 10 大难题. 北京：机械工业出版社，2006

[24] 萧鸣政. 人员测评理论与方法. 北京：中国劳动社会保障出版社，2004

[25] 彭志忠，王水莲. 人才测评学. 济南：山东大学出版社，2006

[26] 郑安云. 人才测评理论与方法. 北京：清华大学出版社、北京交通大学出版社，2005

[27] [英] Mark Cook. 肖鸣政译. 人员素质测评. 北京：高等教育出版社，2003

[28] 萧鸣政. 人员测评与选拔. 上海：复旦大学出版社，2005

[29] 冯立平. 人才测评方法与应用. 上海：立信会计出版社，2006

[30] 俞文钊．现代人事测评原理与操作实践．上海：上海教育出版社，2005
[31] 晨曦．履历表撰写细则．秘书，2006 年 3 月
[32] 许铎．履历分析测评技术在选拔招聘人才中的应用．中国人力资源开发，2002 年第 10 期
[33] 杨鹏，胡月星．履历分析技术在领导人才选拔中的应用．新东方，2006 年 4 月
[34] 陈静，王锐．人才测评方法研究的新进展．科技与管理，2005 年第 3 期
[35] 杨鹏，胡月星．用履历分析技术筛选合适人才．中国人才（上半月号），2006 年 7 月
[36] 林景怡．无声世界．桂林：漓江出版社，1991
[37] 王继承．人事测评技术．广州：广东经济出版社，2001
[38] 徐芳．团队绩效测评技术与实践．北京：中国人民大学出版社，2003
[39] 吴春华，张瑾．人员素质测评理论与方法．天津：天津教育出版社，2005
[40] 张进辅，曾维希．现代人才测评技术与应用策略．重庆：重庆出版社，2006
[41] 胡月星．评价中心与结构化面试．银川：宁夏人民出版社，2007
[42] 郑安云，宋波．人才测评理论与方法．北京：清华大学出版社，2005
[43] 贾绪计，余嘉元．基于胜任特征的结构化面试初探．社会心理学，2006 年第 4 期
[44] 秦元元．结构化面试：企业筛选人才的捷径．中国人力资源开发，2004 年第 6 期
[45] 位尊权．组织好一场有效的面试．中国人力资源开发，2004 年第 3 期
[46] 盛青．如何使招聘面试更有效．中国人力资源开发，2004 年第 10 期
[47] 陈雪玲．面试运用中存在的问题及规范化面试的构建．当代经理人，2006 年第 6 期
[48] 才尚库．面试评价者心理及调控．考试指南
[49] 管国忠．360 度反馈评价在企业管理中的应用．科技与管理，2004 年第 3 期
[50] 谷向东．基于胜任特征的人才测评．心理与行为研究，2004 年第 4 期
[51] 冯明，宋奇成．360 度绩效反馈的艺术与技巧．中外管理导报，2002 年第 9 期
[52] 谷向东．评价中心技术．人力资源开发，2001 年第 12 期
[53] 李华，任荣伟，蒋小鹏．360 度绩效评估法的运用及有效性分析．现代管理科学，2004 年第 8 期
[54] 胡月星．梁康现代领导人才测评．北京：国家行政学院出版社，2004 年
[55] 王继承．人事测评技术——基于人力资产采购的质检体系．广州：广东经济出版社．2001